파이썬
딥러닝
텐서플로

파이썬 딥러닝 텐서플로

초판 1쇄 발행 | 2021년 6월 30일
초판 2쇄 발행 | 2024년 8월 5일

지 은 이 | 오승환, 이경록, 김태헌, 홍재권
발 행 인 | 이상만
발 행 처 | 정보문화사

책 임 편 집 | 노미라

주   소 | 서울시 종로구 동숭길 113 (정보빌딩)
전   화 | (02)3673-0037(편집부) / (02)3673-0114(代)
팩   스 | (02)3673-0260
등   록 | 1990년 2월 14일 제1-1013호
홈 페 이 지 | www.infopub.co.kr

I S B N | 978-89-5674-909-9

※ 책값은 뒤표지에 있습니다.
※ 잘못된 책은 구입한 서점에서 바꿔 드립니다.

Python

Deep Learning
TensorFlow

파이썬
딥러닝
텐서플로

오승환, 이경록, 김태헌, 홍재권 지음

정보문화사
Information Publishing Group

머리말

Digital Transformation 시대, 기업은 인공지능, 데이터분석/엔지니어 등 관련 인재를 찾고 있고, 작게는 업무 단위부터 크게는 비즈니스 모델 전체를 디지털 전환하기 위해 비직무 직원까지 파이썬/R, 데이터분석, 머신러닝, 딥러닝을 교육하여 조금 과장하면 기본 소양으로 자리매김하고 있다.

디지털 전환이 가속화될수록 기업에서는 데이터 분석, 머신러닝/딥러닝을 이해하거나 활용할 수 있는 사람을 선호하게 될 것이다.

딥러닝을 공부하기 위해서는 우선 어떤 도구(언어, 프레임워크 등)를 활용할지 선택해야 한다. 딥러닝 프레임워크 중 텐서플로(TensorFlow)와 파이토치(PyTorch)를 가장 많이 사용하고 있다.

텐서플로는 구글에서 지원하는 프레임워크로 2.x 버전이 출시되면서 더 쉬워지고 케라스(Keras) 가 통합되어 누구나 쉽게 활용 가능한 신경망을 구축할 수 있게 도와준다.

둘 다 많이 활용하는 프레임워크지만, 텐서플로(케라스)가 입문자에게 직관적으로 더 이해하기 쉬운 편이다. 더불어 텐서플로 자격증(https://www.tensorflow.org/certificate) 취득 시, 객관적인 지표로 나타낼 수 있고 취업 또는 조직내 역량 개발에 도움이 될 것이다(Linkedin에 뱃지를 등록할 수 있다).

이 책은 텐서플로를 이해하고 활용하고자 하는 사람에게 A부터 Z까지 쉽게 풀어서 설명한 책이다. 텐서플로를 시작할 때 다양한 방법 중 공식 튜토리얼을 통해 학습을 시작하는 분들이 많다.

공식 튜토리얼을 활용하는 이유는 다음과 같다. 새로운 킥보드가 나왔을 때 타는 방법, 사용법, 기능은 제조 회사가 가장 잘 알고 있기 때문이다. 하지만 그 설명이 전문가 중급자를 위해 작성하여 추가적인 기초 지식이 필요하면 일반인이 이해하기 어려운 문서가 될 것이다. 킥보드를 타보고 활용해본 다른 사용자의 설명이 눈높이가 맞고 이해하기 편할 것이다.

이러한 관점에서 텐서플로 책을 기획했다. 공식 튜토리얼이 새로운 API에 대해 잘 설명되어 있는 부분은 맞지만 입문자가 보기에 이해하기 어려운 부분(사전에 알고 있어야 하는 내용)이 있어 이를 풀어서 설명하고자 이 책을 준비하게 되었다.

이 책의 중반부 이후에는 GAN, Style Transfer, Knowledge Distillation, Grad CAM, BERT, Vision Transformer, Reinforcement Learning 등 최근 딥러닝 경향이 반영된 다양한 실습 예제를 담기 위해 노력했다.

딥러닝 이론 및 코드 자체에 대한 설명을 최대한 줄이고, 텐서플로 및 딥러닝 입문자들이 최신 딥러닝 예제에 대하여 직접 체험해 보고 이해를 높일 수 있게 하는 데 목적을 두고 집필했다. 무엇보다, GPU가 탑재된 컴퓨터가 없어도 딥러닝 학습을 체험할 수 있도록 구글 코랩 환경에서 충분히 실행 가능하도록 예제 코드를 작성했다.

코로나19로 인해 대면으로 모일 수 없는 환경에서 책을 집필했다. 온라인이라는 상황 속에서 함께 작성해준 공동 저자 모두에게 감사의 말씀을 전한다. 특히 공동 작업을 위해 필자들을 리딩하고 지원해 준 승환님에게 감사하다.

함께한 필자들은 2019년 캐글 스터디(수원)를 통해 만났다. 장기간 스터디를 참여하며, 함께 성장하고 있다. 스터디를 만들고 이끄는 태헌님, 초창기 멤버로 지금까지 함께한 재권님, 스터디가 어려울 때 합류해 활성화에 힘써 준 승환님, 많은 발표와 질문으로 윤활유 역할을 해주는 경록님이 함께 집필했다.

이 스터디는 2019년 5월부터 현재까지 온/오프라인으로 매주 모여 학습한 내용을 공유하고 있다. 스터디 멤버들은 입문자부터 현업 전문가까지 있으며, 다양한 백그라운드를 가졌다. 모두 성장하고자 하는 열정이 있는 사람들이다!

스타트업 대표부터 직장인, 취준생, 대학생(원)이 모여 있고, 수학, 통계, 컴퓨터공학, 산업공학 등 관련 학과부터 전공과 관련 없지만 취미로 시작한 분들까지 모여 있다. 비직무/비전공이지만 스터디를 함께 하면서 관련 직무로 전환(이직)하는 사례도 꽤 있었다. 그 동안 많은 분들이 스터디 멤버로 함께 했고 취업, 진학, 출산, 업무 등으로 떠나기도 했다. 이분들 덕분에 함께 성장을 할 수 있었다. 그동안 함께한(거쳐간) 멤버들에게 정말 감사 인사 드린다. 또한 수차례 스터디 멤버 모집에 도움을 준 '캐글코리아 커뮤니티' 운영진에게도 매우 감사 인사 드린다.

"빨리 가려면 혼자 가고 널리 가려면 함께 가라"라는 말이 있다. 혼자 했으면 지금까지 지속적으로 공부하기 어려웠을 것이다. 누군가 정해 놓은 커리큘럼을 따라가는 것이 아니라 서로에게 건전한 영향을 주며 개인 역량에 맞게 주제를 정하고 공부한 내용을 나누고 피드백하는 모임이 되었다. 여러분들도 기회가 된다면 함께 공부하며 성장하길 강력 추천한다.

저자 씀

이 책을 보는 방법

이 책은 파이썬(버전 3.7)을 기반으로 작성되었고, 딥러닝 초·중급자를 위한 책이다. 파이썬/판다스 기초, 머신러닝에 대한 기본 개념(데이터 전처리, 훈련, 예측, 평가 등)을 알고 있는 독자를 대상으로 한다. 이 책을 읽었으면 하는 독자층은 다음과 같다.

- 파이썬, 판다스까지 공부하고 나서 딥러닝을 학습하고 싶은 자
- 텐서플로 공식 튜토리얼로 학습하기 어려운 자
- 텐서플로 자격증을 준비할 겸 텐서플로 학습을 기초부터 시작하려는 자

이 책은 ① 순서대로 보는 방법과 ② 관심사별, ③ 난이도별로 보는 방법이 있다. Part 1부터 Part 6까지 구성되어 있다.

Part 1은 이 책에 소개한 파이썬 코드를 직접 실행할 수 있는 개발 환경을 설정하는 방법을 설명한다. 이 책의 예제들은 대부분 구글 코랩(https://colab.research.google.com) 환경에서 실행되도록 준비하였다. 코랩을 사용한다면 컴퓨터 성능보다는 안정적인 인터넷 환경이 더 중요할 것으로 보인다.

Part 2는 텐서플로의 특징에 대해서 설명하고, 텐서플로에서 데이터를 처리하는 기본 자료형인 텐서(Tensor)에 대해서 설명한다. 딥러닝에 텐서플로를 잘 활용하기 위해서는 텐서 구조와 다차원 배열의 개념에 친숙해질 필요가 있다. 넘파이(NumPy) 자료형을 이해하고 있다면 텐서 개념을 이해하는데 어려움이 없을 것이다.

Part 3은 딥러닝 프레임워크 중에서 사용하기 쉬운 텐서플로 케라스에 대해서 설명한다. 비교적 다루기 쉬운 mnist 데이터셋을 활용하여 인공신경망 구조를 정의하고 실제 모델을 훈련, 평가, 추론하는 전 과정을 단계적으로 살펴본다. 텐서플로의 대부분의 기능을 활용할 수 있기 때문에, 딥러닝을 처음 배우는 분들은 예제들을 하나씩 실행해 가면서 사용법을 반드시 익혀 두기 바란다.

Part 4는 케라스와 텐서플로를 활용하여 이미지를 분석하는 합성곱 신경망(CNN)을 다룬다. 합성곱, 풀링 등 이미지 데이터에서 유의미한 정보(특성)을 추출하는 기법을 배우고, 실제 모델을 만들고 학습시키는 과정을 소개한다. 이미지 분류, 객체 탐지, 세그멘테이션, 적대적 생성 신경망, 스타일 전이 등 이미지 처리 분야의 다양한 접근법을 소개하고, 딥러닝 입문자들도 예제 코

드를 실행해 가면서 개념을 이해할 수 있도록 준비했다. 초급자들은 소스코드 작성에 대한 부담 감을 내려놓고 구글 코랩에서 예제 코드를 실행하면서 합성곱 신경망의 다양한 활용 가능성을 직접 체험하기 바란다.

Part 5는 순환신경망(RNN)을 활용한 자연어 처리(NLP)를 다룬다. 자연어 처리의 기본 개념인 토큰화, 임베딩 등을 설명하고 순환신경망 알고리즘인 RNN, LSTM, GRU 개념을 예제를 통해 확인한다. Seq2Seq, 어텐션(Attention), 트랜스포머(Transformer) 등 최신 NLP 개념을 소개하고, 구글 코랩을 통해서 실행 가능한 간단한 챗봇 시스템을 직접 구현해 본다. 추가적으로, 트랜스포머를 이미지 분류에 활용하는 ViT 기법을 다룬다. 순환신경망에서 발전한 기법을 이미지 분석에 활용하는 사례이다.

Part 6은 강화 학습(Reinforcement)을 다룬다. 수학적 이론 설명을 하지 않고, 간단한 게임 환경에서 강화 학습이 이루어지는 과정을 스토리텔링 방식으로 설명한다. 실행 코드는 난이도가 높지만, 저자의 스토리텔링을 따라서, 예제를 하나씩 실행하고 동영상으로 강화 학습 과정을 저장해 본다. 서상된 동영상을 확인해 보면서 깅화 학습에 친숙해지는 것을 목표로 한다.

Part 1~3까지는 순서가 있으나, Part 4부터는 순서가 아닌 활용에 따라 분류하였다. 이에 관심 있는 영역을 먼저 학습하는 방법이 있고, 입문자의 경우 난이도를 고려해 다음과 같이 학습하길 추천한다.

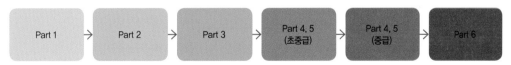

기본 개념, 활용법부터 응용까지 실습을 직접 코딩해보면 자연스럽게 텐서플로를 익히게 될 것이다.

이 책을 보는 방법

이 책의 내용별 난이도

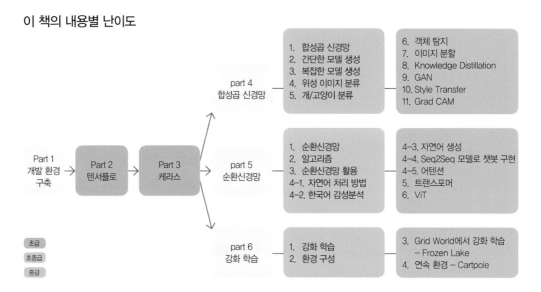

예제는 정보문화사 홈페이지(infopub.co.kr)의 자료실과 저자들이 제공하는 깃허브(github.com/lovedlim/tensorflow)에서 다운로드할 수 있다. 다운로드 받은 파일을 직접 코랩 환경으로 업로드하여 실습을 할 수 있지만, 구글 내 드라이브로 복사하여 실행하는 방법을 권장한다.

이 책에 관련된 질문이나 문의사항은 깃허브 [Issues] 게시판(github.com/lovedlim/tensorflow/issues)에 요청하면 피드백 가능하다.

마지막으로 이 책을 통해 배운 내용을 다른 데이터/환경에 적용하길 바란다. 예를 들면 캐글(https://www.kaggle.com)과 같은 데이터 분석 경진 대회가 있다. 추천 경진 대회 주제는 캐글에서 제공하고 있는 입문 대회이다.

합성곱 신경망(CNN)	순환신경망(RNN)
Digit Recognizer (https://www.kaggle.com/c/digit-recognizer)	Natural Language Processing with Disaster Tweets (https://www.kaggle.com/c/nlp-getting-started)
Dogs vs. Cats (https://www.kaggle.com/c/dogs-vs-cats)	Bag of Words Meets Bags of Popcorn (https://www.kaggle.com/c/word2vec-nlp-tutorial)

이 책에서 배운 텐서플로를 활용해 캐글 경진대회 문제에 적용해 보자. 여러분의 무한 성장을 응원한다.

목차

케라스(Keras)

PART 05

순환신경망(RNN)

PART 01
개발 환경 구축

텐서플로는 딥러닝을 위한 도구이고, 수많은 행렬 곱셈 연산을 처리한다. 따라서 병렬 연산이 가능한 GPU 환경에서 동작하는 것이 좋다. CPU 환경에서도 텐서플로 사용이 가능하지만, 딥러닝 모델의 학습 속도를 고려했을 때 GPU가 필수적이라고 볼 수 있다.

텐서플로 개발 환경을 구축할 때 성능이 좋은 그래픽 카드(GPU)가 필요하다. 일반적으로 엔비디아 RTX급 이상의 GPU를 많이 사용하는데, 연산을 담당하는 CUDA 코어 개수가 많고 그래픽 카드 메모리(VRAM)가 클수록 딥러닝 개발 환경에 적합하다. 데이터를 저장하는 메모리와 연산을 처리하는 텐서 코어를 연결하는 메모리 대역폭(bandwidth)도 중요한 요소다.

최근 비트코인 등 암호화폐 가격 상승으로 채굴 수요가 급증하고 있다. 성능 좋은 GPU가 품귀 현상을 빚으며 가격이 계속 올라가고 있다. 따라서 이 책을 구성할 때 무료 클라우드 환경에서 제공하는 GPU로 학습이 가능하도록 실습 예제를 구성했다. 즉, GPU가 탑재된 컴퓨터가 없어도 기본적인 텐서플로 학습이 가능하다는 점을 강조하고 싶다.

[그림 1-1] GPU 그래픽 카드

구글 코랩(Google Colab)은 텐서플로를 가장 쉽게 사용할 수 있는 방법이라고 말할 수 있다. GPU(그래픽 카드)를 따로 구입할 필요도 없다. 구글 클라우드 환경에서 지원하는 GPU를 무료로 이용할 수 있기 때문이다. 또한, 텐서플로를 설치할 필요도 없기 때문에 딥러닝을 처음 배우거나 고성능 GPU가 없는 독자들에게 권장하는 분석 도구이다.

[그림 1-2] 구글 코랩 로고

구글 코랩을 설치하는 방법은 정말 간단하다. 사실상 별도로 설치 파일을 다운로드받을 필요도 없다. 구글 계정에 가입하고 웹브라우저에서 구글 코랩을 검색하고 링크에 접속하면 된다. 인터넷 접속이 가능한 PC 또는 노트북이 있으면 언제 어디서는 사용 가능하다는 장점이 있다.

① 웹브라우저를 열고 구글 계정에 로그인한다. 검색창에 'google colab'을 입력하고 검색한다.

[그림 1-3] 구글 코랩 검색

② 검색 결과에서 Google Colab 링크를 찾아서 선택한다.

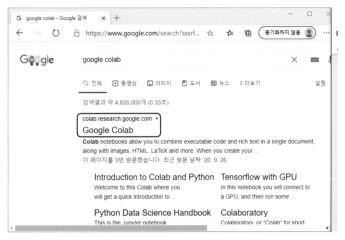

[그림 1-4] 구글 코랩 검색 결과

③ 다음과 같이 코랩 메인 화면이 나타난다. 오른쪽 하단의 [새 노트]를 선택하면 새 노트북 파일이 실행된다. 이 노트북에 파이썬 코드를 입력할 수 있다.

[그림 1-5] 구글 코랩 실행 화면

[Tip] [최근 사용] 탭에서는 기존에 작업한 노트북을 선택할 수 있고, [Google 드라이브] 탭을 클릭하면 구글 드라이브에서 작업하던 노트북 파일(*.ipynb)을 열어서 편집할 수 있다.

① [새 노트]를 열면 다음과 같은 화면이 나온다. 왼쪽 위에 'Untitled0.ipynb'라는 파일명이 보인다. 파일명을 클릭해서 수정할 수 있다.

[그림 1-6] 새 노트 실행

② 코랩은 기본적으로 CPU 환경을 지원한다. GPU를 선택하려면 화면 상단의 [런디임] 메뉴에서 [런타임 유형 변경]을 클릭한다.

[그림 1-7] 런타임 유형 변경

③ 하드웨어 가속기 중에서 기본값으로 설정된 None은 CPU를 뜻한다. GPU를 사용하려면 GPU를 선택하고 [저장] 버튼을 누른다.

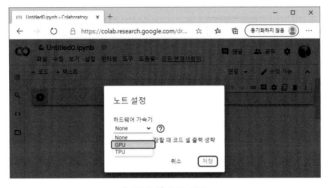

[그림 1-8] GPU 설정

[Tip] GPU를 오랜 시간 동안 계속 켜두면 "연결할 수 없다"는 팝업이 뜨면서 실행이 안 되는 경우가 있다. 이 경우에는 일정 시간이 지난 뒤에 접속하면 된다. 딥러닝 모델을 훈련시킬 때만 GPU 하드웨어 가속기를 설정해서 활용하는 것이 좋다.

④ 밝은 회색 바탕의 네모난 영역을 '코드 셀'이라고 부른다. 코드 셀에 다음과 같이 텐서플로 라이브러리를 불러오는 import tensorflow as tf 코드를 입력한다. Enter 를 누르면, 다음 줄에 코드를 입력할 수 있다. 여기에 텐서플로 버전을 화면에 출력하는 print 명령을 입력한다. 코드 셀에 입력한 코드를 실행하려면 왼쪽의 재생 표시 버튼을 클릭하거나, Shift + Enter 를 동시에 누른다. 코드 셀의 아래 부분에 실행 결과가 표시된다. 이 책을 쓰는 시점에 구글 코랩은 텐서플로 2.4 버전을 지원하는 것을 알 수 있다.

[그림 1-9] 텐서플로 실행

[Tip] 파이썬 환경에서 외부 라이브러리를 불러올 때 import 명령을 사용한다. [import + 라이브러리 이름] 형태로 작성한다. 앞의 예제와 같이 as 명령 다음에 tf라는 약칭을 명시해 주면, tensorflow 라이브러리 이름 대신 tf라는 이름으로 사용할 수 있다.

코랩 사용 시 깃허브(github)에서 예제 코드를 받는 방법은 두 가지가 있다.

- 첫 번째 : ① 깃허브에서 다운로드 받은 후 ② 구글 드라이브에 업로드하는 방법
- 두 번째 : ① 구글 코랩 실행 후 ② 구글 드라이브로 바로 복사하는 방법

이 책에서는 두 번째 방법으로 설명한다(본 예제 외에도 다른 깃허브에 있는 노트북이나 데이터를 구글 드라이브로 복사해 올 때 유용하게 활용할 수 있다).

① 구글 코랩 실행 후 [연결]을 통해 "RAM"과 "디스크"가 표시됨을 확인한다.

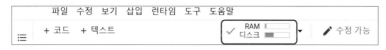

[그림 1-10] 코랩 실행 및 연결

② 왼쪽 메뉴바 4번째 "폴더" 모양을 선택한 후 구글 드라이브 폴더를 클릭한다.

[그림 1-11] 구글 드라이브 마운트

③ Google Drive 액세스 권한이 필요하다. [GOOGLE DRIVE에 연결] 버튼을 클릭한다.

[그림 1-12] 구글 드라이브 액세스 권한

③ 연결이 되었다면 [drive] 폴더와 [구글 드라이브 마운트 해제] 아이콘이 나타난다.

[그림 1-13] 구글 드라이브 마운트 완료

④ 예제 파일을 복사할 위치를 구글 내 드라이브에서 찾는다. 새 폴더를 생성해도 된다. 폴더를 정했다면 [···]을 클릭한다.

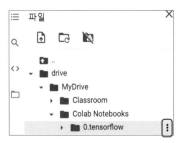

[그림 1-14] 예제 코드를 복사할 폴더

⑤ 경로를 복사한다. 경로를 정확히 알고 있다면 이 부분은 생략해도 된다.

[그림 1-15] 예제 코드를 복사할 폴더 경로 복사

⑥ 새 폴더를 만들었는데 나타나지 않는다면 [새로고침] 아이콘을 클릭한다.

[그림 1-16] 구글 드라이브 새로고침

⑦ 코드를 통해 깃허브에 있는 예제 파일을 복사해온다. 아이콘으로 구글 드라이브가 연결되지 않으면 다음과 같은 코드를 사용하여 연결하는 방법도 있다(단, 출력에 나타나는 링크를 통해 구글 계정 연결 및 코드 복사 및 붙여넣기가 필요하다).

앞에서 구글 드라이브에 잘 연결되었다면 다음 첫 번째 코드셀의 내용은 생략해도 된다.

〈소스〉 1.1_github_code.ipynb

```
[1] # 구글 드라이브 연결
    from google.colab import drive
    drive.mount('/content/drive')
```

```
Go to this URL in a browser: https://accounts.google.com/o/oauth2/auth?(생략)
Enter your authorization code: (코드입력)
```

리눅스 "pwd" 명령어를 통해 현재 경로를 확인한다.

```
[2] pwd
```

```
/content
```

텐서플로 예제 코드를 복사할 위치로 이동한다([그림 1-15] 참조). 다음의 경로는 필자가 복사하려는 폴더 경로다. 코드를 실행했을 때 "No such file or directory" 메시지가 나타난다면, 구글 드리이브 언결을 다시 시도한다.

```
[3] cd "/content/drive/MyDrive/Colab Notebooks"
```

```
/content/drive/MyDrive/Colab Notebooks
```

파일이 복사할 폴더로 잘 이동되었는지 "pwd" 명령어를 통해 다시 확인한다.

```
[4] pwd
```

```
/content/drive/MyDrive/Colab Notebooks
```

깃허브에 있는 예제 파일을 내 구글 드라이브로 복사한다.

```
[5] !git clone https://github.com/lovedlim/tensorflow.git
```

```
Cloning into 'tensorflow'...
remote: Enumerating objects: 27, done.
remote: Counting objects: 100% (27/27), done.
remote: Compressing objects: 100% (20/20), done.
remote: Total 27 (delta 3), reused 0 (delta 0), pack-reused 0
Unpacking objects: 100% (27/27), done.
```

⑧ 크롬 웹브라우저를 통해 구글 드라이브에 복사된 파일을 확인한다. [그림 1-17]의 폴더는 다운로드 시점에 따라 최신 폴더와 파일로 업데이트될 수 있다. ".git" 폴더는 삭제해도 된다.

[그림 1-17] 구글 드라이브에 복사된 파일

⑨ 파트별 예제 파일을 실행해보자. 일반적으로 구글 드라이브에서 노트북 파일을 더블클릭하면 코랩으로 실행되지만, 때에 따라서(설치된 앱이 많을 경우)는 마우스 오른쪽 버튼을 클릭해 연결 앱을 지정해야 할 수도 있다. 이때, 코랩이 설치되어 있지 않다면 [연결할 앱 더보기]에서 "colaboratory"를 검색해 설치한다.

[그림 1-18] 예제 노트북 파일 실행

깃허브 [Issues] 게시판에(github.com/lovedlim/tensorflow/issues) 접속하여
[New Issue] 버튼을 클릭합니다.

다음과 같이 질문을 작성합니다.
- 제목에 말머리 : 머리를 달아주세요(예시 : [질문] 훈련 시 1875 값은 무엇인가요?)
- 본문 위치 : 페이지 수를 표시해 주세요(예시 : p.84, 3-9 훈련)
- 실습 환경 : 작업 환경을 알려주세요(예시 : 코랩)
- 세부 내용 : 구체적인 질문 내용을 작성해주세요(예시 : Mnist 훈련 데이터 셋은 6만 개가 있습니다. 텐서플로에서 훈련 시 매 에포크마다 6만 개가 아닌 1875라고 나오는데, 그 이유는 무엇인가요?)
- 스크린 샷 첨부

```
Epoch 1/5
1875/1875 [==============================] - 6s 3ms/step - loss: 0.2960 - accuracy: 0.9137
Epoch 2/5
1875/1875 [==============================] - 6s 3ms/step - loss: 0.1423 - accuracy: 0.9571
Epoch 3/5
1875/1875 [==============================] - 5s 3ms/step - loss: 0.1078 - accuracy: 0.9674
Epoch 4/5
1875/1875 [==============================] - 5s 3ms/step - loss: 0.0841 - accuracy: 0.9735
Epoch 5/5
1875/1875 [==============================] - 5s 3ms/step - loss: 0.0747 - accuracy: 0.9764
313/313 - 0s - loss: 0.0685 - accuracy: 0.9801
[0.06850877404212952, 0.9800999760627747]
```

다른 사람들의 질문을 보는 방법은 다음과 같습니다.
- Closed : 답변이 완료된 질문을 볼 수 있습니다.
- Open : 아직 답변이 완료되지 않은 질문입니다.

☐ ⊙ 0 Open ✓ 1 Closed

☐ ⊘ **[질문] Mnist 데이터 훈련 시 1875 값은 무엇인가요?**
　　#1 by lovedlim was closed 12 minutes ago

질문 감사드리며 독자 여러분의 학습에 도움이 되도록 노력하겠습니다.

PART 02
텐서플로(TensorFlow)

텐서플로(TensorFlow)는 2015년 구글 브레인 팀에 의해 공개된 대표적인 머신러닝 라이브러리이다. 파이썬뿐만 아니라, 자바스크립트나 Swift를 사용하여 모델을 개발하고 배포할 수 있는 다양한 도구를 지원하고 있다. 이처럼 텐서플로는 머신러닝과 딥러닝 기술을 개발하는 데 멈추지 않고, 텐서플로로 개발한 인공지능 기술이 적용된 서비스를 웹 또는 모바일을 통해 배포하는 데도 활발하게 사용된다.

[그림 2-1] 텐서플로 공식 홈페이지[01]

텐서플로는 딥러닝 연산을 처리하는 라이브러리이다. 텐서플로라는 이름에서 알 수 있듯이 텐서(Tensor)라고 부르는 데이터를 계산 그래프(Computational Graph) 구조를 통해 흘러가면서(Flow) 복잡한 행렬 연산을 처리하게 된다.

먼저 노드(node)와 노드 사이를 연결하는 간선(edge)으로 이루어진 그래프 구조를 만들고, 노드 사이에 연결된 간선을 통해 데이터를 이동시킨다. 이때 데이터에 대한 연산은 각 노드에서 이루어진다.

[그림 2-2]는 텐서플로 계산 그래프 구조를 그림으로 표시한 것이다. 그래프의 각 노드에서는 add, matmul 등 정해진 연산을 처리한다. 노드 사이의 간선 화살표 방향을 따라 텐서 형태의 데이터가 이동한다. 다시 말하면, 한 노드에서 연산을 처리한 뒤 화살표 방향으로 연결된 다음 노드로 텐서가 이동하고, 도착한 노드에 정의된 연산을 처리한다. 이처럼 텐서라는 데이터가 노드에서 노드로 간선을 따라 흐르면서 복잡한 연산을 순서대로 처리하게 된다.

01 출처 : www.tensorflow.org

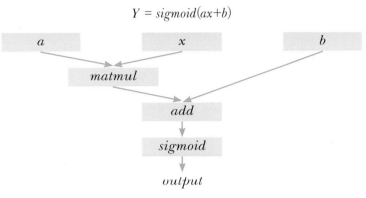

[그림 2-2] Tensorflow 계산 그래프 예시

[Tip] 이 책에서는 텐서플로 사용법과 텐서플로를 이용한 딥러닝 기법을 중심으로 설명한다. 계산 그래프에 대한 구체적인 설명은 이 책의 범위를 넘어서기 때문에 추가 설명을 생략한다.

텐서플로는 딥러닝에 필요한 고차원의 복잡한 연산을 빠르고 효율적으로 처리할 수 있기 때문에 전세계 많은 개발자들과 기업들이 활용하고 있다. 또한, 배우기 쉽고 사용하기 편리한 파이썬 언어를 사용하는 장점이 있어 거대한 사용자 커뮤니티를 형성하고 있다. 최근 급성장하고 있는 파이토치(PyTorch)[02]와 함께 딥러닝 분야에서 가장 많이 활용 되고 있다.

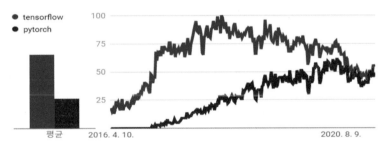

[그림 2-3] 텐서플로 vs. 파이토치 검색 트렌드

현재 공식 버전인 텐서플로2에서는 고수준(high-level)[03] API인 케라스(Keras)를 통합하여 머신러닝 및 딥러닝 모델을 쉽게 구축하고 즉시 실행해 볼 수 있다. 이처럼 사용자 편의성을 확대하기 위한 노력이 이어지는 등 구글의 강력한 지원을 받고 있기 때문에 텐서플로의 영향력은 계속 이어질 것으로 보인다. 특히, 개발사인 구글 내에서도 AI 기술이 적용된 음성 인식 등 다양한 서비스를 구현하는 데 활발하게 사용되고 있기 때문에 높은 점유율을 유지할 것으로 예상된다.

02 페이스북이 개발하고 지원하는 딥러닝 프레임워크로 텐서플로와 유사하다.
03 사람의 언어에 더욱 가까운 형태라고 이해하자. 텐서플로는 다양한 기능을 처리하는 복잡하고 난해한 코드로 이루어져 있는 반면, 케라스는 이런 복잡한 코드를 간단한 함수 등으로 구현한다.

2019년에 출시된 텐서플로2를 이전 세대인 텐서플로1과 구별 짓는 가장 큰 차이점은 즉시 실행 (eager execution) 모드를 지원하는 것이다.

2-1   즉시 실행

텐서플로1은 딥러닝 연산을 처리할 그래프 구조와 세션(session)을 먼저 만들고, 여기에 데이터 (텐서)를 입력하고 연산하는 과정을 나중에 별도로 실행하기 때문에 2단계로 구성하는 개념이 었다. 중간 계산 결과를 확인하려면 그래프를 생성하기 위해 반드시 세션을 실행해야 한다는 점 때문에 번거롭고 디버깅을 어렵게 한다는 단점이 있었다. 또한 코드 구성 방법이 일반적인 파이 썬 문법과 차이가 있어서 처음 사용법을 익히는 데 어려움이 큰 편이었다.

하지만 텐서플로2는 즉시 실행을 기본 모드로 사용한다. 별도로 세션을 정의하지 않아도 파이썬 함수로 모델 학습이 가능하다. 즉시 실행이 가능해지면서 여러 가지 장점이 생겼다.

- 첫째, 모델 구조를 만들고 학습을 진행하는 과정이 직관적이다.
- 둘째, 실행 결과를 바로 확인할 수 있기 때문에 오류를 수정할 수 있는 디버깅 과정이 편리하다.
- 셋째, 그래프 구조를 생각하지 않아도 되고, 파이썬 프로그래밍의 제어 도구를 활용해서 모델 학습 과정을 설계할 수 있다.

[Tip] 정확한 비유는 아니지만, 구버전인 텐서플로1이 작성된 전체 코드를 먼저 그래프 연산이 가능하도록 변환하 는 컴파일 과정과 실제 연산이 실행되는 과정이 나누어지기 때문에 컴파일러(compiler) 방식이라고 이해해 볼 수 있다. 반면, 신버전인 텐서플로2는 코드를 한 행씩 순서대로 컴파일하면서 실행하기 때문에 인터프리 터(interpreter) 방식이라고 볼 수 있다.

예제를 통해 즉시 실행 모드를 확인해 보자. 다음과 같이 텐서플로 라이브러리를 불러와서, executing_eagerly() 함수를 실행하면 즉시 실행 모드인지 여부를 확인할 수 있다. 출력 값이 True 로 나오면 즉시 실행 모드가 설정된 상태이다. False이면 텐서플로1과 같은 그래프 실행 모드라 는 뜻이다.

<소스> 2.1_eager_execution.ipynb

```
[1]  import tensorflow as tf
     print(tf.executing_eagerly())
```

```
True
```

실제 계산 결과를 바로 확인할 수 있는지 확인해 본다. 다음 코드에서 변수 a, b에 정수 1과 2를 각각 대입한다. 텐서플로 math 모듈의 add 함수를 사용해 두 변수의 값을 더하고 변수 c에 저장 한다.

print 함수로 변수 c에 할당된 값을 출력하면 텐서에 숫자 3이 정수형(int32)으로 저장되어 있는 것을 알 수 있다. 이처럼 별도의 컴파일 과정을 거치지 않고 파이썬 일반 연산과 같이 노트북 환 경에서 바로 실행되고 결과를 확인할 수 있다.

```
[2]  a = 1
     b = 2
     c = tf.math.add(a, b)
     print(c)
```

```
tf.Tensor(3, shape=(), dtype=int32)
```

[Tip] 텐서플로1에서 비슷한 코드를 구현하려면 컴파일 과정도 필요하고 2배 이상의 긴 코드를 작성해야 한다. 즉 시 실행 모드는 텐서플로2의 가장 중요한 특징이다.

변수 c에 저장되어 있는 텐서 객체로부터 덧셈의 결과값인 3을 추출하려면, 텐서를 나타내는 변 수 이름 뒤에 numpy() 메소드를 입력한다. 이처럼 중간 계산 결과를 바로 확인할 수 있다.

```
[3]  c.numpy()
```

```
3
```

2-2 고수준 API 지원

이전 세대인 텐서플로1과 달리, 텐서플로2에서는 고수준(high-level) API인 케라스를 텐서플로 라이브러리 안에 통합하여 제공한다. 따라서 별도로 케라스 라이브러리를 설치할 필요가 없다. 또한, 케라스를 잘 다루면 대부분의 텐서플로 기능을 활용할 수 있다.

케라스는 입문자 또는 비전공자도 쉽게 사용법을 익힐 수 있다는 장점이 있다. 케라스 기본 사용법을 익히면 다양한 딥러닝 프로젝트를 직접 만들 수 있다.

한편 특별한 기능을 구현하거나 모델 학습을 직접 컨트롤하기를 원하는 고급 사용자의 경우, 텐서플로 고유의 저수준(low-level) API를 사용하면 된다. 이처럼 텐서플로는 다양한 사용자 요구 수준에 대응할 수 있다는 장점이 있다.

[Tip] 여기서 말하는 '고수준', '저수준'이라는 용어는 수준이 높거나 낮다는 뜻이 아니다. 저수준 언어를 기본 바탕으로 해서 고수준 언어를 구현하기 때문에, '저수준'이라는 용어는 '고수준' 언어를 만드는 데 필요한 기초 또는 재료로 이해하는 것이 바람직하다.

[그림 2-4]를 보면 텐서플로는 파이썬 뿐만 아니라, C++, JAVA 등 다른 언어도 지원하고 있다. 그 중에서 파이썬은 텐서플로 고유의 저수준 API(Layers, Datasets)를 활용할 수도 있고, 그보다 상위에 있는 케라스 모델을 사용할 수도 있다. 케라스는 텐서플로 저수준 API인 Layers와 Datasets와 같은 백엔드 자원을 활용하여 그 기반 위에서 만들어지는 개념이다.

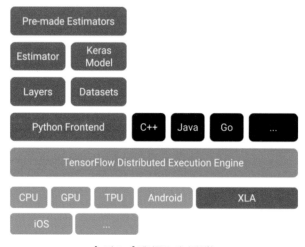

[그림 2-4] 텐서플로 아키텍처[04]

---

04 출처 : Google Developers Blog: Introduction to TensorFlow Datasets and Estimators(googleblog.com)

2-3 자동 미분

텐서플로는 딥러닝 모델 학습에 필요한 복잡한 미분(differentiation)을 자동으로 계산해 준다. 딥러닝 모델은 인간의 뇌 신경 구조를 모방한 인공 신경망으로 구현되는데, 인간의 뇌만큼 복잡한 구조를 갖는다. 복잡한 인공 신경망의 구조를 복잡한 수학적 함수식으로 표현하게 된다. 이때 딥러닝 모델이 예측과 실제값과의 오차를 최소로 하는 함수식을 찾기 위해 복잡한 함수를 미분하는 과정이 필요하다. 이때 텐서플로는 미분을 자동으로 계산해 준다.

[그림 2-5]는 중학교 수학 시간에 배운 2차 함수 그래프다. 손실함수가 이와 같이 2차 함수 형태라고 했을 때 최소값은 아래로 볼록한 정점(접선의 기울기 = 0)이 된다. w(가중치)에 대한 미분 계수가 접선의 기울기를 나타내기 때문에, 미분한 값이 0이 되는 w를 찾으면 손실함수가 최소값을 갖는다. 텐서플로는 이와 같은 미분을 자동으로 처리해 주고 손실이 최소가 되는 지점을 찾아주는 역할을 한다.

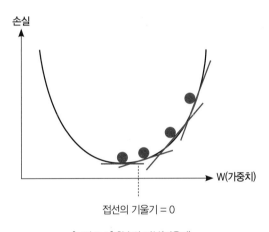

[그림 2-5] 함수와 미분(기울기)

다시 설명하자면, 딥러닝 모델이 예측한 값과 실제 정답의 차이를 손실함수라고 부른다. 우리가 손실함수라고 부르는 이 함수의 최소값을 구할 때는 함수에 대한 미분이 필요하다.

앞의 예제에서 파이썬 자료형에 해당하는 정수 1과 2를 텐서플로 연산의 입력값으로 사용했다. 이때 파이썬 자료형 값들은 텐서플로 자료구조인 텐서(Tensor)로 변환되어 처리된다. 텐서플로에서 자료를 표현하는 기본 구조인 텐서에 대해 알아보기로 한다.

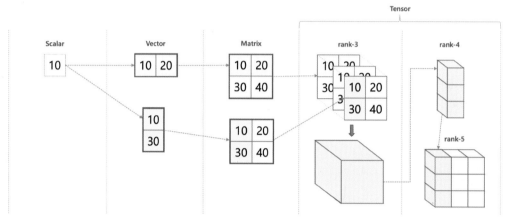

[그림 2–6] 텐서의 종류

[그림 2–6]은 0차원 텐서인 스칼라(Scalar), 1차원 벡터(Vector), 2차원 행렬(Matrix), 3차원 텐서와 4차원 텐서까지 차수가 1씩 증가함에 따라 데이터 구조가 확장된다. 점이 선으로 변하고, 선이 면으로 다시 면이 입체로 변하는 공간 개념을 떠올리도록 하자.

여기서 차수(차원의 수)는 텐서를 구성하는 벡터의 개수를 나타낸다. 벡터는 어떤 축 방향으로 어떤 양이 존재하는 것을 표현한다. 따라서 각 차원은 각각 고유의 정보를 나타내는 축이라고 이해할 수 있다. 2차원 행렬의 경우 1차원 벡터들을 다른 축 방향으로 나열하는 개념이다.

[Tip] 텐서의 어원을 찾아보면 '어떤 방향으로 뻗다', '잡아당기다'라는 뜻을 갖는 라틴어인 'tensus'에서 유래했다고 한다. 좌표계에서 벡터는 크기와 방향을 갖는다. 즉, 방향성을 갖는 어떤 물리량이면서, 텐서 개념을 이해하는 기초가 된다.

3-1 스칼라(Scalar)

스칼라는 정수나 실수와 같은 상수(Constant Number)를 나타낸다고 이해하면 쉽다. 양을 나타내기는 하지만, 방향성을 갖지는 않는다. 따라서 벡터가 존재하지 않기 때문에 차수가 0이 된다. 텐서플로에서는 '랭크(rank)-0' 텐서라고 부른다. 여기서 랭크는 앞에서 설명한 텐서의 차수를 나타낸다. 스칼라는 벡터가 없는 0차원으로 표현되기 때문에 '랭크-0' 텐서라고 정의한다.

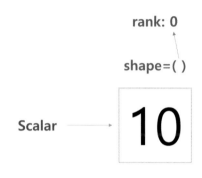

[그림 2-7] 스칼라

스칼라 텐서는 constant 함수에 상수 값을 입력해서 만들 수 있다. 변수 a에는 스칼라 1을 할당하고, 변수 b에는 스칼라 2를 저장하고, 변수 a와 b를 print 함수로 출력해 본다. 정수 1과 2는 텐서(tf.Tensor)로 변환된 것을 알 수 있다. 여기서 배열의 크기를 나타내는 shape = () 값을 보면, 배열을 나타내는 값이 존재하지 않기 때문에 0차원이라고 보면 된다. 즉, 정수 1과 2는 0차원 텐서인 스칼라로 저장된 것을 확인할 수 있다.

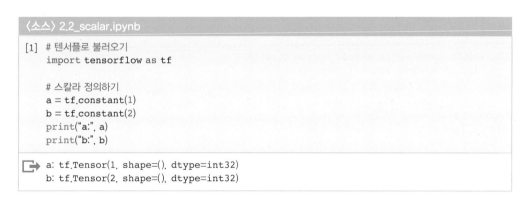

〈소스〉 2.2_scalar.ipynb

```
[1] # 텐서플로 불러오기
    import tensorflow as tf

    # 스칼라 정의하기
    a = tf.constant(1)
    b = tf.constant(2)
    print("a:", a)
    print("b:", b)
```

```
a: tf.Tensor(1, shape=(), dtype=int32)
b: tf.Tensor(2, shape=(), dtype=int32)
```

[Tip] 여기서 dtype은 텐서에 저장된 값의 자료형을 나타낸다. int32는 32비트 정수형이라는 뜻이다.

rank 함수를 사용하면 텐서 객체의 랭크(차수)를 알 수 있다. 변수 a에 저장된 텐서의 랭크를 출력하면 값이 0이다. 따라서 랭크가 0인 스칼라 텐서라는 것을 확인할 수 있다.

```
[2] # 랭크 확인하기
    print(tf.rank(a))
```

```
tf.Tensor(0, shape=(), dtype=int32)
```

텐서 자료형을 변환하고 싶을 때 cast 함수를 사용하면 된다. 32비트 정수형을 나타내는 int32로 저장되어 있는데, 32비트 실수형을 나타내는 float32로 변환해 본다.

```
[3] # 자료형 변환
    a = tf.cast(a, tf.float32)
    b = tf.cast(b, tf.float32)
    print(a.dtype)
    print(b.dtype)
```

```
<dtype: 'float32'>
<dtype: 'float32'>
```

[Tip] 텐서플로 딥러닝 연산에서는 float32를 숫자형 데이터를 나타내는 기본 자료형으로 사용한다.

math 모듈에는 여러 가지 수학 함수가 정의되어 있다. 텐서 간의 덧셈은 add 함수를 사용한다. 스칼라 텐서 a와 스칼라 텐서 b를 더한 결과를 변수 c에 대입하고 출력해 보면, 실수형 값인 3.0이 저장되어 있다. 스칼라 텐서를 서로 더한 결과도 스칼라 텐서이므로 랭크는 0이 된다.

```
[4] # 덧셈
    c = tf.math.add(a, b)
    print("result:", c)
    print("rank:", tf.rank(c))
```

```
result: tf.Tensor(3.0, shape=(), dtype=float32)
rank: tf.Tensor(0, shape=(), dtype=int32)
```

스칼라 사이에 뺄셈, 곱셈, 나눗셈과 같은 다른 사칙연산을 적용할 수도 있다. 각각 순서대로 subtract, multiply, divide 함수를 사용한다.

```
[5] # 뺄셈
    print(tf.math.subtract(a, b))
```

```
tf.Tensor(-1.0, shape=(), dtype=float32)
```

```
[6]  # 곱셈
     print(tf.math.multiply(a, b))
```

```
     tf.Tensor(2.0, shape=(), dtype=float32)
```

```
[7]  # 나눗셈
     print(tf.math.divide(a, b))
```

```
     tf.Tensor(0.5, shape=(), dtype=float32)
```

나눗셈의 나머지를 구할 때는 mod 함수를 사용한다. 파이썬의 % 연산자를 사용한 결과와 같다.

```
[8]  # 나눗셈(나머지)
     print(tf.math.mod(a, b))
```

```
     tf.Tensor(1.0, shape=(), dtype=float32)
```

나눗셈의 몫을 구할 때는 floordiv 함수를 사용한다. 파이썬의 // 연산자를 사용한 결과와 같다.

```
[9]  # 나눗셈(몫)
     print(tf.math.floordiv(a, b))
```

```
     tf.Tensor(0.0, shape=(), dtype=float32)
```

[Tip] 이외에도 math 모듈은 여러 가지 수학 함수를 지원하고 있다. 텐서플로 공식 문서[05]에서 확인할 수 있다.

3-2 벡터(Vector)

벡터는 여러 개의 스칼라 값을 원소로 갖는 1차원 배열로 표현된다. 스칼라 여러 개가 동일한 축 방향으로 나열되는 개념이다. 벡터는 원소로 구성되는 여러 개의 값들이 모여서 하나의 대표성을 갖는 값이 된다. 좌표계 공간으로 표현하면 어떤 방향으로 크기를 갖는다. 따라서 각 원소값의 크기뿐만 아니라, 원소들이 나열되는 순서도 의미가 있다.

[그림 2-8]에서 원소가 되는 10, 20, 30은 각각 스칼라이고 이들이 모여서 1차원 텐서인 벡터가 된다. 형태만 보면 파이썬 리스트와 비슷하다. 벡터는 하나의 축을 갖기 때문에 차수가 1이고, '랭크-1' 텐서라고 부른다.

---

05 참조 : https://www.tensorflow.org/api_docs/python/tf/math

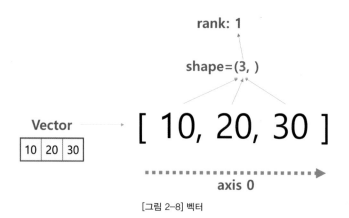

[그림 2-8] 벡터

예제를 통해 텐서플로에서 벡터를 정의하는 방법을 알아본다. constant 함수에 1차원 배열을 입력하면 1차원 텐서인 벡터로 변환된다. 이때, 함수의 입력값으로 파이썬 리스트와 넘파이 배열을 모두 사용할 수 있다. 벡터의 shape 속성은 (원소 개수,) 형태로 표시된다.

〈소스〉 2.3_vector.ipynb

```
[1] # 라이브러리 불러오기
    import tensorflow as tf
    import numpy as np

    # 1차원 배열 정의
    py_list = [10., 20., 30.]         # 파이썬 리스트 활용
    num_arr = np.array([10., 10., 10.]) # 넘파이 배열 활용

    # 텐서 변환
    vec1 = tf.constant(py_list, dtype=tf.float32)
    vec2 = tf.constant(num_arr, dtype=tf.float32)

    # 텐처 출력
    print("vec1:", vec1)
    print("vec2:", vec2)
```

```
vec1: tf.Tensor([10. 20. 30.], shape=(3,), dtype=float32)
vec2: tf.Tensor([10. 10. 10.], shape=(3,), dtype=float32)
```

실행 결과에서 텐서의 shape 속성은 (3,)과 같이 1개의 축에 대해서만 크기가 표현된다. 1개의 축에 3개의 원소가 있다는 뜻이다. 즉, 1개의 축을 갖는 것을 알 수 있다. dtype 속성을 보면 텐서로 변환된 뒤에도 원본 배열의 실수형 속성이 그대로 유지되고 있다.

shape 속성에서 차수를 알 수 있지만, 텐서플로 rank 함수를 사용하면 텐서의 차수를 반환해 준다. 다음 예제에서 2개의 벡터 모두 랭크가 1인 랭크-1 텐서라는 것을 알 수 있다.

```
[2]  # 랭크 확인
     print(tf.rank(vec1))
     print(tf.rank(vec2))
```

```
tf.Tensor(1, shape=(), dtype=int32)
tf.Tensor(1, shape=(), dtype=int32)
```

tf.math 모듈의 add 함수로 덧셈 연산을 처리한다. 이때 같은 위치에 있는 원소들끼리(element-by-element) 짝을 이루어 계산한다. 원소 3개를 갖는 벡터(랭크-1 텐서) 형태가 그대로 유지된다.

```
[3]  # 덧셈 함수
     add1 = tf.math.add(vec1, vec2)
     print("result:", add1)
     print("rank:", tf.rank(add1))
```

```
result: tf.Tensor([20. 30. 40.], shape=(3,), dtype=float32)
rank:    tf.Tensor(1, shape=(), dtype=int32)
```

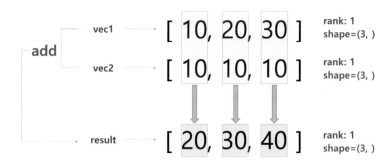

[그림 2-9] element-by-element 벡터 연산

파이썬에 내장된 덧셈 연산자 +를 사용할 수도 있다. 앞에서 add 연산자를 사용한 경우와 결과가 같다.

```
[4]  # 덧셈 연산자
     add2 = vec1 + vec2
     print("result:", add2)
     print("rank:", tf.rank(add2))
```

```
result: tf.Tensor([20. 30. 40.], shape=(3,), dtype=float32)
rank: tf.Tensor(1, shape=(), dtype=int32)
```

스칼라와 마찬가지로 벡터에 대해서도 tf.math 모듈의 여러 가지 함수를 사용하여 산술연산을 처리할 수 있다. 이때, 같은 위치에 있는 원소들끼리 연산을 하는 점에 유의한다.

```
[5]  # tf.math 모듈 함수
     print(tf.math.subtract(vec1, vec2))
     print(tf.math.multiply(vec1, vec2))
     print(tf.math.divide(vec1, vec2))
     print(tf.math.mod(vec1, vec2))
     print(tf.math.floordiv(vec1, vec2))
```

```
tf.Tensor([ 0. 10. 20.], shape=(3,), dtype=float32)
tf.Tensor([100. 200. 300.], shape=(3,), dtype=float32)
tf.Tensor([1. 2. 3.], shape=(3,), dtype=float32)
tf.Tensor([0. 0. 0.], shape=(3,), dtype=float32)
tf.Tensor([1. 2. 3.], shape=(3,), dtype=float32)
```

파이썬 연산자를 사용해도 동일한 결과를 얻을 수 있다. 같은 위치의 원소들끼리 계산된다.

```
[6]  # 파이썬 연산자
     print(vec1 - vec2)
     print(vec1 * vec2)
     print(vec1 / vec2)
     print(vec1 % vec2)
     print(vec1 // vec2)
```

```
tf.Tensor([ 0. 10. 20.], shape=(3,), dtype=float32)
tf.Tensor([100. 200. 300.], shape=(3,), dtype=float32)
tf.Tensor([1. 2. 3.], shape=(3,), dtype=float32)
tf.Tensor([0. 0. 0.], shape=(3,), dtype=float32)
tf.Tensor([1. 2. 3.], shape=(3,), dtype=float32)
```

벡터를 구성하는 원소들의 합계를 구할 수 있다. reduce_sum 함수를 이용한다. 합계는 스칼라로 표현되는 것을 알 수 있다.

```
[7]  # 합계 구하기
     print(tf.reduce_sum(vec1))
     print(tf.reduce_sum(vec2))
```

```
tf.Tensor(60.0, shape=(), dtype=float32)
tf.Tensor(30.0, shape=(), dtype=float32)
```

math 모듈의 square 함수를 이용하면 거듭제곱 연산을 처리할 수 있다. 각 원소를 거듭제곱한 결과를 벡터로 반환해 준다.

```
[8]  # 거듭제곱
     print(tf.math.square(vec1))
```

```
tf.Tensor([100. 400. 900.], shape=(3,), dtype=float32)
```

거듭제곱의 경우도 다른 산술연산과 마찬가지로 파이썬 연산자를 사용하는 것도 가능하다.

```
[9]  # 거듭제곱(파이썬 연산자)
     print(vec1**2)
```

tf.Tensor([100. 400. 900.], shape=(3,), dtype=float32)

제곱근을 구하는 텐서플로 함수로는 math 모듈의 sqrt 함수가 있다. 벡터를 구성하는 각 원소의 제곱근을 구하고, 그 결과를 동일한 형태의 벡터로 반환한다.

```
[10]  # 제곱근
      print(tf.math.sqrt(vec2))
```

tf.Tensor([3.1622777 3.1622777 3.1622777], shape=(3,), dtype=float32)

다음과 같이 파이썬 연산자를 텐서에 적용하는 것도 가능하다.

```
[11]  # 제곱근(파이썬 연산자)
      print(vec2**0.5)
```

tf.Tensor([3.1622777 3.1622777 3.1622777], shape=(3,), dtype=float32)

텐서 배열의 경우로 넘파이 배열의 브로드캐스팅 연산을 지원한다. 벡터에 숫자 1을 더하면, 벡터의 형태를 유지한 상태에서 각 원수에 1을 더하게 된다.

```
[12]  # 브로드캐스팅 연산
      print(vec1 + 1)
```

tf.Tensor([11. 21. 31.], shape=(3,), dtype=float32)

3-3   행렬(Matrix)

행렬은 차수가 1인 벡터를 같은 축 방향으로 나열하는 개념이다. 즉, 여러 개의 1차원 벡터를 원소로 갖는 1차원 배열이다. 원소의 차수가 1이므로 총 차수는 2가 된다. 텐서플로에서는 '랭크-2' 텐서라고 부른다.

[그림 2-10]의 왼쪽 그림과 같이 '랭크-2' 텐서는 여러 개의 1차원 배열('랭크-1' 텐서)을 원소로 갖는 벡터 형태로 표현된다. 오른쪽 그림과 같이 행(row)과 열(column)이라는 2개의 축을 갖는 2차원 구조로 표현할 수도 있다. 원소가 되는 1차원 벡터들이 행을 구성하는 단위가 되면, 각 벡터의 동일한 위치에 있는 원소들끼리 열을 구성하는 단위가 된다.

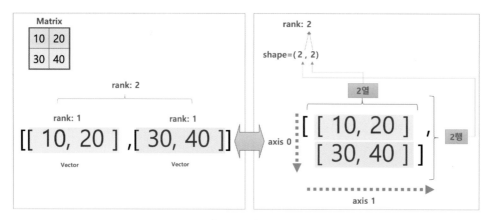

[그림 2-10] 행렬

다음 예제는 [[10, 20], [30, 40]]과 같이, 2개의 리스트를 원소로 갖는 리스트를 사용해서 (2행, 2열) 구조의 2차원 행렬 텐서를 만드는 내용이다. 앞 부분에서 스칼라와 벡터를 만든 것과 같이 constant 함수에 배열을 입력하면 텐서로 변환해 준다. 2차원 배열을 입력값으로 전달했기 때문에, 함수가 반환하는 텐서는 2차원이 된다.

〈소스〉 2.4_matrix.ipynb

```
[1]  # 라이브러리 불러오기
     import tensorflow as tf

     # 2차원 배열 정의
     list_of_list = [[10, 20], [30, 40]]

     # 텐서 변환 – constant 함수에 2차원 배열 입력
     mat1 = tf.constant(list_of_list)

     # 랭크 확인
     print("rank:", tf.rank(mat1))

     # 텐서 출력
     print("mat1:", mat1)
```

```
rank: tf.Tensor(2, shape=(), dtype=int32)
mat1: tf.Tensor(
[[10 20]
 [30 40]], shape=(2, 2), dtype=int32)
```

rank 함수로 변환된 행렬 텐서의 차수를 확인해 보면 랭크가 2임을 알 수 있다. 행 방향과 열 방향으로 2개의 축이 존재하므로 축의 개수를 나타내는 차수는 2가 된다. 또한, 행렬의 shape은 (2, 2)가 되는데 (행의 개수, 열의 개수) 형태를 나타낸다. 행의 개수는 2차원 배열을 구성하는 벡터의 개수가 되고, 열의 개수는 각 벡터를 구성하는 원소의 개수가 된다.

stack 함수를 사용해서 행렬을 만들 수 있다. 1차원 벡터 2개를 stack 함수를 이용하여 결합하는 방식이다. 따라서 차수가 2인 랭크-2 텐서가 된다.

```
[2]  # 1차원 벡터 정의
     vec1 = tf.constant([1, 0])
     vec2 = tf.constant([-1, 2])

     # 텐서 변환 - stack 함수로 1차원 배열을 위아래로 쌓기
     mat2 = tf.stack([vec1, vec2])

     # 랭크 확인
     print("rank:", tf.rank(mat2))

     # 텐서 출력하기
     print("mat2:", mat2)
```

```
⇨  rank: tf.Tensor(2, shape=(), dtype=int32)
   mat2: tf.Tensor(
   [[ 1  0]
    [-1  2]], shape=(2, 2), dtype=int32)
```

2차원 구조인 행렬에도 벡터에 적용한 바와 같이 math 모듈의 수학 함수들을 그대로 적용할 수 있다. 마찬가지로, 같은 위치에 있는 원소들끼리(element-by-element) 짝을 이루어 계산한다. [그림 2-11]과 다음 예제는 multiply 함수를 사용하여 각 원소들을 서로 곱하는 과정을 보여준다.

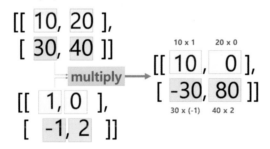

[그림 2-11] element-by-element 행렬 연산

```
[3]  # element-by-element 연산
     element_mul = tf.math.multiply(mat1, mat2)
     print("result:", element_mul)
     print("rank:", tf.rank(element_mul))
```

```
⇨  result: tf.Tensor(
   [[ 10  0]
    [-30 80]], shape=(2, 2), dtype=int32)
   rank: tf.Tensor(2, shape=(), dtype=int32)
```

2차원 행렬에 스칼라 값인 3을 곱하면, 행렬의 모든 원소에 3을 곱하게 된다. 행렬의 원소가 모두 3으로 구성되는 2차원 행렬 형태로 확장되어 연산을 처리하게 된다.

```
[4]  # 브로드캐스팅 연산
     element_bc = tf.math.multiply(mat1, 3)
     print("result:", element_bc)
     print("rank:", tf.rank(element_bc))
```

```
result: tf.Tensor(
[[ 30  60]
 [ 90 120]], shape=(2, 2), dtype=int32)
rank: tf.Tensor(2, shape=(), dtype=int32)
```

선형대수에서 다루는 행렬곱 연산은 matmul 함수를 사용하여 처리한다. 행렬곱은 벡터의 선형 결합 또는 선형사상 등 선형대수학의 기초가 되는 연산이다.

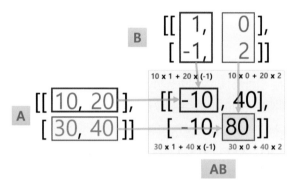

[그림 2-12] 행렬곱

```
[5]  # 행렬곱 연산
     mat_mul = tf.matmul(mat1, mat2)
     print("result:", mat_mul)
     print("rank:", tf.rank(mat_mul))
```

```
result: tf.Tensor(
[[-10 40]
 [-10 80]], shape=(2, 2), dtype=int32)
rank: tf.Tensor(2, shape=(), dtype=int32)
```

[Tip] 행렬곱 AB의 형태 shape = (행렬 A의 행의 개수, 행렬 B의 열의 개수)와 같이 나타낼 수 있다. 축이 2개이므로 차수가 2인 랭크-2 텐서가 된다.

덧셈 연산은 add 함수로 처리한다. 같은 위치에 있는 원소들끼리 더한 값들을 원래 크기와 같은 행렬에 반환된다.

```
[6]  # 덧셈 연산
     add1 = tf.math.add(mat1, mat2)
     print("result:", add1)
     print("rank:", tf.rank(add1))
```

```
result: tf.Tensor(
[[11 20]
 [29 42]], shape=(2, 2), dtype=int32)
rank: tf.Tensor(2, shape=(), dtype=int32)
```

파이썬 덧셈 연산자를 사용해도 같은 결과를 얻을 수 있다.

```
[7]  # 덧셈 연산자
     add2 = mat1 + mat2
     print("result:", add2)
     print("rank:", tf.rank(add2))
```

```
result: tf.Tensor(
[[11 20]
 [29 42]], shape=(2, 2), dtype=int32)
rank: tf.Tensor(2, shape=(), dtype=int32)
```

넘파이 배열을 텐서로 변환할 수 있듯이, 텐서를 넘파이 배열로 변환할 수 있다. numpy() 메소드를 텐서 객체에 적용하면 된다. 다음 예제는 앞에서 행렬곱 연산 결과를 담고 있는 mat_mul 텐서를 넘파이 배열로 변환하는 과정을 보여 준다.

```
[8]  # 텐서를 넘파이로 변환
     np_arr = mat_mul.numpy()
     print(type(np_arr))
     print(np_arr)
```

```
<class 'numpy.ndarray'>
[[-10  40]
 [-10  80]]
```

[Tip] 파이썬 내장 함수인 type 명령으로 변환된 배열의 클래스 유형을 확인할 수 있다.

3-4 고차원 텐서(Tensor)

축이 3개 이상인 고차원 텐서에 대해서 알아보자. 먼저 3차원 구조를 갖는 '랭크-3' 텐서 구조를 이해한다. [그림 2-13]과 같이 랭크-1 텐서를 같은 축 방향으로 결합하면 랭크-2 텐서가 되고, 랭크-2 텐서를 동일한 축 방향으로 결합하면 랭크-3 텐서가 된다. 즉, 1차원 벡터를 나열하면 2차원 행렬이 되고, 2차원 행렬을 나열하면 3차원 텐서가 된다.

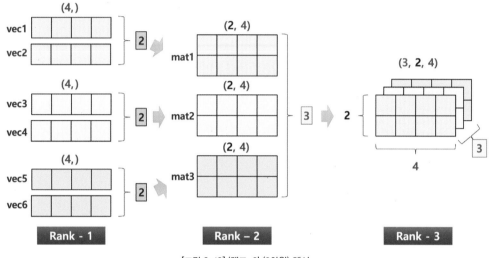

[그림 2-13] '랭크-3' (3차원) 텐서

다음 예제에서는 2차원 행렬(행2, 열 4)을 먼저 정의하고 각각 mat1, mat2, mat3 변수에 할당한다. 이들 행렬(2차원)을 원소로 갖는 벡터(1차원)를 만들면 '랭크-3' 텐서(2차원 + 1차원 = 3차원)가 된다. 텐서의 shape 속성을 확인하면 (3, 2, 4)가 된다. (행2, 열4) 크기의 행렬이 3개 결합된 것으로 이해할 수 있다.

```
[1] # 라이브러리 불러오기
    import tensorflow as tf
    import numpy as np

    # 2차원 배열 정의
    mat1 = [[1, 2, 3, 4],
            [5, 6, 7, 8]]

    mat2 = [[9, 10, 11, 12],
            [13, 14, 15, 16]]

    mat3 = [[17, 18, 19, 20],
            [21, 22, 23, 24]]

    # 텐서 변환 – constant 함수에 3차원 배열 입력
    tensor1 = tf.constant([mat1, mat2, mat3])

    # 랭크 확인
    print("rank:", tf.rank(tensor1))

    # 텐서 출력
    print("tensor1:", tensor1)
```

```
rank: tf.Tensor(3, shape=(), dtype=int32)
tensor1: tf.Tensor(
[[[ 1  2  3  4]
  [ 5  6  7  8]]
 [[ 9 10 11 12]
  [13 14 15 16]]
 [[17 18 19 20]
  [21 22 23 24]]], shape=(3, 2, 4), dtype=int32)
```

stack 함수를 사용하여 3개의 벡터(1차원)를 결합한다. 위아래 방향으로 쌓는다고 생각하면 된다. 결과는 앞에서 constant 함수를 사용했을 때와 같다.

```
[2] # 텐서 변환 – stack 함수로 2차원 배열을 위아래로 쌓기
    tensor2 = tf.stack([mat1, mat2, mat3])

    # 랭크 확인
    print("rank:", tf.rank(tensor2))

    # 텐서 출력
    print("tensor2:", tensor2)
```

```
tf.Tensor(
[[[ 1  2  3  4]
  [ 5  6  7  8]]
 [[ 9 10 11 12]
  [13 14 15 16]]
 [[17 18 19 20]
  [21 22 23 24]]], shape=(3, 2, 4), dtype=int32)
```

벡터(1차원)를 원소로 갖는 행렬(2차원)을 만드는 방식으로 '랭크-3' 텐서(1차원 + 2차원 = 3차원)를 정의한다. (행3, 열2) 크기의 행렬을 arr 변수에 정의한 다음, 각 원소에 1개의 축을 갖는 벡터를 입력한다. 즉, 원소 4개가 들어 있는 1차원 벡터들로 (행3, 열2) 행렬을 만드는 개념이 된다. constant 함수로 텐서로 변환하면 (3, 2, 4) 크기의 텐서가 된다. 결과적으로 앞에서 만든 텐서와 형태가 동일하다는 것을 알 수 있다.

```
[3] # 1차원 배열 정의
    vec1 = [1, 2, 3, 4]
    vec2 = [5, 6, 7, 8]
    vec3 = [9, 10, 11, 12]
    vec4 = [13, 14, 15, 16]
    vec5 = [17, 18, 19, 20]
    vec6 = [21, 22, 23, 24]

    # 1차원 배열을 원소로 갖는 2차원 배열 정의
    arr = [[vec1, vec2],
           [vec3, vec4],
           [vec5, vec6]]

    # 텐서 변환
    tensor3 = tf.constant(arr)

    # 랭크 확인
    print("rank:", tf.rank(tensor3))

    # 텐서 출력
    print("tensor3:", tensor3)
```

```
rank: tf.Tensor(3, shape=(), dtype=int32)
tensor3: tf.Tensor(
[[[ 1  2  3  4]
  [ 5  6  7  8]]

 [[ 9 10 11 12]
  [13 14 15 16]]

 [[17 18 19 20]
  [21 22 23 24]]], shape=(3, 2, 4), dtype=int32)
```

이번에는 4개의 축을 갖는 4차원 텐서를 만들어 본다. 앞에서 만든 3차원 텐서 tensor1, tensor2를 stack 함수로 위아래 방향으로 결합해 준다. 이처럼 텐서로 변환하면 4개의 축을 갖는 (2, 3, 2, 4) 크기의 랭크-4 텐서가 된다. (3, 2, 4) 크기를 갖는 3차원 배열이 새로운 축 방향으로 2개가 결합했기 때문에, 3차원에서 축이 1개 추가되어 4차원 구조가 된다. 다시 말하면 3차원 배열을 원소로 갖는 1차원 배열을 만들었다고 생각하면 쉽다.

```
[4]  # 랭크-4 텐서 만들기
     tensor4 = tf.stack([tensor1, tensor2])

     # 랭크 확인
     print("rank:", tf.rank(tensor4))

     # 텐서 출력
     print("tensor4:", tensor4)
```

```
rank: tf.Tensor(4, shape=(), dtype=int32)
tensor4: tf.Tensor(
[[[[ 1  2  3  4]
   [ 5  6  7  8]]

  [[ 9 10 11 12]
   [13 14 15 16]]

  [[17 18 19 20]
   [21 22 23 24]]]


 [[[ 1  2  3  4]
   [ 5  6  7  8]]

  [[ 9 10 11 12]
   [13 14 15 16]]

  [[17 18 19 20]
   [21 22 23 24]]]], shape=(2, 3, 2, 4), dtype=int32)
```

[Tip] 앞의 예제에서 4차원 텐서의 형태는 (2, 3, 2, 4)이다. 4개의 숫자는 순서대로 axis 0, axis 1, axis 2, axis 3(또는 axis −1) 방향으로 몇 개의 원소가 들어 있는지 나타낸다.

후반부에서 다양한 딥러닝 문제들을 다룰 예정이다. 이때 2차원, 3차원, 4차원 텐서 형태로 데이터를 정리하고 딥러닝 학습에 활용하는 과정에 익숙해질 필요가 있다.

텐서를 구성하는 개별 원소의 위치 인덱스를 기준으로 원소를 추출하는 인덱싱(indexing) 방법은 파이썬 리스트 또는 넘파이 배열의 인덱싱 방법과 비슷하다. 인덱스는 0부터 시작하고, 마지막 인덱스는 −1로 나타낼 수 있다. 인덱스에 해당하는 범위를 지정하여 여러 개의 원소를 슬라이싱(slicing) 추출하는 것도 가능하다.

[그림 2-14] 인덱싱

먼저, 1차원 벡터의 인덱싱 방법을 알아본다. 숫자 10, 20, 30, 40, 50을 원소로 갖는 벡터를 정의한다. constant 함수에 파이썬 리스트를 입력하면 1차원 벡터 텐서로 변환한다.

〈소스〉 2.6_indexing.ipynb

```
[1] # 텐서플로 불러오기
    import tensorflow as tf

    # 벡터 정의
    vec = tf.constant([10, 20, 30, 40, 50])
    print(vec)
```

```
tf.Tensor([10 20 30 40 50], shape=(5,), dtype=int32)
```

첫 번째 인덱스는 0으로 표현하므로, 첫 번째 원소인 숫자 10을 원소로 갖는 스칼라가 추출된다.

```
[2] print(vec[0])
```

```
tf.Tensor(10, shape=(), dtype=int32)
```

−1은 마지막 인덱스를 나타내기 때문에 마지막 원소인 숫자 50이 추출된다.

```
[3] print(vec[-1])
```

```
tf.Tensor(50, shape=(), dtype=int32)
```

인덱스 범위를 [시작 : 끝]과 같이 지정하여 추출하는 슬라이싱도 가능하다. 슬라이싱 범위의 끝에 해당하는 인덱스는 포함하지 않는 점에 유의한다. 예제의 [:3]은 시작 인덱스를 지정하지 않았기 때문에 첫 번째 원소를 포함하여 추출한다. 범위의 끝 값인 인덱스 3에 해당하는 원소를 포함하지 않기 때문에, 인덱스 0부터 인덱스 2까지 범위에 들어가는 3개의 원소(10, 20, 30)을 추출한다. 인덱스 0, 1, 2에 해당하는 값들이다.

```
[4] print(vec[:3])
```

```
tf.Tensor([10 20 30], shape=(3,), dtype=int32)
```

2차원 구조인 행렬 텐서의 경우 행 방향의 인덱스와 열 방향의 인덱스를 지정하는 방식으로 원하는 위치의 원소를 선택할 수 있다.

다음 예제에서 (2행, 3열) 크기의 랭크-2 텐서를 정의하고 mat 변수에 저장한다. 대괄호 안에 [행 인덱스 0, 열 인덱스 2]와 같이 인덱스를 지정해 주면, 0행 2열에 위치한 원소 30이 추출된다. 즉, 첫 번째 행의 3번째 원소를 말한다.

```
[5] # 행렬 정의
    mat = tf.constant([[10, 20, 30],
                       [40, 50, 60]])

    print(mat[0, 2])
```

```
tf.Tensor(30, shape=(), dtype=int32)
```

대괄호 안에 [행 인덱스 범위, 열 인덱스 범위]와 같이 인덱스 범위를 지정하여 슬라이싱 방식을 적용할 수 있다. 다음 코드는 [0행, 모든(:) 열] 범위를 나타내므로 첫 번째 행의 모든 원소가 포함되는 벡터가 추출된다. 즉, 첫 번째 행에 해당하는 1차원 벡터가 된다.

```
[6] print(mat[0, :])
```

```
tf.Tensor([10 20 30], shape=(3,), dtype=int32)
```

다음 코드에서 [모든(:) 행, 1열] 범위에 해당하는 텐서를 추출한다. 열 기준으로 인덱스 1에 해당하는 열을 먼저 찾고, 해당 열의 모든 행에 해당하는 원소를 갖는 벡터가 추출된다. 즉, 2번째 열의 위치에 있는 20, 50이 해당된다.

```
[7] print(mat[:, 1])
```

```
tf.Tensor([20 50], shape=(2,), dtype=int32)
```

다음은 슬라이싱으로 [모든(:) 행, 모든(:) 열] 범위를 지정하는 예제이다. 이 경우, 모든 행과 열을 선택하기 때문에 원래 행렬과 동일한 크기와 원소를 갖는 텐서를 반환한다.

```
[8] print(mat[:, :])
```

```
tf.Tensor(
[[10 20 30]
 [40 50 60]], shape=(2, 3), dtype=int32)
```

랭크 3 이상의 고차원 텐서의 인덱싱은 2차원 구조인 행렬 텐서의 개념을 확장하여 처리한다. 먼저, 다음 코드와 같이 (2, 2, 3) 크기의 텐서를 정의한다.

```
[9] # 랭크-3 텐서 정의
    tensor = tf.constant([
       [[10, 20, 30],
        [40, 50, 60]],
       [[-10, -20, -30],
        [-40, -50, -60]],
    ])
    print(tensor)
```

```
tf.Tensor(
[[[ 10  20  30]
  [ 40  50  60]]

 [[-10 -20 -30]
  [-40 -50 -60]]], shape=(2, 2, 3), dtype=int32)
```

다음과 같이 [축1, 축2, 축3] 형식으로 인덱스 또는 그 범위를 지정한다. 다음 코드에서 [0, :, :]은 [인덱스0, 모든 인덱스, 모든 인덱스]를 나타낸다. 축 1 방향으로 첫 번째 원소인 (2, 3) 크기의 행렬을 먼저 찾고, 행렬의 모든 인덱스를 선택하므로 행렬 그대로 추출된다.

```
[10] print(tensor[0, :, :])
```

```
tf.Tensor(
[[10 20 30]
 [40 50 60]], shape=(2, 3), dtype=int32)
```

다음 코드는 축 1 방향으로 모든(:) 원소를 선택한다. 축 1 방향을 구성하는 (2, 3) 크기의 행렬 2개가 모두 선택된다. 다음 단계로는 각 행렬에 대해서 축 2, 축 3 방향으로 각각 :2, :2 범위로 슬라이싱을 적용한다. 슬라이싱 대상이 되는 (2, 3) 크기 행렬 중에서 행 인덱스 0~1, 열 인덱스 0~1 범위에 해당하는 (2, 2) 크기의 행렬이 추출된다. (2, 2) 크기의 행렬 2개를 원소로 갖는 (2, 2, 2) 크기의 3차원 텐서가 최종 결과물이 된다.

```
[11] print(tensor[:, :2, :2])

     tf.Tensor(
     [[[ 10  20]
       [ 40  50]]

      [[-10 -20]
       [-40 -50]]], shape=(2, 2, 2), dtype=int32)
```

텐서 형태 변환은 넘파이 reshape 함수의 사용법과 비슷하다. 이 책에서 다룰 머신러닝, 딥러닝 예제를 학습하기 위해서는 텐서 형태를 변환하는 방법을 익히는 것이 매우 중요하다.

예제를 통해 텐서 형태를 변환하는 방법을 알아보자. 먼저, 숫자 0~23까지 24개의 원소를 갖는 랭크-1 텐서를 정의한다. 원소 24개를 갖는 1차원 벡터가 된다.

〈소스〉 2.7_reshape.ipynb

```
[1]  # 텐서플로 불러오기
     import tensorflow as tf

     # 랭크-1 텐서 정의
     tensor = tf.constant(range(0, 24))
     print(tensor)
```

```
tf.Tensor([ 0  1  2  3  4  5  6  7  8  9 10 11 12 13 14 15 16 17 18 19 20 21 22 23],
          shape=(24,), dtype=int32)
```

[Tip] 파이썬 range 함수는 시작 범위와 끝 범위를 지정하여 범위에 속하는 숫자 배열을 만들어 준다.

텐서 형태를 변환할 때 reshape 함수를 이용한다. 넘파이 reshape 함수와 사용법이 비슷하다. 앞에서 정의한 벡터(tensor)는 (24,) 형태인데, 다음과 같이 (3, 8) 형태의 행렬(tensor1)로 변환할 수 있다. 변환 전과 후의 원소 개수는 그대로 유지된다.

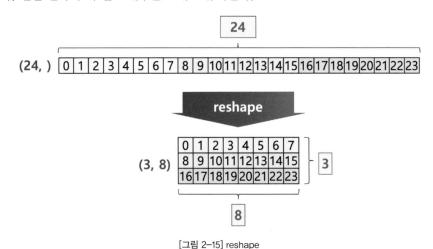

[그림 2-15] reshape

```
[2]  tensor1 = tf.reshape(tensor, [3, 8])
     print(tensor1)
```
```
tf.Tensor(
[[ 0  1  2  3  4  5  6  7]
 [ 8  9 10 11 12 13 14 15]
 [16 17 18 19 20 21 22 23]], shape=(3, 8), dtype=int32)
```

다음은 (3, 8) 크기의 행렬(tensor1)을 (6, 4) 구조의 행렬(tensor2)로 변환하는 예제이다. 여기서 행 인덱스를 지정한 음수 −1은 '어떤 값이 되어도 관계없다'는 뜻이다. 먼저 값이 지정되어 있는 열의 크기인 4를 적용하고 원소 개수와 배열의 형태에 따라 행의 크기를 결정하게 된다. 예제에서는 24개 원소를 열의 크기 4로 나눈 6이 행의 크기가 된다.

```
[3]  tensor2 = tf.reshape(tensor1, [−1, 4])
     print(tensor2)
```
```
tf.Tensor(
[[ 0  1  2  3]
 [ 4  5  6  7]
 [ 8  9 10 11]
 [12 13 14 15]
 [16 17 18 19]
 [20 21 22 23]], shape=(6, 4), dtype=int32)
```

다음과 같이 (6, 4) 형태의 행렬(tensor2)을 (24,) 형태의 1차원 벡터(tensor3)로 변환할 수 있다.

```
[4]  tensor3 = tf.reshape(tensor2, [−1])
     print(tensor3)
```
```
tf.Tensor([ 0  1  2  3  4  5  6  7  8  9 10 11 12 13 14 15 16 17 18 19 20 21 22 23],
          shape=(24,), dtype=int32)
```

[Tip] 원소의 개수를 알고 있기 때문에 24를 입력해도 되지만, 배열을 구성하는 원소가 매우 많고 배열 구조가 복잡할 때는 −1을 입력값으로 사용하는 것이 더 편리한 방법이다.

다음은 (24,) 형태의 1차원 벡터(tensor3)를 (2, 3, 4) 형태의 랭크-3 텐서(tensor4)로 변환하는 예제이다. 3개의 랭크 중에서 2개의 랭크가 (3, 4)로 지정되었기 때문에, −1 위치에는 2가 설정된다(계산식 : $24 \div (3 \times 4)$).

```
[5]  tensor4 = tf.reshape(tensor3, [−1, 3, 4])
     print(tensor4)
```
```
tf.Tensor(
[[[ 0  1  2  3]
  [ 4  5  6  7]
  [ 8  9 10 11]]

 [[12 13 14 15]
  [16 17 18 19]
  [20 21 22 23]]], shape=(2, 3, 4), dtype=int32)
```

다음 예제에서는 (2, 3, 4) 형태의 랭크-3 텐서(tensor4)를 (3, 2, 4) 형태의 랭크-3 텐서 (tensor5)로 변환한다.

```
[6] tensor5 = tf.reshape(tensor4, [3, 2, 4])
    print(tensor5)
```

```
tf.Tensor(
[[[ 0  1  2  3]
  [ 4  5  6  7]]

 [[ 8  9 10 11]
  [12 13 14 15]]

 [[16 17 18 19]
  [20 21 22 23]]], shape=(3, 2, 4), dtype=int32)
```

다음은 (3, 2, 4) 형태의 랭크-3 텐서(tensor5)를 (3, 2, 2, 2) 형태의 랭크-4 텐서(tensor6)로 변환하는 과정을 보여준다.

```
[7] tensor6 = tf.reshape(tensor5, [3, 2, 2, 2])
    print(tensor6)
```

```
tf.Tensor(
[[[[ 0  1]
   [ 2  3]]

  [[ 4  5]
   [ 6  7]]]

 [[[ 8  9]
   [10 11]]

  [[12 13]
   [14 15]]]

 [[[16 17]
   [18 19]]

  [[20 21]
   [22 23]]]], shape=(3, 2, 2, 2), dtype=int32)
```

[Tip] 변환 전 텐서의 axis 2에 해당하는 4개의 원소를 가진 벡터가 (2, 2) 형태의 행렬로 변환된 것과 같다.

이번에는 텐서플로 변수(variable)의 기본 개념을 익힌다. 텐서플로를 활용하여 딥러닝 모델을 만들고 학습할 때, 텐서플로 변수를 활용하면 정교하게 연산을 제어할 수 있다. 특히, 딥러닝 모델의 가중치와 학습률(learning rate)처럼 모델 학습 및 추론 과정에서 값이 변경되는 경우 변수를 활용한다.

텐서플로는 그래프 구조를 이용하여 복잡한 미분 연산을 한다. 이때 수많은 미분 연산을 반복하게 되는데 각각의 중간 연산 결과를 저장할 때 변수를 이용한다. 모델을 학습하는 중간 단계마다 모델의 가중치 행렬을 변수에 저장하고, 계산을 반복하면서 변수의 값을 업데이트한다.

또한, 최적화 알고리즘을 적용할 때 모델이 학습하는 속도를 정하는 학습률을 저장하는 데도 사용된다. 최적화란 모델에 적용되는 학습률을 조금씩 바꾸면서 최적의 결과를 찾는 과정을 말한다. 이때 변수는 변화하는 학습률 값을 저장하게 된다. 다음 예제는 텐서플로 변수를 정의하고 여러 가지 속성을 확인하는 방법에 대한 것이다. 먼저 텐서플로를 불러오고 2차원 행렬 텐서를 생성한다.

〈소스〉 2.8_variable.ipynb

```
[1] # 텐서플로 불러오기
    import tensorflow as tf

    # 텐서 정의
    tensor1 = tf.constant([[0, 1, 2],
                           [3, 4, 5]])
    print(tensor1)
```

```
tf.Tensor(
[[0 1 2]
 [3 4 5]], shape=(2, 3), dtype=int32)
```

텐서를 Variable 함수에 입력하면 텐서플로 변수가 생성된다. 여기서 입력 텐서는 텐서플로 변수의 초기값이 된다. 물론 변수가 업데이트되면 초기값은 다른 값으로 변경될 수 있다.

```
[2] tensor_var1 = tf.Variable(tensor1)
    print(tensor_var1)
```

```
<tf.Variable 'Variable:0' shape=(2, 3) dtype=int32, numpy=
array([[0, 1, 2],
       [3, 4, 5]])>
```

[Tip] 변수는 텐서 구조에 저장되어 있는 값이 달라질 수 있다는 점에서 값을 변경할 수 없는 상수 형태의 텐서를 만드는 constant 함수와 구별된다.

앞에서 생성한 텐서플로 변수(tensor_var1)의 속성 값을 print 함수로 출력해서 확인한다. 변수의 이름(name), 크기(shape), 자료형(dtype), 배열 데이터(numpy 메소드)를 차례로 확인한다.

```
[3]  print("이름: ", tensor_var1.name)
     print("크기: ", tensor_var1.shape)
     print("자료형: ", tensor_var1.dtype)
     print("배열: ", tensor_var1.numpy())
```
```
이름:  Variable:0
크기:  (2, 3)
자료형: <dtype: 'int32'>
배열:  [[0 1 2]
        [3 4 5]]
```

assign() 메소드를 이용하면, 텐서플로 변수에 새로운 데이터를 할당할 수 있다. 단, 이때 주의할 점은 입력하는 배열의 크기와 자료형이 원래 변수의 크기와 자료형과 동일해야 한다. (2, 3) 크기의 정수(int32)로 이루어진 배열을 입력하면 numpy 속성에 해당하는 배열이 변경된다.

```
[4]  tensor_var1.assign([[1, 1, 1],
                         [2, 2, 2]])
     print(tensor_var1)
```
```
<tf.Variable 'Variable:0' shape=(2, 3) dtype=int32, numpy=
array([[1, 1, 1],
       [2, 2, 2]])>
```

convert_to_tensor() 함수를 이용하면, 텐서플로 변수를 텐서로 변환할 수 있다. 텐서로 변환하고 나면, 텐서의 크기와 저장하고 있는 값을 변경할 수 없다.

```
[5]  tensor2 = tf.convert_to_tensor(tensor_var1)
     print(tensor2)
```
```
tf.Tensor(
[[1 1 1]
 [2 2 2]], shape=(2, 3), dtype=int32)
```

텐서플로 변수는 name 속성을 갖는다. 따라서, 변수를 정의할 때 사용자가 원하는 이름을 지정할 수 있다.

```
[6]  tensor_var2 = tf.Variable(tensor2, name='New Name')
     print(tensor_var2.name)
```
```
New Name:0
```

텐서플로 변수도 텐서 연산과 동일하게 연산자 또는 함수를 사용하여 연산을 처리할 수 있다. 이때 텐서플로 변수가 저장하고 있는 텐서 값을 사용한다.

```
[7]  tensor_var1 + tensor_var2
```
```
<tf.Tensor: shape=(2, 3), dtype=int32, numpy=
array([[2, 2, 2],
       [4, 4, 4]])>
```

텐서플로는 딥러닝 모델을 구성하는 복잡한 인공 신경망의 각 노드에서 계산되는 미분을 자동으로 계산해 준다. 특히 각 변수의 기울기에 해당하는 그래디언트(gradient)를 계산하는 데 특화되어 있다.

다음 예제는 Y = 3X − 2 함수식으로 표현되는 X, Y 데이터를 가지고 기울기와 y 절편 값을 텐서플로 자동 미분을 통해서 계산하는 과정을 볼 수 있다.

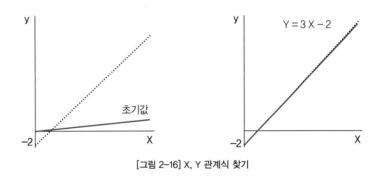

[그림 2-16] X, Y 관계식 찾기

먼저, 데이터셋을 생성한다. tf.random 모듈의 Generator를 활용해서 정규분포를 갖는 10개의 숫자 데이터를 추출하여 변수 X에 저장한다. Y 변수는 선형 함수식을 만족하는 값을 대입한다.

〈소스〉 2.9_autodiff.ipynb

```
[1] # 라이브러리 불러오기
    import tensorflow as tf

    # Y = 3X − 2 선형 관계를 갖는 데이터셋 생성
    g = tf.random.Generator.from_seed(2020)
    X = g.normal(shape=(10,))
    Y = 3 * X − 2

    print('X: ', X.numpy())
    print('Y: ', Y.numpy())
```

```
X:[−0.20943771  1.2746525   1.213214  −0.17576954 1.876984   0.16379917
    1.082245    0.6199966 −0.4440221  1.3048342 ]
Y:[−2.628313   1.8239574   1.6396422 −2.5273085  3.630952 −1.5086025
    1.2467351 −0.14001012 −3.3320663  1.9145026 ]
```

딥러닝 모델 학습은 모델이 예측하는 값(Y_pred)과 실제 값(Y)의 차이(손실, loss)를 최소화하는 모델의 계수(a)와 상수항(b)을 찾는 과정이라고 말할 수 있다. 반복적인 계산을 통해 모델의 계수와 상수항을 조금씩 바꿔가면서 손실을 최소화하는 값을 찾는다.

다음과 같이 MSE(평균제곱오차, mean squared error)를 계산하는 cal_mse 손실함수를 정의한다.

```
[2]  # Loss 함수 정의
     def cal_mse(X, Y, a, b):

         Y_pred = a * X + b
         squared_error =(Y_pred - Y) ** 2
         mean_squared_error = tf.reduce_mean(squared_error)

         return mean_squared_error
```

[Tip] 여기서 tf.reduce_mean() 함수는 평균값을 계산한다. 오차의 제곱을 계산하여 squared_error 텐서에 저장하고 있기 때문에, 이 값들을 평균하여 평균제곱오차를 구할 수 있다.

tf.GradientTape를 활용하면 텐서플로가 자동 미분하는 중간 과정을 모두 기록할 수 있다. 먼저 모델의 계수와 상수항에 해당하는 a, b 변수를 생성하고 초기값으로 0.0을 입력한다. 자동 미분은 모두 200번(EPOCHS) 진행하고 20번마다 중간 계산 결과를 print 함수로 출력한다.

with 구문 안에서 cal_mse 함수로 계산한 결과는 mse 변수에 저장되고, gradient() 함수를 사용하여 저장되어 있는 미분값을 추출해서 딕셔너리 형태로 grad 변수에 저장한다. 계수(a)의 미분값을 d_a 변수에 저장하고, 상수항(b)의 미분값을 d_b 변수에 저장한다. 미분값에 학습률 0.05를 적용하여 곱한 값을 기존의 계수(a)와 상수항(b)에서 차감한다. assign_sub() 메소드는 a = a - d_a, b = b - d_b 연산을 각각 처리한다. 이 값을 다음 epoch의 입력값으로 사용한다.

손실을 나타내는 MSE를 낮추는 방향으로 a, b 값을 계속 업데이트하고, 이 과정을 tape 객체에 기록하게 된다. 이 계산을 200번 가까이 반복해 주면, MSE는 0에 가까워지고 선형 함수식의 모수에 해당하는 a = 3, b = -2 값을 근사하는 것을 볼 수 있다.

```
[3]  # tf.GradientTape로 자동 미분 과정을 기록

     a = tf.Variable(0.0)
     b = tf.Variable(0.0)

     EPOCHS = 200

     for epoch in range(1, EPOCHS + 1):

         with tf.GradientTape() as tape:
             mse = cal_mse(X, Y, a, b)

         grad = tape.gradient(mse, {'a': a, 'b': b})
         d_a, d_b = grad['a'], grad['b']

         a.assign_sub(d_a * 0.05)
         b.assign_sub(d_b * 0.05)

         if epoch % 20 == 0:
             print("EPOCH %d — MSE: %.4f —— a: %.2f —— b: %.2f" %(epoch, mse, a, b))
```

```
EPOCH 0    — MSE: 5.1112 —— a: 0.17 —— b: 0.00
EPOCH 20   — MSE: 1.0654 —— a: 1.78 —— b: −0.79
EPOCH 40   — MSE: 0.2690 —— a: 2.39 —— b: −1.39
EPOCH 60   — MSE: 0.0679 —— a: 2.70 —— b: −1.69
EPOCH 80   — MSE: 0.0172 —— a: 2.85 —— b: −1.85
EPOCH 100  — MSE: 0.0043 —— a: 2.92 —— b: −1.92
EPOCH 120  — MSE: 0.0011 —— a: 2.96 —— b: −1.96
EPOCH 140  — MSE: 0.0003 —— a: 2.98 —— b: −1.98
EPOCH 160  — MSE: 0.0001 —— a: 2.99 —— b: −1.99
EPOCH 180  — MSE: 0.0000 —— a: 3.00 —— b: −2.00
EPOCH 200  — MSE: 0.0000 —— a: 3.00 —— b: −2.00
```

PART 03
케라스(Keras)

2019년 9월 텐서플로1에서 텐서플로2로 정식 판올림을 하면서 생긴 가장 큰 변화는 케라스 API를 텐서플로가 내제화했다는 점이다. 2015년 3월 처음 릴리즈된 케라스 API는 프랑스 엔지니어인 프랑소와 숄레(François Chollet)가 만든 고수준의 딥러닝 라이브러리다. 다른 딥러닝 라이브러리와 가장 큰 차이는 GPU 연산을 수행하는 기능을 직접 실행하지 않고 텐서플로, CNTK, Theano, MXNet 등의 백엔드 엔진을 지정하여 사용한다는 점이다.

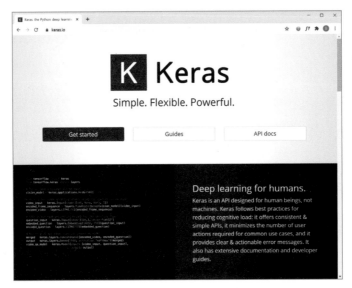

[그림 3-1] 케라스 공식 웹사이트[06]

케라스의 본래 목적 자체가 딥러닝 라이브러리를 쉽고 간결한 코드로 실행할 수 있게 만들어주는 것이다. 직관적이고 사용자 친화적으로 설계되어 있어 코딩의 난이도가 어렵지 않다. 백엔드 엔진을 쉽게 변경할 수 있다는 장점도 가지고 있다. 하지만 복잡한 구조의 모델 구현과 사용자 정의 훈련을 위해서는 텐서플로의 저수준 API을 활용해야 한다는 한계점도 분명하다.

케라스 2.3 버전까지는 다른 딥러닝 라이브러리를 지원했지만 2.4 버전 이후부터는 더 이상 다른 딥러닝 라이브러리를 백엔드로 지원하지 않고 오직 텐서플로만 지원한다. 사용이 편리한 케라스 라이브러리와 통합되어 이용할 수 있다는 점에서 텐서플로를 이용할 이유가 충분하다.

06   https://keras.io/

1-1 주요 용어

1-1-1 하이퍼파라미터(hyper-parameter)

파이썬 프로그래밍에서도 파라미터를 사용한다. 하지만 딥러닝에서 말하는 하이퍼파라미터는 파이썬에서 배운 파라미터와는 다른 의미를 가진다.

하이퍼파라미터는 딥러닝뿐만 아니라 머신러닝 모델을 훈련할 때 사용자가 직접 설정해주는 설정 값을 뜻한다. 모델이 훈련하면서 가중치(weights)와 편향(bias)은 자동 업데이트되고 조정되며 알아서 변하는 값들이지만, 그 외에 학습 속도나 반복 훈련 횟수 등 사용자가 직접 설정해야 하는 값들이 매우 많다. 책의 예제를 통해 하나씩 소개할 예정이다.

이렇게 사용자가 직접 설정해야 하는 값들을 하이퍼파라미터라고 하며, 사용자가 어떠한 값을 설정하느냐에 따라 모델의 성능 및 결과가 달라지기 때문에 매우 중요하다. 사용자가 별도로 설정해주지 않으면 기본값이 지정되어 있어서 자동으로 적용된다.

모델의 예측 성능을 높이기 위해 하이퍼파라미터 값들을 조절하는 데 많은 시간을 투자하는 것이 일반적이다. 이처럼 하이퍼파라미터의 값을 조절하는 행위를 하이퍼파라미터 튜닝(tuning)이라고도 한다.

[Tip] 딥러닝 프로젝트를 실행하는 초기 단계에 많은 시간을 튜닝하는 데에 투자하는 것보디 기장 미지막 단계에 진행하는 것을 추천한다.

1-1-2 과소적합 vs. 과대적합(undefitting vs. overfitting)

머신러닝 학습에 있어 데이터는 크게 훈련용 데이터와 예측용 데이터로 구분할 수 있다. 훈련용 데이터는 말 그대로 머신러닝 모델이 학습할 데이터를 말하며 training set 혹은 train set이라고 줄여서 말한다. 예측용 데이터는 정답 레이블(label)이 없는 머신러닝 모델이 예측해야 하는 대상 데이터를 말하며 test set이라고 말한다.

[그림 3-2] 훈련용 데이터셋 vs. 예측용 데이터셋

머신러닝에서 주어진 훈련 데이터(training set)에서 패턴 학습을 통해 모델을 완성해 나간다. 훈련용 데이터를 반복적으로 학습하면서 모델은 사람이 발견하지 못하는 패턴을 발견하므로써 사람의 예측 성능을 뛰어 넘는 모델을 생성할 수 있다. 하지만 예측할 데이터가 모델이 학습한 데이터와 다른 분포를 갖거나, 혹은 학습한 데이터가 특정 레이블에 편향된 데이터로 이루어져 있다면 모델이 학습한 후 예측 성능이 현저히 떨어지게 된다([그림 3-3] 참조).

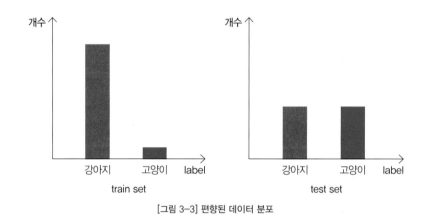

[그림 3-3] 편향된 데이터 분포

모델이 충분히 학습되지 않은 경우에는 예측 성능이 떨어진다. 이 상태를 과소적합되었다고 한다. 그와는 반대로 학습 데이터를 지나치게 반복 학습하게 되어 과하게 적합된 상태를 과대적합되었다고 한다. 이 상태에서는 훈련 데이터에 존재하는 불필요한 노이즈까지 과도하게 모델에 반영되어 주어진 훈련 데이터에 대한 예측 성능이 좋지만, 정작 중요한 예측 데이터에 대한 예측 오차가 발생할 확률이 커진다.

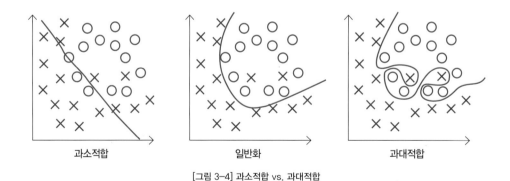

[그림 3-4] 과소적합 vs. 과대적합

모델을 학습시킬 때는 과소적합과 과대적합 문제를 최소화하면서 정확도를 가장 높일 수 있도록 해야 한다. 훈련 데이터를 잘 구성하는 것도 물론 중요하다. 예측 데이터와 분포가 동일하게 구성해야 하며 불필요한 노이즈는 데이터 분석 및 전처리를 통해 해소해야 한다. 또한, 훈련 데이터의 일부를 검증 데이터로 활용하여 검증 성능이 가장 좋은 구간을 모델의 가장 이상적으로 학습된 지점이라 판단하는 방법으로 최종 모델을 결정한다.

1-1-3 에포크(epoch)

딥러닝은 데이터셋을 학습하는 과정을 여러 번 반복(iteration)하면서 최적의 모델 가중치를 찾는 과정이다. 딥러닝 모델이 반복 훈련을 할 때 데이터셋을 전부 학습에 사용하는 1회의 훈련 루프(loop)를 1 epoch라고 하며, 보통 '에포크'라고 읽는다.

훈련 데이터셋을 빠짐없이 모두 1번 모델 훈련에 사용하면 1 epoch의 훈련 과정을 마치고 다음 epoch로 넘어간다. 사전에 설정된 최대 epoch 횟수까지 반복적으로 진행하고 종료된다.

[Tip] epoch 역시 중요한 하이퍼파라미터다. 사전에 설정한 최대 epoch까지 반복 학습이 끝나더라도 모델이 과소적합되었다고 판단된다면 epoch를 늘려서 다시 학습할 필요가 있다. 그와 반대로 만약 모델이 빠르게 과대적합 구간으로 진입한다면 epoch를 줄여서 최적 구간에서 학습을 조기에 종료하는 것이 과대적합을 방지하고 시간을 절약할 수 있다.

1-1-4 손실함수(loss function)

손실함수를 설명할 수 있는 가장 쉬운 용어를 찾는다면, '예측 값과 정답 값의 차이 또는 오차(Error)'라고 말할 수 있다. 오차는 딥러닝 모델의 출력 값과 실제 값과의 차이를 말한다.

딥러닝 모델에 적용하는 손실함수는 사용자가 정의해야 한다. 분류나 회귀 모델에 따라 손실함수를 다르게 적용하는 것이 일반적이다.

지도 학습(supervised learning)의 분류 문제는 이진 분류(binary classification)와 다중 분류(multi-class classification)로 구분할 수 있다. 이진 분류 문제를 해결하기 위해서는 'binary_crossentropy' 손실함수를 사용하며, 출력층의 활성화 함수[07](activation function)가 'sigmoid'인 경우를 말한다. 다중 분류 문제에는 'categorical_crossentropy' 손실함수를 사용하며, 다중 분류의 대상이 되는 클래스가 원핫 벡터(one-hot vector)인 경우 사용한다.

정답 클래스가 원핫 인코딩이 아닌 레이블 값(예시 : 0, 1, 2, 3 , …)으로 표현되어 서로 다른 숫자로 구분되어 있으면 'sparse_categorical_crossentropy' 손실함수를 사용한다.

07 활성화 함수에 대해서는 이 책의 뒷부분에서 자세히 설명한다.

다중 분류 문제에서는 출력층의 활성함수로 'softmax'를 사용한다(후반부에서 실제 예제를 통해 활용법을 자세히 설명할 예정이다).

한편 회귀 모델의 경우 평균제곱오차(Mean Squared Error), 평균절대값오차(Mean Absolute Error), 후버(Huber) 등이 사용된다.

텐서플로는 사전 정의된 손실함수를 함수형(Functional API)과 클래스형(Subclassing)으로 제공하고 있으며, 일반적으로 많이 사용하는 손실함수 목록은 다음과 같다.

	분류	회귀
함수	– binary_crossentropy – categorical_crossentropy – sparse_categorical_crossentropy	– mean_squared_error – mean_absolute_error – mean_absolute_percentage_error – mean_squared_logarithmic_error – huber
클래스	– BinaryCrossentropy – CategoricalCrossentropy – SparseCategoricalCrossentropy	– MeanSquaredError – MeanAbsoluteError – MeanAbsolutePercentageError – MeanSquaredLogarithmicError – Huber

[표 3-1] 손실함수 목록[08]

다음 예제와 같이, 클래스 및 함수 형태로 정의되어 있는 손실함수를 지정하여 사용한다.

```
import tensorflow as tf

# 클래스
tf.keras.losses.BinaryCrossentropy()

# 함수
tf.keras.losses.binary_crossentropy
```

[Tip] 딥러닝 문제에 따라서는 텐서플로에서 제공하는 손실함수로 해결하기 어려운 경우가 있다. 이럴 때는 사용자가 직접 손실함수를 만들어서 사용해야 한다. 기본 제공 손실함수와 같이 함수 형태나 클래스 형태 모두 가능하다.

---

08 이외에 기본 제공되는 다양한 손실함수 정보를 텐서플로 공식 문서(https://www.tensorflow.org/api_docs/python/tf/keras/losses)를 통해 확인할 수 있다. 텐서플로에서 제공하는 손실함수를 사용해도 대부분의 딥러닝 모델을 학습시키는 데 충분하다.

1-1-5 경사하강법(gradient descent)

경사하강법은 딥러닝 모델을 훈련할 때, 모델 내부의 가중치(weight)에 대한 미분 값을 구하고 목적 함수 값이 낮아지는 방향으로 차감하면서 결국 최소 함수 값을 갖도록 하는 방법이다.

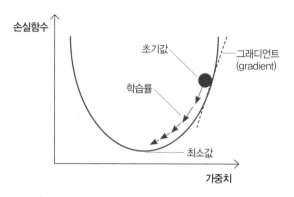

[그림 3-5] 경사하강법

딥러닝 훈련 프로세스에서 경사하강법 알고리즘을 적용하여 손실함수 값을 최소로 만드는 가중치를 찾을 수 있다. 경사하강법은 현재 공개된 다양한 옵티마이저(최적화 함수)의 근간이 되는 알고리즘이다. 그렇기 때문에 경사하강법을 잘 이해하는 것은 매우 중요하다. 따라서 이번에는 경사하강법을 넘파이(NumPy)로 직접 구현해 본다.

먼저, 손실함수(Loss Function) 혹은 목적 함수를 다음과 같이 정의한다.

$$Loss = \frac{1}{2} \sum_i (y - \hat{y})^2$$

$\frac{1}{2}$은 가중치에 대한 그래디언트(gradient)를 계산하기 쉽도록 추가된 상수 값이다.

다음의 단순 선형회귀 수식이 주어졌을 때, 손실함수를 최소로 하는 w와 b를 구하는 과정을 경사하강법으로 구현한다.

$$y = wx + b$$

샘플 데이터셋을 생성하는 함수를 정의하고 임의의 w와 b 값을 지정하여 주어진 x에 대한 y 값을 생성한다. y 값을 생성할 때 약간의 노이즈도 추가한다.

〈소스〉 3.1_gradient_descent.ipynb

```
[1] import numpy as np
    import matplotlib.pyplot as plt

    # 샘플에 활용할 데이터셋 만들기
    def make_linear(w=0.5, b=0.8, size=50, noise=1.0):
      x = np.random.rand(size)
      y = w * x + b
      noise = np.random.uniform(-abs(noise), abs(noise), size=y.shape)
      yy = y + noise
      plt.figure(figsize=(10, 7))
      plt.plot(x, y, color='r', label=f'y = {w} * x + {b}')
      plt.scatter(x, yy, label='data')
      plt.legend(fontsize=20)
      plt.show()
      print(f'w: {w}, b: {b}')
      return x, yy

    x, y = make_linear(w=0.3, b=0.5, size=100, noise=0.01)
```

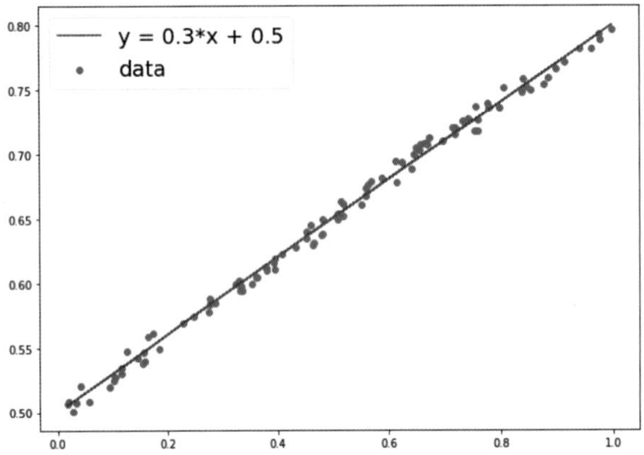

[그림 3-6] 실행 결과

앞의 실행 결과를 보면, 실제 생성된 y 데이터는 $y = 0.3x + 0.5$ 식과 완벽히 일치하지 않고 약간의 노이즈가 추가된 것을 확인할 수 있다.

이제, 경사하강법 알고리즘의 핵심인 w, b에 대한 그래디언트를 구하는 부분만 구현하면 된다. 그래디언트는 손실함수를 w, b에 대한 각각의 편미분 값을 구한 뒤 학습률 계수를 곱하여 이전의 w, b로부터 차감한다. 이를 수식으로 나타내면 다음과 같다.

- 가설함수를 $\hat{y} = wx + b$로 정의
- 손실함수는 $\frac{1}{2}\sum_{i}(y-\hat{y})^2$로 정의
- α 는 학습률(learning rate)을 의미

손실함수를 w에 대한 편도함수를 유도하면 다음과 같다.

$$\frac{\partial Loss}{\partial w} = \frac{\partial}{\partial w}\left(\frac{1}{2}\sum_i (y-\hat{y})^2\right)$$

$$= \sum_i (y-\hat{y})\frac{\partial}{\partial w}(y-\hat{y})$$

$$= \sum_i (y-\hat{y})(x)$$

가중치 변화량인 그래디언트는 가중치 w에 대한 편도함수를 말하며 다음과 같이 정의할 수 있다.

$$\Delta w = \sum_i (y-\hat{y})(x)$$

그래디언트 w 업데이트 최종 수식은 다음과 같이 최종 정의할 수 있다.

$$w_{new} = w - \alpha \Delta w$$

$$w - \Delta w$$

$$= w - \alpha \sum_i (y-\hat{y})(x)$$

그래디언트 w를 구했듯이 똑같은 방식으로 그래디언트 b를 구할 수 있다. 손실함수를 b에 대한 편도함수를 유도하면 나음과 같나.

$$\frac{\partial Loss}{\partial b} = \frac{\partial}{\partial b}\left(\frac{1}{2}\sum_i (y-\hat{y})^2\right)$$

$$= \sum_i (y-\hat{y})\frac{\partial}{\partial b}(y-\hat{y})$$

$$= \sum_i (y-\hat{y})$$

w와 마찬가지로 학습률 를 곱하여 그래디언트 b 업데이트 최종 수식을 구하면 다음과 같다.

$$b_{new} = b - \alpha \Delta b$$

$$= b - \alpha \sum_i (y-\hat{y})$$

그래디언트 w, b를 업데이트 수식을 구했다면 넘파이로 최적화하는 과정을 구현해 본다. 최대 반복 횟수를 지정하고 오차가 0.005 이내로 수렴하면 반복문을 종료한다. 반복문 안에서 손실함수를 정의하고, 매 epoch마다 w, b에 대한 가중치를 업데이트한다.

```python
[2]  # 최대 반복 횟수
     num_epoch = 1000

     # 학습률(learning_rate)
     learning_rate = 0.005

     # 에러 기록
     errors = []

     # random 한 값으로 w, b를 초기화
     w = np.random.uniform(low=0.0, high=1.0)
     b = np.random.uniform(low=0.0, high=1.0)

     for epoch in range(num_epoch):
         # Hypothesis 정의
         y_hat = w * x + b

         # Loss Function 정의
         error = 0.5 * ((y_hat - y) ** 2).sum()
         if error < 0.005:
             break
         # Gradient 미분 계산
         w = w - learning_rate * ((y_hat - y) * x).sum()
         b = b - learning_rate * (y_hat - y).sum()

         errors.append(error)

         if epoch % 5 == 0:
             print("{0:2} w = {1:.5f}, b = {2:.5f} error = {3:.5f}".format(epoch, w, b, error))

     print("——" * 15)
     print("{0:2} w = {1:.1f}, b = {2:.1f} error = {3:.5f}".format(epoch, w, b, error))
```

```
➡  0 w  = 0.06741, b = 0.65317 error = 0.79803
    5 w  = 0.09373, b = 0.60137 error = 0.20521
    10 w = 0.12821, b = 0.58422 error = 0.14226
    15 w = 0.15698, b = 0.57020 error = 0.09882
    20 w = 0.18090, b = 0.55855 error = 0.06881
    25 w = 0.20077, b = 0.54886 error = 0.04809
    30 w = 0.21728, b = 0.54082 error = 0.03378
    35 w = 0.23101, b = 0.53413 error = 0.02390
    40 w = 0.24241, b = 0.52858 error = 0.01707
    45 w = 0.25189, b = 0.52396 error = 0.01236
    50 w = 0.25977, b = 0.52012 error = 0.00910
    55 w = 0.26631, b = 0.51693 error = 0.00685
    60 w = 0.27176, b = 0.51428 error = 0.00530
    ────────────────────────────────────────────
    62 w = 0.3, b     = 0.5 error    = 0.00482
```

```
[3]  plt.figure(figsize=(10, 7))
     plt.plot(errors)
     plt.xlabel('Epochs')
     plt.ylabel('Error')
     plt.show()
```

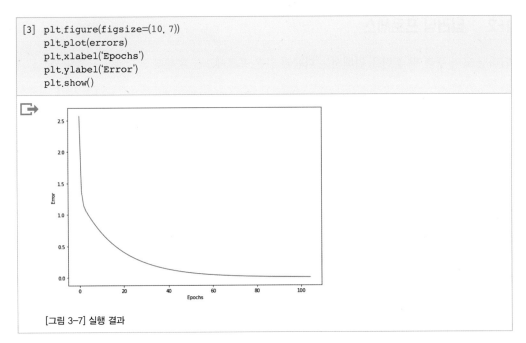

[그림 3-7] 실행 결과

가중치가 난수 값에 의하여 다르게 초기화되기 때문에 매번 실행할 때마다 수렴하는 속도는 차이가 있다. 하지만 결국 목표하는 오차 범위 안으로 수렴하여 반복문을 종료하게 되고, 종료 후 w, b 계수를 확인하면 샘플 데이터셋을 생성할 때 설정한 w, b 계수와 비슷한 값임을 확인할 수 있다.

1-2 딥러닝 프로세스

딥러닝 모델 구축 및 훈련을 위해서는 다음과 같은 프로세스를 따른다.

[그림 3-8] 딥러닝 프로세스

데이터 전처리, 모델의 생성, 컴파일, 훈련은 모델의 훈련을 위한 필수 프로세스로 누락되는 단계는 없다. 예측(predict)은 예측용 데이터셋을 입력하여 모델 예측 값을 얻는 과정이다. 검증(evaluate)은 모델의 성능을 평가하는 단계를 말한다.

1-2-1 데이터 전처리

데이터를 모델에 주입하기 전에 데이터를 가공하는 단계를 말한다. 데이터셋의 종류와 적용하려는 문제 유형에 따라 전처리 방법은 다양하다.

때에 따라서는 배열의 차원을 변경하거나 스케일을 조정할 수 있다. 전처리 단계에서 데이터셋의 형태나 차원을 미리 구상해야 다음 단계에서 모델을 설계할 때 입력할 데이터셋의 형태를 올바르게 정의할 수 있다. 전처리 단계에서 처리한 데이터셋의 형태와 다음 단계에서 생성할 모델이 입력받을 데이터셋의 형태가 다르다면 에러가 발생할 수 있다.

1-2-2 모델 생성

모델의 구조를 정의하고 생성하는 단계다. 모델을 생성하는 방법은 크게 세 가지로 구분할 수 있으며, 순차적인 구조의 모델은 Sequential API로 구현한다. 다중 입력 및 출력을 가지고 복잡한 구조를 갖는 모델은 Functional API 혹은 Model Subclassing 방법으로 구현할 수 있다. 다음 파트에서 자세한 방법에 대해 학습할 예정이므로, 여기서는 설명을 생략한다.

1-2-3 모델 컴파일

딥러닝 모델의 구조를 정의하고 생성한 뒤에는, 생성된 모델 훈련에 사용할 손실함수(loss), 옵티마이저(optimizer), 평가지표(metrics) 등을 정의한다. 모델 인스턴스에 compile() 메소드를 적용하고, 앞에서 열거한 여러 가지 속성 값을 설정한다. 이 과정을 컴파일 단계라고 한다.

1-2-4 모델 훈련

모델을 훈련하는 단계이다. fit() 함수에 모델 훈련에 필요한 정보를 매개변수(또는 파라미터)로 전달한다. 훈련 데이터셋, 검증 데이터셋, epoch, 배치(batch) 크기 및 콜백(callback) 함수 등을 지정한다. 자세한 설명은 뒤에서 예제와 함께 다룰 예정이다.

1-2-5 모델 검증

훈련이 완료된 모델을 검증하는 단계이다. 모델을 훈련할 때 사용하지 않은 검증 데이터셋을 모델에 입력하고 모델의 예측 값을 정답과 비교하여 평가지표를 계산한다. 반환된 검증 결과를 토대로 잠재적인 모델의 성능 평가가 이뤄진다. 검증 결과를 바탕으로 다시 모델 생성 단계로 돌아가 모델 수정을 하고, 컴파일 및 훈련 과정을 거쳐 재평가하는 단계를 통해 목표 성능에 도달할 때까지 이 과정을 계속 반복한다.

1-2-6 모델 예측

훈련과 검증이 완료된 모델로 테스트셋에 대하여 모델이 예측하고 그 결과를 반환한다.

2-1 선형회귀

회귀 분석이란 하나 이상의 독립변수들이 종속변수에 미치는 영향을 추정하는 통계 기법이다. 그 중에서도 단순선형회귀(simple linear regression) 모형은 하나의 X가 Y에 미치는 영향을 추정하며 1차 함수 관계로 나타낼 수 있다.

$$y = ax + b$$

중학교 수학 시간에 배운 1차 함수식을 떠올려 보자. 1차 함수식의 X는 독립변수, Y는 종속변수다. 1차 함수식의 a는 기울기, b는 절편이라고 부른다. 기울기 a는 일차 함수 그래프의 기울기를 결정하고 절편 b는 그래프의 높낮이를 결정한다.

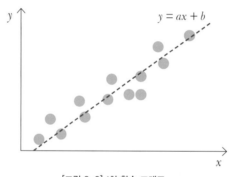

[그림 3-9] 1차 함수 그래프

이번에는 텐서플로 케라스를 활용하여 단순선형회귀 모델을 직접 만들고 딥러닝을 학습한다. 이때 모델은 1차 함수식과 동일하다고 생각하면 된다. 모델의 기울기 a와 절편 b를 업데이트하면서 종속변수 Y에 가장 근사한 1차 함수식을 완성해 나간다. 딥러닝에서는 기울기 a 대신 가중치(weight)를 의미하는 w를 더 많이 사용한다. 따라서, 앞으로 1차 함수식을 다음과 같이 정의하도록 한다.

$$y = wx + b$$

기울기 a의 표기만 w로 변경한 것이다. w는 가중치(weight)의 w이고, b는 편향(bias)의 b를 나타낸다.

2-2　뉴런(Neuron)

뉴런은 인공 신경망 모델을 구성하는 하나의 신경을 의미한다. 뉴런은 노드(node)라고도 불리우고 같은 의미를 가지며 혼용하여 사용한다. 신경망은 여러 개의 레이어(layer)를 가지며 1개의 레이어는 1개 이상의 뉴런으로 구성된다. 뉴런의 내부에는 가중치가 존재하고 모델이 훈련을 진행하면서 오차 역전파를 통해 뉴런의 가중치가 업데이트된다.

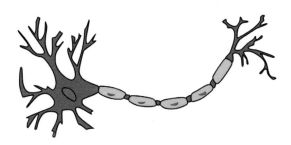

[그림 3-10] 뉴런 신경세포

[Tip] 역전파(back propagation) 알고리즘은 신경망 모델의 파라미터들에 대한 그래디언트를 계산하는 방법을 의미한다. 역전파는 신경망을 구성하는 각 레이어와 관련된 손실함수를 미분한 결과인 그래디언트를 출력층에서 입력층 순으로 역으로 계산하고 저장한다.

2-3　Dense 레이어

Dense 레이어는 심층 신경망 모델을 구성하는 가장 기본 레이어이다. 각 레이어[09]와 레이어 사이에 모든 뉴런이 서로 연결되어 있기 때문에, 완전 연결층(Fully Connected Layer)이라고 부르기도 한다.

[그림 3-11]은 4개의 Dense 레이어로 구성된 모델을 나타낸다. 입력 레이어 1개, 은닉 레이어 2개, 출력 레이어 1개로 구성되어 있다. 각 레이어는 1개 이상의 뉴런으로 구성된다. 입력 레이어는 3개의 뉴런이 있고, 출력 레이어는 1개의 뉴런을 갖는다. 모든 뉴런들이 정보(텐서)의 흐름을 나타내는 화살표로 연결되어 있어서 완전연결층이라고 정의한다.

09　레이어를 '층'이라고 부르기도 한다. 이 책에서는 혼용한다.

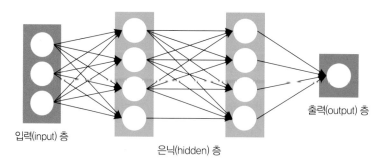

입력(input) 층

은닉(hidden) 층

출력(output) 층

[그림 3-11] 완전 연결층

Dense 레이어를 구성하는 노드 개수와 활성화 함수를 지정할 수 있다. 텐서플로의 layer 모듈에 있는 Dense 레이어로 쉽게 구현할 수 있다. 노드의 개수를 Dense 레이어의 첫 번째 위치 인자로 지정하면 된다. 또한, Dense 레이어의 activation 매개변수에 활성화 함수를 지정하여 적용할 수 있다. ReLU 활성화 함수에 대한 설명은 '3-4 활성화 함수'에서 다룬다.

```python
import tensorflow as tf

# 10개의 노드로 이루어진 Dense 레이어
tf.keras.layers.Dense(10)

# ReLU 활성화 함수 적용
tf.keras.layers.Dense(10, activation='relu')
```

2-4 데이터셋 만들기

단순선형회귀 모형을 지도학습 방식으로 훈련하기 위해서 x, y 데이터를 생성한다. 넘파이 arange() 메소드를 활용하여 5개의 순차적인 x 데이터를 생성하고, 임의의 1차 함수인 y = 3x + 2 관계식에 대입하여 y 데이터 5개를 생성한다.

〈소스〉 3.2_simple_linear_regression.ipynb

```python
[1]  # 샘플 데이터셋 생성
     x = np.arange(1, 6)

     # y = 3x + 2
     y = 3 * x + 2
     print(x)
     print(y)
```

```
[1 2 3 4 5]
[ 5  8 11 14 17]
```

[Tip] 지도학습은 supervised learning으로, 정답이 있는 데이터를 활용해 데이터를 학습시키는 것이다. 모델에 주입할 입력 데이터를 피처(feature)라고 부르고, 정답은 레이블(label)이라고도 부른다. 머신러닝의 학습 방법은 지도학습 외에도 비지도학습(unsupervised learning), 강화 학습(reinforcement learning), 준지도학습(semi-supervised learning) 등이 있다.

생성한 데이터를 matplotlib 시각화 라이브러리를 활용하여 그래프를 출력한다. 이렇게 만들어진 x, y 데이터는 기울기 3을 갖는 직선 그래프로 그려진다.

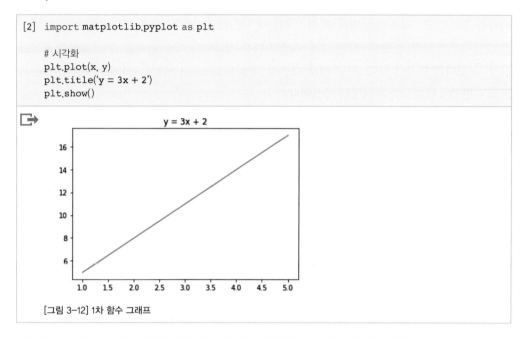

[그림 3-12] 1차 함수 그래프

1차 함수 그래프가 잘 그려졌다면, 이제 모델에 입력할 데이터의 준비가 끝난 것이다.

2-5 Sequential API

텐서플로 케라스는 세 가지 방식으로 모델을 생성힐 수 있다. 그 중 케라스의 Sequential API를 사용하면 매우 간결하게 딥러닝 모델을 만들 수 있다. Sequential API 방식은 층을 이어 붙이듯 시퀀스에 맞게 일렬로 연결하는 방식이다. 따라서, 입력 레이어부터 출력 레이어까지 순서를 갖는다.

입력 데이터는 시퀀스의 가장 앞에 위치한 층에 투입되고, 순서대로 각 층을 하나씩 통과하면서 딥러닝 연산을 수행한다.

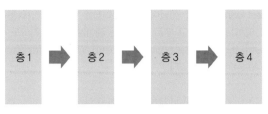

[그림 3-13] Sequential API

이처럼 직관적으로 구조를 이해할 수 있기 때문에, 케라스 모델을 생성하고 훈련하는 가장 간단한 방법이라고 말할 수 있다. 다만, 2개 이상의 다중 입력이나 다중 출력을 갖는 복잡한 구조를 만들 수 없다는 단점이 있다. 이런 경우 다음에 다룰 Functional API를 사용해야 한다. 이번 파트의 후반부에서 자세하게 설명할 예정이다.

2-5-1 모델 구조

Sequential API 사용하여 모델 생성 시 다음과 같은 두 가지 방법으로 모델을 구성할 수 있다.

리스트형 정의로 Sequential 클래스 함수에 파이썬 리스트 형태로 여러 개의 층을 입력한다. 대괄호([ ]) 안에 쉼표로 구분하여 층을 쌓는다. 앞에 위치한 층부터 연산을 먼저 처리하고 순차적으로 다음 층의 연산을 수행하게 된다. 다음 코드는 Dense 레이어 3개를 갖는 모델을 생성한다.

```
[3]  import tensorflow as tf

     # 리스트형
     model = tf.keras.Sequential([
             tf.keras.layers.Dense(10),
             tf.keras.layers.Dense(5),
             tf.keras.layers.Dense(1),
     ])
```

add 함수로 레이어 추가로 Sequential 클래스 객체를 먼저 만든 뒤에, 생성된 모델 인스턴스에 층을 추가하는 방식이다. add() 메소드 함수를 사용하여 1개의 층을 추가할 수 있다. 따라서 여러 개의 층을 추가하려면 add 함수를 반복해서 여러 번 사용해야 한다. 앞의 리스트형과 동일한 구조의 모델을 만들기 위해 다음 코드에서는 add 함수를 총 3번 사용했다.

```
[4]  # add 함수로 레이어 추가
     model = tf.keras.Sequential()
     model.add(tf.keras.layers.Dense(10))
     model.add(tf.keras.layers.Dense(5))
     model.add(tf.keras.layers.Dense(1))
```

[Tip] Sequential API를 활용하여 모델을 만들 때, 쌓고자 하는 레이어의 개수는 제한이 없다.

2-5-2 입력 데이터 형태

Sequential API를 사용하여 모델을 구성할 때 반드시 첫 번째 층은 input_shape 매개변수를 지정해야 한다. input_shape 매개변수는 주입할 데이터셋의 shape을 튜플 혹은 리스트로 지정할 수 있다. 예를 들어 데이터셋의 shape이 (150, 4)로 구성되었다고 가정한다면 input_shape은 (4,) 혹은 [4]로 지정할 수 있다.

```
[5]  import tensorflow as tf
     model = tf.keras.Sequential([
        # 입력 데이터의 shape=(150, 4)인 경우 input_shape 지정
        tf.keras.layers.Dense(10, input_shape=[4]),
        tf.keras.layers.Dense(5),
        tf.keras.layers.Dense(1),
     ])
```

[Tip] 데이터셋의 shape이 (150, 4) 형태라는 것은 150개 샘플에 대하여 4개의 입력 변수가 존재한다는 뜻이다. 각 행은 샘플 데이터를 나타내고, 열은 입력 변수를 나타낸다.

2-5-3 단순선형회귀 모델 정의

단순선형회귀 모델을 만들기 위해서는 1개의 뉴런을 가지는 Dense 레이어 한 개를 사용한다. 여기에 정의한 1개의 뉴런은 기울기에 해당하는 w와 상수항에 해당하는 b를 매개변수로 갖는다.

1차 함수식 $y = wx + b$에서 입력 데이터는 x 값을 나타내는 입력 변수 1개만 존재하기 때문에 input_shape = [1]로 지정한다. 1개의 뉴런을 가지는 Dense 레이어는 1개의 출력 값을 가지므로, 출력 값은 y에 대한 모델의 예측 값이다.

```
[6]  # 단순선형회귀 모델 생성
     model = tf.keras.Sequential([
           tf.keras.layers.Dense(1, input_shape=[1])
     ])
```

[Tip] Dense 레이어는 use_bias = True가 기본 설정되어 상수항 b가 추가된다. use_bias = False로 지정하면 상수항 b를 포함하지 않게 된다.

2-6 모델 요약

Sequential API로 모델을 만들었다면 model.summary()로 모델의 요약을 확인할 수 있다.

모델의 요약 내용은 노트북 셀에서 출력 값으로 확인 가능하다. 모델의 구조를 확인할 수 있으며 층별 노드의 개수가 표기된다. 요약의 하단에는 훈련 시 업데이트할 파라미터의 개수가 표기된다.

```
[7] # 모델 요약
    model.summary()

    Model: "sequential"
    _____
    Layer (type)                 Output Shape              Param #
    =================================================================
    dense (Dense)                (None, 1)                 2
    =================================================================
    Total params: 2
    Trainable params: 2
    Non-trainable params: 0
    _____
```

Total params는 모델 내부에 존재하는 모든 파라미터의 합계가 표기된다. Trainable params는 모델 훈련 시 업데이트할 파라미터의 총 개수를 나타내고, Non-trainable params는 훈련 시 업데이트하지 않을 파라미터의 총 개수를 나타낸다.

단순선형회귀 모델에서는 업데이트 파라미터가 가중치 w와 편향 b 두개다. 따라서 요약에서도 총 파라미터의 개수가 2개로 표기되는 것을 확인할 수 있다.

2-7 컴파일

컴파일 단계에서는 모델의 훈련 과정에서 적용할 옵티마이저(optimizer), 손실함수(loss), 그리고 평가지표(metrics) 등을 정의한다. 옵티마이저, 손실함수, 평가지표는 3가지 방법으로 지정할 수 있다. 클래스 인스턴스, 함수 혹은 사전 정의된 문자열이다.

클래스 인스턴스로 지정할 경우 학습률(learning rate), 모멘텀(momentum) 등의 하이퍼파라미터를 사용자가 직접 지정할 수 있다. 하지만 문자열로 지정하는 경우 기본값으로 설정된 하이퍼파라미터를 사용하며, 하이퍼파라미터 수정은 어렵다는 한계가 있다.

[Tip] 기본 설정만으로도 딥러닝 모델의 성능은 잘 나오는 편이다. 일반적으로 많이 사용되는 검증된 기본값을 하이퍼파라미터로 적용하기 때문이다. 여기서는 문자열로 지정하는 방식을 주로 사용할 예정이다.

```
[8]  # 긴 문자열 지정
     model.compile(optimizer='sgd', loss='mean_squared_error',
                   metrics=['mean_squared_error', 'mean_absolute_error'])
```

```
[9]  # 짧은 문자열 지정
     model.compile(optimizer='sgd', loss='mse', metrics=['mse', 'mae'])
```

```
[10] # 클래스 인스턴스 지정
     model.compile(optimizer=tf.keras.optimizers.SGD(lr=0.005),
                   loss=tf.keras.losses.MeanAbsoluteError(),
                   metrics=[tf.keras.metrics.MeanAbsoluteError(),
                            tf.keras.metrics.MeanSquaredError()
                           ])
```

앞에서 정의한 단순선형회귀 모델을 훈련시키기 위해서 옵티마이저는 확률적 경사하강법
(Stochastic Gradient Descent) 알고리즘인 'sgd', 손실함수로는 평균제곱오차(Mean Squared
Error)인 'mse', 그리고 평가지표는 평균절대오차(Mean Absolute Error)인 'mae'를 지정한다.

```
[11] # 컴파일
     model.compile(optimizer='sgd', loss='mse', metrics=['mae'])
```

[Tip] 각각의 알고리즘과 평가지표 등에 대한 자세한 설명은 이 책의 범위를 넘어가므로 생략한다. 텐서플로에서
     사전 구현된 클래스 리스트는 다음의 링크에서 확인할 수 있다.

   • 옵티마이저 : https://www.tensorflow.org/api_docs/python/tf/keras/optimizers
   • 손실함수 : https://www.tensorflow.org/api_docs/python/tf/keras/losses
   • 평가지표 : https://www.tensorflow.org/api_docs/python/tf/keras/metrics

2-8 훈련

생성한 모델 인스턴스에 fit() 메소드를 적용하면, 데이터를 입력하여 모델을 훈련할 수 있다. 앞
에서 설명했지만 모델을 훈련한다는 의미는 가중치(weight) 텐서를 업데이트하는 과정을 말한다.

fit() 메소드에는 훈련용 데이터셋의 입력(x)과 정답에 해당하는 출력(y), 그리고 반복 훈련할
epoch 수를 지정한다. 매 epoch가 끝날 때마다 훈련 데이터셋에 대한 손실과 평가지표를 출력한
다. verbose = 0 옵션을 지정하면, 이와 같은 훈련 중간 과정을 출력하지 않는다.

한편, fit() 메소드에 검증 데이터셋(validation_data) 옵션을 지정했다면 검증 셋에 대한 손실과 평가지표도 함께 출력한다. 다음 코드에서는 epoch를 5로 설정하여 5회 반복 훈련한 뒤 결과를 확인한다.

```
[12] # 훈련
     model.fit(x, y, epochs=5)

     epoch 1/5
     1/1 [==============================] - 0s 207ms/step - loss: 171.6661 - mae: 12.1898
     epoch 2/5
     1/1 [==============================] - 0s 3ms/step - loss: 100.1108 - mae: 9.3443
     epoch 3/5
     1/1 [==============================] - 0s 3ms/step - loss: 58.4114 - mae: 7.1719
     epoch 4/5
     1/1 [==============================] - 0s 3ms/step - loss: 34.1106 - mae: 5.5134
     epoch 5/5
     1/1 [==============================] - 0s 3ms/step - loss: 19.9488 - mae: 4.2472
```

5 epoch의 훈련이 끝난 뒤 손실함수(loss)는 19.9488, 평균절대오차(mae)는 4.2472을 기록했다. 컴파일 단계에서 손실함수로 평균제곱오차(mse)를 지정했기 때문에 19.9488는 평균제곱오차를 나타낸다.

매 epoch당 loss 값을 보면 171.6661에서 시작해서 19.9488까지 손실함수, 즉 모델의 예측 오차 가 점점 줄어드는 것을 볼 수 있다. 모델이 잘 학습되고 있는 것을 알 수 있다. 하지만 반복 훈련 횟수가 충분하지 않아 학습이 덜 되었다고 볼 수 있다. epoch를 늘려서 추가 학습을 하면 손실을 더욱 낮출 수 있을 것으로 보인다. 즉, 모델은 현재 과소적합 상태라고 볼 수 있다.

이번에는 epoch에 1200을 지정하여 충분히 훈련할 수 있도록 한다. 모델 인스턴스를 새로 생성하고 컴파일한다. history 변수를 생성하고 fit() 메소드에 대한 반환값을 대입한다. fit() 메소드가 반환하는 history 변수는 epoch별 훈련 손실과 평가지표가 딕셔너리 형태로 저장된다.

```
[13] # 단순 선형회귀 모델 생성
     model = tf.keras.Sequential([
             tf.keras.layers.Dense(1, input_shape=[1])
     ])

     # 컴파일
     model.compile(optimizer='sgd', loss='mse', metrics=['mae'])

     # 훈련
     history = model.fit(x, y, epochs=1200)
```

```
epoch 1/1200
1/1 [==============================] - 0s 4ms/step - loss: 11.6956 - mae: 3.2805
epoch 2/1200
1/1 [==============================] - 0s 3ms/step - loss: 6.8855 - mae: 2.5424
epoch 3/1200
1/1 [==============================] - 0s 3ms/step - loss: 4.0820 - mae: 1.9788
...
...
...
epoch 1198/1200
1/1 [==============================] - 0s 6ms/step - loss: 5.1284e-05 - mae: 0.0061
epoch 1199/1200
1/1 [==============================] - 0s 3ms/step - loss: 5.0940e-05 - mae: 0.0061
epoch 1200/1200
1/1 [==============================] - 0s 4ms/step - loss: 5.0593e-05 - mae: 0.0061
```

충분한 epoch 동안 훈련한 후 mse, mae 모두 개선되었음을 확인할 수 있다. 훈련에 대한 결과가
저장된 history 변수를 사용하여 epoch별 훈련 손실 및 평가지표를 시각화할 수 있다.

```
[14] import matplotlib.pyplot as plt

     # 20 epoch까지 Loss 수렴에 대한 시각화
     plt.plot(history.history['loss'], label='loss')
     plt.plot(history.history['mae'], label='mae')
     plt.xlim(-1, 20)
     plt.title('Loss')
     plt.legend()
     plt.show()
```

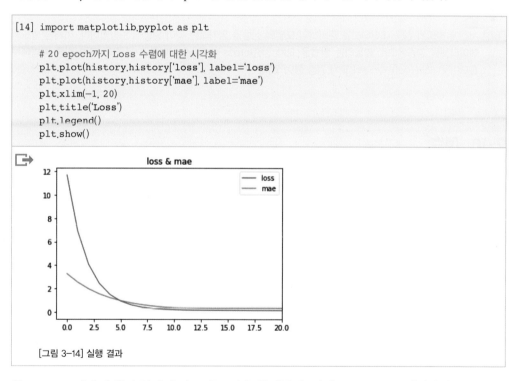

[그림 3-14] 실행 결과

첫 10 epoch까지 손실이 급격히 감소하는 것을 확인할 수 있다. 10 epoch를 넘어가면 감소 폭이
둔화되면서 조금씩 감소하는 것을 확인할 수 있다. 즉, 모델 훈련 초기 단계에는 학습이 매우 빠
른 속도로 진행되다가 일정 epoch 이후에는 학습 속도가 느려지는 패턴을 보이고 있다.

2-9 검증

모델 인스턴스의 evaluate() 메소드로 모델의 성능을 검증할 수 있다. 일반적으로 검증 데이터셋을 입력하여 검증한다. 별도의 검증 셋을 만들어 두지 않았으므로 훈련 데이터셋의 x, y를 대입하여 반환되는 결과를 확인한다.

```
[15] # 검증
     model.evaluate(x, y)
```

```
1/1 [==============================] - 0s 104ms/step - loss: 5.0254e-05 - mae: 0.0061
[5.025410064263269e-05, 0.0060846330599671]
```

두 개의 지표 loss : 5.0254e-05 - mae : 0.0061가 출력되며 모델의 검증 결과를 보여준다. 모델 훈련 단계에서 1,200번 epoch를 종료한 상태에서 출력된 값과 같다. 검증 단계에서는 모델이 훈련을 마친 상태의 가중치를 그대로 적용하여 손실과 평가지표를 계산하기 때문이다.

[Tip] 사전에 별도의 검증 데이터셋을 준비하여 모델의 성능을 평가하는 것이 일반적인 방법이다. 이처럼 별도의 데이터셋을 검증용으로 활용하는 방법을 교차 검증(cross-validation)이라고 부른다. 교차 검증 방법에는 홀드아웃(Hold-out), K-Fold 교차 검증 등이 있다.

2-10 예측

훈련이 완료된 모델 인스턴스의 predict() 메소드에 새로운 입력 데이터를 넣어 주면 모델의 예측 값을 얻을 수 있다. 다음과 같이 예측을 위한 입력 x를 predict()의 인자로 지정한다. 다음 코드에서는 x 인자에 해당하는 값으로 숫자 10을 리스트 형태로 입력하였다.

```
[16] # 예측
     model.predict([10])
```

```
array([[32.029408]], dtype=float32)
```

모델이 예측 결과로 출력하는 값은 32.029408이다. 데이터셋 생성 시 정의한 1차식이 $y = 3x + 2$였고, $x = 10$일 때 $y = 32$임을 감안한다면 정답에 꽤 근사한 값을 예측한 것을 확인할 수 있다.

이번에는 심층 신경망으로 이미지 분류 모델을 생성한다. 이미지 분류를 위해 단층이 아닌 더 깊은 층을 쌓아 깊이가 있는 딥러닝 모델을 생성한다(이처럼 모델에 여러 층을 구성하여 깊이가 있다는 의미에서 딥러닝이라고 부른다). 훈련에 필요한 데이터셋은 케라스 내장 데이터셋을 가져와서 사용한다. 분류에 적합한 손실함수를 적용하고 결과를 확인한다.

3-1 케라스 내장 데이터셋 로드

케라스는 모델 훈련에 필요한 샘플 데이터셋을 제공한다. 데이터셋은 tensorflow.keras.datasets 서브패키지에 위치하며 지원하는 목록은 다음과 같다.

- boston_housing : 보스톤 주택 가격 데이터셋(회귀)
- cifar10 : CIFAR10 이미지 분류 데이터셋(분류)
- cifar100 : CIFAR100 이미지 분류 데이터셋(분류)
- mnist : mnist 손글씨 데이터셋(분류)
- fashion_mnist : 의류 데이터셋(분류)
- imdb : IMDb 영화 데이터셋(분류)
- reuters : Reuters 뉴스 토픽(분류)

케라스의 datasets 패키지에 있는 데이터를 불러오기 위해 load_data() 메소드를 사용한다. 이 함수는 훈련 데이터셋과 검증 데이터셋을 구분하여 제공한다. mnist 손글씨 데이터셋을 불러오기 위해 datasets 패키지의 mnist 데이터셋을 지정하고 mnist 변수에 대입한다.

```
〈소스〉 3.3_mnist_classification.ipynb

[1]  import tensorflow as tf

     # 케라스의 내장 데이터셋에서 mnist 데이터셋 로드
     mnist = tf.keras.datasets.mnist
```

mnist 변수에 load_data() 메소드를 적용하면 google의 storage로부터 넘파이 배열(numpy ndarray)로 구성된 데이터셋을 다운로드받는다. 앞에서 설명한 것처럼 훈련 데이터셋과 검증 데이터셋을 반환하기 때문에, 다음 예제와 같이 훈련 셋과 검증 셋을 튜플 형태로 정의한다.

x_train과 y_train은 각각 훈련 셋의 입력(x) 데이터와 출력(y) 데이터를 나타낸다. 마찬가지로, x_test와 y_test는 검증 셋의 입력과 출력 데이터를 저장한다.

```
[2]  # load_data()로 데이터셋 로드
     (x_train, y_train),(x_test, y_test) = mnist.load_data()
```

```
Downloading data from https://storage.googleapis.com/tensorflow/tf-keras-datasets/mnist.npz
11493376/11490434 [==============================] - 0s 0us/step
```

훈련 셋에는 60,000개의 데이터가, 검증 셋에는 10,000개 데이터가 저장되어 있다는 것을 확인할 수 있다. 입력 데이터에 해당하는 x_train, x_test에는 mnist 손글씨 이미지 데이터가 저장되고, 배열의 shape은 (데이터셋 크기, 28, 28)라는 것을 알 수 있다. 여기서 shape의 첫 번째는 데이터셋의 크기를 나타내며 28, 28은 순서대로 이미지의 세로, 가로의 픽셀 크기를 나타낸다.

즉, x_train에는 28 × 28 픽셀 크기의 정사각형 이미지 60,000장이 저장되어 있고, x_test에는 10,000장의 이미지가 저장되어 있는 것이다. 각 입력 데이터에 대응되는 출력 데이터(정답) 또한 각각 60,000개와 10,000개가 1차원 벡터 형태로 정리되어 있는 것을 알 수 있다.

```
[3]  # 로드된 데이터셋 확인
     print('train set: ', x_train.shape, y_train.shape)
     print('test  set: ', x_test.shape, y_test.shape)
```

```
train set: (60000, 28, 28) (60000,)
test  set: (10000, 28, 28) (10000,)
```

matplotlib 시각화 라이브러리로 이미지를 시각화해 볼 수 있다. 다음은 훈련 셋에서 처음 15장에 대한 이미지를 시각화하는 코드 예시다. 손글씨 이미지(입력 데이터) 상단에 정답(출력 데이터)을 함께 표시한다.

```
[4]  # 데이터 시각화
     import matplotlib.pyplot as plt

     # canvas 생성
     fig, axes = plt.subplots(3, 5)
     fig.set_size_inches(8, 5)

     for i in range(15):
         ax = axes[i//5, i%5]
         # imshow로 이미지 시각화
         ax.imshow(x_train[i], cmap='gray')
         ax.axis('off')
         ax.set_title(str(y_train[i]))

     plt.tight_layout()
     plt.show()
```

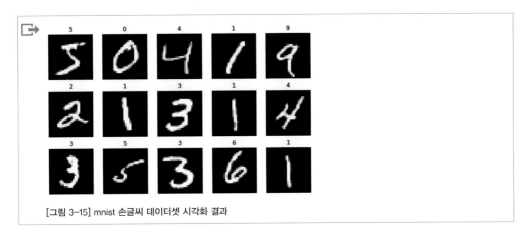

[그림 3-15] mnist 손글씨 데이터셋 시각화 결과

mnist 데이터셋은 딥러닝 세계의 "Hello, World" 데이터셋으로 불린다. 1990년대 초반 얀 르쿤(Yann LeCun)은 사람의 손글씨를 인식하는 프로그램을 개발했는데 그 당시 활용했던 손글씨 데이터셋이 지금까지 활용되고 있다. mnist 데이터셋은 사람의 필기체로 쓰인 0~9까지의 숫자들로 이루어진 데이터셋이다. 0~9까지 총 10개의 정답 레이블로 구성되어 있다.

3-2 데이터 전처리

이미지 데이터에 대하여 정규화를 통해 데이터의 범위를 조절한다. x_train은 넘파이 배열이며, 배열의 각 원소는 이미지를 구성하는 하나의 픽셀 값과 일대일 매칭된다.

```
[5]  # x_train 배열의 데이터 확인
     x_train[0, 10:15, 10:15]
```

```
array([[  1, 154, 253,  90,   0],
       [  0, 139, 253, 190,   2],
       [  0,  11, 190, 253,  70],
       [  0,   0,  35, 241, 225],
       [  0,   0,   0,  81, 240]], dtype=uint8)
```

데이터를 확인해 보면 0~255 범위의 값으로 이루어진 것을 확인할 수 있다. 데이터의 범위를 0~1 사이의 값을 가지도록 정규화하기 위해서는 데이터의 최대값인 255로 나눈다.

```
[6]  # 픽셀 값이 최소/최대값 확인
     print(f'정규화 전] 최소값: {x_train.min()}, 최대값: {x_train.max()}')

     # 데이터 정규화
     x_train = x_train / x_train.max()

     # 정규화 후 최소/최대값 확인
     print(f'정규화 후] 최소값: {x_train.min()}, 최대값: {x_train.max()}')
```

```
정규화 전] 최소값: 0, 최대값: 255
정규화 후] 최소값: 0.0, 최대값: 1.0
```

검증 셋에도 동일한 방식으로 정규화 방법을 적용한다.

```
[7]  # test 셋에도 정규화 동일 적용
     x_test = x_test / x_test.max()
```

정규화 변환이 완료된 후 데이터를 출력해보면 0~1 사이의 값이 출력되는 것을 확인할 수 있다.

```
[8]  # 변환 후 x_train 배열의 데이터 확인
     x_train[0, 10:15, 10:15]
```

```
array([[0.00392157, 0.60392157, 0.99215686, 0.35294118, 0.        ],
       [0.        , 0.54509804, 0.99215686, 0.74509804, 0.00784314],
       [0.        , 0.04313725, 0.74509804, 0.99215686, 0.2745098 ],
       [0.        , 0.        , 0.1372549 , 0.94509804, 0.88235294],
       [0.        , 0.        , 0.        , 0.31764706, 0.94117647]])
```

[Tip] 정규화는 데이터의 전체 범위를 0~1 사이의 값을 가지도록 한다. 정규화하는 이유는 입력 데이터가 정규화되어 모델이 학습하는 경우 경사하강법 알고리즘에 의한 수렴 속도가 비정규화된 입력 데이터를 가질 때보다 더 빨리 수렴하기 때문이다. 또한 국소 최적(local optimum)에 빠지는 현상을 방지해주는 효과도 있다.

3-3 Flatten 레이어

정규화가 끝난 x_train의 shape은 (60000, 28, 28)이다. 즉, 정규화를 하더라도 개별 데이터 값의 범위는 축소되지만, 원본 배열의 형태는 그대로 유지된다. 여기서 60000은 데이터셋의 크기를 나타내고 28, 28은 이미지의 크기를 나타낸다.

샘플 이미지의 형태는 (28, 28)로 이루어져 있고 2차원 입력으로 볼 수 있다. 2차원 입력은 Dense 레이어에 입력값으로 넣을 수 없다. Dense 레이어에는 입력값으로 반드시 1차원 배열이 들어가야 한다. 따라서 다음 코드와 같이 이미지 데이터를 1차원으로 전처리하여 주입해야 한다.

```
[9] print(f'변경 전 shape: {x_train.shape}')
    print(f'1D으로 shape 변경 후: {x_train.reshape(60000, -1).shape}')
```

```
변경 전 shape: (60000, 28, 28)
1D으로 shape 변경 후: (60000, 784)
```

또는 다음과 같이 Flatten 레이어를 사용하면 다차원 데이터를 1차원으로 펼쳐주는 방법도 가능하다. Flatten 층을 적용한 결과 shape이 (60000, 784) 로 출력되는 것을 확인할 수 있다. 784는 가로 세로 픽셀 수를 곱한 값이다(28 * 28 = 784).

```
[10] print(f'변경 전 shape: {x_train.shape}')

    # Flatten 레이어 적용 후 shape 확인
    print(f'Flatten 적용 후: {tf.keras.layers.Flatten()(x_train).shape}')
```

```
변경 전 shape: (60000, 28, 28)
Flatten 적용 후: (60000, 784)
```

3-4 활성화 함수

활성화 함수(Activation Function)는 입력을 비선형 출력으로 변환해주는 함수이다. 일반적으로 선형관계를 나타내는 함수에 비선형성을 추가하는 방법으로 표현되기도 한다. 한편, 비선형성을 추가하지 않고 선형 함수로만 층을 구성한다면 모델을 깊게 구성하더라도 결국은 선형함수로 표현된다.

자주 사용되는 활성화 함수로는 시그모이드(Sigmoid), 하이퍼볼릭 탄젠트(Hyperbolic Tangent 혹은 tanh), ReLU(Rectified Unit), Leaky ReLU 등이 있다.

- sigmoid

$$sigmoid(x) = \frac{1}{\left(1 + e^{-x}\right)}$$

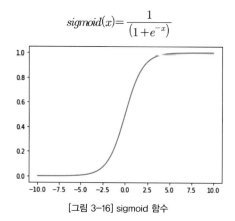

[그림 3-16] sigmoid 함수

- tanh

$$\tanh(x) = \frac{\left(e^x - e^{-x}\right)}{\left(e^x + e^{-x}\right)}$$

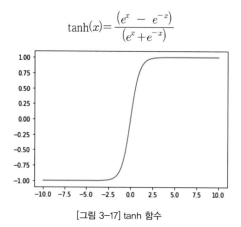

[그림 3-17] tanh 함수

- ReLU

$$ReLU(x) = \max(x, \ 0)$$

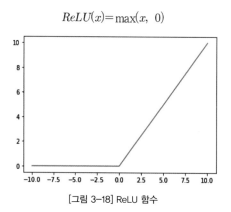

[그림 3-18] ReLU 함수

• Leaky ReLU

$$Leaky\ ReLU(x) = max(x, 0.1x)$$

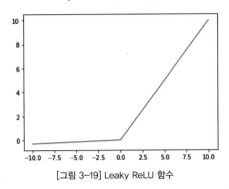

[그림 3-19] Leaky ReLU 함수

[Tip] 텐서플로는 주요 활성화 함수를 클래스형과 함수형으로 제공하며, 제공 목록은 공식 문서(https://www. tensorflow.org/api_docs/python/tf/keras/activations)에서 확인할 수 있다.

텐서플로 케라스 레이어에 활성화 함수를 적용하고 싶다면 다음과 같이 설정한다. Dense 레이어에 ReLU 활성화 함수를 적용하기 위해서는 activation 매개변수에 'relu' 문자열을 대입하면 된다.

```
[11] # Dense 레이어에 relu 활성화 함수를 적용한 경우
     tf.keras.layers.Dense(128, activation='relu')
```

[Tip] 딥러닝 모델의 층을 나타내는 용어로 영어 Layer의 한국어 발음인 레이어를 혼용한다. 이 책에서도 두 용어를 모두 사용하므로 유의할 필요가 있다.

다음과 같이 별도의 층처럼 적용할 수도 있다. 이렇게 별도의 층으로 적용하는 경우는 Dense 레이어 다음에 배치 정규화(Batch Normalization)를 적용한 후 활성화 함수를 적용하고자 할 때 많이 사용된다. 즉, 레이어 구성을 조금 더 커스터마이징하고 싶을 때 구분하여 처리한다.

```
[12] # Dense 레이어와 relu 활성화 함수 레이어를 별도 적용한 경우
     model = tf.keras.Sequential([
             tf.keras.layers.Dense(128),
             tf.keras.layers.Activation('relu')
     ])
```

[Tip] 배치 정규화에 대해서는 '4-4 배치 정규화(Batch Normalization)'에서 다룬다.

3-5 입력과 출력

딥러닝 모델을 만들 때는 첫 번째 레이어에 입력 데이터의 형태를 나타내는 input_shape 매개변수를 지정하는 것이 일반적이나. 앞에서 x_train의 shape은 (60000, 28, 28) 배열이라는 것을 확인한 바 있다. 여기서 데이터셋의 크기를 나타내는 60000이라는 숫자를 제외하고 이미지의 세로, 가로 형태를 나타내는 input_shape = (28, 28)를 input_shape로 지정한다.

분류 모델의 가장 마지막 레이어는 출력층이다. 출력층의 노드 개수는 반드시 분류해야 할 클래스의 개수와 동일해야 한다. mnist는 0~9까지 총 10개의 클래스로 이루어져 있기 때문에 마지막 출력층의 노드 개수는 10개가 되어야 한다.

```
[13] model = tf.keras.Sequential([
        tf.keras.layers.Flatten(input_shape=(28, 28)),
        tf.keras.layers.Dense(256, activation='relu'),
        tf.keras.layers.Dense(64, activation='relu'),
        tf.keras.layers.Dense(32, activation='relu'),
        # 노드 = 10개(클래스 개수와 동일)
        tf.keras.layers.Dense(10, activation='softmax'),
    ])
```

[Tip] 앞의 예제에서는 Dense 레이어를 구성하는 노드의 개수를 보면, 256 - 64 - 32 - 10으로 조금씩 개수가 줄어드는 형태로 구성하였다. Flatten 층으로 이미지를 펼치면 784개의 픽셀 값이 각각 입력 변수가 된다. 784개의 변수에 대한 입력값을 노드 개수를 조금씩 줄여가면서 최종 출력 클래스 개수인 10개까지 정보를 축약하기 위한 설계라고 이해하자.
모델의 깊이(레이어의 개수)와 너비(각 레이어를 구성하는 노드의 개수)에 대한 정답은 없다. 최적의 모델을 찾기 위해서는 여러 가지 시도를 통해서 최적의 모델 형태를 찾을 필요가 있다. 레이어 개수와 노드의 개수도 중요한 하이퍼파라미터가 된다고 볼 수 있다.

출력층의 노드 개수가 2개 이상인 경우는 softmax 활성화 함수를 적용한다. 즉, 다중 분류 문제에서는 softmax 활성화 함수를 사용해야 한다. 반면 이진 분류 모델의 출력층 노드 개수를 1개로 설정한 경우에는 sigmoid 활성화 함수를 적용한다(단, 이진 분류 모델이더라도 출력 레이어의 클래스를 원핫 인코딩으로 변환하여 노드 개수가 2개인 경우에는 softmax 함수를 사용한다).

```
[14] # 출력층 노드 = 1인 경우, sigmoid
    tf.keras.layers.Dense(1, activation='sigmoid')

    # 출력층 노드 = 2개 이상인 경우, softmax
    tf.keras.layers.Dense(10, activation='softmax')
```

3-6 손실함수

분류 모델의 손실함수는 모델의 출력층에 따라 올바른 손실함수를 설정해야만 모델이 정상적으로 훈련할 수 있다.

레이블 (y)가 원핫 인코딩 $\Big[$ (O) : categorical_crossentropy
(X) : sparse_categorical_crossentropy

마지막 출력층	Loss
Dense(1, activation = 'sigmoid')	loss = 'binary_crossentropy'
Dense(2 이상, activation = 'softmax')	loss = 'categorical_crossentropy' loss = 'sparse_categorical_crossentropy'

[표 3-2] 손실함수의 종류

이진 분류기(binary classifier) 생성 시 출력층의 노드 개수가 1이면 activation = 'sigmoid'를 지정하며 손실함수는 'binary_crossentropy'를 지정하면 된다.

```
[15] # 이진 분류(출력 노드 개수 = 1, sigmoid인 경우)
     model.compile(loss='binary_crossentropy')
```

출력층의 노드 개수가 2개 이상일 경우 activation = 'softmax'와 같이 softmax 활성화 함수를 지정하고, 손실함수는 'categorical_crossentropy' 혹은 'sparse_categorical_crossentropy'를 지정한다.

출력 데이터(y)가 원핫 벡터(one-hot vector)인 경우에는 'categorical_crossentropy'를 지정하고, 원핫 벡터가 아닌 경우에는 'sparse_categorical_crossentropy'를 지정한다.

```
[16] # y가 원핫 벡터인 경우
     # [0., 0., 0., 0., 0., 1., 0., 0., 0., 0.]
     model.compile(loss='categorical_crossentropy')
     # y가 원핫 벡터가 아닌 경우
     # [5]
     model.compile(loss='sparse_categorical_crossentropy')
```

mnist 손글씨 데이터셋은 클래스의 개수가 10개이므로 마지막 출력층에 해당하는 Dense 레이어의 노드 개수를 10으로 지정했다. 출력 데이터가 원핫 벡터가 아니고, 0~9까지 레이블 값을 갖기 때문에 손실함수로 'sparse_categorical_crossentropy'를 지정하면 된다.

3-7 옵티마이저

옵티마이저(optimizer)는 손실을 낮추기 위해서, 신경망의 가중치와 학습률과 같은 신경망의 속성을 변경하는 데 사용되는 최적화 방법이다. 일반적으로 많이 사용되는 알고리즘은 Adam이며 대체적으로 좋은 성능을 발휘하는 것으로 알려져 있다.

케라스에서 지원하는 옵티마이저 목록은 다음과 같다.

- SGD
- Adam
- Adagrad
- Nadam
- RMSprop
- Adadelta
- Adamax
- Ftrl

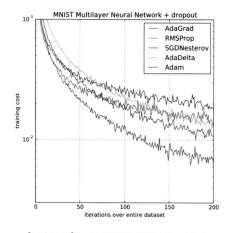

[그림 3-20] mnist 데이터에 대한 Adam 성능[10]

[Tip] 더 많은 옵티마이저 리스트는 텐서플로 공식 문서(https://www.tensorflow.org/api_docs/python/tf/keras/optimizers)에서 확인할 수 있다.

다음과 같이 옵티마이저는 클래스 인스턴스로 지정하거나 문자열로 지정할 수 있다. 문자열로 지정할 때는 클래스 이름을 소문자로 표기하면 된다. 클래스 인스턴스로 지정할 때는 문자열로 지정할 때와 다르게, 학습률(learning rate : lr로 표기)과 같은 하이퍼파라미터를 직접 설정할 수 있다.

```
[17] # 클래스 인스턴스로 지정
     adam = tf.keras.optimizers.Adam(lr=0.001)
     model.compile(optimizer=adam)

     # 문자열로 지정
     model.compile(optimizer='adam')
```

---

10 출처 : https://arxiv.org/pdf/1412.6980.pdf

3-8 평가지표

분류 모델에 대한 평가지표(metrics)는 정확도를 나타내는 'accuracy'(또는 'acc')가 가장 많이 사용되며 'auc', 'precision', 'recall' 등의 지표도 많이 사용된다. 모델 컴파일 단계에서 metrics 매개변수에 파이썬 리스트 형태로 하나 이상의 평가지표를 지정하여 여러 지표들을 동시에 참고할 수 있다.

평가지표도 옵티마이저와 마찬가지로 클래스 인스턴스로 지정하거나 문자열로 지정할 수 있다. 다음 코드 예제를 보면, compile() 메소드의 metrics 속성에 평가지표를 설정하고 있다.

```
[18] # 클래스 인스턴스로 지정
    acc = tf.keras.metrics.SparseCategoricalAccuracy()

    model.compile(optimizer='adam',
                  loss='sparse_categorical_crossentropy',
                  metrics=[acc])
```

```
[19] # 문자열로 지정
    model.compile(optimizer='adam',
                  loss='sparse_categorical_crossentropy',
                  metrics=['accuracy'])
```

[Tip] 평가지표 목록은 다음의 공식 문서 페이지(https://www.tensorflow.org/api_docs/python/tf/keras/metrics)를 통해 확인할 수 있다.

3-9 훈련

앞서 선형회귀 모델을 학습시킬 때는 별도의 검증 데이터셋을 만들지 않았다. 한편, mnist 손글씨 데이터셋은 10,000개로 구성된 별도의 검증 셋이 존재한다. 우리는 검증 셋을 (x_test, y_test)에 저장했다. 모델을 훈련할 때 검증 셋을 추가 지정하면, 매 epoch마다 훈련 손실과 검증 손실, 그리고 각 셋에 대한 평가지표를 나란히 출력한다. 검증 셋을 지정하는 방법은 validation_data 매개변수에 투플 형식의 검증 셋을 지정해주면 된다. 예제에서 epoch는 10회를 지정한다.

```
[20] # 훈련
    model.fit(x_train, y_train,
              # 검증 셋 지정
              validation_data=(x_test, y_test),
              epochs=10,
              )
```

```
epoch 1/10
1875/1875 [==============================] - 5s 3ms/step - loss: 0.4320 - accuracy:
0.8722 - val_loss: 0.1163 - val_accuracy: 0.9641
epoch 2/10
1875/1875 [==============================] - 4s 2ms/step - loss: 0.0930 - accuracy:
0.9714 - val_loss: 0.0910 - val_accuracy: 0.9727
epoch 3/10
1875/1875 [==============================] - 5s 2ms/step - loss: 0.0660 - accuracy:
0.9787 - val_loss: 0.0932 - val_accuracy: 0.9726

                                    ...

epoch 8/10
1875/1875 [==============================] - 5s 2ms/step - loss: 0.0190 - accuracy:
0.9937 - val_loss: 0.0777 - val_accuracy: 0.9795
epoch 9/10
1875/1875 [==============================] - 5s 2ms/step - loss: 0.0176 - accuracy:
0.9943 - val_loss: 0.0781 - val_accuracy: 0.9810
epoch 10/10
1875/1875 [==============================] - 4s 2ms/step - loss: 0.0177 - accuracy:
0.9942 - val_loss: 0.0838 - val_accuracy: 0.9791
```

3-10 평가

10회의 epoch가 끝나고 훈련이 종료된 뒤 evaluate() 메소드로 모델 성능을 검증하고 평가 결과를 확인할 수 있다. 이때 검증 셋인 x_test, y_test를 함수에 전달한다.

```
[21] # 검증
     test_loss, test_acc = model.evaluate(x_test, y_test)

     print('검증 셋 정확도:', test_acc)
```
```
313/313 [==============================] - 1s 2ms/step - loss: 0.0838 - accuracy: 0.9791
검증 셋 정확도: 0.9790999889373779
```

evaluate() 메소드는 컴파일 단계에서 지정한 손실과 정확도를 순서대로 반환하며, 그 중 정확도만 따로 지정하여 출력해보면 모델의 검증 성능이 약 97.9% 정도 기록한 것을 확인할 수 있다.

3-11 예측

훈련된 모델로 새로운 이미지에 대한 분류 값을 예측하는 작업을 수행할 수 있다. predict() 메소드에 이미지 데이터를 넣어주면 모델의 예측 결과를 반환한다. 여기서는 예측에 필요한 새로운 데이터셋이 준비되어 있지 않기 때문에, 검증 데이터셋의 입력 데이터인 x_test를 사용한다.

```
[22] # 예측
    predictions = model.predict(x_test)
```

predictions 변수에 모델이 예측한 분류 결과를 넘파이 배열 형태로 저장한다. 첫 번째 입력 이미지에 대한 분류 결과를 출력해보면 다음과 같이 10개의 확률값들이 출력되는 것을 확인할 수 있다.

```
[23] # 예측 결과 출력
    predictions[0]
```

```
array([2.8690788e-11, 4.8202313e-08,  3.5684327e-06,  5.0043070e-07,
       5.9035893e-10, 4.8412496e-11,  1.6255645e-14,  9.9999571e-01,
       6.5135017e-09, 6.5436019e-08], dtype=float32)
```

모델의 마지막 출력층의 노드 개수가 10개로 지정되었기 때문에 10개의 값이 출력된 것이다. softmax 활성화 함수를 거친 10개의 출력 값은 순차적으로 0~9까지의 10개의 개별 클래스에 대한 분류 확률값을 나타낸다. 이 중 가장 높은 확률값을 가진 클래스가 최종 예측된 클래스다. 넘파이 배열의 argmax를 활용하여 가장 높은 확률값을 가지는 클래스 결과를 확인할 수 있다.

```
[24] import numpy as np

    # 0번 index에 대한 예측 클래스 출력
    print(np.argmax(predictions[0]))

    # 첫 10개 index에 대한 예측 클래스 출력
    print(np.argmax(predictions[:10], axis=1))
```

```
7
[7 2 1 0 4 1 4 9 5 9]
```

matplotlib 시각화 라이브러리의 imshow() 메소드를 활용하여 15개 예측한 결과에 대한 시각화 코드는 다음과 같다.

```
[25] # 데이터 시각화
    import matplotlib.pyplot as plt
    def get_one_result(idx):
        img, y_true, y_pred, confidence = x_test[idx], y_test[idx], np.argmax(predictions[idx]),
                                          100 * np.max(predictions[idx])
        return img, y_true, y_pred, confidence

    # canvas 생성
    fig, axes = plt.subplots(3, 5)
    fig.set_size_inches(12, 10)
    for i in range(15):
        ax = axes[i//5, i%5]
        img, y_true, y_pred, confidence = get_one_result(i)
        # imshow로 이미지 시각화
        ax.imshow(img, cmap='gray')
        ax.set_xticks([])
        ax.set_yticks([])
        ax.set_title(f'True: {y_true}')
        ax.set_xlabel(f'Prediction: {y_pred}\nConfidence: ({confidence:.2f} %)')
    plt.tight_layout()
    plt.show()
```

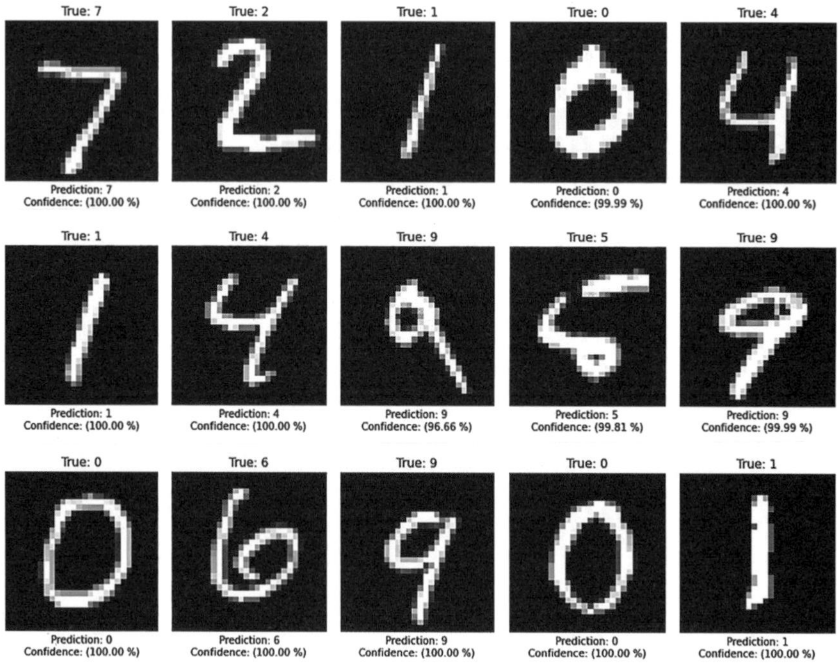

[그림 3-21] mnist 손글씨 데이터셋에 대한 예측 결과

앞에서 다룬 mnist 데이터셋을 다시 사용한다. 데이터 정규화까지 처리하여 입력 데이터를 준비한다.

〈소스〉3.4_model_configuration.ipynb

```
[1]  import tensorflow as tf

     # 케라스의 내장 데이터셋에서 mnist 데이터셋 로드
     mnist = tf.keras.datasets.mnist

     # load_data()로 데이터셋 로드
     (x_train, y_train),(x_test, y_test) = mnist.load_data()

     # 로드된 데이터셋 확인
     print('train set: ', x_train.shape, y_train.shape)
     print('test set: ', x_test.shape, y_test.shape)

     # 데이터 정규화
     x_train = x_train / x_train.max()   # max: 255
     x_test = x_test / x_test.max()      # max: 255
```

```
Downloading data from https://storage.googleapis.com/tensorflow/tf-keras-datasets/mnist.npz
11493376/11490434 [==============================] - 0s 0us/step
train set:  (60000, 28, 28) (60000,)
test set:   (10000, 28, 28) (10000,)
```

4-1 초기값 설정

레이어의 초기화 방법을 다르게 설정할 수 있다. Dense 레이어는 기본 초기화 방법으로 Glorot Uniform 초기화 방법이 설정되어 있다.

```
[2]  dense = tf.keras.layers.Dense(256, activation='relu')
     dense.get_config()['kernel_initializer']
```

```
{'class_name': 'GlorotUniform', 'config': {'seed': None}}
```

기본값으로 설정된 GlorotUniform 초기화 방법을 HeNormal로 변경하기 위해서는 kernel_initializer 매개변수에 설정하면 된다. 옵티마이저, 손실함수와 마찬가지로 문자열로 지정하는 방법과 클래스 인스턴스로 지정하는 방법이 있다.

```
[3]   # 문자열 초기화
      dense = tf.keras.layers.Dense(256, kernel_initializer='he_normal', activation='relu')
      print(dense.get_config()['kernel_initializer'])

      # 클래스 인스턴스 초기화
      he_normal = tf.keras.initializers.HeNormal()
      dense = tf.keras.layers.Dense(256, kernel_initializer=he_normal, activation='relu')
      print(dense.get_config()['kernel_initializer'])
```

```
{'class_name': 'HeNormal', 'config': {'seed': None}}
{'class_name': 'HeNormal', 'config': {'seed': None}}
```

케라스에서 지원하는 자주 사용되는 초기화 목록은 다음과 같다.

- 'glorot_normal', 'glorot_uniform' : 글로럿 초기화(Xavier 초기화)
- 'lecun_normal', 'lecun_uniform' : Yann Lecun 초기화
- 'he_normal', 'he_uniform' : He 초기화
- 'random_normal', 'random_uniform' : 정규 분포, 연속균등 분포 초기화

[Tip] 초기화에 대한 다른 값들은 다음 공식 문서(https://www.tensorflow.org/api_docs/python/tf/keras/initializers)에서 확인할 수 있다.

4-2   규제(Regularizaiton)

모델의 과대적합을 해소하기 위해 L1, L2 규제를 적용하기도 한다. 텐서플로 케라스 레이어는 기본값으로 규제를 적용하지 않고 있다. 다음 코드에서 kernel_regularizer 설정이 None으로 설정되어 있는 것을 확인할 수 있다.

따라서, 레이어에 규제를 적용하기 위해서는 별도로 설정해 주어야 한다.

```
[4]   # 기본값
      dense = tf.keras.layers.Dense(256, activation='relu')
      dense.get_config()
```

```
{'activation': 'relu',
 'activity_regularizer': None,
 'bias_constraint': None,
 'bias_initializer': {'class_name': 'Zeros', 'config': {}},
 'bias_regularizer': None,
 'dtype': 'float32',
 'kernel_constraint': None,
 'kernel_initializer': {'class_name': 'GlorotUniform',
  'config': {'seed': None}},
 'kernel_regularizer': None,
 'name': 'dense_17',
 'trainable': True,
 'units': 256,
 'use_bias': True}
```

모델이 과대적합하는 것을 방지해 주기 위해 모델을 구성하는 레이어마다 규제를 적용할 수 있다. 케라스에서 지원하는 규제는 L1, L2 규제가 있다. 규제를 적용하기 위해서는 kernel_regularizer에 규제를 지정하면 된다.

```
[5] # l1 규제 적용
    dense = tf.keras.layers.Dense(256, kernel_regularizer='l1', activation='relu')
    print(dense.get_config()['kernel_regularizer'])

    # 클래스 인스턴스 적용, alpha=0.1 변경
    regularizer = tf.keras.regularizers.l1(l1=0.1)
    dense = tf.keras.layers.Dense(256, kernel_regularizer=regularizer, activation='relu')
    print(dense.get_config()['kernel_regularizer'])
```

```
{'class_name': 'L1', 'config': {'l1': 0.009999999776482582}}
{'class_name': 'L1', 'config': {'l1': 0.10000000149011612}}
```

[Tip] 규제에 대한 세부 사항은 다음 공식 문서(https://www.tensorflow.org/api_docs/python/tf/keras/regularizers)에서 확인할 수 있다.

4-3 드롭아웃(Dropout)

드롭아웃은 2014년에 발표된 'Dropout : A Simple Way to Prevent Neural Networks from Overfitting' 논문에서 제안된 아이디어이며, 무려 26,000번이 넘게 인용된 논문이다.

딥러닝 모델의 가장 큰 난제가 바로 과대적합 문제다. 딥러닝 모델의 층이 넓고 깊어질 때 (wide-and-deep) 모델은 훈련에 주어진 샘플에 과하게 적합하도록 학습하는 경향이 있다. 따라서 훈련할 때 만나지 못한 새로운 데이터에 대해서는 좋지 않는 예측력을 보일 때가 많다. 즉, 훈련 데이터셋에 너무 적응하여 검증 데이터셋이나 테스트 데이터셋에 대해 일반화된 성능을 갖지 못하는 문제가 자주 발생하는 편이다. 드롭아웃은 모델의 과대적합 문제를 해결하기 위해 제안된 아이디어이며, 실무적으로 상당히 좋은 효과를 보이는 것으로 알려져 있다.

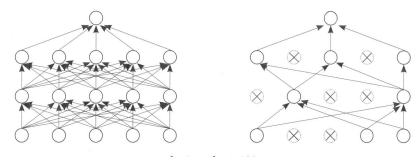

[그림 3-22] 드롭아웃[11]

11 출처 : Dropout: A Simple Way to Prevent Neural Networks from Overfitting(2014)

[그림 3-22]의 왼쪽 그림을 보면 모든 노드들이 연결되어 있다. 하지만 오른쪽 그림은 모든 노드가 연결되어 있지 않고 확률적으로 몇 개의 신호는 끊겨 있다. 이렇게 노드의 일부 신호를 임의로 삭제하게 되면, 모델이 쉽게 과대적합 되는 것을 방지할 수 있다. 모델이 학습하는 가중치 파라미터의 개수가 현저하게 줄어들게 되기 때문이다.

중요한 점은 모델이 훈련할 때는 드롭아웃이 적용되어 노드 중 일부만 훈련하게 되지만, 예측 시점에는 모든 노드들이 활용된다.

케라스에서 드롭아웃은 다음과 같이 적용할 수 있다. Dropout 레이어 함수에 입력하는 숫자는 노드에서 제거되는 비율을 나타낸다.

```
[6]  # Dropout 25% 비율 적용(25%의 노드가 삭제)
     tf.keras.layers.Dropout(0.25)
```

```
⟨tensorflow.python.keras.layers.core.Dropout at 0x7f0fca87e1d0⟩
```

4-4 배치 정규화(Batch Normalization)

배치 정규화는 2015년 세르게이 이오페(Sergey Ioffe)와 크리스티안 세게디(Christian Szegedy)가 제안[12]한 개념이다.

배치 정규화는 각 층에서 활성화 함수를 통과하기 전 미니 배치의 스케일을 정규화한다. 다음 층으로 데이터가 전달되기 전에 스케일을 조정하기 때문에 보다 안정적인 훈련이 가능하고 성능을 크게 향상시킬 수 있다.

배치 정규화 층은 케라스에서 클래스 함수로 지원하기 때문에 별도로 코드를 구현할 필요가 없고, 클래스 인스턴스를 생성하여 추가해주면 된다. 다음 코드에서는 Dense 레이어에 ReLU 활성화 함수를 추가한 모델을 model_a로 지정하여 생성하고, 배치 정규화를 적용 후 ReLU 활성화 함수를 추가한 모델을 model_b에 지정하여 성능 비교를 해보도록 한다.

```
[7]  # Model A: Dense + ReLU
     model_a = tf.keras.Sequential([
             tf.keras.layers.Flatten(input_shape=(28, 28)),
             tf.keras.layers.Dense(64, activation='relu'),
             tf.keras.layers.Dense(32, activation='relu'),
             tf.keras.layers.Dense(10, activation='softmax'),
     ])
     model_a.summary()
```

12 Batch Normalization: Accelerating Deep Network Training by Reducing Internal Covariate Shift

```
Model: "sequential"
_____
Layer (type)                 Output Shape              Param #
=================================================================
flatten (Flatten)            (None, 784)               0
_____
dense_6 (Dense)              (None, 64)                50240
_____
dense_7 (Dense)              (None, 32)                2080
_____
dense_8 (Dense)              (None, 10)                330
=================================================================
Total params: 52,650
Trainable params: 52,650
Non-trainable params: 0
_____
```

```
[8]  # Model B: Dense + BatchNorm + ReLU
     model_b = tf.keras.Sequential([
             tf.keras.layers.Flatten(input_shape=(28, 28)),
             tf.keras.layers.Dense(64),
             # 배치 정규화 적용
             tf.keras.layers.BatchNormalization(),
             # 배치 정규화 후 활성화 함수 적용
             tf.keras.layers.Activation('relu'),

             tf.keras.layers.Dense(32),
             # 배치 정규화 적용
             tf.keras.layers.BatchNormalization(),
             # 배치 정규화 후 활성화 함수 적용
             tf.keras.layers.Activation('relu'),

             tf.keras.layers.Dense(10, activation='softmax'),
     ])
     model_b.summary()
```

```
Model: "sequential_1"
_____
Layer (type)                 Output Shape              Param #
=================================================================
flatten_1 (Flatten)          (None, 784)               0
_____
dense_9 (Dense)              (None, 64)                50240
_____
batch_normalization (BatchNo (None, 64)                256
_____
activation (Activation)      (None, 64)                0
_____
dense_10 (Dense)             (None, 32)                2080
_____
batch_normalization_1 (Batch (None, 32)                128
_____
```

```
activation_1 (Activation)        (None, 32)           0
_____
dense_11 (Dense)                 (None, 10)           330
===============================================================
Total params: 53,034
Trainable params: 52,842
Non-trainable params: 192
_____
```

동일한 조건에서 10번의 epoch동안 model_a, model_b 두 모델을 훈련할 결과는 다음과 같다.

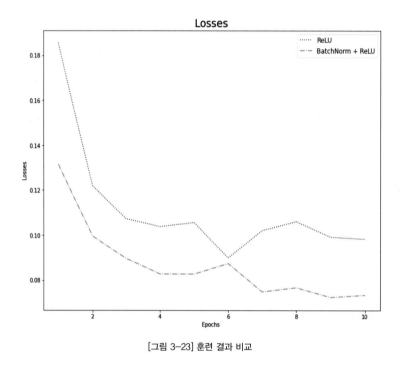

[그림 3-23] 훈련 결과 비교

그래프를 보면, 배치 정규화만 추가하였는데 손실은 이전 대비 더 안정적이고 빠르게 수렴하는 것을 확인할 수 있다.

데이터 개수가 적은 편인 mnist 손글씨 데이터셋에서는 큰 차이를 보이지 않을 수 있지만, 더 크고 복잡한 데이터셋에 대해서는 배치 정규화 유무가 모델 성능에 크게 영향을 미치는 경우도 있으므로 배치 정규화를 적극 적용해 볼 필요가 있다.

4-5 활성화(activation) 함수

지금까지 다뤄본 예제에서는 주로 Dense 레이어에 ReLU 활성화 함수를 지정했다. 케라스가 지원하는 다른 활성화 함수를 적용해 볼 수 있다. 활성화 함수를 적용할 때, 다음과 같이 클래스 인스턴스로 선언하여 하이퍼파라미터 값을 변경하여 적용할 수 있다.

```
[9]  # LeakyReLU 기본 설정
     tf.keras.layers.LeakyReLU()

     # LeakyReLU, alpha=0.2로 변경
     tf.keras.layers.LeakyReLU(alpha=0.2)
```

⤷ ⟨tensorflow.python.keras.layers.advanced_activations.LeakyReLU at 0x7f0f95bf2450⟩

LeakyReLU를 모델에 적용할 때는 다음과 같이 적용할 수 있다.

```
[10] # Model C: Dense + BatchNorm + LeakyReLU(0.2)
     model_c = tf.keras.Sequential([
             tf.keras.layers.Flatten(input_shape=(28, 28)),
             tf.keras.layers.Dense(64),
             # 배치 정규화 적용
             tf.keras.layers.BatchNormalization(),
             # LeakyReLU, alpha=0.2 적용
             tf.keras.layers.LeakyReLU(alpha=0.2),

             tf.keras.layers.Dense(32),
             # 배치 정규화 적용
             tf.keras.layers.BatchNormalization(),
              # LeakyReLU, alpha=0.2 적용
             tf.keras.layers.LeakyReLU(alpha=0.2),

             tf.keras.layers.Dense(10, activation='softmax'),
     ])

     # 모델 요약
     model_c.summary()
```

⤷ Model: "sequential_2"

Layer (type)	Output Shape	Param #
flatten_2 (Flatten)	(None, 784)	0
dense_12 (Dense)	(None, 64)	50240
batch_normalization_2	(Batch (None, 64)	256
leaky_re_lu_2 (LeakyReLU)	(None, 64)	0
dense_13 (Dense)	(None, 32)	2080

```
batch_normalization_3 (Batch (None, 32)            128
_____
leaky_re_lu_3 (LeakyReLU)    (None, 32)            0
_____
dense_14 (Dense)             (None, 10)            330
============================================================
Total params: 53,034
Trainable params: 52,842
Non-trainable params: 192
_____
```

앞에서 생성한 2개의 모델과 LeakyReLU 활성화 함수로 변경한 모델까지 더해서 총 3개의 모델을 동일한 조건으로 10번의 epoch 동안 훈련한 후에 수렴 속도를 확인한다.

- model_a : Dense 레이어 + ReLU 활성화 함수
- model_b : Dense 레이어 + 배치 정규화
- model_c : Dense 레이어 + 배치 정규화 + LeakyReLU(0.2) 활성화 함수

```
[11] model_a.compile(optimizer='adam', loss='sparse_categorical_crossentropy', metrics=['accuracy'])
     model_b.compile(optimizer='adam', loss='sparse_categorical_crossentropy', metrics=['accuracy'])
     model_c.compile(optimizer='adam', loss='sparse_categorical_crossentropy', metrics=['accuracy'])

     # Model A: Dense + ReLU
     history_a = model_a.fit(x_train, y_train,
                             validation_data=(x_test, y_test),
                             epochs=10)

     # Model B: Dense + BatchNorm + ReLU
     history_b = model_b.fit(x_train, y_train,
                             validation_data=(x_test, y_test),
                             epochs=10)

     # Model C: Dense + BatchNorm + LeakyReLU(0.2)
     history_c = model_c.fit(x_train, y_train,
                             validation_data=(x_test, y_test),
                             epochs=10)
```

결과를 다음의 코드로 시각화하면 epoch별 검증 손실의 감소 추이를 확인할 수 있다.

```
[12]  import matplotlib.pyplot as plt
      import numpy as np

      plt.figure(figsize=(12, 9))
      plt.plot(np.arange(1, 11), history_a.history['val_loss'], color='navy', linestyle=':')
      plt.plot(np.arange(1, 11), history_b.history['val_loss'], color='tomato', linestyle='-.')
      plt.plot(np.arange(1, 11), history_c.history['val_loss'], color='green', linestyle='-')

      plt.title('Losses', fontsize=20)
      plt.xlabel('epochs')
      plt.ylabel('Losses')
      plt.legend(['ReLU', 'BatchNorm + ReLU','batchnorm + LeakyReLU'], fontsize=12)
      plt.show()
```

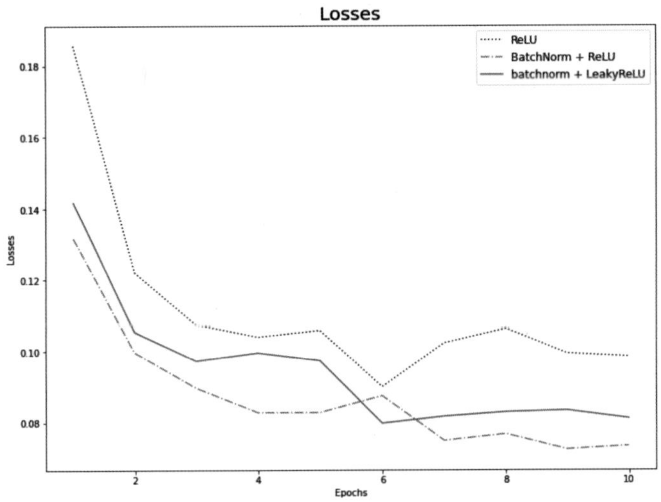

[그림 3-24] 실행 결과

실행 결과를 보면 mnist 데이터셋은 모델별 차이가 크지는 않다. 하지만 좀 더 복잡한 데이터셋을 다룬다면 배치 정규화와 다른 활성화 함수를 적용해 보면서 모델의 훈련 추이를 관찰해 볼 필요가 있다.

콜백은 모델을 훈련할 때 보조적인 작업을 수행할 수 있도록 도와주는 객체다. 모델을 훈련할 때 사용하는 fit() 메소드에 callbacks 매개변수로 지정할 수 있다. tensorflow.keras.callbacks 패키지 내 다양한 콜백이 정의되어 있다. 이 중 가장 많이 활용하는 콜백 함수 몇 가지를 소개한다.

실습을 위해 앞에서 사용한 mnist 데이터셋을 다시 불러오고, Dense 레이어로 구성된 모델을 정의하고 컴파일한다.

〈소스〉 3.5_callback.ipynb

```
[1]  import tensorflow as tf

     # 케라스의 내장 데이터셋에서 mnist 데이터셋 로드
     mnist = tf.keras.datasets.mnist

     # load_data()로 데이터셋 로드
     (x_train, y_train),(x_test, y_test) = mnist.load_data()

     # 데이터 정규화
     x_train = x_train / x_train.max()
     x_test = x_test / x_test.max()

     # 모델 정의
     model = tf.keras.Sequential([
           tf.keras.layers.Flatten(input_shape=(28, 28)),
           tf.keras.layers.Dense(256, activation='relu'),
           tf.keras.layers.Dense(64, activation='relu'),
           tf.keras.layers.Dense(32, activation='relu'),
           # 노드=10개가 되어야 한다.
           tf.keras.layers.Dense(10, activation='softmax'),
     ])

     # 모델 컴파일
     model.compile(optimizer='adam', loss='sparse_categorical_crossentropy', metrics=['accuracy'])
```

5-1 모델 체크포인트(Model Checkpoint)

모델 체크포인트는 가장 많이 활용되는 콜백이다. 모델 훈련 시 콜백으로 지정해 줄 수 있으며 epoch별 모델의 가중치를 저장한다. 저장할 때 마치 체크포인트를 생성하듯 미리 정해 놓은 규칙에 의하여 체크포인트를 생성하고 저장한다.

주요 하이퍼파라미터에 대한 세부 내용은 다음과 같다.

• filepath : 체크포인트의 저장 경로 지정
• save_weights_only : 가중치만 저장할지 여부 설정
• save_best_only : monitor 기준으로 가장 높은 epoch만 저장할지 아니면 매 epoch별 저장할지 여부를 설정
• monitor : 저장 시 기준이 되는 지표 설정. 'val_loss'로 지정 시 검증 손실이 가장 낮은 epoch 의 가중치를 저장
• verbose : 1로 설정 시 매 epoch별 저장 여부를 알려주는 로그 메시지 출력

```
[2]  # 체크포인트 설정
     checkpoint = tf.keras.callbacks.ModelCheckpoint(filepath='tmp_checkpoint.ckpt',
                                                     save_weights_only=True,
                                                     save_best_only=True,
                                                     monitor='val_loss',
                                                     verbose=1)
```

모델 체크포인트 객체를 생성 후 모델 훈련 시 callbacks 매개변수에 지정하면 된다.

```
[3]  model.fit(x_train, y_train,
               validation_data=(x_test, y_test),
               epochs=10,
               callbacks=[checkpoint]
               )
```

```
epoch 1/10
1875/1875 [==============================] — 7s 3ms/step — loss: 0.4255 — accuracy:
0.8673 — val_loss: 0.1151 — val_accuracy: 0.9659
epoch 00001: val_loss improved from inf to 0.11511, saving model to tmp_checkpoint.ckpt
epoch 2/10
1875/1875 [==============================] — 6s 3ms/step — loss: 0.0946 — accuracy:
0.9719 — val_loss: 0.0902 — val_accuracy: 0.9728
epoch 00002: val_loss improved from 0.11511 to 0.09016, saving model to tmp_checkpoint.ckpt
epoch 3/10
1875/1875 [==============================] — 6s 3ms/step — loss: 0.0629 — accuracy:
0.9808 — val_loss: 0.0813 — val_accuracy: 0.9750
epoch 00003: val_loss improved from 0.09016 to 0.08127, saving model to tmp_checkpoint.ckpt
...
epoch 8/10
1875/1875 [==============================] — 6s 3ms/step — loss: 0.0224 — accuracy:
0.9926 — val_loss: 0.0724 — val_accuracy: 0.9808
epoch 00008: val_loss improved from 0.08127 to 0.07237, saving model to tmp_checkpoint.ckpt
epoch 9/10
```

```
1875/1875 [==============================] — 6s 3ms/step — loss: 0.0178 — accuracy:
0.9942 — val_loss: 0.0932 — val_accuracy: 0.9774
epoch 00009: val_loss did not improve from 0.07237
epoch 10/10
1875/1875 [==============================] — 6s 3ms/step — loss: 0.0191 — accuracy:
0.9941 — val_loss: 0.0838 — val_accuracy: 0.9802
epoch 00010: val_loss did not improve from 0.07237
```

매 epoch마다 모델 체크포인트의 저장 여부를 알려주는 로그 메시지가 출력되며, 가장 검증 손실이 낮았던 epoch 8(손실 값 0.07237)일 때의 가중치가 현재 모델 체크포인트에 저장되었음을 알 수 있다(앞의 실행 결과에서 노란색 음영 부분을 참조한다).

저장한 가중치를 model 인스턴스에 적용하려면, load_weights() 메소드에 모델 체크포인트 파일 경로를 지정하여 호출해 주어야 한다. 이처럼 모델에 저장한 가중치를 명시적으로 로드해주어야 검증 손실이 가장 낮았던 가중치가 모델에 로드된다. 이렇게 명시적으로 호출하지 않으면 훈련이 완료되더라도 가중치가 로드되지 않음에 유의한다.

```
[4]  # 모델 체크포인트 로드 전
     loss, acc = model.evaluate(x_test, y_test)
     print(f'체크포인트 로드 전: loss: {loss:3f}, acc: {acc:3f}')

     # 체크포인트 파일을 모델에 로드
     model.load_weights('tmp_checkpoint.ckpt')
     loss, acc = model.evaluate(x_test, y_test)
     print(f'체크포인트 로드 후: loss: {loss:3f}, acc: {acc:3f}')
```

```
313/313 [==============================] — 0s 1ms/step — loss: 0.0838 — accuracy: 0.9802
체크포인트 로드 전: loss: 0.0838, acc: 0.9802
313/313 [==============================] — 0s 1ms/step — loss: 0.0724 — accuracy: 0.9808
체크포인트 로드 후: loss: 0.0724, acc: 0.9808
```

model.load_weights()가 호출되기 전의 검증 성능은 마지막 epoch 10 실행 결과로 손실 기준 0.0838이다. 한편, 모델 체크포인트에 저장되어 있는 가중치를 불러온 뒤에는 가장 검증 손실이 낮았던 epoch 8 실행 후의 손실 0.0724가 된다. 따라서 검증 손실이 가장 낮았던 모델 가중치를 그대로 불러오는 것을 알 수 있다.

5-2 조기 종료(Early Stopping)

tensorflow.keras.callbacks.EarlyStopping() 객체로 생성하며 모델 훈련 시 patience에 지정된 epoch 안에 손실이 줄어들지 않는다면 모델 훈련을 조기 종료한다. 다음은 조기 종료 기준이 되는 지표를 검증 손실로 설정하고, patience = 3으로 설정해 조기 종료 콜백을 생성한다. 따라서 3 epoch 동안 손실이 줄어들지 않으면 모델 훈련이 종료된다.

```
[5]  # 모델 인스턴스 생성
     model = tf.keras.Sequential([
            tf.keras.layers.Flatten(input_shape=(28, 28)),
            tf.keras.layers.Dense(256, activation='relu'),
            tf.keras.layers.Dense(64, activation='relu'),
            tf.keras.layers.Dense(32, activation='relu'),
            tf.keras.layers.Dense(10, activation='softmax'), # 노드 10개로 생성
     ])

     model.compile(optimizer='adam', loss='sparse_categorical_crossentropy', metrics=['accuracy'])

     # EarlyStopping 콜백 생성
     earlystopping = tf.keras.callbacks.EarlyStopping(monitor='val_loss', patience=3)
```

모델 체크포인트 콜백과 마찬가지로, 조기 종료 콜백 또한 모델을 훈련하는 fit() 메소드 안에 callbacks 매개변수로 지정한다. 이번 훈련은 epoch를 넉넉하게 20으로 지정해 보겠다.

```
[6]  model.fit(x_train, y_train,
             validation_data=(x_test, y_test),
             epochs=20,
             callbacks=[earlystopping]
             )
```

```
epoch 1/20
1875/1875 [==============================] - 7s 3ms/step - loss: 0.4067 - accuracy:
0.8794 - val_loss: 0.1044 - val_accuracy: 0.9662
epoch 2/20
1875/1875 [==============================] - 6s 3ms/step - loss: 0.0997 - accuracy:
0.9691 - val_loss: 0.0935 - val_accuracy: 0.9711
epoch 3/20
1875/1875 [==============================] - 6s 3ms/step - loss: 0.0673 - accuracy:
0.9788 - val_loss: 0.0899 - val_accuracy: 0.9732
epoch 4/20
1875/1875 [==============================] - 6s 3ms/step - loss: 0.0477 - accuracy:
0.9848 - val_loss: 0.0834 - val_accuracy: 0.9765
epoch 5/20
1875/1875 [==============================] - 6s 3ms/step - loss: 0.0387 - accuracy:
0.9878 - val_loss: 0.0777 - val_accuracy: 0.9774
epoch 6/20
1875/1875 [==============================] - 6s 3ms/step - loss: 0.0302 - accuracy:
0.9903 - val_loss: 0.0705 - val_accuracy: 0.9808
epoch 7/20
1875/1875 [==============================] - 6s 3ms/step - loss: 0.0264 - accuracy:
0.9912 - val_loss: 0.0752 - val_accuracy: 0.9801
epoch 8/20
1875/1875 [==============================] - 6s 3ms/step - loss: 0.0200 - accuracy:
0.9934 - val_loss: 0.0759 - val_accuracy: 0.9793
epoch 9/20
1875/1875 [==============================] - 6s 3ms/step - loss: 0.0190 - accuracy:
0.9939 - val_loss: 0.0810 - val_accuracy: 0.9786
```

epoch를 20으로 설정하였음에도 불구하고 조기종료 콜백에서 검증 손실 기준 3 epoch 동안 개선이 일어나지 않으면 조기 종료하는 규칙에 걸려 훈련을 조기 종료했다(노란색 음영 표시 참조).

5-3 학습률 스케줄러(Learning Rate Scheduler)

학습률 스케줄러는 tensorflow.keras.callbacks.LearningRateScheduler() 객체로 생성하여 훈련에 대한 학습률을 조정한다. 학습률을 특정 로직에 의하여 제어하고자 할 때 로직을 함수로 구현한 뒤 LearningRateScheduler 객체에 적용해 주면 된다.

다음은 첫 5 epoch 동안은 학습률을 유지하되 6 epoch부터는 학습률을 점차 감소시키는 예시다.

```
[7] def scheduler(epoch, lr):
        tf.print(f'learning_rate: {lr:.5f}')
        # 첫 5 epoch 동안 유지
        if epoch < 5:
            return lr
        else:
        # 학습률 감소 적용
            return lr * tf.math.exp(-0.1)

    # 콜백 객체 생성 및 scheduler 함수 적용
    lr_scheduler = tf.keras.callbacks.LearningRateScheduler(scheduler)
```

모델 인스턴스를 다시 생성하고 컴파일한다. 초기 학습률을 출력하여 확인한다.

```
[8] # 모델 인스턴스 생성
    model = tf.keras.Sequential([
            tf.keras.layers.Flatten(input_shape=(28, 28)),
            tf.keras.layers.Dense(256, activation='relu'),
            tf.keras.layers.Dense(64, activation='relu'),
            tf.keras.layers.Dense(32, activation='relu'),
            tf.keras.layers.Dense(10, activation='softmax'),
    ])

    model.compile(tf.keras.optimizers.SGD(),
                    loss='sparse_categorical_crossentropy', metrics=['accuracy'])
    # 초기 학습률 확인(0.01)
    print(round(model.optimizer.lr.numpy(), 5))
```
⮕ 0.01

scheduler 함수에 적용하고자 하는 학습률 감소 로직을 구현한 뒤에 LearningRateScheduler 객체에 적용한다.

```
[9]  model.fit(x_train, y_train,
             validation_data=(x_test, y_test),
             epochs=10,
             # 학습률 스케줄러 적용
             callbacks=[lr_scheduler]
             )

     # 최종 학습률 스케줄러 확인
     round(model.optimizer.lr.numpy(), 5)
```

```
epoch 1/10
learning_rate: 0.01000
1875/1875 [==============================] - 6s 3ms/step - loss: 1.1495 - accuracy:
0.6539 - val_loss: 0.2988 - val_accuracy: 0.9154
epoch 2/10
learning_rate: 0.01000
1875/1875 [==============================] - 6s 3ms/step - loss: 0.2854 - accuracy:
0.9181 - val_loss: 0.2265 - val_accuracy: 0.9353
epoch 3/10
learning_rate: 0.01000
1875/1875 [==============================] - 6s 3ms/step - loss: 0.2102 - accuracy:
0.9399 - val_loss: 0.1764 - val_accuracy: 0.9478
epoch 4/10
learning_rate: 0.01000
1875/1875 [==============================] - 6s 3ms/step - loss: 0.1740 - accuracy:
0.9495 - val_loss: 0.1540 - val_accuracy: 0.9540
epoch 5/10
learning_rate: 0.01000
1875/1875 [==============================] - 6s 3ms/step - loss: 0.1441 - accuracy:
0.9577 - val_loss: 0.1365 - val_accuracy: 0.9591
epoch 6/10
learning_rate: 0.01000
1875/1875 [==============================] - 6s 3ms/step - loss: 0.1244 - accuracy:
0.9644 - val_loss: 0.1220 - val_accuracy: 0.9647
epoch 7/10
learning_rate: 0.00905
1875/1875 [==============================] - 6s 3ms/step - loss: 0.1046 - accuracy:
0.9697 - val_loss: 0.1165 - val_accuracy: 0.9652
epoch 8/10
learning_rate: 0.00819
1875/1875 [==============================] - 6s 3ms/step - loss: 0.0945 - accuracy:
0.9727 - val_loss: 0.1055 - val_accuracy: 0.9678
epoch 9/10
learning_rate: 0.00741
1875/1875 [==============================] - 6s 3ms/step - loss: 0.0852 - accuracy:
0.9754 - val_loss: 0.1017 - val_accuracy: 0.9695
epoch 10/10
learning_rate: 0.00670
1875/1875 [==============================] - 6s 3ms/step - loss: 0.0759 - accuracy:
0.9779 - val_loss: 0.0986 - val_accuracy: 0.9707
0.00607
```

학습률이 감소하여 10 epoch 훈련이 완료된 후에는 최종 학습률이 0.00607로 감소한 것을 확인
할 수 있다. scheduler 함수에 구현한 로직을 수정하여 학습률 감소 크기나 시점을 다르게 하여
적용할 수 있다.

5-4 텐서보드(Tensorboard)

텐서보드는 훈련에 대한 시각화를 실시간으로 제공하는 유용한 도구다. 시각화 라이브러리인 matplotlib이나 seaborn으로 epoch별 손실과 정확도 등의 평가지표를 시각화하는 방법으로 History 객체를 활용하는 예제를 앞에서 소개한 바 있다. 텐서보드를 활용하면 epoch별 훈련 손실 및 평가 지표를 시각화해 차트로 보여주는 것은 물론이고, 모델의 구조를 시각화해 보여주거나 레이어의 가중치 분포도를 시각화로 제공한다. 또한, 모델 훈련시 시각화 차트를 실시간으로 업데이트해 제공하는 기능도 포함하고 있다.

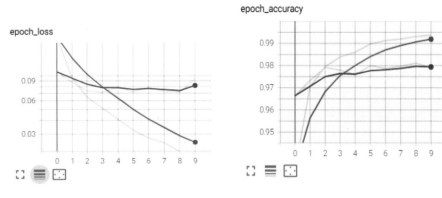

[그림 3-25] 손실함수   [그림 3-26] 정확도

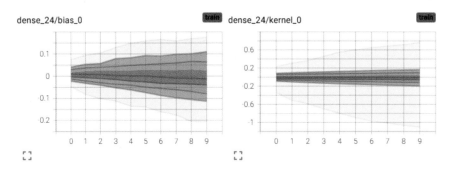

[그림 3-27] Dense 레이어 가중치 – epoch별 분산 변화

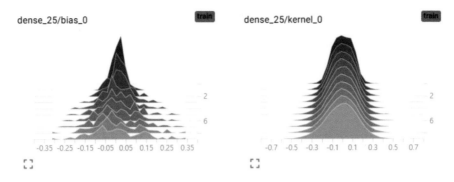

[그림 3-28] Dense 레이어 가중치 분포

텐서보드 시각화를 위해서는 tensorflow.keras.callbacks.TensorBoard() 객체로 생성하여 콜백 매개변수에 적용하면 된다. 가중치 초기화를 위해 모델 인스턴스를 다시 만들어 주는 점에 유의한다.

```
[10]    # 모델 인스턴스 생성
        model = tf.keras.Sequential([
                tf.keras.layers.Flatten(input_shape=(28, 28)),
                tf.keras.layers.Dense(256, activation='relu'),
                tf.keras.layers.Dense(64, activation='relu'),
                tf.keras.layers.Dense(32, activation='relu'),
                tf.keras.layers.Dense(10, activation='softmax'),  # 노드 10개 생성
        ])

        model.compile(tf.keras.optimizers.SGD(), loss='sparse_categorical_crossentropy',
                    metrics=['accuracy'])

        # 텐서보드 저장 경로 지정
        log_dir = 'tensorboard'

        # 텐서보드 콜백 정의
        tensorboard = tf.keras.callbacks.TensorBoard(log_dir=log_dir, histogram_freq=1)

        model.fit(x_train, y_train,
                validation_data=(x_test, y_test),
                epochs=10,
                callbacks=[tensorboard],
                )
```

```
epoch 1/10
1875/1875 [==============================] - 8s 4ms/step - loss: 0.4056 - accuracy:
0.8799 - val_loss: 0.1088 - val_accuracy: 0.9664
epoch 2/10
1875/1875 [==============================]   7s 4ms/step - loss: 0.0981 - accuracy:
0.9694 - val_loss: 0.0871 - val_accuracy: 0.9732
epoch 3/10
1875/1875 [==============================] - 7s 4ms/step - loss: 0.0631 - accuracy:
0.9794 - val_loss: 0.0739 - val_accuracy: 0.9792
epoch 4/10
1875/1875 [==============================] - 7s 4ms/step - loss: 0.0498 - accuracy:
0.9842 - val_loss: 0.0712 - val_accuracy: 0.9780
epoch 5/10
1875/1875 [==============================] - 7s 4ms/step - loss: 0.0379 - accuracy:
0.9871 - val_loss: 0.0787 - val_accuracy: 0.9758
epoch 6/10
1875/1875 [==============================] - 7s 4ms/step - loss: 0.0315 - accuracy:
0.9901 - val_loss: 0.0718 - val_accuracy: 0.9800
epoch 7/10
1875/1875 [==============================] - 7s 4ms/step - loss: 0.0247 - accuracy:
0.9920 - val_loss: 0.0790 - val_accuracy: 0.9788
epoch 8/10
1875/1875 [==============================] - 7s 4ms/step - loss: 0.0232 - accuracy:
0.9928 - val_loss: 0.0729 - val_accuracy: 0.9797
epoch 9/10
1875/1875 [==============================] - 7s 4ms/step - loss: 0.0191 - accuracy:
0.9936 - val_loss: 0.0713 - val_accuracy: 0.9811
epoch 10/10
1875/1875 [==============================] - 7s 4ms/step - loss: 0.0173 - accuracy:
0.9945 - val_loss: 0.0943 - val_accuracy: 0.9790
```

훈련이 완료된 후 노트북의 매직 커멘드를 입력하여 텐서보드를 바로 출력할 수 있다.

```
[16] # 텐서보드 extension 로드
    %load_ext tensorboard

    # 텐서보드 출력 매직 커멘드
    %tensorboard --logdir {log_dir}
```

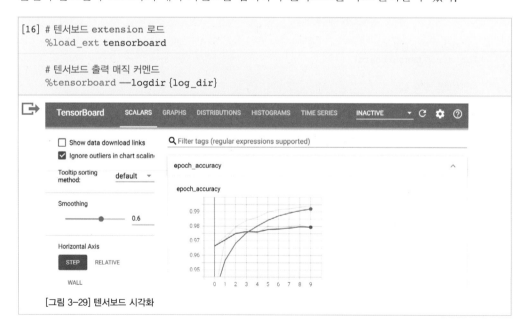

[그림 3-29] 텐서보드 시각화

모델 저장 및 불러오기

예제 실습을 위해 mnist 데이터셋을 불러오고, 앞에서 사용한 신경망 모델을 활용하여 모델 훈련을 먼저 완료한다.

〈소스〉 3.6_model_save_load.ipynb

```
[1]  import tensorflow as tf

     # 케라스의 내장 데이터셋에서 mnist 데이터셋 로드
     mnist = tf.keras.datasets.mnist

     … (생략)…
```

```
⬅  … (생략)…
     epoch 9/10
     1875/1875 [==============================] – 5s 3ms/step – loss: 0.0205 – accuracy:
     0.9937 – val_loss: 0.0849 – val_accuracy: 0.9807
     epoch 10/10
     1875/1875 [==============================] – 5s 3ms/step – loss: 0.0151 – accuracy:
     0.9950 – val_loss: 0.0891 – val_accuracy: 0.9782
     〈tensorflow.python.keras.callbacks.History at 0x7f75a0409090〉
```

6-1 모델을 파일로 저장

훈련을 종료하여 가중치가 업데이트된 모델 인스턴스를 저장할 수 있다. save() 메소드를 사용하는데, save() 메소드를 호출할 때 저장할 파일의 디렉토리를 포함하는 파일명을 매개변수로 지정한다. 모델을 저장되는 형식은 HDF5 포맷과 SavedModel 포맷 두 가지가 있다.

모델을 저장할 파일명이 .h5 확장자를 포함하는 경우는 모델이 HDF5(Hierarchical Data Format) 포맷으로 저장한다. HDF5 파일 형식은 대용량의 데이디를 지장하기 위한 파일 형식이다.

```
[2]  # 모델을 h5 포맷으로 저장
     model.save('h5-model.h5')
```

6-2 저장된 모델 복원

tensorflow.kerase.models.load_model() 메소드로 저장된 모델을 복원할 수 있다. 저장된 HDF5 파일 형식의 모델을 복원하여 summary()를 확인하면 모델 구조가 그대로 복원되어 있다.

```
[3]  # 모델 복원
     h5_model = tf.keras.models.load_model('h5-model.h5')
     h5_model.summary()
```

```
Model: "sequential_2"
_____
Layer (type)                 Output Shape              Param #
=================================================================
flatten_2 (Flatten)          (None, 784)               0
_____
dense_8 (Dense)              (None, 256)               200960
_____
dense_9 (Dense)              (None, 64)                16448
_____
dense_10 (Dense)             (None, 32)                2080
_____
dense_11 (Dense)             (None, 10)                330
=================================================================
Total params: 219,818
Trainable params: 219,818
Non-trainable params: 0
_____
```

복원한 모델을 검증하여 복원이 잘 되었는지 확인한다. 검증 셋을 evaluate 함수에 대입해, 손실 함수와 평가지표를 계산한다.

```
[4]  # 모델 검증
     loss, acc = h5_model.evaluate(x_test, y_test, verbose=0)
     print(f'h5 model] loss: {loss:.5f}, acc: {acc:.5f}')
```

```
h5 model] loss: 0.08907, acc: 0.97820
```

.h5 확장자를 생략하면 SavedModel 포맷으로 저장되며 텐서플로2에서 기본으로 지원하는 파일 포맷이다. SavedModel 포맷으로 저장된 모델을 복원할 때 HDF5와 같은 방식으로 복원하면 된다.

```
[5]  # 모델을 SavedModel 포맷으로 저장
     model.save('saved-model')
```

```
INFO:tensorflow:Assets written to: saved-model/assets
```

SavedModel 포맷으로 저장된 모델을 복원하여 summary()를 확인한다.

```
[6]  # 모델 복원
     saved_model = tf.keras.models.load_model('saved-model')
     saved_model.summary()
```

```
Model: "sequential_2"
_____
Layer (type)              Output Shape            Param #
=================================================================
flatten_2 (Flatten)       (None, 784)             0
_____
dense_8 (Dense)           (None, 256)             200960
_____
dense_9 (Dense)           (None, 64)              16448
_____
dense_10 (Dense)          (None, 32)              2080
_____
dense_11 (Dense)          (None, 10)              330
=================================================================
Total params: 219,818
Trainable params: 219,818
Non-trainable params: 0
_____
```

SavedModel 형식으로 저장 및 복원된 모델의 성능을 확인하면, HDF5 형식으로 저장 및 복원된 모델과 동일한 성능을 나타낸다.

```
[7]  # 모델 검증(HDF5 포맷)
     loss, acc = h5_model.evaluate(x_test, y_test, verbose=0)
     print(f'h5 model] loss: {loss:.5f}, acc: {acc:.5f}')

     # 모델 검증(SavedModel 포맷)
     loss, acc = saved_model.evaluate(x_test, y_test, verbose=0)
     print(f'saved_model] loss: {loss:.5f}, acc: {acc:.5f}')
```

```
h5 model] loss: 0.08907, acc: 0.97820
saved_model] loss: 0.08907, acc: 0.97820
```

7-1 함수형 API(Functional API)

함수 형태로 딥러닝 모델을 정의하면 다양한 모델 구조를 구현할 수 있다. 여러 층을 시퀀스 형태로 연결하는 Sequential API와 다르게, Functional API는 복잡한 구조의 모델을 정의할 수 있다.

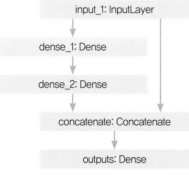

[그림 3-30] Functional API

[그림 3-30]와 같이 함수의 입력 매개변수를 여러 개 갖는 다중 입력, 함수의 return 값을 여러 개 갖는 다중 출력, 같은 레벨에 여러 개의 층을 배치하여 입력과 출력을 공유하는 구조도 가능하다.

한편, Sequential API를 사용하는 경우 단방향의 Sequential 모델만 구현할 수 있다는 제약이 있다. 데이터 흐름이 특정 레이어를 건너뛰거나, 병합 및 분리하는 등의 구조의 모델을 구현할 수는 없다.

다음 예제는 기존에 Sequential API로 구현한 mnist 분류기 모델을 함수형 API로 동일하게 구현한 코드다.

〈소스〉 3.7_functional_api.ipynb

```
[1]  import tensorflow as tf

     # 케라스의 내장 데이터셋에서 mnist 데이터셋 로드
     mnist = tf.keras.datasets.mnist

     … (생략)…
```

```
Downloading data from https://storage.googleapis.com/tensorflow/tf-keras-datasets/mnist.npz
11493376/11490434 [==============================] – 0s 0us/step
```

함수형 API를 사용하기 위해서는 먼저 Input 레이어를 정의한다. Input 레이어에 데이터의 입력 shape을 정의한다. 레이어마다 반환되는 출력 값을 변수에 저장한 뒤 다음 레이어의 입력으로 연결한다. 이렇게 여러 개의 레이어를 마치 체인 구조로 입출력을 계속 연결할 수 있다.

```
[2]  # 모델의 레이어를 체인 구조로 연결 Input 레이어 정의
     input_layer = tf.keras.Input(shape=(28, 28), name='InputLayer')

     # 모델의 레이어를 체인 구조로 연결
     x1 = tf.keras.layers.Flatten(name='Flatten')(input_layer)
     x2 = tf.keras.layers.Dense(256, activation='relu', name='Dense1')(x1)
     x3 = tf.keras.layers.Dense(64, activation='relu', name='Dense2')(x2)
     x4 = tf.keras.layers.Dense(10, activation='softmax', name='OutputLayer')(x3)
```

레이어마다 name 매개변수로 이름을 부여할 수 있다. 모델 인스턴스에 대하여 summary()로 요약 출력할 때 이름이 함께 출력된다. 첫 Input 레이어로 시작하여 x4 변수는 마지막 출력층을 나타낸다. 이렇게 체인 방식으로 연결한 후에 tf.keras.Model()에 입력 레이어와 출력 레이어를 정의해 모델을 생성한다.

```
[3]  # 모델 생성
     func_model = tf.keras.Model(inputs=input_layer, outputs=x4, name='FunctionalModel')

     # 모델 요약
     func_model.summary()
```

```
Model: "FunctionalModel"
_____
Layer (type)                 Output Shape              Param #
=================================================================
InputLayer (InputLayer)      [(None, 28, 28)]          0

Flatten (Flatten)            (None, 784)               0

Dense1 (Dense)               (None, 256)               200960

Dense2 (Dense)               (None, 64)                16448

OutputLayer (Dense)          (None, 10)                650
=================================================================
Total params: 218,058
Trainable params: 218,058
Non-trainable params: 0
_____
```

tf.keras.Model()에 inputs 매개변수로 입력층인 input_layer를 지정하고 outputs 매개변수에 출력층을 지정해주어 모델을 생성한다. 모델 인스턴스 생성 시 name 매개변수에 이름을 지정하면 해당 이름이 summary()에 출력된다.

지금까지는 summary()로 모델의 요약을 확인했다. 하지만 복잡한 구조를 갖는 모델을 생성할 때 summary()로는 모델의 구조도를 시각화하기 어렵다. 케라스의 유틸 패키지에서 제공하는 plot_model 모듈을 활용하여 모델의 구조도를 시각화할 수 있다.

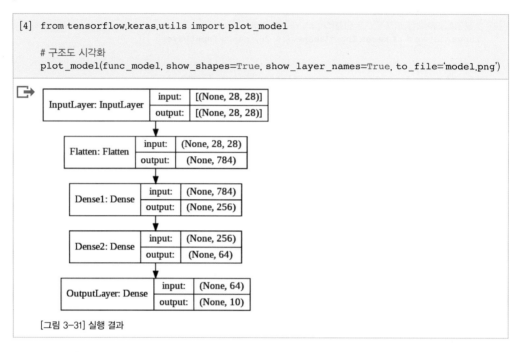

```
[4]  from tensorflow.keras.utils import plot_model

     # 구조도 시각화
     plot_model(func_model, show_shapes=True, show_layer_names=True, to_file='model.png')
```

[그림 3-31] 실행 결과

plot_model()에 모델을 지정하면 구조도가 출력된다. show_shapes = True로 지정하면 데이터의 입출력 shape을 출력하고, show_layer_names = True로 지정하면 레이어의 이름을 출력한다. 시각화한 구조도를 to_file 매개변수에 파일명을 입력하면 이미지 파일로 저장도 가능하다.

함수형 API로 생성한 모델도 Sequential API로 생성한 모델과 동일한 방식으로 훈련할 수 있다. 생성된 모델 인스턴스에 compile() 메소드로 모델을 컴파일하고 fit() 메소드로 모델을 훈련한다. 훈련이 완료된 뒤 evaluate() 메소드로 검증할 수 있다.

```
[5]  # 컴파일
     func_model.compile(optimizer='adam', loss='sparse_categorical_crossentropy',
                        metrics=['accuracy'])

     # 훈련
     func_model.fit(x_train, y_train, epochs=3)

     # 검증
     loss, acc = func_model.evaluate(x_test, y_test, verbose=0)
     print(f'Functional Model] loss: {loss:.5f}, acc: {acc:.5f}')
```

```
epoch 1/3
1875/1875 [==============================] - 5s 2ms/step - loss: 0.3724 - accuracy: 0.8878
epoch 2/3
1875/1875 [==============================] - 4s 2ms/step - loss: 0.0896 - accuracy: 0.9727
epoch 3/3
1875/1875 [==============================] - 4s 2ms/step - loss: 0.0545 - accuracy: 0.9832
Functional Model] loss: 0.07674, acc: 0.97740
```

7-2 모델 서브클래싱(Model Subclassing)

텐서플로 케라스는 Model 클래스를 제공하고, 이를 기반으로 딥러닝 모델을 구현하고 있다. 이 클래스를 직접 상속받아 사용자가 직접 서브클래스로 딥러닝 모델을 만들 수도 있다.

[그림 3-32] 모델 서브클래싱

이 방법은 파이썬 클래스 개념을 잘 이해하고 있다면 가장 추천하는 방법이다. 하지만 객체지향이나 파이썬 클래스의 개념이 부족하다면 굳이 Model Subclassing으로 모델을 구현하지 않아도 좋다. 함수형 API로 생성한 모델과의 성능 차이는 없다. 따라서 이 책의 예제를 실습할 때는 앞서 다룬 Sequential API와 Functional API로 충분하다.

Model Subclassing으로 모델 인스턴스를 생성하기 위해서는 tf.keras.Model를 상속받아 생성하고자 하는 모델 클래스를 구현한다. 모델의 __init__() 함수에 레이어를 정의하고 레이어의 하이퍼파라미터를 정의한다.

```
[6]  class MyModel(tf.keras.Model):
         def __init__(self):
             super(MyModel, self).__init__()
             # 초기값 설정
             self.flatten = tf.keras.layers.Flatten()
             self.dense1 = tf.keras.layers.Dense(256, activation='relu')
             self.dense2 = tf.keras.layers.Dense(64, activation='relu')
             self.dense3 = tf.keras.layers.Dense(10, activation='softmax')

             # method overiding
             # 훈련용 함수 정의
             # x는 input
         def call(self, x):
             x = self.flatten(x)
             x = self.dense1(x)
             x = self.dense2(x)
             x = self.dense3(x)
             return x
```

call() 함수를 메소드 오버라이딩으로 구현한다. call() 메소드는 fit() 메소드가 호출되어 훈련하는 경우 호출될 함수다. call() 함수 내부에서는 모델의 입력부터 출력까지의 흐름, 즉 순전파(forward propagation)를 정의하고 함수형 API와 같은 방식으로 모든 레이어를 체인처럼 연결한다. 마지막으로 최종 출력 값을 return 한다.

```
[7]  # 모델 생성
     mymodel = MyModel()

     # 모델의 이름 설정
     mymodel._name = 'subclass_model'

     # 모델 input 정의
     mymodel(tf.keras.layers.Input(shape=(28, 28)))

     # 모델 요약
     mymodel.summary()
```

```
Model: "subclass_model"
_____
 Layer (type)             Output Shape          Param #
=================================================================
 flatten_3 (Flatten)      multiple              0
_____
 dense_9 (Dense)          multiple              200960
_____
 dense_10 (Dense)         multiple              16448
_____
 dense_11 (Dense)         multiple              650
=================================================================
Total params: 218,058
Trainable params: 218,058
Non-trainable params: 0
_____
```

tf.keras.Model을 상속받아 구현한 모델인 MyModel을 생성자로 인스턴스를 생성한다. 모델에
이름을 부여하고 싶다면 모델 인스턴스의 _name에 이름을 지정한다. 생성자로 객체를 생성해
저장한 mymodel 변수에 바로 summary()로 요약 출력하는 것은 불가하다. input_shape이 정의
되지 않았기 때문에 전체 모델의 구조를 생성해내지 못하기 때문이다. mymodel에 Input 레이어
와 함께 shape을 정의해주면 summary()로 모델의 요약을 확인할 수 있다.

```
[8] # 컴파일
    mymodel.compile(optimizer='adam', loss='sparse_categorical_crossentropy',
                    metrics=['accuracy'])

    # 훈련
    mymodel.fit(x_train, y_train, epochs=3)

    # 검증
    loss, acc = mymodel.evaluate(x_test, y_test, verbose=0)
    print(f'Subclassing Model] loss: {loss:.5f}, acc: {acc:.5f}')
```

```
epoch 1/3
1875/1875 [==============================] - 5s 2ms/step - loss: 0.3748 - accuracy: 0.8862
epoch 2/3
1875/1875 [==============================] - 4s 2ms/step - loss: 0.0944 - accuracy: 0.9711
epoch 3/3
1875/1875 [==============================] - 4s 2ms/step - loss: 0.0589 - accuracy: 0.9818
Subclassing Model] loss: 0.07292, acc: 0.97670
```

Model Subclassing으로 생성된 모델의 훈련도 동일하게 compile() 메소드로 컴파일 후 fit() 메소
드로 훈련한다. 요약하면 함수형 API로 생성한 모델과 Model Subclassing으로 생성한 모델 모두
동일한 compile() 메소드와 fit() 메소드로 훈련할 수 있다. 물론 evaluate() 메소드로 모델 성능을
검증할 수도 있다. 단지 모델을 생성하는 방식에 차이가 있을 뿐이다.

7-3 서브클래싱 모델 파라미터를 활용한 생성

Model Subclassing으로 생성하는 장점은 생성자 파라미터로 모델 내부 레이어의 하이퍼파라미터를 지정할 수 있다는 점이다. 다음은 모델의 생성자 파라미터를 추가하여 동적으로 레이어의 유닛 개수를 초기화하는 예제이다.

```
[9] class MyModel(tf.keras.Model):

        # 생성자 파라미터 추가
        def __init__(self, units, num_classes):
            super(MyModel, self).__init__()
            # 초기값 설정
            self.flatten = tf.keras.layers.Flatten()
            self.dense1 = tf.keras.layers.Dense(units, activation='relu')
            self.dense2 = tf.keras.layers.Dense(units/4, activation='relu')
            self.dense3 = tf.keras.layers.Dense(num_classes, activation='softmax')

        # class overiding
        # 훈련용 함수 정의
        # x는 input
        def call(self, x):
            x = self.flatten(x)
            x = self.dense1(x)
            x = self.dense2(x)
            x = self.dense3(x)
            return x
```

모델의 생성자 파라미터로 기준이 되는 unit의 개수를 입력받아 Dense 레이어의 유닛 개수를 계산하여 설정한다.

```
[10] # 모델 생성
     mymodel = MyModel(256, 10)

     # 모델 input 정의
     mymodel(tf.keras.layers.Input(shape=(28, 28)))

     # 모델 요약
     mymodel.summary()
```

```
Model: "my_model_1"
_____
Layer (type)                 Output Shape              Param #
=================================================================
flatten_4 (Flatten)          multiple                  0
_____
dense_12 (Dense)             multiple                  200960
_____
dense_13 (Dense)             multiple                  16448
_____
dense_14 (Dense)             multiple                  650
=================================================================
Total params: 218,058
Trainable params: 218,058
Non-trainable params: 0
```

[Tip] 조건문과 반복문을 추가하여 보다 더 동적인 모델을 생성하는 것도 가능하다. 또한 활성화 함수도 쉽게 변경할 수 있도록 코드를 변경할 수 있다.

모델 생성자에 생성자 파라미터로 초기화하여 생성한 모델에 summary()로 요약한 결과를 확인해보면 동적으로 설정한 레이어의 파라미터가 초기화되었음을 알 수 있다.

```
[11] # 컴파일
     mymodel.compile(optimizer='adam', loss='sparse_categorical_crossentropy',
                     metrics=['accuracy'])

     # 훈련
     mymodel.fit(x_train, y_train, epochs=3)

     # 검증
     loss, acc = mymodel.evaluate(x_test, y_test, verbose=0)
     print(f'Subclassing Model w. parameters] loss: {loss:.5f}, acc: {acc:.5f}')
```

```
epoch 1/3
1875/1875 [==============================] - 5s 2ms/step - loss: 0.3786 - accuracy: 0.8873
epoch 2/3
1875/1875 [==============================] - 4s 2ms/step - loss: 0.0883 - accuracy: 0.9727
epoch 3/3
1875/1875 [==============================] - 4s 2ms/step - loss: 0.0592 - accuracy: 0.9811
Subclassing Model w. parameters] loss: 0.08115, acc: 0.97480
```

이렇게 생성한 모델도 동일하게 compile() 메소드로 컴파일 한 뒤 fit() 메소드로 훈련한다. 훈련이 완료된 뒤 모델 인스턴스의 evaluate() 메소드로 모델의 성능을 검증할 수 있다.

8-1 사용자 정의 손실함수

텐서플로에서 기본으로 제공되는 손실함수 외에 사용자가 직접 정의한 손실함수를 정의하여 모델을 훈련시킬 수 있다. 사용자 정의 손실함수를 만드는 방법은 간단하다. 함수를 정의하고 모델 컴파일 시 적용할 수 있다.

〈소스〉 3.8_custom_loss.ipynb

```
[1]  # 샘플 데이터 생성
     X = np.array([0.0, 1.0, 2.0, 3.0, 4.0, 5.0], dtype=float)
     Y = np.array([2.0, 4.0, 6.0, 8.0, 10.0, 12.0], dtype=float)

     model = tf.keras.Sequential([
             tf.keras.layers.Dense(units=1, input_shape=[1])
     ])

     # 사용자 정의 손실함수(Huber Loss 구현)
     def custom_huber_loss(y_true, y_pred):
         # 임계값 정의
         threshold = 1
         # 손실 계산
         error = y_true - y_pred

         small = tf.abs(error) <= threshold

         # l2 loss 적용
         small_error = tf.square(error) / 2

         # l1 loss 적용
         big_error = threshold * (tf.abs(error) -(threshold / 2))

         # return
         return tf.where(small, small_error, big_error)

     # 사용자 정의 custom_huber_loss 함수를 적용
     model.compile(optimizer='sgd', loss=custom_huber_loss)
     model.fit(X, Y, epochs=1000,verbose=0)

     # 결과 확인
     print(model.predict([6.0]))
```

```
[[14.047092]]
```

[Tip] 파이썬 내장함수나 넘파이 함수를 사용하지 않고 텐서플로 계산 함수를 적용해야 한다는 점을 유의한다.

8-2 사용자 정의 레이어

레이어도 사용자가 직접 정의하여 모델에 적용할 수 있다. 텐서플로가 제공하는 레이어를 상속 받아 필요한 부분만 수정해 변경할 수 있고 완전히 새로운 레이어를 정의하여 사용할 수도 있다.

다음 코드와 같이 tf.keras.layers의 Layer 클래스를 상속받아 쉽게 구현할 수 있다. Dense 레이어를 직접 구현한 예시다.

〈소스〉 3.9_custom_layer.ipynb

```
[1]  import numpy as np
     import tensorflow as tf
     from tensorflow.keras.layers import Layer

     class MyDense(Layer):
         def __init__(self, units=32, input_shape=None):
             super(MyDense, self).__init__(input_shape=input_shape)
             self.units = units

         def build(self, input_shape):
             # weight 초기화
             w_init = tf.random_normal_initializer()
             self.w = tf.Variable(name="weight",
                                 initial_value=w_init(shape=(input_shape[-1], self.units),
                                 dtype='float32'), trainable=True)

             # bias 초기화
             b_init = tf.zeros_initializer()
             self.b = tf.Variable(name="bias",
                                 initial_value=b_init(shape=(self.units,), dtype='float32'),
                                 trainable=True)

         def call(self, inputs):
             # wx + b
             return tf.matmul(inputs, self.w) + self.b
```

Dense 레이어를 사용하지 않고, 직접 Layer를 상속받아 구현한 MyDense 클래스를 활용하여 모델을 생성하고 훈련해 결과를 확인한다.

```
[2]  # 샘플 데이터 생성
     X = np.array([0.0, 1.0, 2.0, 3.0, 4.0, 5.0], dtype=float)
     Y = np.array([2.0, 4.0, 6.0, 8.0, 10.0, 12.0], dtype=float)

     # 사용자 정의 MyDense 레이어를 적용한 경우
     model = tf.keras.Sequential([
             MyDense(units=1, input_shape=[1])
     ])
```

```
# 컴파일
model.compile(optimizer='sgd', loss='mse')

# 훈련
model.fit(X, Y, epochs=1000, verbose=0)

# 결과 확인
print(model.predict([6.0]))
```

[[14.002457]]

8-3　사용자 정의 훈련

8-3-1 train_on_batch

지금까지 모델을 훈련할 때 fit() 메소드로 훈련을 진행했다. fit() 메소드를 사용하면 전체 배치에 대하여 훈련을 진행한 후 1 epoch가 끝나면 전체 훈련 손실함수와 평가지표를 보여준다.

한편, train_on_batch() 를 활용하면 배치별로 구분해서 훈련을 진행할 수 있다. 먼저 실습을 위해 mnist 데이터셋을 로드하고 정규화를 진행한다.

〈소스〉 3.10_custom_train.ipynb

```
[1]  import numpy as np
     import matplotlib.pyplot as plt
     import tensorflow as tf

     # 케라스의 내장 데이터셋에서 mnist 데이터셋 로드
     mnist = tf.keras.datasets.mnist

     # load_data()로 데이터셋 로드
     (x_train, y_train),(x_test, y_test) = mnist.load_data()

     # 데이터 정규화
     x_train = x_train / x_train.max()
     x_test = x_test / x_test.max()
```

Downloading data from https://storage.googleapis.com/tensorflow/tf-keras-datasets/mnist.npz
11493376/11490434 [==============================] - 0s 0us/step

Sequential API를 활용하여 모델 생성 후 컴파일한다. 컴파일 과정까지는 동일하게 진행한다.

```
[2]  # 모델 정의
     model = tf.keras.Sequential([
            tf.keras.layers.Flatten(input_shape=(28, 28)),
            tf.keras.layers.Dense(256, activation='relu'),
            tf.keras.layers.Dense(64, activation='relu'),
            tf.keras.layers.Dense(32, activation='relu'),
            tf.keras.layers.Dense(10, activation='softmax'),
     ])

     # 컴파일
     model.compile(optimizer='adam', loss='sparse_categorical_crossentropy', metrics=['accuracy'])
```

배치별로 구분해 학습을 진행하기 위해서 배치를 생성하는 함수를 구현한다. batch_size의 기본 값으로는 32개로 설정해 batch_size를 원하는 크기로 조절할 수 있다. 함수의 반복문 내부에서는 x, y의 쌍으로 묶인 1개의 배치를 생성한 후 반환한다. 이때 yield 키워드를 지정했는데, yield 키워드는 for 루프가 실행될 때 yield 키워드를 만나기 전까지 실행하고 해당 루프에 대한 결과를 반환하며 다음 함수를 호출할 때 다음 루프가 실행되어 결과를 반환한다.

```
[3]  # 배치 생성 함수
     def get_batches(x, y, batch_size=32):
         for i in range(int(x.shape[0] // batch_size)):
            x_batch = x[i * batch_size:(i + 1) * batch_size]
            y_batch = y[i * batch_size:(i + 1) * batch_size]
            yield(np.asarray(x_batch), np.asarray(y_batch))
```

yield로 반환하는 함수는 파이썬 제너레이터(generator)가 되며, 제너레이터에서 값을 반환받기 위해서는 next 키워드를 사용하면 된다. 1개의 배치를 반환할 때 batch_size = 32로 지정했기 때문에 32개의 x, y 데이터가 투플 형식의 쌍으로 반환된다.

```
[4]  # 1개의 배치 로드
     x, y = next(get_batches(x_train, y_train))
     x.shape, y.shape
```
```
⇨  ((32, 28, 28), (32,))
```

모델 인스턴스의 train_on_batch() 메소드를 사용해 훈련할 때는 각 배치에 대한 반복 훈련이 필요하다. 먼저 epoch를 반복할 루프를 정의하고 루프 안에서 이전에 정의한 get_batches() 제너레이터를 통해 x, y를 반환받아 train_on_batch() 메소드에 매개변수로 입력한다. train_on_batch() 메소드를 호출할 때 1개 배치에 대한 훈련을 진행하며 손실과 평가지표에 대한 결과를 반환한다. 배치별 손실을 누적으로 합하여 전체 배치의 개수로 나누어 주면 평균 손실을 산출할 수 있다. 또한, 배치별 손실을 리스트에 추가하여 1 epoch의 훈련이 끝난 후 배치별 손실 변화를 시각화할 수 있다.

```
[5]  MONITOR_STEP = 50

     for epoch in range(1, 4):
       batch = 1
       total_loss = 0
       losses = []
       for x, y in get_batches(x_train, y_train, batch_size=128):
         # 배치별 훈련
         loss, acc = model.train_on_batch(x, y)
         total_loss += loss

         # 출력
         if batch % MONITOR_STEP == 0:
           losses.append(total_loss / batch)
           print(f'epoch:{epoch}, batch:{batch}, batch_loss: {loss:.4f}, \
                       batch_accuracy: {acc:.4f}, avg_loss: {total_loss / batch:.4f}')
         batch += 1

       # Loss 시각화
       plt.figure(figsize=(8, 6))
       plt.plot(np.arange(1, batch // MONITOR_STEP+1), losses)
       plt.title(f'epoch: {epoch}, losses over batches')
       plt.show()

       # 결과 출력
       loss, acc = model.evaluate(x_test, y_test)
       print('——' * 10)
       print(f'epoch:{epoch}, val_loss: {loss:.4f}, val_accuracy: {acc:4f}')
       print()
```

```
epoch:1, batch:50,  batch_loss: 0.4149, batch_accuracy: 0.8906, avg_loss: 1.0126
epoch:1, batch:100, batch_loss: 0.4460, batch_accuracy: 0.8750, avg_loss: 0.7160
epoch:1, batch:150, batch_loss: 0.2884, batch_accuracy: 0.9141, avg_loss: 0.5941
epoch:1, batch:200, batch_loss: 0.2631, batch_accuracy: 0.9297, avg_loss: 0.5104
epoch:1, batch:250, batch_loss: 0.2216, batch_accuracy: 0.9062, avg_loss: 0.4597
epoch:1, batch:300, batch_loss: 0.2668, batch_accuracy: 0.9062, avg_loss: 0.4207
epoch:1, batch:350, batch_loss: 0.1289, batch_accuracy: 0.9531, avg_loss: 0.3934
epoch:1, batch:400, batch_loss: 0.1146, batch_accuracy: 0.9688, avg_loss: 0.3730
epoch:1, batch:450, batch_loss: 0.1780, batch_accuracy: 0.9375, avg_loss: 0.3504
```

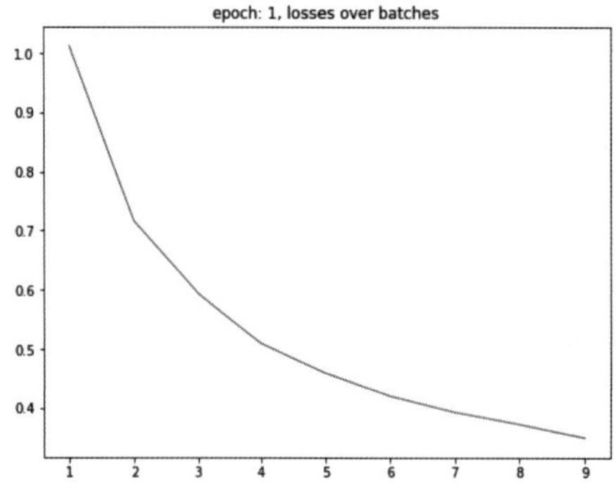

[그림 3-33] 실행 결과

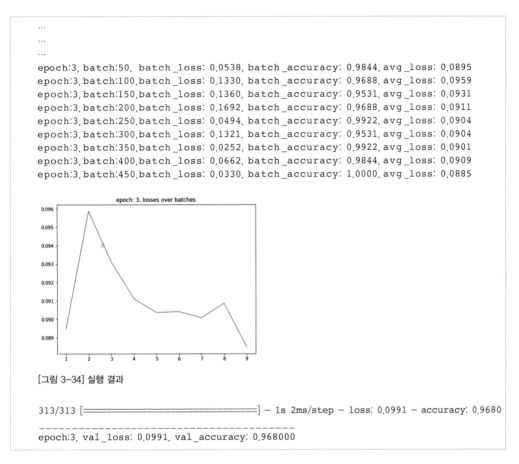

```
  ...
  ...
  ...
epoch:3, batch:50, batch_loss: 0.0538, batch_accuracy: 0.9844, avg_loss: 0.0895
epoch:3, batch:100,batch_loss: 0.1330, batch_accuracy: 0.9688, avg_loss: 0.0959
epoch:3, batch:150,batch_loss: 0.1360, batch_accuracy: 0.9531, avg_loss: 0.0931
epoch:3, batch:200,batch_loss: 0.1692, batch_accuracy: 0.9688, avg_loss: 0.0911
epoch:3, batch:250,batch_loss: 0.0494, batch_accuracy: 0.9922, avg_loss: 0.0904
epoch:3, batch:300,batch_loss: 0.1321, batch_accuracy: 0.9531, avg_loss: 0.0904
epoch:3, batch:350,batch_loss: 0.0252, batch_accuracy: 0.9922, avg_loss: 0.0901
epoch:3, batch:400,batch_loss: 0.0662, batch_accuracy: 0.9844, avg_loss: 0.0909
epoch:3, batch:450,batch_loss: 0.0330, batch_accuracy: 1.0000, avg_loss: 0.0885
```

[그림 3-34] 실행 결과

```
313/313 [==============================] - 1s 2ms/step - loss: 0.0991 - accuracy: 0.9680
------------------------------------------
epoch:3, val_loss: 0.0991, val_accuracy: 0.968000
```

50개의 배치 훈련이 끝난 후 전체 손실에 대한 평균을 구한 뒤 리스트에 추가했다. 하나의 epoch 훈련을 마친 후 배치별 손실의 평균을 시각화하여 변화를 확인한다.

모델 인스턴스의 fit() 메소드를 활용해 모델을 훈련할 때 배치별 훈련을 제어하거나 매 epoch가 끝날 때마다 시각화가 어렵다는 단점이 존재하지만, train_on_batch() 메소드를 활용하면 배치 훈련이 완료된 뒤 다양한 로직을 직접 구현해 줌으로써 훈련을 모니터링할 수 있다.

8-3-2 자동 미분

텐서플로는 그래디언트를 손쉽게 업데이트할 수 있는 자동 미분 기능을 지원한다. 자동 미분은 tf.GradientTape()을 통해 계산 과정을 기록한 뒤 gradient() 메서드로 미분을 계산할 수 있다. 다음은 자동 미분 기능을 활용한 그래디언트를 구하는 과정이다.

먼저 5개의 값을 포함하는 a, b 텐서를 생성한다. a, b가 훈련 가능한 텐서인지 확인한다. 훈련 가능한 텐서에 대해서만 그래디언트를 계산할 수 있다.

<소스> 3.11_gradient_tape.ipynb

```
[1] import numpy as np
    import matplotlib.pyplot as plt
    import tensorflow as tf

    # a, b의 Variable 를 생성
    a = tf.Variable([1, 2, 3, 4, 5], dtype=tf.float32)
    b = tf.Variable([10, 20, 30, 40, 50], dtype=tf.float32)

    # 미분 계산을 위해서 a, b가 미분 가능한 객체인지 확인
    print(f'a.trainable: {a.trainable}\nb.trainable: {b.trainable}')
```

```
a.trainable: True
b.trainable: True
```

파이썬 with 문으로 tf.GradientTape()의 범위를 정의하고 tape으로 지정한다. 그리고 with 문 내부에서 c = a * b를 정의한다. 여기서 tape는 계산 그래프를 저장하는데 with 문 바깥에서 tape.gradient()로 미분을 계산할 수 있다. 여기서 c를 a, b에 대한 편미분을 구하면 다음과 같다.

$$\frac{\partial c}{\partial a}=b \ , \ \frac{\partial c}{\partial b}=a$$

따라서, $\frac{\partial c}{\partial a}$에 대한 결과는 b가 $\frac{\partial c}{\partial b}$에 대한 결과는 a가 결과로 나온다. 이를 tf.GradientTape()로 확인하면 다음과 같다.

```
[2] # c = a * b
    # c를 a 대한 편미분 => b
    # c를 b 대한 편미분 => c
    with tf.GradientTape() as tape:
        c = a * b
    grads = tape.gradient(c, [a, b])
    tf.print(f'dc/da: {grads[0]}')
    tf.print(f'dc/db: {grads[1]}')
```

```
dc/da: [10, 20, 30, 40, 50.]
dc/db: [1, 2, 3, 4, 5.]
```

tape.gradient(c, [a, b])는 c를 a, b에 대한 편미분을 각각 구하여 반환한다. grads에 순차적인 인덱스로 접근하여 미분의 결과를 확인하면 b, a 순서로 결과가 출력된다.

다음은 $\hat{y} = wx + b$ 식을 계산하고 손실을 구한 뒤 자동 미분 기능을 활용하여 w, b 값을 업데이트하여 최종 w, b 값을 찾도록 한다. 먼저 x, y 샘플 데이터셋을 생성한다.

```
[3]  x = tf.Variable(np.random.normal(size=(100,)), dtype=tf.float32)
     y = 2 * x + 3
     print(f'x[:5]: {x[:5].numpy()}\ny[:5]: {y[:5].numpy()}')
```

```
x[:5]: [−0.14403531  0.11135218  2.1489954  −1.2511883  −0.5731737 ]
y[:5]: [2.7119293  3.2227044  7.297991   0.49762344 1.8536526 ]
```

x는 100개의 난수를 생성하였으며 y에는 2x + 3으로 나온 결과를 저장한다. 즉 w = 2, b = 3이다. 그리고 x, y를 시각화하면 기울기가 2이고 절편이 3인 1차 함수 그래프가 생성된다.

```
[4]  fig, ax = plt.subplots(figsize=(6, 4))
     ax.plot(x.numpy(), y.numpy())
     ax.grid()
     plt.show()
```

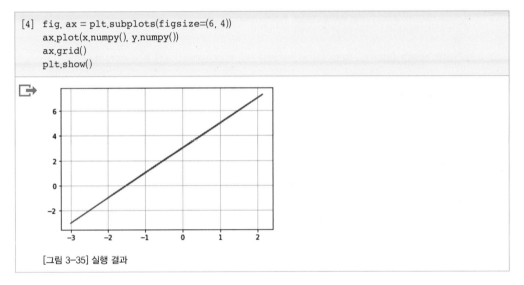

[그림 3-35] 실행 결과

다음은 tf.GradientTape() 범위 안에서 $\hat{y} = wx + b$를 계산한 뒤 평균제곱오차 손실함수 Loss = $\frac{1}{n}\sum_{i}^{n}(\hat{y} - y)^2$로 손실을 계산한다. tape 범위 바깥에서 그래디언트를 계산한 뒤 학습률을 곱하여 w, b에 차감한다.

```
[5]  # 학습률, 최대 epoch 정의
     learning_rate = 0.25
     EPOCHS = 100

     # w, b 초기값을 0.0으로 설정, float 타입을 가져야 함
     w = tf.Variable(0.0)
     b = tf.Variable(0.0)

     for epoch in range(EPOCHS):
         with tf.GradientTape() as tape:
             # y_hat(예측 값)
             y_hat = w * x + b
             # 손실 계산(MSE)
             loss = tf.reduce_mean((y_hat - y)**2)

         # 그래디언트 계산
         dw, db = tape.gradient(loss, [w, b])

         # 그래디언트 업데이트
         w = tf.Variable(w - learning_rate * dw)
         b = tf.Variable(b - learning_rate * db)

         print(f'epoch: {epoch}, loss: {loss.numpy():.4f}, w: {w.numpy():.4f}, b: {b.numpy():.4f}')

         # Error가 0.0005보다 작으면 루프 종료
         if loss.numpy() < 0.0005:
             break
```

```
epoch: 0,  loss: 11.6724, w: 0.8198, b: 1.3989
epoch: 1,  loss: 3.5346,  w: 1.3121, b: 2.1397
epoch: 2,  loss: 1.0800,  w: 1.6028, b: 2.5351
epoch: 3,  loss: 0.3321,  w: 1.7722, b: 2.7475
epoch: 4,  loss: 0.1026,  w: 1.8701, b: 2.8622
epoch: 5,  loss: 0.0318,  w: 1.9262, b: 2.9245
epoch: 6,  loss: 0.0099,  w: 1.9582, b: 2.9585
epoch: 7,  loss: 0.0031,  w: 1.9764, b: 2.9772
epoch: 8,  loss: 0.0010,  w: 1.9867, b: 2.9874
epoch: 9,  loss: 0.0003,  w: 1.9925, b: 2.9930
```

epoch 9에서 손실은 0.0003을 기록하고 w = 1.9925, b = 2.9930이 출력되었다. y = 2x + 3에서의 기울기 2와 절편 3과 근사한 값을 텐서플로의 자동 미분 기능을 이용하여 구했다.

[Tip] 앞의 소스코드에서 w = tf.Variable(w - learning_rate * dw)와 같이 그래디언트를 업데이트하고 있다. p.48에서 소개한 assign_sub 함수를 사용하는 방법을 사용해도 된다.

8-3-3 자동 미분을 활용한 모델 훈련

지금까지 모델 인스턴스의 fit() 메소드로 모델을 훈련했다면, 이번에는 텐서플로의 자동 미분 기능을 활용하여 모델 훈련을 진행한다. Sequential API를 활용하여 간단한 모델을 생성한다. 그리고 손실함수와 옵티마이저를 정의하는 데 모델 인스턴스의 컴파일 메소드를 사용하여 정의하지 않고 클래스 인스턴스로 생성해 변수에 저장한다.

〈소스〉 3.12_gradient_tape_model.ipynb

```
[1] # 모델 정의
    model = tf.keras.Sequential([
            tf.keras.layers.Flatten(input_shape=(28, 28)),
            tf.keras.layers.Dense(256, activation='relu'),
            tf.keras.layers.Dense(64, activation='relu'),
            tf.keras.layers.Dense(32, activation='relu'),
            tf.keras.layers.Dense(10, activation='softmax'),
    ])

    # 손실함수 정의
    loss_function = tf.keras.losses.SparseCategoricalCrossentropy()

    # 옵티마이저 정의
    optimizer = tf.keras.optimizers.Adam()
```

평가지표는 전체 훈련, 검증 데이터셋에 대한 평균 손실과 정확도를 계산하는 지표를 클래스 인스턴스로 생성하여 변수에 저장한다.

```
[2] # 기록을 위한 Metric 정의
    train_loss = tf.keras.metrics.Mean(name='train_loss')
    train_accuracy = tf.keras.metrics.SparseCategoricalAccuracy(name='train_accuracy')
    valid_loss = tf.keras.metrics.Mean(name='valid_loss')
    valid_accuracy = tf.keras.metrics.SparseCategoricalAccuracy(name='valid_accuracy')
    optimizer = tf.keras.optimizers.Adam()
```

배치를 생성하는 제너레이터를 생성한다.

```
[3] # 배치 생성 함수
    def get_batches(x, y, batch_size=32):
        for i in range(int(x.shape[0] // batch_size)):
            x_batch = x[i * batch_size:(i + 1) * batch_size]
            y_batch = y[i * batch_size:(i + 1) * batch_size]
            yield(np.asarray(x_batch), np.asarray(y_batch))
```

train_step() 함수를 정의하고 이미지와 레이블을 매개변수로 입력받는다. 여기서 train_step() 함수에 @tf.function 데코레이터가 붙어 있는 것을 확인할 수 있다.

텐서플로가 2.0 버전으로 업데이트되면서 지연 실행(lazy execution) 모드에서 즉시 실행(eager execution) 모드가 기본으로 활성화되도록 변경되었다. 지연 실행 모드에서는 연산 그래프를 생성하고 연산의 순서를 최적화한 뒤 연산을 수행하는데, 이와는 반대 개념인 즉시 실행 모드에서는 이러한 과정이 없이 파이썬 코드를 실행하듯 사용할 수 있다. 한마디로 사용성이 많이 개선되었다.

하지만, 복잡한 연산을 진행하는 모델을 훈련할 때 즉시 실행 모드로 실행되면 연산이 느리고 비효율적이므로 계산 그래프를 생성한 뒤 효율적인 연산을 수행할 수 있도록 변경해 주는 작업을 해야 한다. 이럴 때 함수에 @tf.function 데코레이터를 붙여주면 텐서플로가 계산 그래프를 변환해서 지연 실행 모드로 처리된다. 주의해야 할 점은 @tf.function으로 데코레이팅된 함수 내부에서 넘파이나 파이썬 호출은 상수로 변경된다. 따라서 텐서플로 연산 메소드를 내부에서 사용해야 한다.

train_step() 함수 내부에서는 tf.GradientTape()의 범위를 정의하고, 범위 안에서 모델 인스턴스에 이미지를 입력하고 결과를 구해 prediction 변수에 대입한다. 정답 레이블인 labels와 모델이 예측한 결과인 prediction를 손실함수에 입력값으로 대입해 손실을 계산한다. 이 모든 계산 과정은 tape에 기록된다.

tape의 범위 바깥에서 tape.gradient()에 손실과 모델 인스턴스의 trainable_variables를 대입하여 전체 미분을 계산한다.

마지막으로 optimizer의 apply_gradients() 메소드를 사용하여, 이전에 구한 그래디언트와 모델 인스턴스의 trainable_variables를 zip으로 묶어 대입해 그래디언트를 갱신한다. 끝으로 훈련 손실과 정확도를 계산하여 저장한다.

valid_step() 함수에서는 tf.GradientTape()을 정의하지 않는다. 모델 인스턴스의 trainable = False로 설정하여 그래디언트가 갱신되지 않도록 설정하고, 검증 데이터셋의 이미지와 레이블을 입력해 결과를 prediction에 저장한다. train_step() 함수와 마찬가지로 검증 손실과 정확도를 계산해 저장한다.

```
[4] @tf.function
    def train_step(images, labels):
        # GradientTape 적용
        with tf.GradientTape() as tape:
            # 예측
            prediction = model(images, training=True)
            # 손실
            loss = loss_function(labels, prediction)
```

```
    # 미분(gradient) 값 계산
    gradients = tape.gradient(loss, model.trainable_variables)
    # optimizer 적용
    optimizer.apply_gradients(zip(gradients, model.trainable_variables))
    # loss, accuracy 계산
    train_loss(loss)
    train_accuracy(labels, prediction)

@tf.function
def valid_step(images, labels):
    # 예측
    prediction = model(images, training=False)
    # 손실
    loss = loss_function(labels, prediction)

    # loss, accuracy 계산
    valid_loss(loss)
    valid_accuracy(labels, prediction)
```

마지막으로 평가지표를 reset_states() 메소드로 초기화한 뒤, 5번의 epoch를 반복 훈련할 수 있는 반복문 안에서 get_batches 제너레이터로 배치별 훈련을 진행한다. 미리 정의한 train_step() 함수는 모델의 그래디언트를 갱신하며 valid_step() 함수는 검증 손실 및 정확도를 계산한다.

```
[5]  # 초기화 코드
     train_loss.reset_states()
     train_accuracy.reset_states()
     valid_loss.reset_states()
     valid_accuracy.reset_states()

     # epoch 반복
     for epoch in range(5):
         # batch별 순회
         for images, labels in get_batches(x_train, y_train):
             # train_step
             train_step(images, labels)

         for images, labels in get_batches(x_test, y_test):
             # valid_step
             valid_step(images, labels)

         # 결과 출력
         metric_template = 'epoch: {}, loss: {:.4f}, acc: {:.2f}%, val_loss: {:.4f}, val_acc: {:.2f}%'
         print(metric_template.format(epoch+1, train_loss.result(), train_accuracy.result()*100,
                                      valid_loss.result(), valid_accuracy.result()*100))
```

```
epoch: 1, loss: 0.2409, acc: 92.81%, val_loss: 0.1575, val_acc: 95.00%
epoch: 2, loss: 0.1717, acc: 94.87%, val_loss: 0.1387, val_acc: 95.58%
epoch: 3, loss: 0.1363, acc: 95.92%, val_loss: 0.1339, val_acc: 95.88%
epoch: 4, loss: 0.1146, acc: 96.56%, val_loss: 0.1265, val_acc: 96.24%
epoch: 5, loss: 0.0991, acc: 97.01%, val_loss: 0.1256, val_acc: 96.43%
```

텐서플로 데이터셋

9-1 개요

딥러닝 모델을 훈련할 때, 가장 중요한 요소 중 하나는 데이터셋이다. 좋은 품질의 데이터셋을 구하고 가공하는 일은 생각보다 비용이 큰 일이다. 텐서플로 데이터셋(Tensorflow Datasets)이라는 별도의 라이브러리를 제공함으로써 훈련에 필요한 다양한 데이터셋을 쉽게 얻을 수 있다.

TensorFlow Datasets: 바로 사용할 수 있는 데이터세트 컬렉션

TensorFlow Datasets는 TensorFlow 또는 Jax와 같은 다른 Python ML 프레임워크와 함께 사용할 준비가 된 데이터 세트 컬렉션입니다. 모든 데이터세트는 tf.data.Datasets로 노출되므로 사용이 간편한 고성능 입력 파이프라인이 가능합니다. 시작하려면 가이드 및 데이터세트 목록을 참조하세요.

```
import tensorflow.compat.v2 as tf
import tensorflow_datasets as tfds

# Construct a tf.data.Dataset
ds = tfds.load('mnist', split='train', shuffle_files=True)

# Build your input pipeline
ds = ds.shuffle(1024).batch(32).prefetch(tf.data.experimental.AUTOTUNE)
for example in ds.take(1):
    image, label = example["image"], example["label"]
```

TensorFlow 데이터세트 소개

 GitHub의 TensorFlow Datasets

 TensorFlow Datasets(TF Dev Summit '19)

TensorFlow 블로그 읽기   GitHub에서 보기   동영상 보기

[그림 3-36] 텐서플로 데이터셋[13]

9-2 라이브러리 설치

텐서플로 데이터셋은 텐서플로와는 별도로 구분된 라이브러리다. 텐서플로가 설치되어 있더라도 텐서플로 데이터셋을 활용하기 위해서는 별도의 설치 과정이 필요하다.

아나콘다 프롬프트 혹은 터미널에서 다음의 `pip` 명령어로 설치할 수 있다.

```
$ pip install tensorflow-datasets
```

구글 코랩에서는 사전에 설치되어 있으므로 별도의 설치 과정은 필요 없다.

---

13 출처 : https://www.tensorflow.org/datasets

9-3 데이터셋 목록

텐서플로 카탈로그 메뉴에서 제공하고 있는 데이터셋의 종류를 확인할 수 있다.

Overview
▸ Audio
▸ Graphs
▸ Image
▸ Image classification
▸ Object detection
▸ Question answering
▸ Structured
▸ Summarization
▸ Text
▸ Translate
▸ Video
▸ Vision language

[그림 3-37] 텐서플로 데이터셋[14]

훈련 카테고리별로 잘 정리되어 있으며, 데이터셋의 샘플, 사이즈, 클래스, 검증 셋과 테스트셋이 제공 여부, 출처 등이 명시되어 있다. 활용하고 싶은 데이터셋이 있다면 공식 문서에 명시된 사항을 사전에 읽어본 후 활용하는 것을 추천한다.

9-4 데이터셋 로드

텐서플로 데이터셋은 tfds 별칭(alias)을 사용한다.

〈소스〉 3.13_tensorflow_datasets.ipynb

```
[1] # 텐서플로 데이터셋
    import tensorflow_datasets as tfds
```

먼저 사용하고자 하는 데이터셋을 정한 후 데이터셋의 이름을 확인한다. 데이터셋의 이름은 문서의 최상단의 데이터셋의 제목과 같다.

---

14 출처 : https://www.tensorflow.org/datasets/catalog/overview

cifar100

- **설명** :

이 데이터 세트는 각각 600 개의 이미지를 포함하는 100 개의 클래스가 있다는 점을 제외하면 CIFAR-10과 같습니다. 클래스 당 500 개의 학습 이미지와 100 개의 테스트 이미지가 있습니다. CIFAR-100의 100 개의 클래스는 20 개의 슈퍼 클래스로 그룹화됩니다. 각 이미지에는 "fine"레이블 (그가 속한 클래스) 및 "coarse"레이블 (그가 속한 수퍼 클래스)이 있습니다.

- **홈페이지** : https://www.cs.toronto.edu/~kriz/cifar.html
- **소스 코드** : `tfds.image_classification.Cifar100`
- **버전** :
  - `3.0.2` (기본값) : 릴리스 정보가 없습니다.
- **다운로드 크기** : `160.71 MiB`
- **데이터 세트 크기** : `132.03 MiB`
- **자동 캐시 됨** (문서) : 예

[그림 3-38] cifar100 데이터셋

[그림 3-38]은 cifar100 데이터셋의 공식 문서 중 일부이며 데이터셋의 이름은 "cifar100"이다. 데이터셋의 이름을 잘 기억해 두었다가 tfds.load() 함수 name 매개변수에 지정한다.

```
[2] # cifar100 데이터셋 이름 지정
    dataset_name = 'cifar100'
    # 데이터셋 로드
    ds = tfds.load(dataset_name, split='train')
    ds
```

```
<PrefetchDataset shapes: {coarse_label: (), id: (), image: (32, 32, 3), label: ()}, types:
{coarse_label: tf.int64, id: tf.string, image: tf.uint8, label: tf.int64}>
```

split 매개변수는 로드할 데이터셋의 스플릿을 지정한다. cifar100 데이터셋은 'test'와 'train' 2개의 데이터셋 스플릿을 제공한다. 모든 데이터셋이 train, validation, test로 이루어져 있지 않으므로, 공식 문서에서 미리 확인한 후 지정하는 것을 추천한다.

스플릿	예
'test'	10,000
'train'	50,000

[그림 3-39] train, test 데이터셋 분할

shuffle_files = True로 지정하면 데이터셋의 셔플 여부를 설정할 수 있다.

앞의 예제에서 ds 변수에는 PrefetchDataset가 출력되며 딕셔너리 형태로 데이터셋의 형태를 미리 보여준다. 데이터셋의 개별 데이터 출력을 위해서는 for in 반복문으로 확인할 수 있다. 반복문 수행시 .take()를 활용하여 전체 데이터셋을 출력하지 않고 일부만 출력할 수 있다.

```
[3]  # 5개의 데이터 출력
     for data in ds.take(5):
         print(type(data))
```

```
{'coarse_label': <tf.Tensor: shape=(), dtype=int64, numpy=12>, 'id': <tf.Tensor: shape=(),
dtype=string, numpy=b'train_16399'>, 'image': <tf.Tensor: shape=(32, 32, 3), dtype=uint8, numpy=
array([[[151, 154, 145],
        [144, 147, 135],
        [141, 143, 134],
        ....
        [ 44,  38,  39],
        [112, 100,  96],
        ....
        [167, 173, 170],
        [182, 188, 187],
        [194, 199, 201]]], dtype=uint8)>, 'label': <tf.Tensor: shape=(), dtype=int64, numpy=7>}
```

개별 데이터는 딕셔너리 형태로 이루어진 것을 확인할 수 있으며 키 값으로 조회할 수 있다.

```
[4]  # 5개의 데이터 출력
     for data in ds.take(5):
         # image
         image = data['image']
         # label
         label = data['label']
         print(image.shape)
         print(label)
```

```
(32, 32, 3)
tf.Tensor(66, shape=(), dtype=int64)
(32, 32, 3)
tf.Tensor(23, shape=(), dtype=int64)
(32, 32, 3)
tf.Tensor(40, shape=(), dtype=int64)
(32, 32, 3)
tf.Tensor(39, shape=(), dtype=int64)
(32, 32, 3)
tf.Tensor(7, shape=(), dtype=int64)
```

키 값으로 조회하여 별도의 변수에 대입한 후 이미지는 shape을 확인하고 label은 직접 출력했다. 이미지의 shape은 전부 (32, 32, 3) 형태로 이루어진 것을 확인할 수 있고, label은 0~99 사이의 값들 중 하나가 출력된다.

데이터셋을 로드할 때, as_supervised = True로 지정하면 데이터셋을 투플 형식으로 받아온다.

```
[5]  # as_supervised = True는 tuple 형식으로 x, y 데이터 로드
     ds = tfds.load(dataset_name, split='train', as_supervised=True)

     for image, label in ds.take(5):
         print(image.shape, label)
```

```
(32, 32, 3) tf.Tensor(66, shape=(), dtype=int64)
(32, 32, 3) tf.Tensor(23, shape=(), dtype=int64)
(32, 32, 3) tf.Tensor(40, shape=(), dtype=int64)
(32, 32, 3) tf.Tensor(39, shape=(), dtype=int64)
(32, 32, 3) tf.Tensor(7,  shape=(), dtype=int64)
```

투플 형식으로 데이터셋 로드 시 키 값을 확인하지 않아도 되기 때문에 많이 사용되는 옵션이다. with_info = True로 지정하면 데이터셋의 정보를 같이 리턴한다.

```
[6]  # with_info = True로 데이터셋의 정보 로드
     ds, info = tfds.load(dataset_name, split='train', with_info=True)

     # info 확인
     info
```

```
tfds.core.DatasetInfo(
    name='cifar100',
    version=3.0.2,
    description='This dataset is just like the CIFAR-10, except it has 100 classes
    containing 600 images each. There are 500 training images and 100 testing images
    per class. The 100 classes in the CIFAR-100 are grouped into 20 superclasses.
    Each image comes with a "fine" label (the class to which it belongs) and a
    "coarse" label (the superclass to which it belongs).',
    homepage='https://www.cs.toronto.edu/~kriz/cifar.html',
    features=FeaturesDict({
        'coarse_label': ClassLabel(shape=(), dtype=tf.int64, num_classes=20),
        'id': Text(shape=(), dtype=tf.string),
        'image': Image(shape=(32, 32, 3), dtype=tf.uint8),
        'label': ClassLabel(shape=(), dtype=tf.int64, num_classes=100),
    }),
    total_num_examples=60000,
    splits={
        'test': 10000,
        'train': 50000,
    },
    supervised_keys=('image', 'label'),
    citation="""@TECHREPORT{Krizhevsky09learningmultiple,
        author = {Alex Krizhevsky},
        title = {Learning multiple layers of features from tiny images},
        institution = {},
        year = {2009}
    }""",
    redistribution_info=,
)
```

정보는 공식 문서에서 확인할 수 있는 내용과 동일하기 때문에 공식 문서를 확인하거나 with_info = True로 지정하여 확인하는 방법 중 편한 방식을 택하여 진행하면 된다.

tf.data.Dataset 클래스(이하 'Dataset 클래스')는 딥러닝 모델의 데이터셋 구축을 보다 편리하고 체계적이게 만들어 주는 유틸 클래스다. Dataset 클래스가 제공해 주는 다양한 기능들을 활용하여 윈도우, 배치, 셔플 등의 다양한 기능들을 손쉽게 구성할 수 있으며 편리하기 때문에 다양한 오픈소스 예제에서 흔히 볼 수 있다. 하지만 Dataset 클래스 메소드의 기능들을 잘 이해하고 있지 않다면, 데이터셋 구성이 의도한대로 구현되지 않기 때문에 세부 기능과 역할에 대하여 미리 숙지하는 것이 바람직하다. 더욱 자세한 내용은 텐서플로 공식 문서(https://www.tensorflow.org/api_docs/python/tf/data/Dataset)에서 확인할 수 있다.

〈소스〉 3.14_tf_data_dataset.ipynb

```
[1]  import numpy as np
     import tensorflow as tf
```

10-1 as_numpy_iterator

as_numpy_iterator는 생성된 Dataset 클래스를 넘파이 배열로 반환한다. Dataset 클래스는 모든 요소가 텐서로 출력이 되지만 넘파이 배열로 변환하면 요소 출력이 가능하다.

```
[2]  dataset = tf.data.Dataset.range(10)

     list(dataset.as_numpy_iterator())
```

⮕ [0, 1, 2, 3, 4, 5, 6, 7, 8, 9]

10-2 apply

apply 메소드를 활용하여 사용자가 정의한 변환 함수를 Dataset 클래스에 적용할 수 있다. 다음 예제는 5보다 작은 요소를 반환하는 변환 함수를 apply 적용한 예시다.

```
[3]  dataset = tf.data.Dataset.range(10)

     def filter_five(x):
       return x.filter(lambda x: x < 5)

     list(dataset.apply(filter_five).as_numpy_iterator())
```

⟾ [0, 1, 2, 3, 4]

10-3 from_tensor_slices

from_tensor_slices는 리스트 혹은 넘파이 배열을 Dataset 클래스로 변환하는 메소드다. Dataset 클래스의 유용한 기능을 사용하기 위해서는 Dataset 클래스로 변환해야 사용 가능하다. from_tensor_slices 메소드를 활용하여 Dataset 클래스로 변환한 후 내장 메소드를 활용해 데이터셋을 생성할 수 있다. from_tensor_sclices로 변환한 후에는 TensorSliceDataset으로 타입이 변환됨을 확인할 수 있다.

```
[4]  ds = tf.data.Dataset.from_tensor_slices([1, 2, 3, 4, 5])
     print(type(ds))
     list(ds.as_numpy_iterator())
```

⟾ ⟨class 'tensorflow.python.data.ops.dataset_ops.TensorSliceDataset'⟩
    [1, 2, 3, 4, 5]

10-4 iteration

Dataset 클래스로 생성한 후 반복문으로 요소들을 출력할 수 있다. 반복문을 통해 접근한 요소는 텐서로 출력된다.

```
[5]  ds = tf.data.Dataset.from_tensor_slices([1, 2, 3, 4, 5])

     for d in ds:
       print(d)
```

⟾ tf.Tensor(1, shape=(), dtype=int32)
    tf.Tensor(2, shape=(), dtype=int32)
    tf.Tensor(3, shape=(), dtype=int32)
    tf.Tensor(4, shape=(), dtype=int32)
    tf.Tensor(5, shape=(), dtype=int32)
```
```

10-5 range

Dataset 클래스의 range 메소드로 데이터셋의 요소를 생성할 수 있다. range 메소드는 파이썬의 range 내장함수와 동일하게 동작한다. start, stop, step 순서로 값을 대입하여 범위 요소를 생성할 수 있다.

```
[6]  ds = tf.data.Dataset.range(1, 10, 2)

     for d in ds:
        print(d)
```
```
tf.Tensor(1, shape=(), dtype=int64)
tf.Tensor(3, shape=(), dtype=int64)
tf.Tensor(5, shape=(), dtype=int64)
tf.Tensor(7, shape=(), dtype=int64)
tf.Tensor(9, shape=(), dtype=int64)
```

10-6 batch

batch 메소드는 배치 구성을 한다. 배치 크기를 batch 메소드에 지정하면 배치 크기 만큼의 요소를 하나의 배치로 구성하여 반환한다. 총 8개의 요소를 생성하고 배치 크기를 3개로 구성하면 3개의 요소가 1개의 배치로 구성된 결과를 출력한다.

```
[7]  ds = tf.data.Dataset.range(8)
     for d in ds.batch(3):
        print(d)
```
```
tf.Tensor([0 1 2], shape=(3,), dtype=int64)
tf.Tensor([3 4 5], shape=(3,), dtype=int64)
tf.Tensor([6 7],   shape=(2,), dtype=int64)
```

10-7 drop_remainder

drop_remainder는 배치 구성 시 잔여 요소의 개수가 배치 크기보다 작다면 생성하지 않는다. 다음 예제는 총 8개의 요소를 생성하고 3개의 요소를 1개의 배치로 묶는데, 3개의 요소를 2개의 배치로 묶고난 후 잔여 요소의 개수가 2개인데 출력하지 않고 버려진 것을 확인할 수 있다.

```
[8]  ds = tf.data.Dataset.range(8)
     for d in ds.batch(3, drop_remainder=True):
        print(d)
```

```
tf.Tensor([0 1 2], shape=(3,), dtype=int64)
tf.Tensor([3 4 5], shape=(3,), dtype=int64)
```

10-8 window

window 메소드는 시계열 데이터셋 구축시 윈도우 구현에 사용된다. 윈도우는 윈도우 크기 만큼의 데이터를 하나로 묶어서 생성하고자 할 때 사용된다. 예를 들어, 5일간의 데이터를 묶어 하나의 배치로 구성하고자 할 때 윈도우 크기를 5로 설정하여 window 메소드에 지정한다. shift는 다음 윈도우 구성의 시작점을 몇 칸씩 건너뛸 것인지 정의한다. shift = 1로 설정되어 있다면, 1칸씩 건너뛰어 생성된다. drop_remainder = False로 설정되어 있다면 잔여 요소가 배치 크기보다 작더라도 지속 생성한다.

```
[9] ds = tf.data.Dataset.range(10)
    ds = ds.window(5, shift=1, drop_remainder=False)
    for d in ds:
      print(list(d.as_numpy_iterator()))
```

```
[0, 1, 2, 3, 4]
[1, 2, 3, 4, 5]
[2, 3, 4, 5, 6]
[3, 4, 5, 6, 7]
[4, 5, 6, 7, 8]
[5, 6, 7, 8, 9]
[6, 7, 8, 9]
[7, 8, 9]
[8, 9]
[9]
```

딥러닝 모델에 데이터셋 주입시 크기가 일정하게 맞춰있지 않다면 에러가 발생할 수 있으므로, drop_remainder = True로 설정하는 것이 일반적이다.

```
[10] ds = tf.data.Dataset.range(10)
     ds = ds.window(5, shift=1, drop_remainder=True)
     for d in ds:
       print(list(d.as_numpy_iterator()))
```

```
[0, 1, 2, 3, 4]
[1, 2, 3, 4, 5]
[2, 3, 4, 5, 6]
[3, 4, 5, 6, 7]
[4, 5, 6, 7, 8]
[5, 6, 7, 8, 9]
```

shift = 2로 설정하면 다음 윈도우 구성 시 2칸씩 건너뛰어 생성하게 된다.

```
[11] ds = tf.data.Dataset.range(10)
     ds = ds.window(5, shift=2, drop_remainder=True)
     for d in ds:
         print(list(d.as_numpy_iterator()))
```

```
[0, 1, 2, 3, 4]
[2, 3, 4, 5, 6]
[4, 5, 6, 7, 8]
```

10-9 flat_map

flat_map 메소드는 map 함수를 Dataset 클래스에 적용하며 flatten한 결과를 반환한다. flatten한 결과를 반환하기 때문에 map 함수를 적용한 결과가 2차원 배열이라 하더라도 결과는 1차원으로 flatten되어 반환한다. 아래 2가지의 예시를 flat_map 메소드를 적용하지 않은 경우와 적용한 경우를 비교한 결과다.

```
[12] ds = tf.data.Dataset.range(10)
     ds = ds.window(5, shift=1, drop_remainder=True)
     # ds = ds.flat_map(lambda w: w.batch(5))
     for d in ds:
         print(d)
```

```
⟨_VariantDataset shapes: (), types: tf.int64⟩
⟨_VariantDataset shapes: (), types: tf.int64⟩
⟨_VariantDataset shapes: (), types: tf.int64⟩
⟨_VariantDataset shapes: (), types: tf.int64⟩
⟨_VariantDataset shapes: (), types: tf.int64⟩
⟨_VariantDataset shapes: (), types: tf.int64⟩
```

flat_map 메소드에 batch구성하는 map 함수를 적용하여 배치 구성을 수행할 수 있다.

```
[13] ds = tf.data.Dataset.range(10)
     ds = ds.window(5, shift=1, drop_remainder=True)
     ds = ds.flat_map(lambda w: w.batch(5))
     for d in ds:
         print(d)
```

```
tf.Tensor([0 1 2 3 4], shape=(5,), dtype=int64)
tf.Tensor([1 2 3 4 5], shape=(5,), dtype=int64)
tf.Tensor([2 3 4 5 6], shape=(5,), dtype=int64)
tf.Tensor([3 4 5 6 7], shape=(5,), dtype=int64)
tf.Tensor([4 5 6 7 8], shape=(5,), dtype=int64)
tf.Tensor([5 6 7 8 9], shape=(5,), dtype=int64)
```

10-10 shuffle

shuffle 메소드를 데이터셋을 무작위로 섞는다. 다음 예제는 shuffle을 적용하지 않은 경우와 shuffle을 적용한 결과를 비교한 예시다.

```
[14] # shuffle을 해주지 않은 경우
    ds = tf.data.Dataset.from_tensor_slices(np.arange(10)) #.shuffle()

    for d in ds:
        print(d)
```

```
tf.Tensor(0, shape=(), dtype=int64)
tf.Tensor(1, shape=(), dtype=int64)
tf.Tensor(2, shape=(), dtype=int64)
tf.Tensor(3, shape=(), dtype=int64)
tf.Tensor(4, shape=(), dtype=int64)
tf.Tensor(5, shape=(), dtype=int64)
tf.Tensor(6, shape=(), dtype=int64)
tf.Tensor(7, shape=(), dtype=int64)
tf.Tensor(8, shape=(), dtype=int64)
tf.Tensor(9, shape=(), dtype=int64)
```

shuffle을 적용하지 않으면 데이터가 순차적으로 출력되지만 shuffle을 적용하면 무작위로 섞인 후 결과가 출력된다.

```
[15] # shuffle 설정
    ds = tf.data.Dataset.from_tensor_slices(np.arange(10)).shuffle(buffer_size=5)
    for d in ds:
        print(d)
```

```
tf.Tensor(0, shape=(), dtype=int64)
tf.Tensor(5, shape=(), dtype=int64)
tf.Tensor(3, shape=(), dtype=int64)
tf.Tensor(2, shape=(), dtype=int64)
tf.Tensor(1, shape=(), dtype=int64)
tf.Tensor(8, shape=(), dtype=int64)
tf.Tensor(4, shape=(), dtype=int64)
tf.Tensor(9, shape=(), dtype=int64)
tf.Tensor(6, shape=(), dtype=int64)
tf.Tensor(7, shape=(), dtype=int64)
```

10-11 map

map 메소드를 활용하여 map 함수를 Dataset에 적용할 수 있다. map 메소드는 데이터셋을 입력 데이터와 레이블 데이터로 분리할 때 활용할 수 있다. map 함수에 lambda 함수를 정의하고 lambda 함수 내부에서 입력 데이터의 범위와 레이블 데이터의 범위를 지정해 반환하는 함수를 적용하면 분리된 결과를 출력한다.

```
[16] window_size=5

    ds = tf.data.Dataset.range(10)
    ds = ds.window(window_size, shift=1, drop_remainder=True)
    ds = ds.flat_map(lambda w: w.batch(window_size))
    ds = ds.shuffle(10)

    # 첫 4개와 마지막 1개를 분리
    ds = ds.map(lambda x:(x[:-2], x[-2:]))
    for x, y in ds:
        print('train set: {}'.format(x))
        print('label set: {}'.format(y))
        print('===' * 10)
```

```
train set: [5 6 7]
label set: [8 9]
==============================
train set: [1 2 3]
label set: [4 5]
==============================
train set: [4 5 6]
label set: [7 8]
==============================
train set: [2 3 4]
label set: [5 6]
==============================
train set: [0 1 2]
label set: [3 4]
==============================
train set: [3 4 5]
label set: [6 7]
==============================
```

PART 04
합성곱 신경망(CNN)

합성곱 신경망(CNN : Convolutional Neural Network)은 데이터가 가진 특징들의 패턴을 학습하는 알고리즘으로 컴퓨터 비전 분야에서 많이 사용된다. 대표적으로 이미지 분류(Image Classification), 객체 탐지(Object Detection), 스타일 전이(Style Transfer) 등을 예로 들 수 있다.

[그림 4-1]은 이미지 분류 문제를 설명하고 있다. 그림을 보면 고양이 또는 강아지 사진으로 모델을 학습시키면, 모델은 이미지의 특징을 추출해 고양이 또는 강아지를 분류할 수 있게 된다. 즉, 이미지를 인식할 수 있는 능력을 모델이 갖추게 된다.

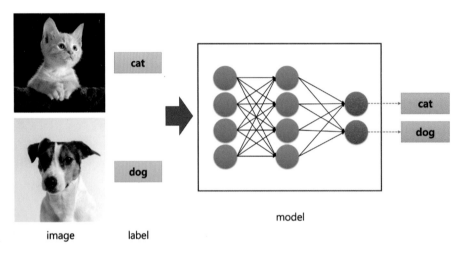

[그림 4-1] 이미지 분류

[그림 4-2]는 객체 탐지 사례를 보여준다. 이미지에서 특정한 객체를 인식하고 이미지의 어디에 있는지 위치까지 파악하는 기술이다. 고양이 이미지의 위치에 표시된 노란색 실선을 경계 박스(bounding box)라고 부른다. 인식한 객체가 어떤 클래스에 속하는지 분류 확률과 예측을 함께 알려 준다. 일반적으로 객체의 위치는 이미지의 좌표 값으로 나타내기 때문에, 경계 박스를 찾는 문제는 회귀분석으로 해결한다. 반면 클래스를 예측하는 문제는 분류 문제가 된다.

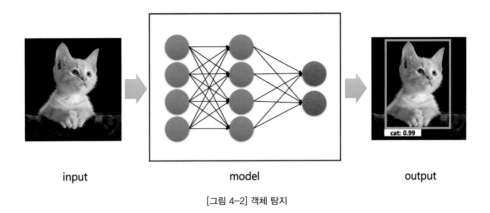

input   model   output

[그림 4-2] 객체 탐지

한편, 스타일 전이는 콘텐츠 이미지와 스타일 참조 이미지를 이용해 콘텐츠의 기본 형태를 유지하고 스타일을 입혀서 새로운 이미지를 생성하는 기술을 말한다. 이번 파트 후반부에서 예제를 통해 자세하게 설명하기로 한다.

1-1　이미지 표현

이미지(또는 영상)를 컴퓨터가 이해할 수 있게 하려면 숫자로 표현해야 한다. 이번에 다룰 이미지들은 모두 숫자 데이터로 기록되어 있다.

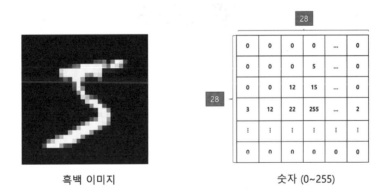

흑백 이미지   숫자 (0~255)

[그림 4-3] 이미지를 숫자로 표현

[그림 4-3]을 보면, 왼쪽에 있는 손글씨 이미지는 오른쪽 그림과 같이 0~255 사이의 숫자로 각 픽셀의 화소 값을 나타내는 방식으로 표현할 수 있다. 숫자 0은 완전히 검은 색을 나타내고 숫자 255는 흰색을 나타낸다.

그 중간에 있는 숫자들은 회색으로 표현된다. 화소를 나타내는 숫자는 이미지의 강도를 나타내고, 숫자가 클수록 더 강한 특성을 나타낸다고 이해할 수 있다.

한편, 컬러 이미지는 R(빨강), G(초록), B(파랑) 채널로 구성된 3장의 이미지를 겹쳐서 표현한다. 각 채널 이미지는 채널이 1개인 흑백 이미지와 마찬가지로 0~255 사이의 숫자로 나타낸다. 숫자가 클수록 해당 색상을 더 강하게 표현한다. 여기서 채널은 각각이 하나의 이미지로 구분되며, 컬러 이미지는 3개의 채널 이미지를 하나로 결합하여 표현하는 방식이다.

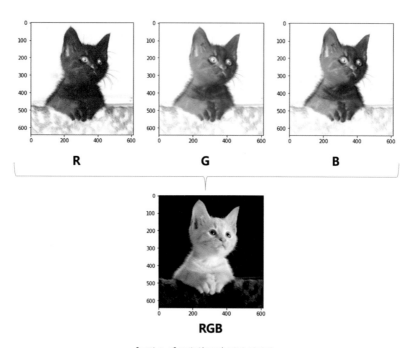

[그림 4-4] 3채널(RGB) 컬러 이미지

1-2 합성곱(Convolution)

합성곱 연산은 입력 이미지에 대하여 일반적으로 정방형 크기를 가지는 커널(kernel)[15]을 사용하여, 입력 이미지에 대한 특성을 추출하는 방법을 말한다. 합성곱 연산을 통해서 추출된 이미지를 특성맵(feature map)이라고 부른다. 이렇게 추출된 특성맵을 딥러닝 모델 학습에 사용하면 훨씬 더 좋은 성능을 보인다.

---

15 커널을 필터(filter)라고 부르기도 하는데, 이 책에서는 혼용해서 사용한다.

[그림 4-5]는 이미지에 필터를 적용하는 합성곱 연산을 설명하고 있다.

입력 이미지의 크기는 (세로, 가로) 순서로 shape이 출력된다. 즉, 세로 5픽셀, 가로 5픽셀의 크기를 가지는 이미지는 (5, 5)의 shape을 가진다. 이러한 입력 이미지의 좌측 상단부터 커널과 같은 크기를 갖도록 입력 이미지의 일부분에 커널이 겹치도록 투영해 준다. 이렇게 입력 이미지와 커널이 겹치는 부분에 대하여 합성곱 연산을 수행하게 된다.

예를 들어, 3 × 3 사이즈를 가지는 커널이 첫 좌측 상단의 입력 이미지의 3 × 3 부분과 매칭되어 합성곱 연산을 수행한다. 합성곱 연산은 element-wise 곱셈 연산을 수행 후 모두 더한 값으로 단일 스칼라 값이 나온다. 이렇게 나온 결과는 추출된 이미지인 feature map의 좌측 상단의 첫 번째 값이 된다(다음 그림에서는 스칼라 값 20이 좌측 상단에 입력된다).

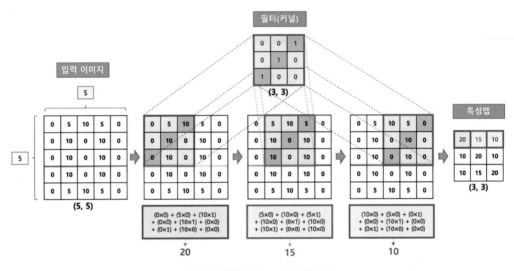

[그림 4-5] 합성곱(Convolution) 연산

커널 사이즈가 3 × 3인 경우 총 9개의 가중치(weight)를 가지며 오차 역전파(back propagation) 시 커널의 가중치를 업데이트한다. 합성곱 신경망이 이미지 특성 추출에 효율적인 이유는 바로 커널의 공유 가중치(shared weights) 때문이다. 오차 역전파 시 커널의 그래디언트(gradient)를 계산할 때 9개에 대해서만 업데이트하면 되므로 완전 연결층을 사용할 때보다 연산량이 훨씬 적다는 장점이 있다.

1-3 채널(channel)

채널은 입력 이미지를 구성하는 2차원 배열의 개수를 나타낸다. 앞서 살펴본 것처럼 흑백 이미지는 단일 채널, 즉 채널의 개수가 1개인 이미지나. 하시만 컬러 이미지의 경우 R, G, B, 3개의 채널을 가지는 이미지이므로 Red, Green, Blue 채널 이미지 3장이 겹쳐서 컬러 이미지로 표현된다. 컬러 이미지는 3개의 채널을 가지므로 앞서 언급한 세로 5픽셀, 가로 5픽셀의 컬러 이미지를 shape으로 나타냈을 때는 (5, 5, 3)으로 표현된다.

컬러 이미지와 같이 입력 이미지가 여러 개의 채널을 갖는 경우, 합성곱 연산을 수행할 때 특성맵의 생성 과정을 잘 살펴봐야 한다. 우선 입력 이미지의 채널 개수만큼 커널이 생성되고, 각 채널마다 하나씩 커널을 적용하여 합성곱 연산을 수행한다. 이 과정을 거치면 입력 이미지의 채널 개수만큼 합성곱 연산된 결과가 생성되고, element-wise 덧셈 연산으로 모두 더해주면 최종 특성맵이 생성된다.

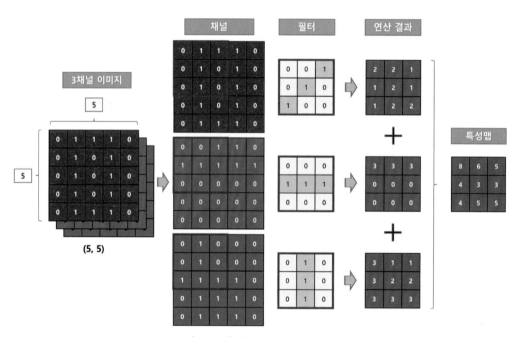

[그림 4-6] 다중 채널의 합성곱 연산

만약 합성곱 레이어에 출력 필터의 개수를 20개로 설정했다면, 입력 이미지의 채널 개수 3개와 출력 필터의 개수 20개가 곱해져서 총 60개의 커널이 생성된다. 1개 커널의 사이즈가 3 × 3으로 설정했다면, (3 × 3 × 입력 채널 수 × 출력 필터 수) = 3 × 3 × 3개(R, G, B) × 20개(출력 필터 수) = 540개가 된다. 즉, 해당 층에서 업데이트할 가중치의 그래디언트는 540개가 된다.

여기에 bias가 추가로 계산되는데 20개의 출력 필터 개수만큼 추가된다. 즉, 20개의 bias가 추가되어 총 560개의 파라미터가 업데이트될 파라미터의 개수가 된다.

1-4 　스트라이드(stride)

커널은 좌측 상단으로부터 입력 이미지를 기준으로 우측으로 이동하면서 합성곱 연산을 계속 수행하고 특성맵에 결과를 채워나간다. 이때 이동하는 간격을 스트라이드(stride)로 정의하며, 주로 1 또는 2로 설정한다.

스트라이드를 1로 설정 시 커널은 우측으로 1픽셀씩 이동하게 되며, 커널이 입력 이미지의 우측 끝까지 이동했다면 아래 방향으로 1칸 좌측 첫 번째 픽셀로 이동하여 추출한다. 스트라이드를 2로 설정하게 되면 2픽셀씩 건너뛰기 때문에 특성맵의 크기가 $\frac{1}{2}$로 줄어들게 된다.

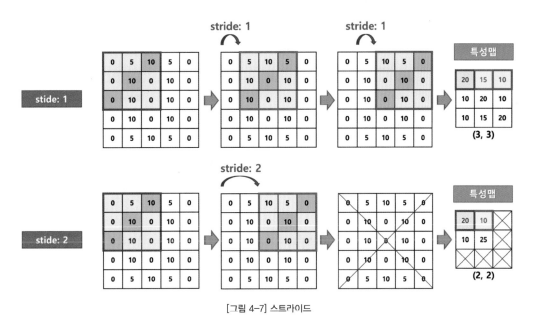

[그림 4-7] 스트라이드

텐서플로 케라스에서 제공하는 Conv2D 레이어의 *strides* 매개변수에 스트라이드를 지정할 수 있다.

1-5 패딩(padding)

커널 크기가 3 × 3이고, 스트라이드에서 1로 설정하게 되는 경우에도 추출된 특성맵의 사이즈는 입력 이미지 대비 가로로 2픽셀, 세로로 2픽셀씩 줄어들게 된다. 하지만 추출된 특성맵의 크기가 입력 이미지 대비 줄어들지 않도록 패딩(padding)을 설정할 수 있다.

앞의 그림과 같이 일반적으로 zero-padding을 사용하게 되며, 입력 이미지의 가장 자리에 0으로 채워진 패딩 값으로 채운 후 추출하게 된다. 패딩을 적용한 후 합성곱 연산을 수행하게 되면 특성맵의 크기가 줄어들지 않는다.

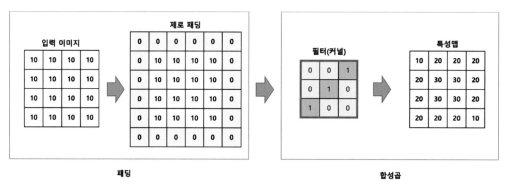

[그림 4-8] 제로 패딩

텐서플로 케라스의 Covn2D 레이어에서 padding = 'same'으로 설정하면 zero-padding을 적용한다. 기본값은 padding = 'valid'이다.

1-6 특성맵(feature map) 사이즈

패딩과 스트라이드를 적용하고, 입력 데이터와 필터의 크기가 주어졌을 때 출력 데이터의 크기를 구하는 식은 아래와 같다.

$$(\text{Output Height, Output Width}) = \left(\frac{\text{Image Height} + 2P - \text{Kernel Height}}{S} + 1, \frac{\text{Image Width} + 2P - \text{Kernel Width}}{S} + 1 \right)$$

- Image Height, Image Width : 입력 크기(input size)
- Kernel Height, Kernel Width : 필터 크기(kernel size)
- S : 스트라이드(strides)
- P : 패딩(padding)
- Output Height, Output Width : 출력 크기(output size)

1-7 풀링(pooling)

풀링(pooling) 레이어는 추출된 특성맵에 대해 다운 샘플링하여 이미지의 크기를 축소하는 레이어다. 풀링 레이어를 사용하면서 얻을 수 있는 이점으로는 이미지 축소를 통해 연산량을 감소한다는 점과 과대적합(overfitting)을 방지함에 있다.

풀링 레이어는 크게 최대 풀링(max pooling)과 평균 풀링(average pooling)으로 나뉜다. 최대 풀링은 특징의 값이 큰 값이 다른 특징들을 대표한다는 개념으로 도입되었으며 생각보다 좋은 성능을 발휘하기 때문에 합성곱 신경망과 같이 주로 사용된다.

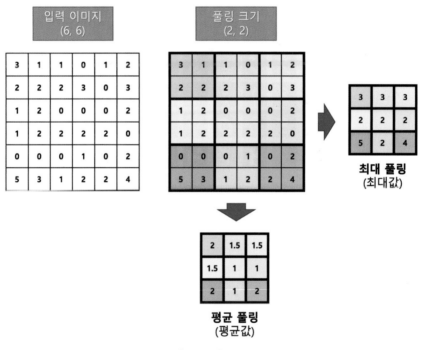

[그림 4-9] 풀링

최대 풀링 수행 시 커널의 크기가 2 × 2로 주어질 때 입력 이미지의 2 × 2 픽셀 중 최대값이 출력 값으로 선택된다. 평균 풀링을 수행하면 2 × 2 픽셀들의 평균 값이 출력 값으로 나온다.

풀링 레이어도 역시 스트라이드 값을 가지며 스트라이드를 2로 설정하면, 2칸씩 건너뛰면서 풀링을 수행한다. 최대 풀링의 커널 크기를 2 × 2로 설정하고 스트라이드를 2로 설정 시 출력 이미지는 입력 이미지 대비 세로 $\frac{1}{2}$, 가로 $\frac{1}{2}$로 줄어들어 입력 이미지 대비 총 $\frac{1}{4}$ 크기로 줄어든다.

케라스 모델을 구성할 때 사용한 mnist 손글씨 데이터셋을 가지고, 간단한 구조의 합성곱 신경망 모델을 만들어 본다.

[그림 4-10] mnist 손글씨 데이터셋

2-1 데이터 로드 및 전처리

먼저 텐서플로 라이브러리를 불러온다.

〈소스〉 4.1_mnist_cnn.ipynb

```
[1] # tensorflow 모듈 import
    import tensorflow as tf
```

데이터셋을 불러오면 훈련 셋과 검증 셋으로 구분해서 투플 형태로 정리해 준다. 훈련 셋의 개수는 60,000개, 검증 셋의 개수는 10,000개다. 가로, 세로 각각 28픽셀인 손글씨 이미지와 손글씨가 나타내는 숫자 레이블(정답)이 매칭되어 있다.

```
[2]  # mnist 손글씨 이미지 데이터 로드
     mnist = tf.keras.datasets.mnist
     (x_train, y_train),(x_valid, y_valid) = mnist.load_data()

     print(x_train.shape, y_train.shape)
     print(x_valid.shape, y_valid.shape)
```

```
Downloading data from https://storage.googleapis.com/tensorflow/tf-keras-datasets/mnist.npz
11493376/11490434 [==============================] - 0s 0us/step
(60000, 28, 28) (60000,)
(10000, 28, 28) (10000,)
```

훈련 셋의 첫 번째(인덱스 0) 이미지를 출력해 본다. 숫자 5에 대한 손글씨 이미지가 보인다.

```
[3]  # 샘플 이미지 출력
     import matplotlib.pylab as plt

     def plot_image(data, idx):
         plt.figure(figsize=(5, 5))
         plt.imshow(data[idx], cmap="gray")
         plt.axis("off")
         plt.show()

     plot_image(x_train, 0)
```

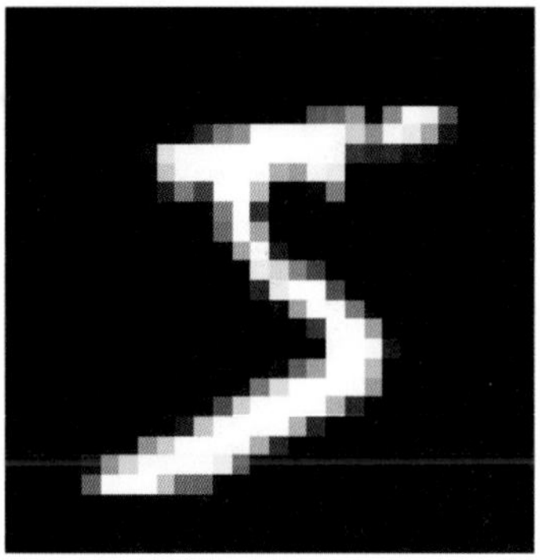

[그림 4-11] 실행 결과

훈련 셋과 검증 셋의 이미지 픽셀을 나타내는 값의 최소값(min), 최대값(max)을 출력한다. 이미지 픽셀이 0~255 범위의 숫자로 구성된 것을 파악할 수 있다.

```
[4]  print(x_train.min(), x_train.max())
     print(x_valid.min(), x_valid.max())
```

```
0 255
0 255
```

딥러닝 모델의 안정적인 학습을 위해서 입력 이미지 픽셀 값을 정규화 변환한다. 이미지 픽셀 값을 최대값 255로 나누어 주면 0~1 범위로 스케일이 정규화된다.

```
[5] # 정규화(Normalization)
    x_train = x_train / 255.0
    x_valid = x_valid / 255.0

    print(x_train.min(), x_train.max())
    print(x_valid.min(), x_valid.max())
```
```
0.0 1.0
0.0 1.0
```

mnist 데이터셋은 색상을 나타내는 채널이 1개인 모노 컬러 이미지로 구성된다. CNN 모델에 주입하기 위해서 색상을 나타내는 채널을 추가해 준다. 다음 코드는 tf.newaxis 축을 텐서 배열에 직접 추가하는 방식이다. 따라서 (60000, 28, 28) 형태의 텐서가 (60000, 28, 28, 1) 형태로 변환된다.

[ ] 안에서 채널을 추가하고자 하는 위치에 "tf.newaxis"를 작성하면 된다. 가장 마지막 축에 채널을 추가하기 위해 [..., tf.newaxis]로 작성하였다.

```
[6] # 채널 추가
    print(x_train.shape, x_valid.shape)

    x_train_in = x_train[..., tf.newaxis]
    x_valid_in = x_valid[..., tf.newaxis]

    print(x_train_in.shape, x_valid_in.shape)
```
```
(60000, 28, 28) (10000, 28, 28)
(60000, 28, 28, 1) (10000, 28, 28, 1)
```

[Tip] 가장 앞에 차원을 추가하고 싶다면 [tf.newaxis,...], 두 번째 차원을 추가하고 싶다면 [:,tf.newaxis,:,:]로 작성한다.

2-2 Sequential API로 모델 생성 및 학습

Sequential API를 사용하여 합성곱 레이어 1개, 풀링 레이어 1개를 적용하는 간단한 모델을 만든다. 최종 분류기로 Dense 레이어를 적용하기 위해, Flatten 층을 추가하여 1차원 배열로 펼쳐준다. 합성곱은 Conv2D 레이어를 사용하고 (3, 3) 크기의 서로 다른 32가지 종류의 커널을 적용한다. ReLU 활성화 함수를 적용한다. name 속성에 레이어의 이름을 'conv'라고 지정해 준다.

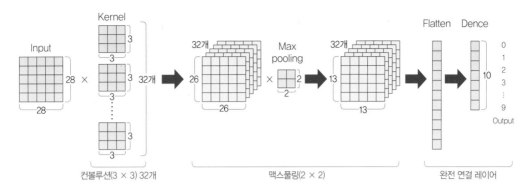

[그림 4-12] CNN 모델 구조

풀링 레이어는 (2, 2) 크기로 최대 풀링(max pooling)을 적용하고, 레이어 이름 속성도 추가해 준다. 최종 분류기는 정답 레이블이 0~9까지 10개의 값을 가지므로 노드 개수를 10으로 하고, 분류 클래스가 10개인 다중 분류 문제이므로 활성화 함수로 softmax를 적용한다.

```
[7]  # Sequential API를 사용해 샘플 모델 생성
     model = tf.keras.Sequential([
         # Convolution 적용(32 filters)
         tf.keras.layers.Conv2D(32,(3, 3), activation='relu',
                                input_shape=(28, 28, 1), name='conv'),
         # Max Pooling 적용
         tf.keras.layers.MaxPooling2D((2, 2), name='pool'),
         # Classifier 출력층
         tf.keras.layers.Flatten(),
         tf.keras.layers.Dense(10, activation='softmax'),
     ])
```

[Tip] 레이어 이름을 나타내는 name 속성은 예제처럼 따로 지정하지 않으면 자동 생성된다. 레이어 이름을 사용하여 레이어를 직접 제어하고 싶을 때, 이름을 지정해 주면 편리하다.

앞서 정의한 모델 구조에 옵티마이저, 손실함수, 평가지표를 설정해 주고 컴파일하면 모델 인스턴스가 생성된다. fit() 메소드에 훈련 셋과 검증 셋을 주입하고, epoch를 10으로 지정한다. 코드 셀을 실행하면 모델이 학습하면서 epoch당 손실과 평가 결과를 출력한다. 두 번째 epoch를 마친 상태에서도 훈련 셋과 검증 셋 모두 97%에 가까운 정확도를 보인다.

```
[8]  # 모델 컴파일
     model.compile(optimizer='adam', loss='sparse_categorical_crossentropy',
                   metrics=['accuracy'])

     # 모델 훈련
     history = model.fit(x_train_in, y_train,
                         validation_data=(x_valid_in, y_valid),
                         epochs=10)
```

```
epoch 1/10
1875/1875 [==============================] - 36s 3ms/step - loss: 0.4026 - accuracy:
0.8851 - val_loss: 0.0901 - val_accuracy: 0.9729
epoch 2/10
1875/1875 [==============================] - 5s 3ms/step - loss: 0.0892 - accuracy:
0.9749 - val_loss: 0.0660 - val_accuracy: 0.9787
epoch 3/10
1875/1875 [==============================] - 5s 3ms/step - loss: 0.0626 - accuracy:
0.9818 - val_loss: 0.0674 - val_accuracy: 0.9793
epoch 4/10
1875/1875 [==============================] - 5s 3ms/step - loss: 0.0490 - accuracy:
0.9860 - val_loss: 0.0518 - val_accuracy: 0.9826
epoch 5/10
1875/1875 [==============================] - 5s 3ms/step - loss: 0.0424 - accuracy:
0.9879 - val_loss: 0.0545 - val_accuracy: 0.9832
epoch 6/10
1875/1875 [==============================] - 5s 3ms/step - loss: 0.0353 - accuracy:
0.9889 - val_loss: 0.0539 - val_accuracy: 0.9828
epoch 7/10
1875/1875 [==============================] - 5s 3ms/step - loss: 0.0325 - accuracy:
0.9902 - val_loss: 0.0560 - val_accuracy: 0.9813
epoch 8/10
1875/1875 [==============================] - 5s 3ms/step - loss: 0.0275 - accuracy:
0.9918 - val_loss: 0.0555 - val_accuracy: 0.9827
epoch 9/10
1875/1875 [==============================] - 5s 3ms/step - loss: 0.0218 - accuracy:
0.9938 - val_loss: 0.0535 - val_accuracy: 0.9835
epoch 10/10
1875/1875 [==============================] - 5s 3ms/step - loss: 0.0198 - accuracy:
0.9943 - val_loss: 0.0574 - val_accuracy: 0.9840
```

evaluate() 메소드를 모델 인스턴스에 적용하면 모델의 학습된 가중치를 사용하여 손실과 평가지
표를 계산해 준다. 검증 셋에 대해서 약 98%의 정확도를 나타낸다.

```
[9] model.evaluate(x_valid_in, y_valid)
```
```
313/313 [==============================] - 1s 2ms/step - loss: 0.0574 - accuracy: 0.9840
[0.057374708354473114, 0.984000027179718]
```

모델 훈련 단계에서 훈련 결과를 history 객체에 저장해 두었다. 10 epoch 동안 모델의 예측 오
차와 정확도를 그래프로 그리는 함수를 정의하고 실행한다. 그래프를 보면 훈련 셋에 대한 손실
은 계속 줄어드는데 검증 셋의 손실은 어느 수준에서 더 이상 낮아지지 않는다. 4 epoch 이후부
터는 모델이 과대적합으로 진행되었다는 것을 파악할 수 있다.

```
[10] def plot_loss_acc(history, epoch):

        loss, val_loss = history.history['loss'], history.history['val_loss']
        acc, val_acc = history.history['accuracy'], history.history['val_accuracy']

        fig, axes = plt.subplots(1, 2, figsize=(12, 4))

        axes[0].plot(range(1, epoch + 1), loss, label='Training')
        axes[0].plot(range(1, epoch + 1), val_loss, label='Validation')
        axes[0].legend(loc='best')
        axes[0].set_title('Loss')

        axes[1].plot(range(1, epoch + 1), acc, label='Training')
        axes[1].plot(range(1, epoch + 1), val_acc, label='Validation')
        axes[1].legend(loc='best')
        axes[1].set_title('Accuracy')

        plt.show()

    plot_loss_acc(history, 10)
```

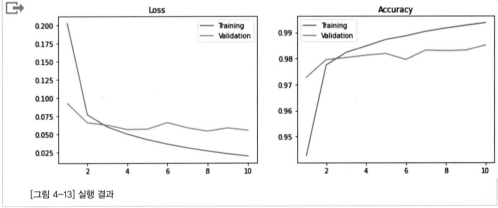

[그림 4-13] 실행 결과

2-3 모델 구조 파악

모델 인스턴스에 summary() 메소드를 적용해 주면, 모델의 구조를 요약해서 보여준다. 각 레이어의 이름과 출력 텐서의 형태, 그리고 각 레이어를 구성하는 파라미터(가중치) 개수를 알 수 있다.

(28, 28, 1) 형태의 입력 텐서가 Conv2D를 거치면서 (26, 26, 32) 형태로 변환된다. (3, 3) 크기의 합성곱 필터를 사용하기 때문에 이미지 가로, 세로 크기가 2씩 줄어든다(여기서 패딩은 적용되지 않는다). 서로 다른 32개의 필터를 적용했기 때문에 (26, 26) 크기의 특성맵이 32개 생성된다. 즉, (28, 28, 1) 이미지에 서로 다른 32개 커널을 적용해서 32가지 종류의 피처(특징)를 추출하는 것이다.

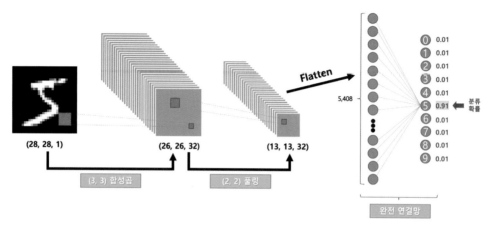

[그림 4-14] 합성곱 신경망 구조

(2, 2) 크기의 풀링 레이어를 적용했기 때문에 이미지 크기가 $\frac{1}{2}$ 로 줄어든다. 따라서 풀링 레이어를 거치면 (13, 13, 32) 텐서로 변환되고, Flatten 층에서 3차원 텐서를 1차원 텐서로 펼치면 5,408개(13 × 13 × 32) 원소를 갖는 1차원 벡터가 된다.

이 벡터를 출력 노드 10개인 Dense 레이어로 보내면 최종 분류 값을 예측해 출력한다. 즉, 이미지를 입력받아 특징을 추출하고 이미지가 나타내는 숫자를 예측할 수 있다.

```
[11] # 모델 구조
     model.summary()
```

```
Model: "sequential"

_____
Layer (type)                 Output Shape              Param #
=================================================================
conv (Conv2D)                (None, 26, 26, 32)        320

_____
pool (MaxPooling2D)          (None, 13, 13, 32)        0

_____
flatten (Flatten)            (None, 5408)              0

_____
dense (Dense)                (None, 10)                54090

=================================================================
Total params: 54,410
Trainable params: 54,410
Non-trainable params: 0
_____
```

생성된 모델 인스턴스의 input 속성으로부터 입력 레이어의 텐서를 추출할 수 있다. 입력 텐서는 (None, 28, 28, 1) 형태인데, 가장 앞에 있는 축(axis = 0)의 None 값은 배치 크기가 들어오는 위치로서 배치 크기로 어떤 값이든 가능하다는 의미다.

```
[12] # 입력 텐서 형태
     model.input
```
⮕ 〈KerasTensor: shape=(None, 28, 28, 1) dtype=float32 (created by layer 'conv_input')〉

[Tip] 텐서를 구성하는 원소들의 자료형을 나타내는 dtype은 32비트 실수형(float32)이다.

모델의 출력 텐서는 output 속성으로 선택할 수 있다. 10개의 노드를 갖는 1차원 벡터 형태다.

```
[13] # 출력 텐서 형태
     model.output
```
⮕ 〈KerasTensor: shape=(None, 10) dtype=float32 (created by layer 'dense')〉

모델을 구성하는 레이어들을 추출하려면 layers 속성을 확인한다. 파이썬 리스트 형태로 레이어 객체를 담아서 보여준다.

```
[14] # 레이어
     model.layers
```
⮕ [〈tensorflow.python.keras.layers.convolutional.Conv2D at 0x7f15d3184b10〉,
    〈tensorflow.python.keras.layers.pooling.MaxPooling2D at 0x7f15d2d0bb10〉,
    〈tensorflow.python.keras.layers.core.Flatten at 0x7f15d2d0bed0〉,
    〈tensorflow.python.keras.layers.core.Dense at 0x7f15d2c67390〉]

우리가 작성한 모델은 4개의 레이어로 구성된다. 파이썬 리스트 인덱싱(indexing)을 적용해서 첫 번째 레이어를 선택하면 다음과 같다. 첫 번째 인덱스는 0이고, 가장 앞에 있는 Conv2D 레이어를 추출하게 된다.

```
[15] # 첫 번째 레이어 선택
     model.layers[0]
```
⮕ 〈tensorflow.python.keras.layers.convolutional.Conv2D at 0x7f15d3184b10〉

각 레이어에 입력되는 텐서를 따로 선택하는 것도 가능하다. 앞의 Conv2D 레이어에는 모델의 입력 데이터가 그대로 들어가기 때문에 (None, 28, 28, 1) 형태를 갖는다.

```
[16] # 첫 번째 레이어 입력
     model.layers[0].input
```

```
⟨KerasTensor: shape=(None, 28, 28, 1) dtype=float32 (created by layer 'conv_input')⟩
```

마차가지로 각 레이어에서 출력되는 텐서를 확인할 수 있다. Conv2D 레이어를 거치면 픽셀 사이즈가 2씩 줄어들고 채널 개수가 32개로 늘어나면서, (None, 26, 26, 32) 형태를 갖는다.

```
[17] # 첫 번째 레이어 출력
     model.layers[0].output
```

```
⟨KerasTensor: shape=(None, 26, 26, 32) dtype=float32 (created by layer 'conv')⟩
```

각 레이어의 가중치 행렬을 추출할 수 있다. weights 속성을 각 레이어 인스턴스에 적용하면 된다. Part 2에서 텐서플로 변수(tf.Variable)는 가중치와 같이 모델 학습 과정에 값이 업데이트되는 경우 사용한다는 것을 배웠다. 다음 코드의 실행 결과를 보면, 2개의 텐서플로 변수 행렬이 확인된다. 첫 번째 변수는 'conv/kernel:0'라는 이름과 같이 커널(합성곱 필터) 행렬의 가중치를 나타낸다. 두 번째 변수는 'conv/bias:0'라는 이름에서 알 수 있듯이, 각 커널의 상수항(bias)을 나타낸다.

```
[18] # 첫 번째 레이어 가중치
     model.layers[0].weights
```

```
[⟨tf.Variable 'conv/kernel:0' shape=(3, 3, 1, 32) dtype=float32, numpy=
 array([[[[  0.38984162,  -0.659857,    -0.20465457, 0.27839008,
            -0.8165065,    0.1304985,  -0.55770814, 0.21915142,
            -0.9468679,  -0.13088284,   0.2606212,   0.24536368,
            -0.7692675,  -0.9313061,    0.22253771, 0.33736646,
            -0.14906326,  0.33696327,   0.30532515, 0.2102508,
            -0.2869979,   0.319056,    -0.4372387, -0.7382309,
            -0.025203,   -1.1978462,    0.14653641,-0.2612679,
            -0.05442074, -0.1635687,    0.34359226, 0.24300463]],
         ...

         [[  0.41206107, -0.6102803,   -0.5441789,  -1.0735507,
            -0.15427883,  0.02763976, -0.54153705, -0.3027255,
             0.37461892, -1.1751153,   0.3561933,   0.105596,
            -0.16675787,  0.19226828,  0.33124542,  0.25093025,
             0.35094443,  0.38788575, -1.0660688,   0.16974117,
            -0.28350294, -0.9796218,   0.4012851,  -0.7641609,
            -0.28216752,  0.3856293,   0.18285985, -0.37496266,
            -0.4123047,   0.10689157,  0.2847235,  -0.44143385]]]], dtype=float32)⟩,
  ⟨tf.Variable 'conv/bias:0' shape=(32,) dtype=float32, numpy=
 array([  -0.4032485,  -0.16928826, -0.01306564, -0.01294664, -0.2874975,
          -0.22457351, -0.00311189, -0.18741389, -0.15131058,  0.03885732,
          -0.40056428, -0.261504,    0.10305381, -0.05051302, -0.3238435,
          -0.3708569,  -0.18085618, -0.35381788, -0.15283312, -0.22550136,
          -0.01533555, -0.01155445, -0.04154905, -0.09991571, -0.02341991,
          -0.00490456, -0.3396641,  -0.11496907,  0.12072791, -0.08635278,
          -0.35769942, -0.18275258], dtype=float32)⟩]
```

실행 결과에서 커널 가중치의 shape이 (3, 3, 1, 32)라는 것을 알 수 있다. 여기서 (3, 3)은 필터의 크기, (1)은 입력층의 채널 개수, (32)는 출력층의 채널 개수를 나타낸다. 따라서, layer[0] 커널의 학습(업데이트) 가능한 파라미터의 수는 3 × 3 × 1 × 32 = 288개가 된다. 상수항(bias) 가중치의 shape은 (32,)이고, 이는 출력층의 채널 수를 말한다. 따라서, layer[0]의 총 학습 가능한 파라미터 수는 커널과 상수항을 더해서 288 + 32 = 320개가 된다.

한편, 다음과 같이 커널 행렬의 가중치 또는 상수항을 따로 선택할 수도 있다.

```
[19] # 첫 번째 레이어 커널 가중치
     model.layers[0].kernel
```

```
⇨ <tf.Variable 'conv/kernel:0' shape=(3, 3, 1, 32) dtype=float32, numpy=
  array([[[[  0.38984162, −0.659857,   −0.20465457,  0.27839008,
             −0.8165065,   0.1304985,  −0.55770814,  0.21915142,
             −0.9468679,  −0.13088284,  0.2606212,   0.24536368,
             −0.7692675,  −0.9313061,   0.22253771,  0.33736646,
             −0.14906326,  0.33696327,  0.30532515,  0.2102508,
             −0.2869979,   0.319056,   −0.4372387,  −0.7382309,
             −0.025203,   −1.1978462,   0.14653641, −0.2612679,
             −0.05442074, −0.1635687,   0.34359226,  0.24300463]],
        ...

          [[  0.41206107, −0.6102803,  −0.5441789,  −1.0735507,
             −0.15427883,  0.02763976, −0.54153705, −0.3027255,
              0.37461892, −1.1751153,   0.3561933,   0.1052596,
             −0.16675787,  0.19226828,  0.33124542,  0.25093025,
              0.35094443,  0.38788575, −1.0660600,   0.16974117,
             −0.28350294, −0.9796218,   0.4012851,  −0.7641609,
             −0.28216752,  0.3856293,   0.18285985, −0.37496266,
             −0.4123047,   0.10689157,  0.2847235,  −0.44143385]]]], dtype=float32)>
```

```
[20] # 첫 번째 레이어 bias 가중치
     model.layers[0].bias
```

```
⇨ <tf.Variable 'conv/bias:0' shape=(32,) dtype=float32, numpy=
  array([ −0.4032485,  −0.16928826, −0.01306564, −0.01294664, −0.2874975 ,
          −0.22457351, −0.00311189, −0.18741389, −0.15131058,  0.03885732,
          −0.40056428, −0.261504,    0.10305381, −0.05051302, −0.3238435 ,
          −0.3708569,  −0.18085618, −0.35381788, −0.15283312, −0.22550136,
          −0.01533555, −0.01155445, −0.04154905, −0.09991571, −0.02341991,
          −0.00490456, −0.3396641,  −0.11496907,  0.12072791, −0.08635278,
          −0.35769942, −0.18275258], dtype=float32)>
```

레이어의 이름(name 속성)을 사용하여 해당 레이어를 선택할 수 있다. 모델을 정의할 때 Conv2D 합성곱 레이어의 이름을 'conv'라고 지정해 두었기 때문에, 다음과 같이 추출 가능하다.

```
[21] # 레이어 이름 사용하여 레이어 선택
     model.get_layer('conv')
```

⊡ ⟨tensorflow.python.keras.layers.convolutional.Conv2D at 0x7f15d3184b10⟩

모델에 입력 데이터를 넣어주고, 모델의 첫 번째와 두 번째 레이어의 출력을 최종 출력으로 갖는 activator 모델을 정의한다. 첫 번째 샘플에 대하여 각 레이어의 출력을 예측한다.

```
[23] # 샘플 이미지의 레이어별 출력을 리스트에 추가(첫 번째, 두 번째 레이어)
     activator = tf.keras.Model(inputs=model.input,
                                outputs=[layer.output for layer in model.layers[:2]])
     activations = activator.predict(x_train_in[0][tf.newaxis, ...])

     len(activations)
```

⊡ 2

2개의 출력 텐서 중에서 첫 번째 텐서는 Conv2D 레이어의 출력이다. 텐서의 형태는 (1, 26, 26, 32)인데, 여기서 1은 입력 이미지의 개수를 나타낸다. 샘플이 1개라는 뜻이다.

```
[24] # 첫 번째 레이어(conv) 출력층
     conv_activation = activations[0]
     conv_activation.shape
```

⊡ (1, 26, 26, 32)

첫 번째 레이어에서 출력되는 특성맵 이미지를 32개 커널별로 구분하여 시각화하면 [그림 4-15]와 같다. 출력 이미지의 특징이 조금씩 차이가 있는 것을 볼 수 있다. 이처럼 각 커널은 입력 이미지로부터 서로 다른 피처(특징)을 추출하는 역할을 한다.

```
[25] # Convolution 시각화
     fig, axes = plt.subplots(4, 8)
     fig.set_size_inches(10, 5)

     for i in range(32):
         axes[i//8, i%8].matshow(conv_activation[0, :, :, i], cmap='viridis')
         axes[i//8, i%8].set_title('kernel %s'%str(i), fontsize=10)
         plt.setp(axes[i//8, i%8].get_xticklabels(), visible=False)
         plt.setp(axes[i//8, i%8].get_yticklabels(), visible=False)

     plt.tight_layout()
     plt.show()
```

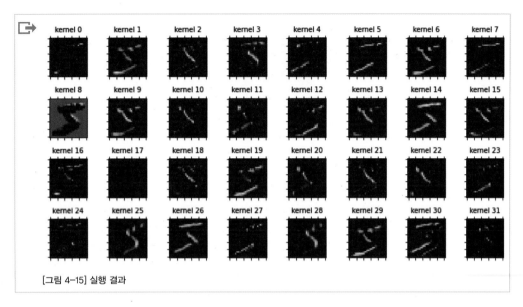

[그림 4-15] 실행 결과

두 번째 레이어는 최대 풀링 레이어다. 여기서 출력하는 텐서는 (1, 13, 13, 32) 형태를 갖는다.

```
[26] # 두 번째 레이어(pool) 출력층
     pooling_activation = activations[1]
     print(pooling_activation.shape)
```

```
(1, 13, 13, 32)
```

각 커널별로 출력되는 특성맵 이미지를 시각화하면, 앞서 Conv2D 출력 이미지에 비하여 화소 크기가 굵어진 것을 볼 수 있다. 최대 풀링은 인근 픽셀들을 모아서 최대값으로 고정하기 때문에 픽셀 수는 줄이면서 특징을 더욱 강하게 드러낼 수 있다.

```
[27] # 시각화
     fig, axes = plt.subplots(4, 8)
     fig.set_size_inches(10, 5)

     for i in range(32):
         axes[i//8, i%8].matshow(pooling_activation[0, :, :, i], cmap='viridis')
         axes[i//8, i%8].set_title('kernel %s'%str(i), fontsize=10)
         plt.setp(axes[i//8, i%8].get_xticklabels(), visible=False)
         plt.setp(axes[i//8, i%8].get_yticklabels(), visible=False)

     plt.tight_layout()
     plt.show()
```

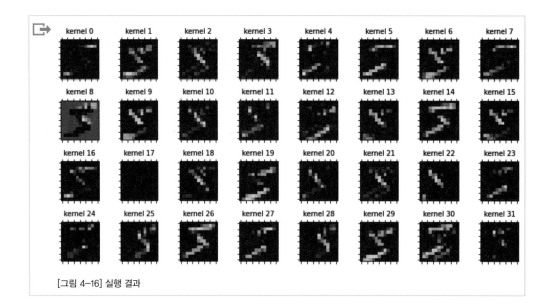

[그림 4-16] 실행 결과

텐서플로 케라스의 Functional API를 사용하면, Sequential API로 구현할 수 없는 복잡한 구조의 모델을 정의할 수 있다. 예를 들면, 각 레이어를 기준으로 입력이 2개 이상이거나 출력이 2개 이상인 모델을 만들 수 있다. 또는 중간에 있는 레이어들을 건너뛰고 뒤쪽에 있는 레이어로 출력 텐서를 전달하는 방식으로 직접 연결하는 방법도 가능하다.

3-1 데이터셋 준비

필요한 라이브러리와 mnist 데이터셋을 불러와서 훈련 데이터셋과 검증 데이터셋으로 구분하여 저장한다.

〈소스〉 4.2_mnist_functional.ipynb

```
[1]  import tensorflow as tf
     import numpy as np
```

```
[2]  # mnist 손글씨 이미지 데이터 로드
     mnist = tf.keras.datasets.mnist
     (x_train, y_train),(x_valid, y_valid) = mnist.load_data()

     print(x_train.shape, y_train.shape)
     print(x_valid.shape, y_valid.shape)
```

```
Downloading data from https://storage.googleapis.com/tensorflow/tf-keras-datasets/mnist.npz
11493376/11490434 [==============================] - 0s 0us/step
(60000, 28, 28) (60000,)
(10000, 28, 28) (10000,)
```

원본 mnist 데이터셋은 0~9까지 숫자를 손글씨로 쓴 이미지(x)와 정답(y) 숫자로 구성되어 있다. 우리는 0~9까지 숫자를 맞추는 정답 외에 홀수인지 짝수인지를 판단하는 정답(y_odd)을 새로 만들어서 추가하기로 한다. 다음과 같이 y_train 값이 홀수면 1, 짝수면 0으로 하는 y_train_odd 배열을 새로 만든다.

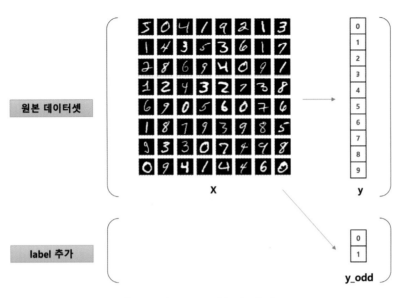

[그림 4-17] 데이터셋 변형(레이블 추가)

```
[3]  # 새로운 출력 값 배열 생성(홀수 : 1, 짝수 : 0)
     y_train_odd = []
     for y in y_train:
       if y % 2==0:
         y_train_odd.append(0)
       else:
         y_train_odd.append(1)

     y_train_odd = np.array(y_train_odd)
     y_train_odd.shape
```

⮕ (60000,)

원본 y_train 배열과 홀짝으로 분류한 y_train_odd 배열을 동시에 출력하여 비교해 본다. 홀수 짝수 여부가 잘 정리된 것을 확인할 수 있다.

```
[4]  print(y_train[:10])
     print(y_train_odd[:10])
```

⮕ [5 0 4 1 9 2 1 3 1 4]
  [1 0 0 1 1 0 1 1 1 0]

검증 데이터셋에 대해서도 홀수, 짝수를 나타내는 y_valid_odd 배열을 만든다.

```
[5]  # Validation 데이터셋 처리
     y_valid_odd = []
     for y in y_valid:
        if y % 2==0:
            y_valid_odd.append(0)
        else:
            y_valid_odd.append(1)

     y_valid_odd = np.array(y_valid_odd)
     y_valid_odd.shape
```

⟶ (10000,)

입력 이미지 데이터를 255로 나눠서 정규화한다. 색상이 하나인 모노 컬러 이미지이므로, 새로운 축을 추가하고 채널 개수를 1개로 지정한다. 텐서플로 expand_dims() 함수에 원본 배열을 입력하고, 새롭게 추가하려는 축의 인덱스를 지정하면 해당 인덱스에 새로운 축이 추가된다. 여기서는 축의 인덱스로 −1을 지정했기 때문에 새로운 축은 끝에 추가된다. 즉, (60000, 28, 28) 배열이 (60000, 28, 28, 1) 배열이 된다.

```
[6]  # 정규화(Normalization)
     x_train = x_train / 255.0
     x_valid = x_valid / 255.0

     # 채널 추가
     x_train_in = tf.expand_dims(x_train, -1)
     x_valid_in = tf.expand_dims(x_valid, -1)

     print(x_train_in.shape, x_valid_in.shape)
```

⟶ (60000, 28, 28, 1) (10000, 28, 28, 1)

3-2 Functional API로 다중 입력, 다중 출력 레이어 생성

Functional API를 사용하면 사용자가 원하는 복잡한 구조의 모델을 만들 수 있다. 앞에서 다룬 Sequential API의 경우 레이어를 층층이 한 줄로 연결할 수밖에 없지만, Functional API를 사용하면 다중 입력 또는 다중 출력 같은 구조를 만들 수 있다.

다음 코드에서 입력 레이어 inputs의 경우, Conv2D 레이어와 Flatten 레이어의 입력으로 사용된다. 따라서 입력 레이어는 2개의 출력을 갖게 된다. 서로 다른 2개의 출력은 각각 다른 레이어의 입력으로 사용되고, 최종적으로 Concatenate 레이어에서 합쳐진 다음에 Dense 레이어를 통과한다. 이처럼 함수의 입력과 출력으로 표현할 수 있어서 자유롭게 모델 구조를 정의할 수 있는 장점이 있다.

Functional API를 사용하여 모델 생성

```python
inputs = tf.keras.layers.Input(shape=(28, 28, 1))

conv = tf.keras.layers.Conv2D(32,(3, 3), activation='relu')(inputs)
pool = tf.keras.layers.MaxPooling2D((2, 2))(conv)
flat = tf.keras.layers.Flatten()(pool)

flat_inputs = tf.keras.layers.Flatten()(inputs)
concat = tf.keras.layers.Concatenate()([flat, flat_inputs])
outputs = tf.keras.layers.Dense(10, activation='softmax')(concat)

model = tf.keras.models.Model(inputs=inputs, outputs=outputs)

model.summary()
```

```
Model: "model_1"

_____
Layer (type)                    Output Shape          Param #     Connected to
================================================================================
input_2 (InputLayer)            [(None, 28, 28, 1)]   0

conv2d_1 (Conv2D)               (None, 26, 26, 32)    320         input_2[0][0]

max_pooling2d_1 (MaxPooling2D)  (None, 13, 13, 32)    0           conv2d_1[0][0]

flatten_1 (Flatten)             (None, 5408)          0           max_pooling2d_1[0][0]

flatten_2 (Flatten)             (None, 784)           0           input_2[0][0]

concatenate (Concatenate)       (None, 6192)          0           flatten_1[0][0]
                                                                  flatten_2[0][0]

dense_1 (Dense)                 (None, 10)            61930       concatenate[0][0]
================================================================================
Total params: 62,250
Trainable params: 62,250
Non-trainable params: 0
_____
```

[Tip] model과 layer에 name 속성을 따로 지정해 주지 않으면, 앞의 실행 결과와 같이 model_1, input_2와 같이 정수형 인덱스를 사용하여 name 속성으로 자동 지정한다.

앞서 정의한 모델 구조를 그래프로 출력하면 다음과 같다. 케라스 utils 모듈의 plot_model 함수를 사용하고, 모델을 입력하면 모델 구조를 그려준다. 별도의 파일로 저장할 수도 있다.

입력 레이어가 2개의 출력으로 나누어지고, 마지막 Dense 레이어를 통과하기 전에 Concatenate 레이어에서 하나로 합쳐지는 구조를 시각적으로 확인할 수 있다.

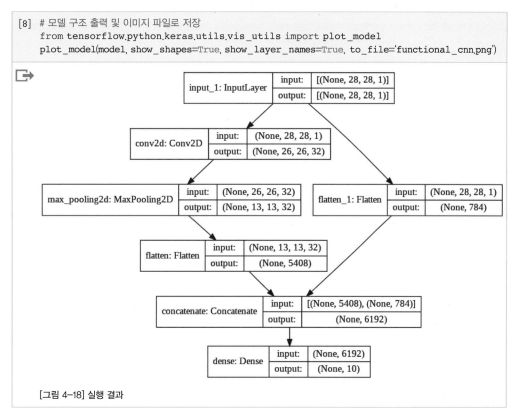

```
[8]   # 모델 구조 출력 및 이미지 파일로 저장
      from tensorflow.python.keras.utils.vis_utils import plot_model
      plot_model(model, show_shapes=True, show_layer_names=True, to_file='functional_cnn.png')
```

[그림 4-18] 실행 결과

다중 분류 모델에 맞게 손실함수와 평가지표를 지정하고, 옵티마이저로는 adam을 사용한다. 10 epoch에 대한 모델 훈련을 마치고 검증 데이터에 대한 모델의 예측 성능을 평가한다. 10개의 숫자 레이블을 맞추는 모델의 정확도는 약 98%로서 앞에서 학습했던 Sequential 모델과 큰 차이는 없다.

```
[9]   # 모델 컴파일
      model.compile(optimizer='adam', loss='sparse_categorical_crossentropy', metrics=['accuracy'])

      # 모델 훈련
      history = model.fit(x_train_in, y_train,
                          validation_data=(x_valid_in, y_valid),
                          epochs=10)

      # 모델 성능
      val_loss, val_acc = model.evaluate(x_valid_in, y_valid)
      print(val_loss, val_acc)
```

```
epoch 1/10
1875/1875 [==============================] – 5s 2ms/step – loss: 0.3852 – accuracy:
0.8864 – val_loss: 0.0980 – val_accuracy: 0.9692
epoch 2/10
1875/1875 [==============================] – 4s 2ms/step – loss: 0.0869 – accuracy:
0.9752 – val_loss: 0.0669 – val_accuracy: 0.9792
epoch 3/10
1875/1875 [==============================] – 4s 2ms/step – loss: 0.0619 – accuracy:
0.9821 – val_loss: 0.0618 – val_accuracy: 0.9800
epoch 4/10
1875/1875 [==============================] – 4s 2ms/step – loss: 0.0531 – accuracy:
0.9840 – val_loss: 0.0630 – val_accuracy: 0.9789
epoch 5/10
1875/1875 [==============================] – 4s 2ms/step – loss: 0.0429 – accuracy:
0.9871 – val_loss: 0.0574 – val_accuracy: 0.9824
epoch 6/10
1875/1875 [==============================] – 4s 2ms/step – loss: 0.0362 – accuracy:
0.9889 – val_loss: 0.0515 – val_accuracy: 0.9852
epoch 7/10
1875/1875 [==============================] – 4s 2ms/step – loss: 0.0287 – accuracy:
0.9913 – val_loss: 0.0546 – val_accuracy: 0.9839
epoch 8/10
1875/1875 [==============================] – 4s 2ms/step – loss: 0.0244 – accuracy:
0.9929 – val_loss: 0.0536 – val_accuracy: 0.9845
epoch 9/10
1875/1875 [==============================] – 4s 2ms/step – loss: 0.0210 – accuracy:
0.9936 – val_loss: 0.0565 – val_accuracy: 0.9837
epoch 10/10
1875/1875 [==============================] – 4s 2ms/step – loss: 0.0179 – accuracy:
0.9947 – val_loss: 0.0618 – val_accuracy: 0.9821
313/313 [==============================] – 1s 2ms/step – loss: 0.0618 – accuracy:
0.9821
0.06178159639239311 0.9821000099182129
```

[Tip] 입력 이미지와 분류하는 문제가 비교적 단순하기 때문에 차이가 크게 느껴지지 않지만, 입력 이미지와 해결
해야 하는 문제가 복잡한 경우에는 모델의 구조를 다양하게 만들어서 더 좋은 성능을 보여주는 모델을 찾는
과정이 필요하다.

3-3 다중 출력 분류 모델

이번에는 두 가지 서로 다른 분류 문제를 예측하는 다중 출력 모델을 만들어 본다. 앞에서 데이터셋을 불러온 후에 홀수, 짝수 정답 배열을 추가해 주었다. 다음은 0~9까지 숫자를 맞추는 분류 문제와 홀수, 짝수를 맞추는 분류 문제를 동시에 풀어내는 모델을 정의하는 코드다. 각기 다른 문제에 맞도록 최종 분류기의 출력 레이어를 2개 만드는 것이 핵심이다.

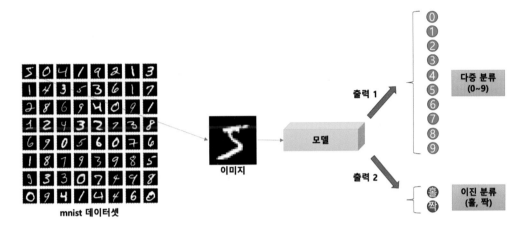

[그림 4-19] 다중 출력

즉, 다음 모델은 입력 이미지를 하나 받아서 해당 손글씨가 어떤 숫자인지를 분류하고 홀수인지 여부도 함께 분류하는 문제가 된다.

```
[10] # Functional API를 사용해 모델 생성

    inputs = tf.keras.layers.Input(shape=(28, 28, 1), name='inputs')

    conv = tf.keras.layers.Conv2D(32,(3, 3), activation='relu', name='conv2d_layer')(inputs)
    pool = tf.keras.layers.MaxPooling2D((2, 2), name='maxpool_layer')(conv)
    flat = tf.keras.layers.Flatten(name='flatten_layer')(pool)

    flat_inputs = tf.keras.layers.Flatten()(inputs)
    concat = tf.keras.layers.Concatenate()([flat, flat_inputs])
    digit_outputs = tf.keras.layers.Dense(10, activation='softmax', name='digit_dense')(concat)

    odd_outputs = tf.keras.layers.Dense(1, activation='sigmoid', name='odd_dense')(flat_inputs)

    model = tf.keras.models.Model(inputs=inputs, outputs=[digit_outputs, odd_outputs])

    model.summary()
```

```
Model: "model_1"
_____
 Layer (type)                    Output Shape          Param #    Connected to
====================================================================================
 inputs (InputLayer)             [(None, 28, 28, 1)]    0

 conv2d_layer (Conv2D)           (None, 26, 26, 32)     320        inputs[0][0]

 maxpool_layer (MaxPooling2D)    (None, 13, 13, 32)     0          conv2d_layer[0][0]

 flatten_layer (Flatten)         (None, 5408)           0          maxpool_layer[0][0]

 flatten_2 (Flatten)             (None, 784)            0          inputs[0][0]

 concatenate_1 (Concatenate)     (None, 6192)           0          flatten_layer[0][0]
                                                                   flatten_2[0][0]

 digit_dense (Dense)             (None, 10)             61930      concatenate_1[0][0]

 odd_dense (Dense)               (None, 1)              785        flatten_2[0][0]
====================================================================================
Total params: 63,035
Trainable params: 63,035
Non-trainable params: 0
_____
```

모델의 입력 텐서와 출력 텐서를 화면에 표시한다. 입력은 하나이고, 출력은 10개인 텐서와 1개인 텐서로 두 개가 확인된다.

```
[11] # 모델의 입력과 출력을 나타내는 텐서
     print(model.input)
     print(model.output)
```

```
KerasTensor(type_spec=TensorSpec(shape=(None, 28, 28, 1), dtype=tf.float32,
name='inputs'), name='inputs', description="created by layer 'inputs'")
[<KerasTensor: shape=(None, 10) dtype=float32 (created by layer 'digit_dense')>,
 <KerasTensor: shape=(None, 1) dtype=float32 (created by layer 'odd_dense')>]
```

모델 구조를 그림으로 그리면 다음과 같다.

```
[12] plot_model(model, show_shapes=True, show_layer_names=True, to_file='multi_output_cnn.png')
```

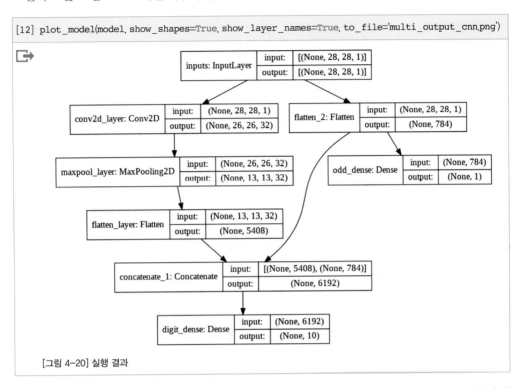

[그림 4-20] 실행 결과

모델을 컴파일할 때 주의할 내용이 있다. 앞서 모델을 정의할 때 각각의 출력 Dense 레이어에 name 속성으로 'digit_dense', 'odd_dense'와 같은 이름을 지정한 것을 떠올리자. 여기서 지정한 이름을 key로 하고, 해당 key에 해당하는 레이어에 적용할 손실함수와 가중치를 딕셔너리 형태로 지정한다.

모델을 훈련시키기 위해 fit() 메소드를 적용할 때도 출력 값을 2개 지정하고, 레이어 이름 속성을 key로 하는 딕셔너리 형태로 각각의 출력에 맞는 정답 배열을 입력해야 한다. 검증 데이터셋에 대해서도 마찬가지로 구분해 지정한다.

```
[13] # 모델 컴파일
    model.compile(optimizer='adam', loss={'digit_dense': 'sparse_categorical_crossentropy',
                  'odd_dense': 'binary_crossentropy'},
                  loss_weights={'digit_dense': 1, 'odd_dense': 0.5},
                  # loss = 1.0 * sparse_categorical_crossentropy + 0.5 * binary_crossentropy
                  metrics=['accuracy'])


    # 모델 훈련
    history = model.fit({'inputs': x_train_in}, {'digit_dense': y_train, 'odd_dense': y_train_odd},
                        validation_data=({'inputs': x_valid_in}, {'digit_dense': y_valid,
                        'odd_dense': y_valid_odd}), epochs=10)
```

```
epoch 1/10
1875/1875 [==============================] – 7s 3ms/step – loss: 0.5658 – digit_dense_loss:
0.3768 – odd_dense_loss: 0.3780 – digit_dense_accuracy: 0.8932 – odd_dense_accuracy: 0.8406 –
val_loss: 0.2357 – val_digit_dense_loss: 0.0977 – val_odd_dense_loss: 0.2760 –
val_digit_dense_accuracy: 0.9724 – val_odd_dense_accuracy: 0.8879
epoch 2/10
1875/1875 [==============================] – 6s 3ms/step – loss: 0.2240 – digit_dense_loss:
0.0873 – odd_dense_loss: 0.2734 – digit_dense_accuracy: 0.9749 – odd_dense_accuracy: 0.8882 –
val_loss: 0.1999 – val_digit_dense_loss: 0.0676 – val_odd_dense_loss: 0.2646 –
val_digit_dense_accuracy: 0.9796 – val_odd_dense_accuracy: 0.8956
epoch 3/10
1875/1875 [==============================] – 6s 3ms/step – loss: 0.1924 – digit_dense_loss:
0.0611 – odd_dense_loss: 0.2626 – digit_dense_accuracy: 0.9830 – odd_dense_accuracy: 0.8955 –
val_loss: 0.1948 – val_digit_dense_loss: 0.0652 – val_odd_dense_loss: 0.2590 –
val_digit_dense_accuracy: 0.9790 – val_odd_dense_accuracy: 0.8985
epoch 4/10
1875/1875 [==============================] – 6s 3ms/step – loss: 0.1765 – digit_dense_loss:
0.0480 – odd_dense_loss: 0.2571 – digit_dense_accuracy: 0.9857 – odd_dense_accuracy: 0.8982 –
val_loss: 0.1905 – val_digit_dense_loss: 0.0621 – val_odd_dense_loss: 0.2568 –
val_digit_dense_accuracy: 0.9794 – val_odd_dense_accuracy: 0.9005
epoch 5/10
1875/1875 [==============================] – 6s 3ms/step – loss: 0.1686 – digit_dense_loss:
0.0387 – odd_dense_loss: 0.2598 – digit_dense_accuracy: 0.9881 – odd_dense_accuracy: 0.8970 –
val_loss: 0.1894 – val_digit_dense_loss: 0.0615 – val_odd_dense_loss: 0.2559 –
val_digit_dense_accuracy: 0.9809 – val_odd_dense_accuracy: 0.9013
epoch 6/10
1875/1875 [==============================] – 6s 3ms/step – loss: 0.1593 – digit_dense_loss:
0.0326 – odd_dense_loss: 0.2533 – digit_dense_accuracy: 0.9900 – odd_dense_accuracy: 0.8999 –
val_loss: 0.1888 – val_digit_dense_loss: 0.0612 – val_odd_dense_loss: 0.2553 –
val_digit_dense_accuracy: 0.9814 – val_odd_dense_accuracy: 0.8997
epoch 7/10
1875/1875 [==============================] – 6s 3ms/step – loss: 0.1563 – digit_dense_loss:
0.0285 – odd_dense_loss: 0.2557 – digit_dense_accuracy: 0.9908 – odd_dense_accuracy: 0.8999 –
val_loss: 0.1933 – val_digit_dense_loss: 0.0654 – val_odd_dense_loss: 0.2558 –
val_digit_dense_accuracy: 0.9802 – val_odd_dense_accuracy: 0.9000
epoch 8/10
1875/1875 [==============================] – 6s 3ms/step – loss: 0.1497 – digit_dense_loss:
0.0222 – odd_dense_loss: 0.2548 – digit_dense_accuracy: 0.9937 – odd_dense_accuracy: 0.8999 –
val_loss: 0.1868 – val_digit_dense_loss: 0.0585 – val_odd_dense_loss: 0.2566 –
val_digit_dense_accuracy: 0.9820 – val_odd_dense_accuracy: 0.9027
epoch 9/10
1875/1875 [==============================] – 6s 3ms/step – loss: 0.1486 – digit_dense_loss:
0.0209 – odd_dense_loss: 0.2554 – digit_dense_accuracy: 0.9934 – odd_dense_accuracy: 0.8998 –
val_loss: 0.1868 – val_digit_dense_loss: 0.0586 – val_odd_dense_loss: 0.2564 –
val_digit_dense_accuracy: 0.9833 – val_odd_dense_accuracy: 0.9004
epoch 10/10
1875/1875 [==============================] – 6s 3ms/step – loss: 0.1442 – digit_dense_loss:
0.0164 – odd_dense_loss: 0.2555 – digit_dense_accuracy: 0.9951 – odd_dense_accuracy: 0.8993 –
val_loss: 0.1928 – val_digit_dense_loss: 0.0651 – val_odd_dense_loss: 0.2555 –
val_digit_dense_accuracy: 0.9810 – val_odd_dense_accuracy: 0.9010
```

모델 성능을 평가해보자. 숫자를 맞추는 문제는 98%의 정확도를 보인 반면, 홀수 여부를 판단하는 문제는 약 90%의 정확도를 보인다.

```
[14] # 모델 성능
     model.evaluate({'inputs': x_valid_in}, {'digit_dense': y_valid, 'odd_dense': y_valid_odd})
```

```
313/313 [==============================] - 1s 3ms/step - loss: 0.1928 -
digit_dense_loss: 0.0651 - odd_dense_loss: 0.2555 - digit_dense_accuracy: 0.9810 -
odd_dense_accuracy: 0.9010
[0.19280792772769928,
 0.06506931036710739,
 0.25547724962234497,
 0.9810000061988831,
 0.9010000228881836]
```

[Tip] 홀수 여부를 판단하는 분류기에 레이어를 더 추가해 예측 정확도를 높일 여지가 있다.

검증 데이터셋의 인덱스 0에 해당하는 이미지를 출력하면 숫자 7에 대한 손글씨 이미지다.

```
[15] # 샘플 이미지 출력
     import matplotlib.pylab as plt

     def plot_image(data, idx):
         plt.figure(figsize=(5, 5))
         plt.imshow(data[idx])
         plt.axis("off")
         plt.show()

     plot_image(x_valid, 0)
```

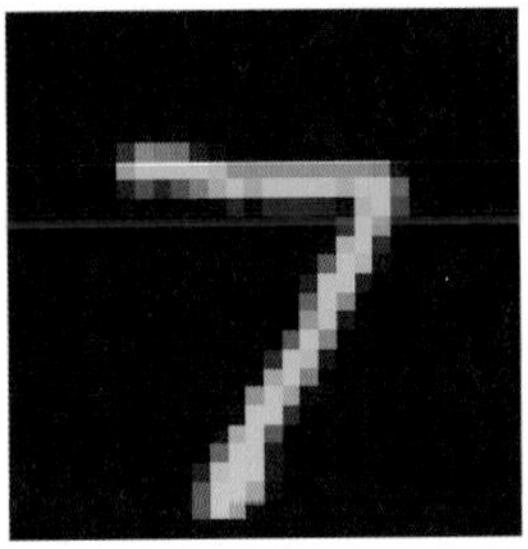

[그림 4-21] 실행 결과

검증 데이터셋의 모든 이미지 데이터를 입력해서 2개의 분류 문제에 대한 예측 확률을 구하면 다음과 같다. 첫 번째 예측 값은 10개 분류 레이블에 대한 확률을 담고 있고, 두 번째 예측 값은 홀수일 확률을 담고 있다. 숫자 7 이미지에 대한 예측 확률을 print 함수로 출력하면 다음과 같다.

```
[16] digit_preds, odd_preds = model.predict(x_valid_in)
     print(digit_preds[0])
     print(odd_preds[0])
```

```
[6.7372887e-13 1.7260895e-09 2.7292034e-08 1.6329825e-05 5.5173604e-12
 3.4990099e-12 9.6890807e-21 9.9998367e-01 1.1091536e-10 1.6858676e-08]
[0.99961156]
```

넘파이 argmax 함수를 이용하여 예측 확률을 실제 정답 레이블로 변환한다. 검증 데이터셋의 첫 10개 이미지에 대한 예측 레이블은 다음과 같고 첫 번째 이미지를 7로 예측하고 있다.

```
[17] digit_labels = np.argmax(digit_preds, axis=-1)
     digit_labels[0:10]
```

```
array([7, 2, 1, 0, 4, 1, 4, 9, 6, 9])
```

홀수, 짝수 여부에 대한 예측 레이블을 출력하면 다음과 같다. 임계값(threshold)으로 0.5를 지정했는데, 홀수일 확률이 0.5보다 큰 경우 홀수로 분류하기로 한다. 첫 번째 이미지 7에 대하여 홀수(1)로 잘 분류하고 있는 것을 확인할 수 있다. 두 번째 샘플 이미지에 대해서는 숫자 2에 해당하는 짝수(0)로 정확하게 분류하고 있다.

```
[18] odd_labels =(odd_preds > 0.5).astype(np.int).reshape(1, -1)[0]
     odd_labels[0:10]
```

```
array([1, 0, 1, 0, 0, 1, 0, 1, 1, 1])
```

3-4   전이 학습(Transfer Learning)

앞서 훈련한 모델의 일부를 가져와서 그대로 사용하고, 최종 출력층만 새롭게 추가하여 모델을 재구성할 수 있다. 이처럼 기존에 학습된 모델을 활용해 새로운 모델을 만들어 내는 개념을 Transfer Learning이라고 부른다.

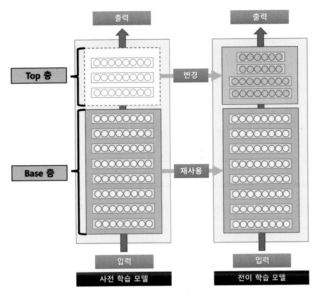

[그림 4-22] 전이 학습

먼저 앞에서 학습한 모델에서 입력 레이어부터 'flatten_layer'라는 name 속성을 갖는 Flatten 층까지 해당하는 부분을 따로 추출하여, base_model 객체를 만든다. 모델 개요를 출력해서 확인해 보면 (28, 28, 1) 이미지를 받아서 5,408개의 피처로 특징을 추출해 출력하는 모델이다.

```
[19] # 앞의 모델에서 flatten_layer 출력을 추출
    base_model_output = model.get_layer('flatten_layer').output

    # 앞의 출력을 출력으로 하는 모델 정의
    base_model = tf.keras.models.Model(inputs=model.input, outputs=base_model_output, name='base')
    base_model.summary()
```

```
Model: "base"

_____
 Layer (type)                Output Shape              Param #
===================================================================
 inputs (InputLayer)         [(None, 28, 28, 1)]       0

 conv2d_layer (Conv2D)       (None, 26, 26, 32)        320

 maxpool_layer (MaxPooling2D) (None, 13, 13, 32)       0

 flatten_layer (Flatten)     (None, 5408)              0
===================================================================
Total params: 320
Trainable params: 320
Non-trainable params: 0
_____
```

모델 구조를 시각화하면 더 쉽게 이해할 수 있다.

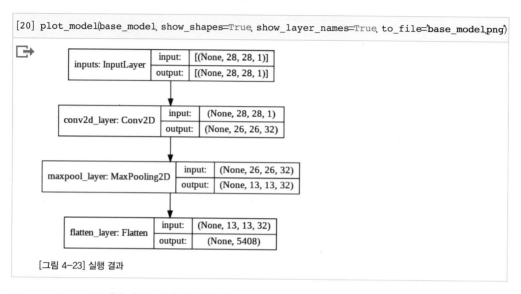

[20] plot_model(base_model, show_shapes=True, show_layer_names=True, to_file='base_model.png')

[그림 4-23] 실행 결과

Sequential API를 사용하여 앞에서 정의한 base_model을 레이어로 추가하고, 최종 분류기 역할을 하는 Dense 레이어를 새롭게 이어서 추가해 준다. 총 파라미터 개수는 54,410개이고 모두 훈련이 가능하다고 표시되어 있다. 훈련이 가능하다는 뜻은 모델 훈련 시 파라미터 값이 업데이트된다.

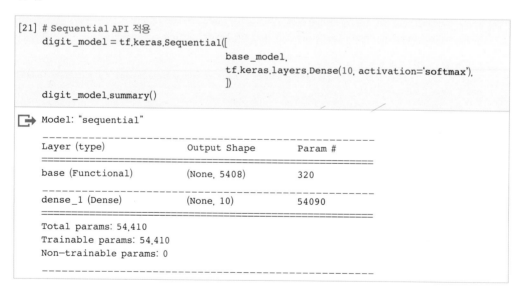

```
[21] # Sequential API 적용
    digit_model = tf.keras.Sequential([
                        base_model,
                        tf.keras.layers.Dense(10, activation='softmax'),
                        ])
    digit_model.summary()
```

```
Model: "sequential"
_____
 Layer (type)                Output Shape              Param #
=================================================================
 base (Functional)           (None, 5408)              320

 dense_1 (Dense)             (None, 10)                54090
=================================================================
Total params: 54,410
Trainable params: 54,410
Non-trainable params: 0
_____
```

모델 구조를 출력해 보면, 최종적으로 노드 10개를 가진 분류기 역할을 하는 Dense 레이어가 추가된 것을 확인할 수 있다.

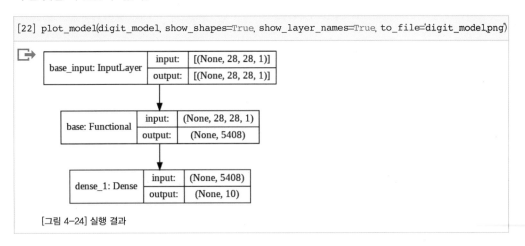

[22] plot_model(digit_model, show_shapes=True, show_layer_names=True, to_file='digit_model.png')

[그림 4-24] 실행 결과

모델을 컴파일하고 훈련을 하면 약 98.3%의 정확도를 보인다.

```
[23] # 모델 컴파일
    digit_model.compile(optimizer='adam', loss='sparse_categorical_crossentropy',
                        metrics=['accuracy'])

    # 모델 훈련
    history = digit_model.fit(x_train_in, y_train,
                              validation_data=(x_valid_in, y_valid),
                              epochs=10)
```

```
epoch 1/10
1875/1875 [==============================] — 4s 2ms/step — loss: 0.2563 — accuracy:
0.9304 — val_loss: 0.0732 — val_accuracy: 0.9784
epoch 2/10
1875/1875 [==============================] — 4s 2ms/step — loss: 0.0581 — accuracy:
0.9830 — val_loss: 0.0534 — val_accuracy: 0.9812
epoch 3/10
1875/1875 [==============================] — 4s 2ms/step — loss: 0.0438 — accuracy:
0.9866 — val_loss: 0.0513 — val_accuracy: 0.9825
epoch 4/10
1875/1875 [==============================] — 4s 2ms/step — loss: 0.0324 — accuracy:
0.9902 — val_loss: 0.0519 — val_accuracy: 0.9835
epoch 5/10
1875/1875 [==============================] — 4s 2ms/step — loss: 0.0250 — accuracy:
0.9923 — val_loss: 0.0566 — val_accuracy: 0.9829
epoch 6/10
1875/1875 [==============================] — 4s 2ms/step — loss: 0.0218 — accuracy:
0.9934 — val_loss: 0.0529 — val_accuracy: 0.9835
epoch 7/10
1875/1875 [==============================] — 4s 2ms/step — loss: 0.0173 — accuracy:
0.9951 — val_loss: 0.0560 — val_accuracy: 0.9828
epoch 8/10
```

```
1875/1875 [==============================] — 4s 2ms/step — loss: 0.0142 — accuracy:
0.9959 — val_loss: 0.0638 — val_accuracy: 0.9817
epoch 9/10
1875/1875 [==============================] — 4s 2ms/step — loss: 0.0115 — accuracy:
0.9969 — val_loss: 0.0621 — val_accuracy: 0.9837
epoch 10/10
1875/1875 [==============================] — 4s 2ms/step — loss: 0.0089 — accuracy:
0.9978 — val_loss: 0.0617 — val_accuracy: 0.9832
```

모델 인스턴스는 trainable 속성을 가지고 있다. 이 속성을 False로 지정하면 모델의 파라미터 값이 고정되어 훈련을 통해서 업데이트되지 않는다. 이런 방식으로 base_model_frozen을 구성한다. 훈련 가능한 파라미터 개수가 0으로 확인된다.

```
[24]  # 베이스 모델의 가중치 고정(Freeze Model)

     base_model_frozen = tf.keras.models.Model(inputs=model.input,
                         outputs=base_model_output,
                         name='base_frozen')
     base_model_frozen.trainable = False
     base_model_frozen.summary()

⏍  Model: "base_frozen"
    _____
    Layer (type)                 Output Shape              Param #
    ================================================================
    inputs (InputLayer)          [(None, 28, 28, 1)]       0

    conv2d_layer (Conv2D)        (None, 26, 26, 32)        320

    maxpool_layer (MaxPooling2D)  (None, 13, 13, 32)        0

    flatten_layer (Flatten)      (None, 5408)              0
    ================================================================
    Total params: 320
    Trainable params: 0
    Non-trainable params: 320
    _____
```

이번에는 파라미터를 고정한 base_model_input 모델과 새로운 분류기 역할을 하는 Dense 레이어를 Functional API를 적용하여 구성해 본다. Sequential API로 구성하는 방식과의 차이점에 유의한다.

총 파라미터 개수는 54,410개이고 앞서 고정한 320개의 파라미터는 훈련이 불가능하다는 것이 표시되어 있다. 훈련 가능한 파라미터는 Flatten 레이어의 출력 5,408개와 Dense 레이어의 10개 노드 사이의 가중치만 해당된다. 즉, Flatten 레이어 이전에 존재하는 Conv2D 레이어의 파라미터 320개는 포함되지 않게 된다는 뜻이다.

```
[25] # Functional API 적용
    dense_output = tf.keras.layers.Dense(10, activation='softmax')(base_model_frozen.output)
    digit_model_frozen = tf.keras.models.Model(inputs=base_model_frozen.input,
                          outputs=dense_output)
    digit_model_frozen.summary()
```

➡ Model: "model_2"

```
_____
Layer (type)                Output Shape              Param #
=================================================================
inputs (InputLayer)         [(None, 28, 28, 1)]       0

conv2d_layer (Conv2D         (None, 26, 26, 32)        320

maxpool_layer (MaxPooling2D) (None, 13, 13, 32)        0

flatten_layer (Flatten)     (None, 5408)              0

dense_2 (Dense)             (None, 10)                54090
=================================================================
Total params: 54,410
Trainable params: 54,090
Non-trainable params: 320
_____
```

모델을 컴파일하고 훈련한다.

```
[26] # 모델 컴파일
    digit_model_frozen.compile(optimizer='adam', loss='sparse_categorical_crossentropy',
                          metrics=['accuracy'])

    # 모델 훈련
    history = digit_model_frozen.fit(x_train_in, y_train,
                          validation_data=(x_valid_in, y_valid),
                          epochs=10)
```

➡ epoch 1/10
    1875/1875 [==============================] − 4s 2ms/step − loss: 0.2276 − accuracy:
    0.9420 − val_loss: 0.0540 − val_accuracy: 0.9836
    epoch 2/10
    1875/1875 [==============================] − 4s 2ms/step − loss: 0.0461 − accuracy:
    0.9070   val_loss: 0.0487 − val_accuracy: 0.9838
    epoch 3/10
    1875/1875 [==============================] − 4s 2ms/step − loss: 0.0326 − accuracy:
    0.9902 − val_loss: 0.0503 − val_accuracy: 0.9844
    epoch 4/10
    1875/1875 [==============================] − 4s 2ms/step − loss: 0.0251 − accuracy:
    0.9923 − val_loss: 0.0487 − val_accuracy: 0.9845
    epoch 5/10
    1875/1875 [==============================] − 4s 2ms/step − loss: 0.0194 − accuracy:
    0.9943 − val_loss: 0.0559 − val_accuracy: 0.9826
    epoch 6/10

```
1875/1875 [==============================] - 4s 2ms/step - loss: 0.0158 - accuracy:
0.9957 - val_loss: 0.0497 - val_accuracy: 0.9848
epoch 7/10
1875/1875 [==============================] - 4s 2ms/step - loss: 0.0120 - accuracy:
0.9968 - val_loss: 0.0549 - val_accuracy: 0.9832
epoch 8/10
1875/1875 [==============================] - 4s 2ms/step - loss: 0.0104 - accuracy:
0.9968 - val_loss: 0.0640 - val_accuracy: 0.9823
epoch 9/10
1875/1875 [==============================] - 4s 2ms/step - loss: 0.0088 - accuracy:
0.9976 - val_loss: 0.0582 - val_accuracy: 0.9838
epoch 10/10
1875/1875 [==============================] - 4s 2ms/step - loss: 0.0076 - accuracy:
0.9979 - val_loss: 0.0619 - val_accuracy: 0.9831
```

모델 전체가 아니라 특정 레이어를 지정하여 파라미터가 업데이트되지 않도록 고정하는 방법도
가능하다. 다음은 Conv2D 레이어를 취소하고 trainable 속성을 False로 지정하는 예제다.

```
[27] # 베이스 모델의 Conv2D 레이어의 가중치만 고정(Freeze Layer)
     base_model_frozen2 = tf.keras.models.Model(inputs=model.input,
                            outputs=base_model_output,
                            name='base_frozen2')
     base_model_frozen2.get_layer('conv2d_layer').trainable = False
     base_model_frozen2.summary()
```

```
Model: "base_frozen2"
_____
 Layer (type)                Output Shape              Param #
=================================================================
 inputs (InputLayer)         [(None, 28, 28, 1)]       0

 conv2d_layer (Conv2D)       (None, 26, 26, 32)        320

 maxpool_layer (MaxPooling2D) (None, 13, 13, 32)       0

 flatten_layer (Flatten)     (None, 5408)              0
=================================================================
Total params: 320
Trainable params: 0
Non-trainable params: 320
_____
```

앞에서 고정한 모델에 새로운 분류기 역할을 하는 Dense 레이어를 연결하여 모델을 구성한다.

```
[28] # Functional API 적용
     dense_output2 = tf.keras.layers.Dense(10, activation='softmax')(base_model_frozen2.out
     put)
     digit_model_frozen2 = tf.keras.models.Model(inputs=base_model_frozen2.input,
                            outputs=dense_output2)
                            digit_model_frozen2.summary()
```

```
Model: "model_3"
_____
Layer (type)                 Output Shape              Param #
=================================================================
inputs (InputLayer)          [(None, 28, 28, 1)]       0
_____
conv2d_layer (Conv2D)        (None, 26, 26, 32)        320
_____
maxpool_layer (MaxPooling2D) (None, 13, 13, 32)        0
_____
flatten_layer (Flatten)      (None, 5408)              0
_____
dense_3 (Dense)              (None, 10)                54090
=================================================================
Total params: 54,410
Trainable params: 54,090
Non-trainable params: 320
_____
```

모델을 컴파일하고 훈련시킨다. 다양한 모델 구성 방법과 파라미터 조정 방법에 대해서 이해하는 것이 중요하다.

```
[29] # 모델 컴파일
     digit_model_frozen2.compile(optimizer='adam', loss='sparse_categorical_crossentropy',
                                 metrics=['accuracy'])

     # 모델 훈련
     history = digit_model_frozen2.fit(x_train_in, y_train,
                         validation_data=(x_valid_in, y_valid),
                         epochs=10)
```

```
epoch 1/10
1875/1875 [==============================] — 4s 2ms/step — loss: 0.2290 — accuracy:
0.9407 — val_loss: 0.0562 — val_accuracy: 0.9816
epoch 2/10
1875/1875 [==============================] — 4s 2ms/step — loss: 0.0480 — accuracy:
0.9862 — val_loss: 0.0515 — val_accuracy: 0.9839
epoch 3/10
1875/1875 [==============================] — 4s 2ms/step — loss: 0.0328 — accuracy:
0.9905 — val_loss: 0.0498 — val_accuracy: 0.9840
epoch 4/10
1875/1875 [==============================] — 4s 2ms/step — loss: 0.0251 — accuracy:
0.9927 — val_loss: 0.0558 — val_accuracy: 0.9816
epoch 5/10
1875/1875 [==============================] — 4s 2ms/step — loss: 0.0198 — accuracy:
0.9942 — val_loss: 0.0539 — val_accuracy: 0.9833
epoch 6/10
1875/1875 [==============================] — 4s 2ms/step — loss: 0.0149 — accuracy:
0.9959 — val_loss: 0.0556 — val_accuracy: 0.9839
epoch 7/10
1875/1875 [==============================] — 4s 2ms/step — loss: 0.0123 — accuracy:
0.9966 — val_loss: 0.0515 — val_accuracy: 0.9833
epoch 8/10
1875/1875 [==============================] — 4s 2ms/step — loss: 0.0104 — accuracy:
0.9973 — val_loss: 0.0545 — val_accuracy: 0.9840
epoch 9/10
1875/1875 [==============================] — 4s 2ms/step — loss: 0.0086 — accuracy:
0.9981 — val_loss: 0.0622 — val_accuracy: 0.9837
epoch 10/10
1875/1875 [==============================] — 4s 2ms/step — loss: 0.0071 — accuracy:
0.9984 — val_loss: 0.0609 — val_accuracy: 0.9830
```

4-1 텐서플로 데이터셋 로드

앞에서 텐서플로 데이터셋(TensorFlow DataSet)을 소개했다. 인공위성에서 지표면을 촬영한 이미지와 토지이용분류(Land Use and Land Cover) 값이 정리되어 있는 EuroSAT 데이터셋[16]을 제공한다. EU의 코페르니쿠스 지구 관측 프로그램에 의해 제공되는 공용 데이터셋인 Sentinel-2 위성이 관측한 이미지를 기반으로 만들어졌다. 총 27,000장의 위성 사진과 10개의 토지이용분류 값이 매칭되어 제공된다.

먼저 텐서플로 데이터셋을 사용하기 위해서 tensorflow_datasets 라이브러리를 다른 필수 라이브러리와 함께 불러온다.

〈소스〉 4.3_eurosat_augmentation.ipynb

```
[1]  import tensorflow as tf
     import numpy as np
     import json
     import matplotlib.pylab as plt

     # Tensorflow Datasets 활용
     import tensorflow_datasets as tfds
```

EuroSAT 데이터셋을 load 함수를 사용하여 불러온다. '(훈련 셋, 검증 셋), 메타 정보' 순으로 정리되어 반환된다. info 변수에 저장되는 메타 정보는 with_info = True 옵션일 때만 불러올 수 있다. 즉, 이 옵션이 False면 메타 정보 없이 (훈련 셋, 검증 셋) 형태의 투플로 반환된다.

URL을 통해 데이터를 다운로드한다. data_dir 옵션에 파일 저장 위치를 지정하면 다운로드한 데이터셋 파일을 해당 위치에 저장한다. 여기서는 'dataset' 폴더에 저장했다. train 데이터만 제공하기 때문에 80 : 20으로 구분해 80% 데이터는 훈련 셋(train_ds), 나머지 20% 데이터는 검증 셋(valid_ds)으로 분할하여 저장한다. 이미지는 (64, 64, 3) 형태로 확인된다.

---

16 [1] Eurosat: A novel dataset and deep learning benchmark for land use and land cover classification. Patrick Helber, Benjamin Bischke, Andreas Dengel, Damian Borth. IEEE Journal of Selected Topics in Applied Earth Observations and Remote Sensing, 2019.

[2] Introducing EuroSAT: A Novel Dataset and Deep Learning Benchmark for Land Use and Land Cover Classification. Patrick Helber, Benjamin Bischke, Andreas Dengel. 2018 IEEE International Geoscience and Remote Sensing Symposium, 2018.

```
[2]   # EuroSAT 위성 사진 데이터셋 로드

      DATA_DIR = "dataset/"

      (train_ds, valid_ds), info = tfds.load('eurosat/rgb', split=['train[:80%]', 'train[80%:]'],
                                             shuffle_files=True,
                                             as_supervised=True,
                                             with_info=True,
                                             data_dir=DATA_DIR)
      print(train_ds)
      print(valid_ds)
```

```
Downloading and preparing dataset eurosat/rgb/2.0.0 (download: 89.91 MiB, generated:
Unknown size, total: 89.91 MiB) to dataset/eurosat/rgb/2.0.0...
Dl Completed...: 100%
1/1 [00:11〈00:00, 11.82s/ url]
Dl Size...: 100%
89/89 [00:11〈00:00, 7.55 MiB/s]
Extraction completed...: 100%
1/1 [00:11〈00:00, 11.71s/ file]
Shuffling and writing examples to dataset/eurosat/rgb/2.0.0.incompleteVH1H7T/
eurosat-train.tfrecord
74%
20031/27000 [00:00〈00:00, 34188.98 examples/s]
Dataset eurosat downloaded and prepared to dataset/eurosat/rgb/2.0.0. Subsequent
calls will reuse this data.
〈_OptionsDataset shapes: ((64, 64, 3), ()), types: (tf.uint8, tf.int64)〉
〈_OptionsDataset shapes: ((64, 64, 3), ()), types: (tf.uint8, tf.int64)〉
```

메타 정보를 할당받은 info 변수를 출력하면, 데이터셋에 대한 기본 정보를 보여준다. 앞서 우리
는 EuroSAT 데이터셋의 2가지 유형 중에서 JPEG 이미지로 인코딩한 RGB 데이터셋('eurosat/
rgb')을 다운로드한 상태다.

```
[3]   # 메타 데이터 확인
      print(info)
```

```
tfds.core.DatasetInfo(
    name='eurosat',
    version=2.0.0,
    description='EuroSAT dataset is based on Sentinel-2 satellite images covering
13 spectral
bands and consisting of 10 classes with 27000 labeled and
geo-referenced samples.
Two datasets are offered:
- rgb: Contains only the optical R, G, B frequency bands encoded as JPEG image.
- all: Contains all 13 bands in the original value range (float32).
URL: https://github.com/phelber/eurosat',
    homepage='https://github.com/phelber/eurosat',
    features=FeaturesDict({
        'filename': Text(shape=(), dtype=tf.string),
        'image': Image(shape=(64, 64, 3), dtype=tf.uint8),
        'label': ClassLabel(shape=(), dtype=tf.int64, num_classes=10),
    }),
```

```
    total_num_examples=27000,
    splits={
        'train': 27000,
    },
    supervised_keys=('image', 'label'),
    citation="""@misc{helber2017eurosat,
        title={EuroSAT: A Novel Dataset and Deep Learning Benchmark for Land Use and
Land Cover Classification},
        author={Patrick Helber and Benjamin Bischke and Andreas Dengel and Damian
Borth},
        year={2017},
        eprint={1709.00029},
        archivePrefix={arXiv},
        primaryClass={cs.CV}
    }""",
    redistribution_info=,
)
```

샘플 이미지를 메타 정보인 분류 레이블과 함께 화면에 출력한다. show_examples 함수를 사용하는 예제다.

```
[4] # 데이터 확인
    tfds.show_examples(train_ds, info)
```

[그림 4-25] 샘플 이미지

이번에는 as_dataframe 함수를 사용하여 샘플 이미지 10개를 화면에 표시하는 예제다.

```
[5]  # as_dataframe 사용하여 샘플 출력
     tfds.as_dataframe(valid_ds.take(10), info)
```

	image	label
0		9 (SeaLake)
1		8 (River)
2		9 (SeaLake)
3		9 (SeaLake)
4		9 (SeaLake)
5		0 (AnnualCrop)
6		2 (HerbaceousVegetation)
7		0 (AnnualCrop)
8	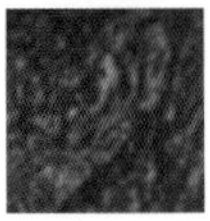	2 (HerbaceousVegetation)
9		0 (AnnualCrop)

[그림 4-26] 데이터프레임 (이미지, 레이블)

토지이용분류에 해당하는 정답 클래스 개수는 10개다. 앞의 실행 결과를 보면 클래스 0은 경작지(AnnualCrop), 클래스 9는 바다/호수(SeaLake)를 나타낸다.

```
[6] # 목표 클래스의 개수
    NUM_CLASSES = info.features["label"].num_classes
    print(NUM_CLASSES)
```

```
10
```

클래스를 나타내는 숫자 레이블을 메타 데이터의 문자열로 변환할 수 있다. 메타 데이터의 features 값 중에서 label에 해당하는 메타 정보에 int2str() 메소드를 적용한다. 클래스 6은 영구작물(PermanentCrop)을 나타내는 것을 확인할 수 있다.

```
[7] # 숫자 레이블을 활용해 문자열 메타 데이터로 변환
    print(info.features["label"].int2str(6))
```

```
PermanentCrop
```

4-2 데이터 전처리

텐서플로 데이터셋을 사용하면 딥러닝 학습에 필요한 데이터셋을 쉽게 구할 수 있다는 장점 외에도 데이터 전처리 과정이 매우 쉽다는 장점을 갖는다. 데이터 전처리에 필요한 함수들을 제공하고 있을 뿐만 아니라, 텐서 연산을 효율적으로 처리할 수 있는 최적화를 지원한다.

다음 코드는 텐서플로 데이터셋에 특화된 전처리 함수들을 소개하는 예제다.

이들 함수를 사용하기 앞서, 텐서플로 연산은 float32 숫자 값을 사용하기 때문에, cast 함수를 사용하여 자료형을 float32로 변환해 준다. 입력 이미지는 0~255 범위의 픽셀 값을 갖기 때문에, 255로 나눠서 정규화한다. 이 과정을 처리하는 preprocess_data 함수를 정의한다.

map 함수는 사용자 정의 함수를 매핑하여 텐서플로 데이터셋에 적용하는 메소드로 전처리 과정에서 매우 유용하다. num_parallel_calls 옵션을 오토튠(AUTOTUNE)으로 지정하면 텐서플로 병렬연산 처리를 자동으로 최적화한다.

다음 그림을 비교해 보면, 오토튠을 적용하지 않으면 데이터를 읽어서 매핑하고 훈련하는 과정을 순차적으로 처리하기 때문에 시간이 오래 걸린다. 반면 오토튠을 적용하면 하드웨어 리소스를 병렬로 매핑하여 처리하기 때문에 같은 작업을 훨씬 짧은 시간에 처리할 수 있게 된다.

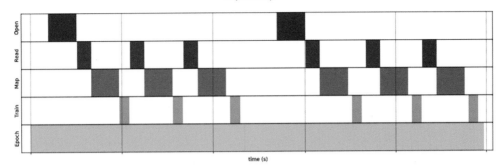

[그림 4-27] 순차적 매핑[17]

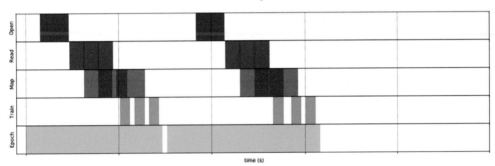

[그림 4-28] 오토튠 적용(병렬 매핑)[18]

정규화 변환을 마친 데이터셋에 shuffle() 메소드를 적용하면 순서를 랜덤하게 섞어 준다. 모델의 일반화된 성능을 높이기 위해 훈련 데이터셋에서 미니 배치를 생성할 때 입력 순서에 무작위성을 부여하는 개념이다. BUFFER_SIZE를 1000으로 지정하고 BATCH_SIZE를 64로 지정했는데, 처음 1,000개의 데이터를 가져와서 섞고, 여기서 64개의 데이터를 랜덤하게 선택해서 하나의 배치를 구성한다(이때 64개가 추출되어 미니 배치를 구성하고 학습에 사용되면, 다시 64개의 데이터가 버퍼(buffer)에 추가되어 항상 1,000개의 버퍼를 구성한다).

prefetch() 메소드는 모델이 훈련을 진행하는 동안 다음에 입력할 데이터를 불러와서 미리 전처리를 하도록 시스템을 조율한다. 병렬 처리를 통해 모델 훈련 시간을 단축시켜 준다.

17 출처 : 텐서플로 가이드(https://www.tensorflow.org/guide/data_performance)
18 출처 : 텐서플로 가이드(https://www.tensorflow.org/guide/data_performance)

```
[8]  # 데이터 전처리 파이프라인
     BATCH_SIZE = 64
     BUFFER_SIZE = 1000

     def preprocess_data(image, label):
         image = tf.cast(image, tf.float32) / 255.  # 0~1 정규화, float32 변환
         return image, label


     train_data = train_ds.map(preprocess_data, num_parallel_calls=tf.data.AUTOTUNE)
     valid_data = valid_ds.map(preprocess_data, num_parallel_calls=tf.data.AUTOTUNE)


     train_data = train_data.shuffle(BUFFER_SIZE).batch(BATCH_SIZE).prefetch(tf.data.AUTOTUNE)
     valid_data = valid_data.batch(BATCH_SIZE).cache().prefetch(tf.data.AUTOTUNE)
```

[Tip] shuffle 함수의 주요 파라미터인 buffer_size의 경우 데이터셋의 크기가 작은 경우 전체 데이터셋의 개수만큼 지정해 주는 것이 무작위성을 확보하는 데 유리하다. 하지만 데이터셋 개수가 많거나 이미지 파일의 크기가 커서 시스템상의 메모리에 전부 올릴 수 없는 경우에는 buffer_size를 1000으로 지정해 주는 것이 일반적이다. 검증 데이터셋에는 shuffle 함수를 사용할 필요가 없다. 모델의 가중치를 학습하는 데 사용되는 훈련 데이터셋의 순서를 랜덤하게 섞을 필요가 있지만, 검증 데이터셋은 평가 목적에 활용되기 때문에 순서는 큰 의미가 없다.

4-3   모델 훈련 및 검증

배치 정규화, 합성곱, 풀링 레이어로 구성된 유닛을 2개 연결하고, Dense 레이어와 Dropout으로 구성된 최종 분류기를 갖는 딥러닝 모델을 Sequential API로 생성한다.

```
[9]  # Sequential API를 사용하여 샘플 모델 생성

     def build_model():

         model = tf.keras.Sequential([

             # Convolution 층
             tf.keras.layers.BatchNormalization(),
             tf.keras.layers.Conv2D(32,(3, 3), padding='same', activation='relu'),
             tf.keras.layers.MaxPooling2D((2, 2)),

             tf.keras.layers.BatchNormalization(),
             tf.keras.layers.Conv2D(64,(3, 3), padding='same', activation='relu'),
             tf.keras.layers.MaxPooling2D((2, 2)),
```

```
        # Classifier 출력층
        tf.keras.layers.Flatten(),
        tf.keras.layers.Dense(128, activation='relu'),
        tf.keras.layers.Dropout(0.3),
        tf.keras.layers.Dense(64, activation='relu'),
        tf.keras.layers.Dropout(0.3),
        tf.keras.layers.Dense(NUM_CLASSES, activation='softmax'),
    ])

    return model

model = build_model()
```

예측 클래스가 10개인 다중 분류 문제에 맞게 손실함수와 평가지표를 설정하고, 모델을 50 epoch 훈련시킨다.

```
[10] # 모델 컴파일
    model.compile(optimizer='adam', loss='sparse_categorical_crossentropy',
                metrics=['accuracy'])

    # 모델 훈련
    history = model.fit(train_data,
                        validation_data=valid_data,
                        epochs=50)
```

```
epoch 1/50
338/338 [==============================] — 41s 34ms/step — loss: 1.9543 — accuracy:
0.3636 — val_loss: 1.6385 — val_accuracy: 0.5030
epoch 2/50
338/338 [==============================] — 10s 29ms/step — loss: 1.2039 — accuracy:
0.5806 — val_loss: 1.0254 — val_accuracy: 0.6681
epoch 3/50
338/338 [==============================] — 10s 29ms/step — loss: 1.0601 — accuracy:
0.6287 — val_loss: 0.7069 — val_accuracy: 0.7656
….
epoch 48/50
338/338 [==============================] — 10s 28ms/step — loss: 0.1229 — accuracy:
0.9628 — val_loss: 0.5280 — val_accuracy: 0.8869
epoch 49/50
338/338 [==============================] — 10s 28ms/step — loss: 0.1198 — accuracy:
0.9653 — val_loss: 0.5107 — val_accuracy: 0.8856
epoch 50/50
338/338 [==============================] — 10s 28ms/step — loss: 0.1108 — accuracy:
0.9650 — val_loss: 0.6001 — val_accuracy: 0.8824
```

모델은 10 epoch까지는 빠른 속도로 훈련이 진행되면서 손실함수가 급격하게 감소한다. 하지만 그 이후로는 검증 셋에 대한 손실함수가 더 이상 줄어들지 않으면서 과대적합 경향을 나타낸다.

```
[11] # 손실함수, 정확도 그래프 그리기
     plot_loss_acc(history, 50)
```

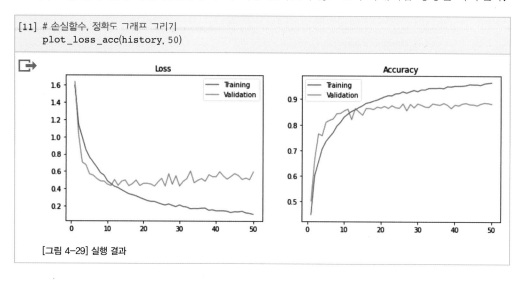

[그림 4-29] 실행 결과

4-4 데이터 증강(Data Augmentation)

앞서 배운 과대적합을 해소하는 기법인 배치 정규화, Dropout 등을 적용했음에도 과대적합이 발생하였다. 이미지 분류 문제에서 과대적합을 해소하고, 모델의 일반화된 Robust한 성능을 확보하는 기법으로 데이터 증강(Data Augmentation) 기법을 소개한다. 이미지 데이터에 여러 가지 변형을 주어서 훈련 데이터의 다양성을 확보하는 방식으로, 모델이 새로운 데이터에 대한 예측력을 강화하도록 하는 개념이다.

먼저 EuroSAT 데이터셋 중에서 하나의 샘플 이미지를 선택하여 시각화한다.

```
[12] # 샘플 이미지
     image_batch, label_batch = next(iter(train_data.take(1)))

     image = image_batch[0]
     label = label_batch[0].numpy()

     plt.imshow(image)
     plt.title(info.features["label"].int2str(label));
```

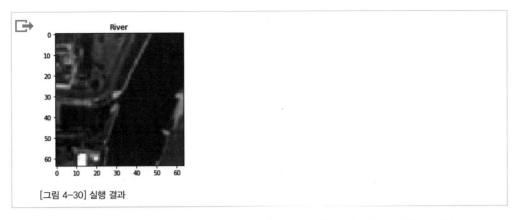

[그림 4-30] 실행 결과

샘플 이미지에 변화를 주기 전과 후의 이미지를 비교할 수 있는 시각화 함수를 정의한다.

```
[13] # 데이터 증강 전후를 비교하는 시각화 함수를 정의
     def plot_augmentation(original, augmented):

         fig, axes = plt.subplots(1, 2, figsize=(12, 4))

         axes[0].imshow(original)
         axes[0].set_title('Original')

         axes[1].imshow(augmented)
         axes[1].set_title('Augmented')

         plt.show()
```

tf.image 모듈의 flip_left_right 함수를 사용하여 이미지를 좌우 방향으로 뒤집는 방법이다.

```
[14] # 좌우 뒤집기
     lr_flip = tf.image.flip_left_right(image)
     plot_augmentation(image, lr_flip)
```

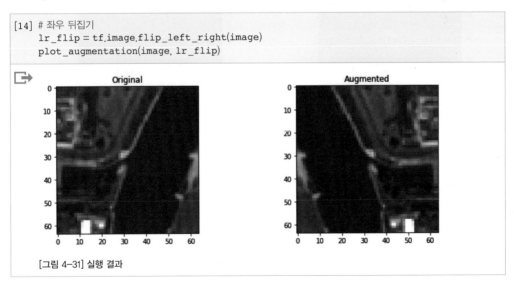

[그림 4-31] 실행 결과

flip_up_down 함수를 사용하여 이미지를 상하 방향으로 뒤집는 방법이다.

```
[15]  # 상하 뒤집기
      ud_flip = tf.image.flip_up_down(image)
      plot_augmentation(image, ud_flip)
```

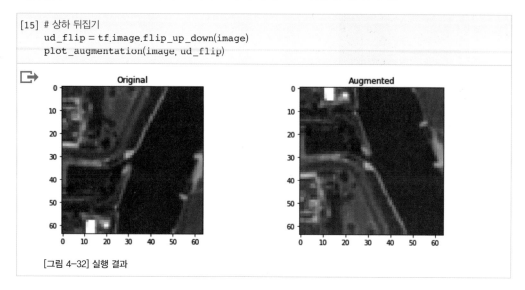

[그림 4-32] 실행 결과

rot90 함수를 사용면 이미지를 반시계 방향으로 90도 회전시킨다.

```
[16]  # 회전
      rotate90 = tf.image.rot90(image)
      plot_augmentation(image, rotate90)
```

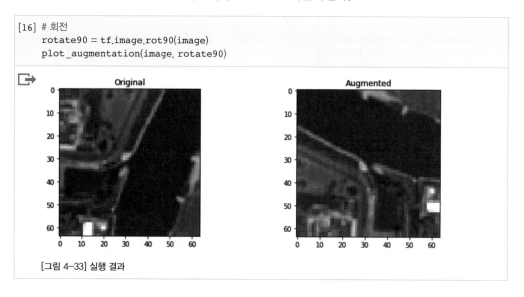

[그림 4-33] 실행 결과

transpose 함수는 이미지 텐서 행렬의 행과 열의 위치를 바꿔 준다(행렬의 도치).

```
[17] # transpose
     transpose = tf.image.transpose(image)
     plot_augmentation(image, transpose)
```

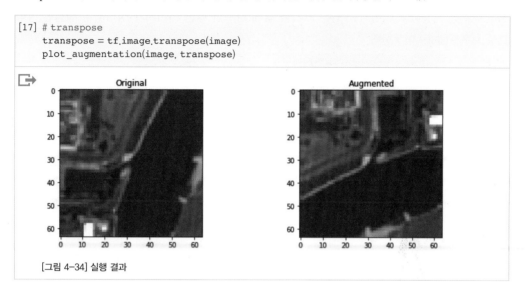

[그림 4-34] 실행 결과

central_crop 함수는 이미지의 중심에서 일정 부분을 잘라내는 방법을 구현한다.

```
[18] # 이미지 자르기 1
     crop1 = tf.image.central_crop(image, central_fraction=0.6)
     plot_augmentation(image, crop1)
```

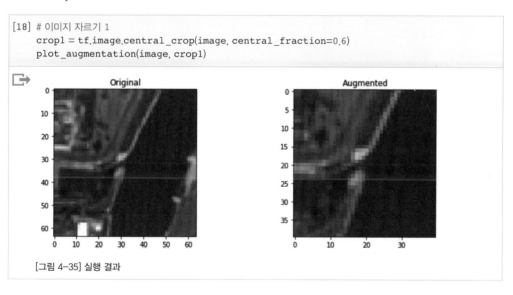

[그림 4-35] 실행 결과

먼저 resize_with_crop_or_pad 함수를 사용하여, 원본 이미지의 크기를 키운다. 여기에 random_crop 함수를 사용하고 이미지를 원본 크기와 같게 자르면 원본 이미지가 상하좌우 랜덤한 방향으로 시프트(shift) 이동한다.

```
[19] # 이미지 자르기 2
     img = tf.image.resize_with_crop_or_pad(image, 64 + 20, 64 + 20) # 사이즈 키우기
     crop2 = tf.image.random_crop(img, size=[64, 64, 3])
     plot_augmentation(image, crop2)
```

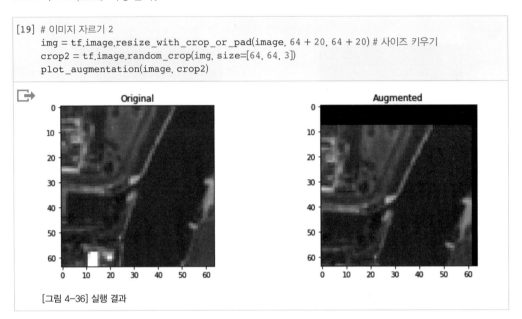

[그림 4-36] 실행 결과

이미지의 밝기를 직접 조정할 수도 있다.

```
[20] # 이미지 밝기
     brightness = tf.image.adjust_brightness(image, delta=0.3)
     plot_augmentation(image, brightness)
```

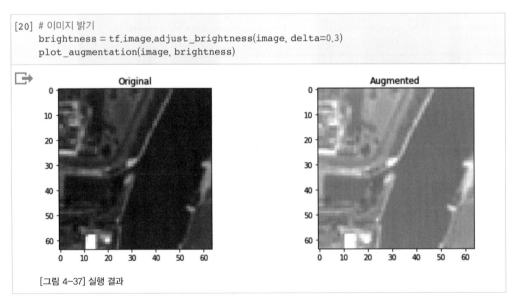

[그림 4-37] 실행 결과

이미지의 채도를 변경하는 방법이다.

```
[21] # 이미지 채도
     saturation = tf.image.adjust_saturation(image, saturation_factor=0.5)
     plot_augmentation(image, saturation)
```

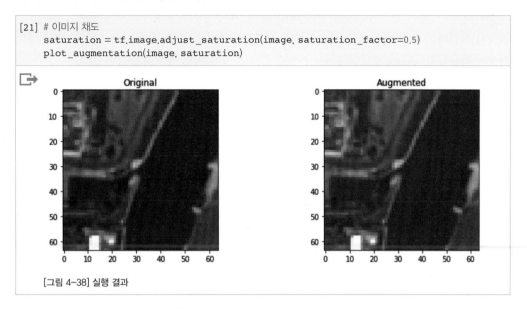

[그림 4-38] 실행 결과

이미지의 대비(contrast)를 조정할 수도 있다.

```
[22] # 이미지 대비
     contrast = tf.image.adjust_contrast(image, contrast_factor=2)
     plot_augmentation(image, contrast)
```

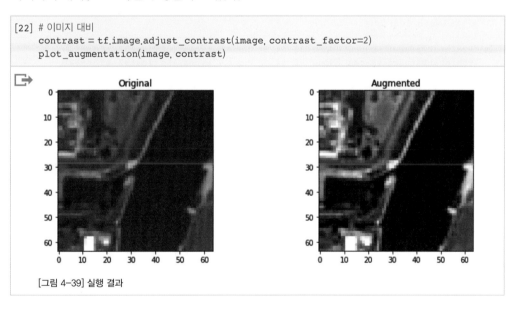

[그림 4-39] 실행 결과

[Tip] 텐서플로의 tf.image 모듈에서 지원하는 데이터 증강 기법을 소개했다. 공식 문서(https://www.tensorflow.org/api_docs/python/tf/image)에는 이외에도 다른 함수를 많이 소개하고 있다.

앞서 다룬 여러 기법 중에서 몇 가지를 선택하여 데이터 증강 및 전처리를 수행하는 data_augmentaion 사용자 함수를 정의한다. 이미지 증강 효과에 랜덤성을 부여하기 위해 tf.image 모듈에서 지원하는 함수 중에서 'random_'으로 시작하는 함수를 적용했다. map 함수로 원본 데이터셋에 적용하고, shuffle 함수와 batch 함수 등을 적용하여 미니 배치로 만들어 준다.

```
[23] # 이미지 증강 전처리
     def data_augmentation(image, label):

         image = tf.image.random_flip_left_right(image) # 좌우 반전
         image = tf.image.random_flip_up_down(image) # 상하 반전
         image = tf.image.random_brightness(image, max_delta=0.3) # 밝기 변화
         image = tf.image.random_crop(image, size=[64, 64, 3])

         image = tf.cast(image, tf.float32) / 255.   # 0~1 정규화

         return image, label

     train_aug = train_ds.map(data_augmentation, num_parallel_calls=tf.data.AUTOTUNE)
     valid_aug = valid_ds.map(data_augmentation, num_parallel_calls=tf.data.AUTOTUNE)

     train_aug = train_aug.shuffle(BUFFER_SIZE).batch(BATCH_SIZE).prefetch(tf.data.AUTOTUNE)
     valid_aug = valid_aug.batch(BATCH_SIZE).cache().prefetch(tf.data.AUTOTUNE)

     print(train_aug)
     print(valid_aug)
```

```
⟨PrefetchDataset shapes: ((None, 64, 64, 3), (None,)), types: (tf.float32, tf.int64)⟩
⟨PrefetchDataset shapes: ((None, 64, 64, 3), (None,)), types: (tf.float32, tf.int64)⟩
```

모델 인스턴스를 생성하고, 컴파일을 거쳐 50 epoch 동안 훈련시킨다. 데이터 증강을 하기 전과 모델의 성능 자체는 큰 차이가 없다.

```
[24] # 모델 생성
     aug_model = build_model()

     # 모델 컴파일
     aug_model.compile(optimizer='adam', loss='sparse_categorical_crossentro
     py', metrics=['accuracy'])

     # 모델 훈련
     aug_history = aug_model.fit(train_aug,
                                 validation_data=valid_aug,
                                 epochs=50)
```

```
      epoch 1/50
      338/338 [==============================] − 15s 40ms/step − loss: 2.0878 − accuracy:
      0.2747 − val_loss: 1.7043 − val_accuracy: 0.3711
      epoch 2/50
      338/338 [==============================] − 12s 34ms/step − loss: 1.4629 − accuracy:
      0.4750 − val_loss: 1.1335 − val_accuracy: 0.6209
      epoch 3/50
      338/338 [==============================] − 12s 33ms/step − loss: 1.3179 − accuracy:
      0.5255 − val_loss: 1.0506 − val_accuracy: 0.6528
      epoch 4/50
      ...
      epoch 48/50
      338/338 [==============================] − 11s 32ms/step − loss: 0.4179 − accuracy:
      0.8692 − val_loss: 0.3503 − val_accuracy: 0.8874
      epoch 49/50
      338/338 [==============================] − 11s 32ms/step − loss: 0.4124 − accuracy:
      0.8701 − val_loss: 0.3188 − val_accuracy: 0.8944
      epoch 50/50
      338/338 [==============================] − 11s 31ms/step − loss: 0.3908 − accuracy:
      0.8803 − val_loss: 0.3718 − val_accuracy: 0.8806
```

손실함수와 정확도를 그래프로 그려보면, 훈련 셋과 검증 셋에 대한 손실함수는 50 epoch 동안
계속 줄어들고 정확도는 조금씩 우상향하면서 개선되고 있다. 즉, 과대적합 문제가 상당히 해소
된 것을 알 수 있다.

[25] # 손실함수, 정확도 그래프 그리기
plot_loss_acc(aug_history, 50)

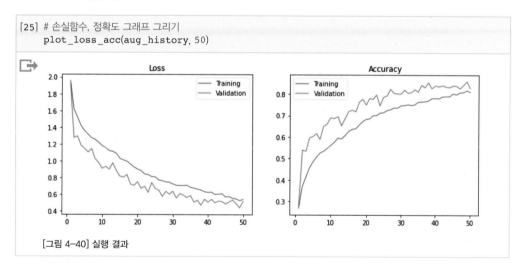

[그림 4-40] 실행 결과

[Tip] 손실함수 그래프를 보면, 훈련 셋에 대한 손실함수보다 검증 셋에 대한 손실함수가 여전히 더 낮다. epoch
수를 더 늘려서 모델을 더 훈련시키면 성능을 개선시킬 여지가 있다.

4-5 ResNet 사전 학습 모델

이번에는 ResNet[19] 모델을 활용해서 위성 이미지를 분류한다. 이미지넷 경진 대회에서 우승한 모델로서 우수한 성능을 갖는다. 이처럼 사전에 방대한 이미지로 훈련을 받은 딥러닝 모델의 구조와 가중치를 그대로 가져오고, 모델의 끝단에 위치하는 Top 층에 위성 이미지를 분류할 수 있는 최종 분류기를 추가하는 방식으로 모델을 구성한다. 이런 방식으로 딥러닝 모델을 구성하는 것을 전이 학습(Transfer Learning)이라고 부른다고 앞에서 배웠다.

다음 코드와 같이 케라스에서 모델 인스턴스를 직접 불러올 수 있다. 우리는 예제에서 ResNet50V2 버전을 사용한다. 우리가 사용하는 위성 이미지의 크기가 (64, 64, 3)이므로 input_shape 속성에 지정한다. 원래 ResNet 모델의 입력 크기는 (224, 224, 3)이지만, 케라스에서 이미지 크기를 우리가 지정한 크기로 맞춰서 줄여 준다. 그리고 분류하려는 클래스 레이블의 개수(10)를 classes 속성에 지정한다.

가장 중요한 옵션은 include_top = False로 지정하는 것이다. 기존 ResNet 모델의 Top 층은 이미지넷 경진 대회에 맞는 분류기이므로 False로 지정하여 Top 층을 제거해 주는 것이다. 여기 제거된 부분에 우리가 해결하려는 문제에 맞는 최종 분류기를 대체해서 추가하게 된다.

```
[26] # Pre-trained 모델을 사전 학습된 가중치와 함께 가져오기
     from tensorflow.keras.applications import ResNet50V2

     pre_trained_base = ResNet50V2(include_top=False,
                                   weights='imagenet',
                                   input_shape=[64, 64, 3])

     # 사전 학습된 가중치를 업데이트 되지 않도록 설정
     pre_trained_base.trainable = False

     # 모델 구조 시각화
     from tensorflow.python.keras.utils.vis_utils import plot_model
     plot_model(pre_trained_base, show_shapes=True, show_layer_names=True, to_file='resnet50.png')
```

---

19 Kaiming He 등이 제안한 개념으로, 2015년 이미지넷 경진 대회에서 3.6% 오분류율을 기록하며 우승한 모델이다. 152개의 깊은 층을 쌓는 방식으로 모델의 예측력을 높이면서도, skip connection 기법을 사용하여 경사소실 문제를 해결했다(출처 : Identity Mappings in Deep Residual Networks(2016)).

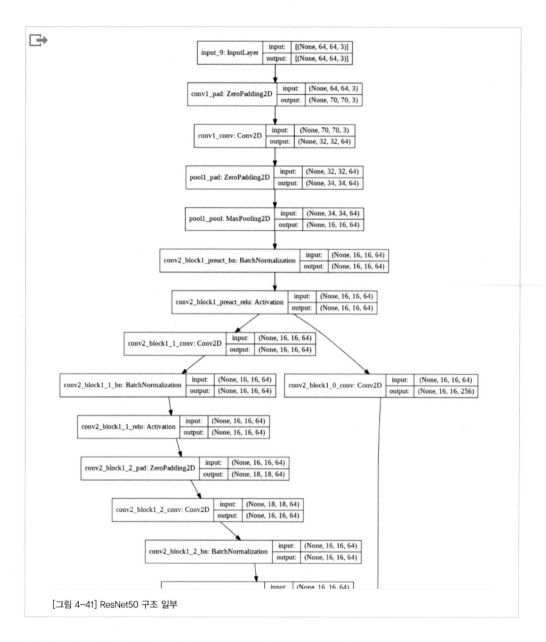

[그림 4-41] ResNet50 구조 일부

[Tip] 앞서 배운 것처럼 Top 층을 제거한 ResNet 모델(pretrained_base)의 trainable 속성을 False로 지정하는 것을 잊지 않는다. True로 지정하면 사전 학습된 가중치까지 훈련 과정에서 업데이트된다.

NUM_CLASSES 변수는 위성 이미지의 클래스 레이블 개수인 10을 값으로 가지고 있다. 최종적으로 10개 클래스에 대한 다중 분류를 할 수 있도록 Dense 레이어의 노드 개수와 softmax 활성화 함수를 지정한다.

```
[27] # Top 층에 Classifier 추가

    def build_trainsfer_classifier():

        model = tf.keras.Sequential([

            # Pre-trained Base
            pre_trained_base,
            # Classifier 출력층
            tf.keras.layers.Flatten(),
            tf.keras.layers.Dense(128, activation='relu'),
            tf.keras.layers.Dropout(0.3),
            tf.keras.layers.Dense(64, activation='relu'),
            tf.keras.layers.Dropout(0.3),
            tf.keras.layers.Dense(NUM_CLASSES, activation='softmax'),
        ])

        return model

    # 모델 구조
    tc_model = build_trainsfer_classifier()
    tc_model.summary()
```

Model: "sequential_11"

Layer (type)	Output Shape	Param #
resnet50v2 (Functional)	(None, 2, 2, 2048)	23564800
flatten_16 (Flatten)	(None, 8192)	0
dense_43 (Dense)	(None, 128)	1048704
dropout_27 (Dropout)	(None, 128)	0
dense_44 (Dense)	(None, 64)	8256
dropout_28 (Dropout)	(None, 64)	0
dense_45 (Dense)	(None, 10)	650

Total params: 24,622,410
Trainable params: 1,057,610
Non-trainable params: 23,564,800

[Tip] resnet50v2 모델의 파라미터 23,564,800개는 훈련이 되지 않는(Non-trainable) 것으로 확인된다. 우리가 Top 층에 추가한 Dense 레이어들의 파라미터만 가중치가 업데이트된다.

모델을 컴파일하고 50 epoch 동안 훈련시킨다.

```
[28] # 모델 컴파일
     tc_model.compile(optimizer='adam', loss='sparse_categorical_crossentropy',
                      metrics=['accuracy'])

     # 모델 훈련
     tc_history = tc_model.fit(train_aug,
                               validation_data=valid_aug,
                               epochs=50)
```

```
epoch 1/50
338/338 [==============================] - 25s 62ms/step - loss: 1.4028 - accuracy:
0.5308 - val_loss: 0.6716 - val_accuracy: 0.7813
epoch 2/50
338/338 [==============================] - 20s 59ms/step - loss: 0.8529 - accuracy:
0.7192 - val_loss: 0.5914 - val_accuracy: 0.8019
epoch 3/50
338/338 [==============================] - 21s 60ms/step - loss: 0.7736 - accuracy:
0.7419 - val_loss: 0.5797 - val_accuracy: 0.8017
epoch 4/50
...
epoch 48/50
338/338 [==============================] - 20s 59ms/step - loss: 0.4779 - accuracy:
0.8360 - val_loss: 0.4379 - val_accuracy: 0.8509
epoch 49/50
338/338 [==============================] - 20s 59ms/step - loss: 0.4595 - accuracy:
0.8455 - val_loss: 0.4256 - val_accuracy: 0.8496
epoch 50/50
338/338 [==============================] - 20s 59ms/step - loss: 0.4802 - accuracy:
0.8407 - val_loss: 0.4243 - val_accuracy: 0.8524
```

그래프를 보면 훈련 초기부터 검증 셋에 대한 정확도가 80%를 넘어선다. 즉, 사전 학습 모델인
ResNet 모델의 가중치를 그대로 사용하기 때문에 새로운 데이터인 위성 이미지가 입력되어도
이미지로부터 피처(특징)를 빠르게 추출하는 것으로 볼 수 있다.

```
[29] # 손실함수, 정확도 그래프 그리기
     plot_loss_acc(tc_history, 50)
```

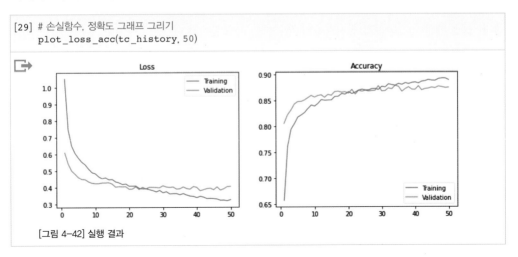

[그림 4-42] 실행 결과

앞에서 다룬 예제들은 케라스 또는 텐서플로 데이터셋을 로드해 사용한 것이다. 하지만 실제 업무 또는 AI 경진 대회 참가 등의 상황에서는 파일 형태의 데이터셋을 분석에 활용해야 한다.

이 경우, 고성능 GPU가 탑재된 워크스테이션이나 PC에 데이터셋을 저장하고 이 데이터를 텐서플로 분석 환경으로 읽어오는 과정이 필요하다. 하지만 실무에서 주로 다루는 이미지 파일은 용량이 크거나 파일 개수가 많아서 컴퓨터 메모리 또는 그래픽 카드 메모리가 부족한 상황이 자주 발생한다.

이런 문제를 해결하려면 이미지 데이터셋을 32장, 64장, 128장 등 배치(batch) 단위로 나눈 다음, 배치 한 개를 읽어와 딥러닝 모델에 주입하면 메모리 부담 없이 학습할 수 있다. 전체 데이터셋을 전부 모델에 입력할 때까지 배치 단위로 읽어오고 주입하는 과정을 반복한다.

이번에는 데이터셋을 배치 단위의 여러 부분으로 나누고 반복 객체(iterator)를 통해서 각 배치를 한 개씩 모델에 입력하여 훈련하는 방법을 소개한다. 이 과정을 손쉽게 처리할 수 있도록 텐서플로 케라스는 ImageDataGenerator 함수를 지원한다.

5-1 분석 준비

5-1-1 데이터셋 다운로드

데이터셋은 캐글에 공개된 'Cat and Dog' 데이터셋[20]을 로컬 PC에 다운로드받아서 구글 드라이브에 업로드한 뒤, 구글 코랩을 실행하여 구글 드라이브에 마운트해 직접 읽어오는 방법을 사용한다. 직접 캐글에 접속하거나 저자들이 제공하는 자료실에서 다운로드한다.

---

20 출처 : https://www.kaggle.com/tongpython/cat-and-dog

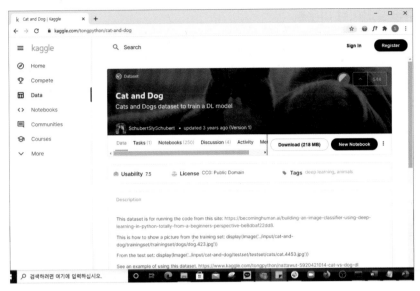

[그림 4-43] 캐글 데이터셋

구글 드라이브의 [내 드라이브]에 'dataset' 이름의 새 폴더를 만들고 이 폴더로 다운로드받은 zip 파일을 업로드한다. 자료실에서 'cat-and-dog.zip'라는 이름의 파일로 제공하고 있으며, 아래 코드에서는 이 파일명을 기준으로 설명한다.

5-1-2 라이브러리 불러오기

텐서플로, 넘파이, 맷플롯립 등 기본 라이브러리와 함께 케라스로부터 ImageDataGenerator 함수를 불러온다.

〈소스〉 4.4_cats_and_dogs_data_processing.ipynb

```
[1]  import tensorflow as tf
     from tensorflow.keras.preprocessing.image import ImageDataGenerator

     import numpy as np
     import matplotlib.pylab as plt
```

5-1-3 구글 드라이브 마운트

다음 코드를 실행하면 구글 드라이브에 마운트해 드라이브에 파일을 업로드하거나 다운로드받을 수 있다. 처음 실행하면 나타나는 URL 링크를 실행하여 [인증키]를 복사하고, 복사한 [인증키]를 URL 링크 하단의 네모 박스 안에 붙여 넣은 뒤에 (Enter)를 누른다. 그러면 다음과 같이 구글 드라이브에 마운트된다.

```
[2]  # 구글 드라이브 폴더 마운트(코랩을 사용하는 경우)
     from google.colab import drive
     drive.mount("/content/drive")
```

5-1-4 압축 파일 해제

구글 드라이브에 저장되어 있는 파일 경로를 source_filename 변수에 지정하고 압축을 해제한 파일을 저장할 경로를 정한다. 저장할 경로는 구글 드라이브가 아니라 코랩 실행 환경에 새로운 폴더를 만든다. shutil 라이브러리를 활용해 압축 파일을 해제한다.

```
[3]  # 압축 파일의 위치(구글 드라이브 - 내 드라이브 위치)
     drive_path = "/content/drive/MyDrive/"
     source_filename = drive_path + "dataset/cat-and-dog.zip"

     # 저장할 경로
     extract_folder = "dataset/"   # 코랩 환경에 임시 저장

     # 압축 해제
     import shutil
     shutil.unpack_archive(source_filename, extract_folder)
```

[Tip] 데이터셋 파일을 구글 드라이브에 저장하지 않는 이유는 27,000장의 파일을 구글 드라이브를 통해서 읽어오고 저장하는 속도가 매우 느리기 때문이다. 구글 드라이브의 압축 파일 한 개를 읽어오는 시간은 오래 걸리지 않고, 압축을 풀면서 생성되는 27,000장의 파일을 코랩 환경에 저장하면 파일을 읽는 시간이 훨씬 단축된다.

압축이 해제된 파일은 다음과 같은 위치에 저장된다. 훈련 셋과 검증 셋은 각각 다른 폴더에 구분되어 저장된다. 각 폴더에는 cats 폴더와 dogs 폴더가 있으며 각각 고양이와 개 이미지 파일이 들어 있다. 즉, 폴더 이름이 정답 클래스 레이블이 된다.

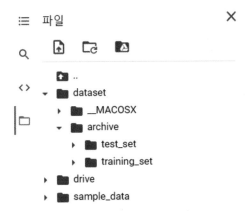

[그림 4-44] 데이터셋 폴더 구조

```
[4]  # 훈련 셋, 검증 셋 저장 위치 지정
     train_dir = extract_folder + "archive/training_set/training_set"
     valid_dir = extract_folder + "archive/test_set/test_set"
     print(train_dir)
     print(valid_dir)
```

```
dataset/archive/training_set/training_set
dataset/archive/test_set/test_set
```

5-2 모델 학습

5-2-1 ImageDataGenerator

케라스 ImageDataGenerator 클래스 함수를 실행하고 rescale 옵션을 지정해 이미지 각 픽셀의 값을 0~1 범위로 정규화한다. 생성된 제너레이터 객체를 image_gen 변수에 할당한다.

```
[5]  # 이미지 데이터 제너레이터 정의(Augmentation 미적용)
     image_gen = ImageDataGenerator(rescale=(1/255.))
     image_gen
```

```
<tensorflow.python.keras.preprocessing.image.ImageDataGenerator at 0x7f2e89572e90>
```

5-2-2 flow_from_directory 함수

이미지 제너레이터 객체에 flow_from_directory 함수를 적용하면, 지정한 폴더에서 이미지를 가져와 반복 이터레이션이 가능하도록 데이터셋을 처리한다.

훈련 셋이 저장되어 있는 train_dir, batch_size 속성에는 배치를 구성하는 이미지 개수(batch_size) 32, target_size 속성에는 저장될 이미지의 (세로, 가로) 픽셀 사이즈, classes 속성에는 클래스 레이블(실제 이미지가 들어 있는 하위 폴더 이름인 cats, dogs), class_mode에는 이진 분류 문제를 나타내는 'binary' 모드, 랜덤 시드 값을 지정한다.

예를 들면 cats 폴더에 들어 있는 고양이 이미지를 (224, 224) 크기로 리사이징하고, 클래스 레이블은 'cats'에 해당하는 정수로 레이블 인코딩한다. 이미지를 32장씩 묶어서 하나의 배치를 구성한다.

검증 셋에 대해서도 동일한 방식으로 제너레이터 객체를 만든다.

```
[6] # flow_from_directory 함수로 폴더에서 이미지를 가져와 제너레이터 객체로 정리
    train_gen = image_gen.flow_from_directory(train_dir,
                                               batch_size=32,
                                               target_size=(224, 224),
                                               classes=['cats','dogs'],
                                               class_mode = 'binary',
                                               seed=2020)

    valid_gen = image_gen.flow_from_directory(valid_dir,
                                               batch_size=32,
                                               target_size=(224, 224),
                                               classes=['cats','dogs'],
                                               class_mode = 'binary',
                                               seed=2020)
```
```
Found 8005 images belonging to 2 classes.
Found 2023 images belonging to 2 classes.
```

1개의 배치를 선택해서 배치 안에 들어 있는 32개의 이미지를 정답 클래스 레이블과 함께 출력하면 다음과 같다.

```
[7] # 샘플 이미지 출력
    class_labels = ['cats', 'dogs']
    batch = next(train_gen)
    images, labels = batch[0], batch[1]

    plt.figure(figsize=(16, 8))
    for i in range(32):

        ax = plt.subplot(4, 8, i + 1)
            plt.imshow(images[i])
            plt.title(class_labels[labels[i].astype(np.int)])
            plt.axis("off")
    plt.tight_layout()
    plt.show()
```

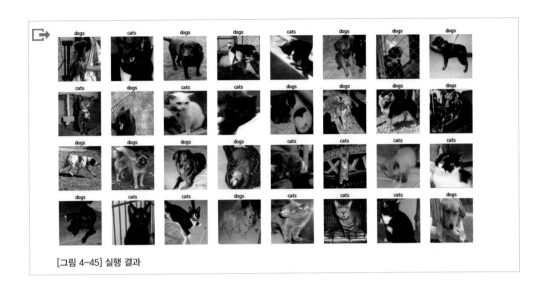

[그림 4-45] 실행 결과

5-2-3 모델 훈련

다음과 같이 이진 분류 모델을 정의한다. '배치 정규화-합성곱-풀링'으로 구성된 단위블록을 3개 반복하여 이미지로부터 다양한 피처(특징)를 추출하고, 최종 분류기로는 Dense 레이어를 사용한다. 최종 출력 레이어는 노드 1개를 갖고 활성화 함수로는 'sigmoid'를 적용한다.

```
[8]  # Sequential API를 사용하여 샘플 모델 생성

    def build_model():

        model = tf.keras.Sequential([

            # Convolution 층
            tf.keras.layers.BatchNormalization(),
            tf.keras.layers.Conv2D(32,(3, 3), padding='same', activation='relu'),
            tf.keras.layers.MaxPooling2D((2, 2)),

            tf.keras.layers.BatchNormalization(),
            tf.keras.layers.Conv2D(64,(3, 3), padding='same', activation='relu'),
            tf.keras.layers.MaxPooling2D((2, 2)),

            tf.keras.layers.BatchNormalization(),
            tf.keras.layers.Conv2D(128,(3, 3), padding='same', activation='relu'),
            tf.keras.layers.MaxPooling2D((2, 2)),

            # Classifier 출력층
            tf.keras.layers.Flatten(),
            tf.keras.layers.Dense(256, activation='relu'),
            tf.keras.layers.Dropout(0.5),
            tf.keras.layers.Dense(1, activation='sigmoid'),
        ])

        return model

    model = build_model()
```

옵티마이저, 손실함수를 지정한다. 모델을 컴파일하고, 20 epoch 동안 훈련시킨다. 훈련 셋에 대한 정확도는 92%, 검증 셋에 대한 정확도는 79% 수준으로 과대적합이 발생하였다.

```
[9]  # 모델 컴파일
     model.compile(optimizer=tf.optimizers.Adam(lr=0.001),
                   loss=tf.keras.losses.BinaryCrossentropy(from_logits=True),
                   metrics=['accuracy'])

     # 모델 훈련
     history = model.fit(train_gen, validation_data=valid_gen, epochs=20)
```

```
epoch 1/20
251/251 [==============================] - 35s 137ms/step - loss: 9.1321 - accuracy:
0.5647 - val_loss: 0.6540 - val_accuracy: 0.6006
epoch 2/20
251/251 [==============================] - 34s 135ms/step - loss: 0.5988 - accuracy:
0.6634 - val_loss: 0.5993 - val_accuracy: 0.6728
epoch 3/20
251/251 [==============================] - 34s 135ms/step - loss: 0.5857 - accuracy:
0.6873 - val_loss: 0.5855 - val_accuracy: 0.6619
...
epoch 18/20
251/251 [==============================] - 34s 134ms/step - loss: 0.1892 - accuracy:
0.9107 - val_loss: 0.7952 - val_accuracy: 0.7850
epoch 19/20
251/251 [==============================] - 34s 135ms/step - loss: 0.1570 - accuracy:
0.9235 - val_loss: 0.6655 - val_accuracy: 0.7914
epoch 20/20
251/251 [==============================] - 34s 134ms/step - loss: 0.1618 - accuracy:
0.9190 - val_loss: 0.6764 - val_accuracy: 0.7909
```

다음과 같이 손실함수 그래프를 그려보면 과대적합이 빠르게 발생한 것을 알 수 있다.

```
[10]  # 손실함수, 정확도 그래프 그리기
      plot_loss_acc(history, 20)
```

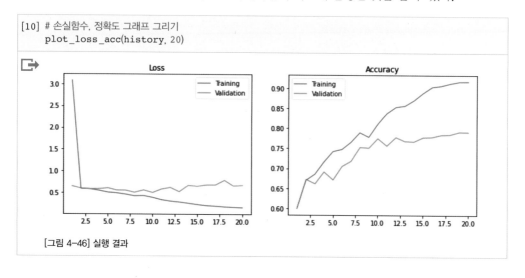

[그림 4-46] 실행 결과

5-2-4 데이터 증강

ImageDataGenerator를 사용하면 다양한 데이터 증강 기법을 클래스 함수의 매개변수 속성으로 지정할 수 있어서 편리하다는 장점이 있다. 다음 코드에서는 좌우 방향으로 뒤집는 horizontal_flip 속성을 지정하고, 회전은 최대 30도로 지정한다. 이미지를 반시계 방향으로 밀리도록 변형시키는 shear_range 속성과 이미지를 줌으로 확대하는 zoom_range 속성을 추가한다.

이미지 파일이 저장되어 있는 폴더에서 이미지를 배치 크기 단위로 불러와 데이터 증강 기법을 적용하고 목표 크기에 맞춰서 미니 배치를 구성한다. 이것들을 모아서 반복 이터레이션 객체를 만든다.

모델 인스턴스를 생성하고 훈련시킨다. 이번에는 epoch를 40으로 늘린다. 기대했던 대로 40 epoch까지는 과대적합이 발생하지 않고 약 85% 수준의 정확도를 보인다. epoch를 더 늘리면 모델 성능이 개선될 여지가 남아 있다.

```
[11] # 이미지 데이터 제너레이터 정의(Augmentation 적용)
     image_gen_aug = ImageDataGenerator(rescale=1/255.,
                                        horizontal_flip=True,
                                        rotation_range=30,
                                        shear_range=0.15,
                                        zoom_range=0.3)

     # flow_from_directory 함수로 폴더에서 이미지 가져와서 제너레이터 객체로 정리
     train_gen_aug = image_gen_aug.flow_from_directory(train_dir,
                                        batch_size=32,
                                        target_size=(224,224),
                                        classes=['cats','dogs'],
                                        class_mode = 'binary',
                                        seed=2020)

     valid_gen_aug = image_gen_aug.flow_from_directory(valid_dir,
                                        batch_size=32,
                                        target_size=(224,224),
                                        classes=['cats','dogs'],
                                        class_mode = 'binary',
                                        seed=2020)

     # 모델 생성
     model_aug = build_model()

     # 모델 컴파일
     model_aug.compile(optimizer=tf.optimizers.Adam(lr=0.001),
                       loss=tf.keras.losses.BinaryCrossentropy(from_logits=True),
                       metrics=['accuracy'])

     # 모델 훈련
     history_aug = model_aug.fit(train_gen_aug, validation_data=valid_gen_aug, epochs=40)
```

```
epoch 1/40
251/251 [==============================] - 122s 483ms/step - loss: 7.1604 -
accuracy: 0.5467 - val_loss: 0.6631 - val_accuracy: 0.6253
epoch 2/40
251/251 [=============            ==========] - 121s 482ms/step - loss: 0.6294 -
accuracy: 0.6413 - val_loss: 0.6335 - val_accuracy: 0.6792
epoch 3/40
251/251 [==============================] - 121s 483ms/step - loss: 0.6135 -
accuracy: 0.6586 - val_loss: 0.6064 - val_accuracy: 0.6599
...
epoch 31/40
251/251 [==============================] - 120s 479ms/step - loss: 0.3740 -
accuracy: 0.8275 - val_loss: 0.3921 - val_accuracy: 0.8309
epoch 32/40
251/251 [==============================] - 120s 480ms/step - loss: 0.3754 -
accuracy: 0.8365 - val_loss: 0.3789 - val_accuracy: 0.8433
epoch 33/40
251/251 [==============================] - 121s 481ms/step - loss: 0.3635 -
accuracy: 0.8294 - val_loss: 0.3454 - val_accuracy: 0.8512
epoch 34/40
251/251 [==============================] - 120s 479ms/step - loss: 0.3609 -
accuracy: 0.8334 - val_loss: 0.4330 - val_accuracy: 0.8146
epoch 35/40
251/251 [==============================] - 121s 481ms/step - loss: 0.3500 -
accuracy: 0.8433 - val_loss: 0.3483 - val_accuracy: 0.8487
epoch 36/40
251/251 [==============================] - 120s 479ms/step - loss: 0.3443 -
accuracy: 0.8420 - val_loss: 0.3700 - val_accuracy: 0.8458
epoch 37/40
251/251 [==============================] - 121s 480ms/step - loss: 0.3381 -
accuracy: 0.8481 - val_loss: 0.4146 - val_accuracy: 0.8023
epoch 38/40
251/251 [==============================] - 120s 480ms/step - loss: 0.3177 -
accuracy: 0.8635 - val_loss: 0.3811 - val_accuracy: 0.8334
epoch 39/40
251/251 [==============================] - 120s 480ms/step - loss: 0.3066 -
accuracy: 0.8659 - val_loss: 0.3408 - val_accuracy: 0.8517
epoch 40/40
251/251 [==============================] - 121s 480ms/step - loss: 0.3165 -
accuracy: 0.8606 - val_loss: 0.3520 - val_accuracy: 0.8512
```

손실함수와 모델의 정확도를 그래프로 그려보면, 과대적합이나 과소적합이 거의 발생하지 않고 학습이 잘 진행되는 것을 확인할 수 있다.

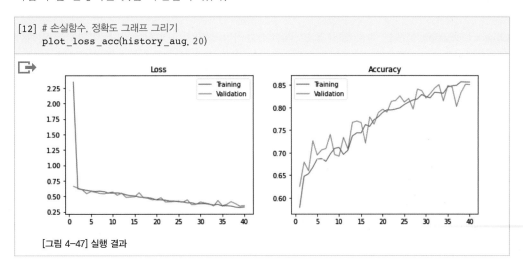

[그림 4-47] 실행 결과

Object Detection 문제는 객체 탐지 또는 객체 검출이라고 번역하여 사용된다. 이미지를 인식하는 컴퓨터 비전 AI 기술이 가장 많이 응용되는 분야라고 말할 수 있다. 가장 대표적인 응용 분야로는 자율주행차(autonomous vehicle)를 예로 들 수 있다. 자율주행차는 카메라 또는 센서를 활용하여 도로 상황을 파악한다. 도로를 이동하고 있는 다른 자동차의 움직임 외에도 거리를 횡단하려는 사람들이나 장애물을 식별하고 그 위치를 찾는다. 캐글에서도 경진 대회를 열 정도로 많은 사람들이 주목하고 있는 연구 분야라고 말할 수 있다.

객체 탐지는 입력 이미지로부터 여러 개의 객체를 찾아내고 각 객체가 무엇을 나타내는지 분류하는 두 가지 작업을 처리한다. 이미지에서 각 객체의 위치를 찾아내고 객체를 둘러싸는 네모박스(box)를 그리는데, 객체의 경계를 나타내는 좌표 값을 회귀 문제로 접근한다. 위치를 찾아낸 각 객체가 어떤 클래스에 속하는지 분류하는 문제를 다음에 처리한다.

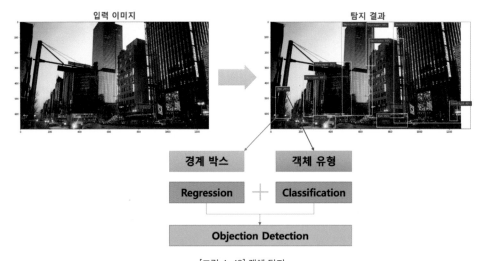

[그림 4-48] 객체 탐지

이처럼 객체 탐지는 이미지를 인식해 이미지 안에 들어 있는 여러 객체의 위치를 찾는 회귀 문제와 찾아낸 객체를 분류하는 문제가 결합되어 있다.

6-1 텐서플로 허브 활용

텐서플로 허브(Tensorflow Hub)는 많은 사용자들이 텐서플로를 선호하는 이유 중의 하나라고 볼 수 있다. 이미지 분류, 객체 탐지, 스타일 전이, 텍스트 분류 등 다양한 딥러닝 문제를 해결할 수 있는 검증된 사전 학습(pre-trained) 모델을 제공하는 저장소(repository)이기 때문이다. 여기서 제공하는 모델을 그대로 배포하여 서빙(serving)하는 것도 가능하고, 전이 학습을 거쳐 개별 도메인에 맞게 튜닝한 다음 배포하는 것도 가능하다.

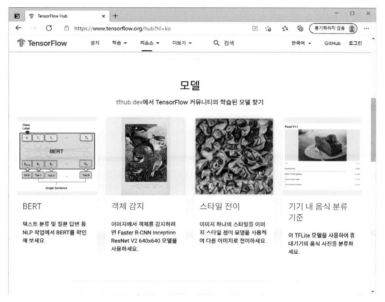

[그림 4-49] 텐서플로 허브[21]

이번에는 텐서플로 허브에서 제공하는 객체 탐지 모델을 사용하여 샘플 이미지로부터 객체를 추출하는 작업을 한다. 먼저 텐서플로 허브 라이브러리를 직접 불러온다.

〈소스〉 4.5_object_detection_hub.ipynb

```
[1]  import tensorflow as tf # tensorflow
     import tensorflow_hub as tfhub # tensorflow hub
```

---

21 출처 : https://www.tensorflow.org/hub?hl=ko

6-1-1 샘플 이미지 준비

이미 학습이 완료된 딥러닝 모델을 사용할 것이므로, 별도로 모델 학습을 하지 않는다. 모델을 활용해 객체를 탐지하고 검출할 샘플 이미지를 준비한다. 여기서는 위키피디아에서 제공하는 서울 강남 지역의 거리 사진을 다운로드받아서 모델의 입력 형태에 맞게 전처리한다.

[Tip] 각자 탐지하고 싶은 이미지 파일을 로컬PC로부터 가져와서 추론하는 연습을 한다.

```
[2]  # 샘플 이미지 다운로드
     img_path = 'https://upload.wikimedia.org/wikipedia/commons/thumb/c/c4/
     Gangnam_Seoul_January_2009.jpg/1280px-Gangnam_Seoul_January_2009.jpg'
     img = tf.keras.utils.get_file(fname='gangnam', origin=img_path)
     img = tf.io.read_file(img)   # 파일 객체를 string으로 변환
     img = tf.image.decode_jpeg(img, channels=3)  # 문자(string)를 숫자(unit8) 텐서로 변환
     img = tf.image.convert_image_dtype(img, tf.float32)   # 0 ~ 1 범위로 정규화

     import matplotlib.pylab as plt
     plt.figure(figsize=(15, 10))
     plt.imshow(img)
```

```
Downloading data from https://upload.wikimedia.org/wikipedia/commons/thumb/c/c4/Gangn
am_Seoul_January_2009.jpg/1280px-Gangnam_Seoul_January_2009.jpg
344064/336122 [==============================] - 0s 0us/step
⟨matplotlib.image.AxesImage at 0x7f3af0737c50⟩
```

[그림 4-50] 실행 결과

사전 학습 모델은 배치 크기를 포함하여 4차원 텐서를 입력으로 받는다. 따라서 가장 앞쪽으로 0번 축(axis 0)으로 새로운 축을 추가한다.

```
[3] img_input = tf.expand_dims(img, 0) # batch_size추가
    img_input.shape
```

⏎ TensorShape([1, 700, 1280, 3])

6-1-2 사전 학습 모델

텐서플로 허브에서 Open Images v4 데이터셋으로 사전에 학습된 2가지 모델을 제공한다(링크 : https://tfhub.dev/s?dataset = openimagesv4).

이 책에서는 Faster R-CNN[22]알고리즘으로 구현된 inception_resnet_v2 모델을 사용한다. 이 모델은 mobilenet_v2 모델보다 속도는 느리지만 정확도가 훨씬 높다.

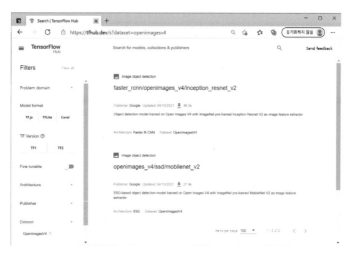

[그림 4-51] 텐서플로 허브 객체 탐지 모델

[그림 4-51]에서 inception_resnet_v2 모델의 링크를 클릭하여 선택하면 다음과 같은 화면이 나타난다. [Copy URL] 버튼을 클릭하면 모델을 가져올 수 있는 링크가 복사된다. 저장된 모델 파일을 직접 로컬 PC에 다운로드받을 수도 있다.

---

22 Faster R-CNN은 softmax 함수로 객체를 분류하고 경계 박스를 회귀로 찾는 Fast R-CNN을 보완하며 제시된 객체 탐지 알고리즘이다.

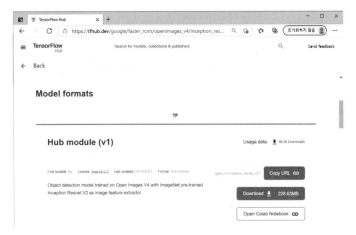

[그림 4-52] 모델 다운로드

앞에서 복사한 링크를 텐서플로 허브 라이브러리의 load 함수에 전달해 주면 모델을 불러온다. model 변수에 저장한다.

```
[4]  # TensorFlow Hub에서 모델 가져오기 – FasterRCNN+InceptionResNet V2
     model = tfhub.load("https://tfhub.dev/google/faster_rcnn/openimages_v4/
                          inception_resnet_v2/1")
```

INFO:tensorflow:Saver not created because there are no variables in the graph to restore
INFO:tensorflow:Saver not created because there are no variables in the graph to restore

다음과 같이 모델의 시그니처를 확인한다. 이 모델은 'default' 시그니처 하나만 제공한다.

```
[5]  # 모델 시그니처(용도) 확인
     model.signatures.keys()
```

KeysView(_SignatureMap({'default': <ConcreteFunction pruned(images) at 0x7F3AF069D8D0>}))

모델에서 'default' 시그니처를 지정하여 객체 탐지 모델 인스턴스를 생성한다.

```
[6]  # 객체탐지 모델 생성
     obj_detector = model.signatures['default']
     obj_detector
```

<ConcreteFunction pruned(images) at 0x7F3AF069D8D0>

6-1-3 추론

객체 탐지 모델에 앞에서 미리 전처리를 통해서 준비한 샘플 이미지를 입력한다. 모델은 추론(inference)을 거쳐서 예측 값을 반환한다. result 변수의 딕셔너리 키 배열을 확인하면 다음과 같다.

```
[7]  # 모델을 이용하여 예측(추론)
     result = obj_detector(img_input)
     result.keys()
```

↪ dict_keys(['detection_class_names', 'detection_boxes', 'detection_scores',
    'detection_class_labels', 'detection_class_entities'])

그 중에서 우리는 다음 값들을 사용할 예정이다.

- detection_boxes: 경계 박스(bounding box) 좌표 [ymin, xmin, ymax, xmax]
- detection_class_entities: 검출된 클래스 아이디
- detection_scores: 검출 스코어

먼저 검출 스코어 점수의 개수를 통해서 100개의 객체를 탐지한 것을 알 수 있다.

```
[8]  # 탐지한 객체의 개수
     len(result["detection_scores"])
```

↪ 100

검출된 100개의 객체 중에서 검출 스코어가 0.1보다 큰 경우만 경계 박스와 예측 클래스를 시각화한다. 최대 10개 객체만 표시되도록 설정한다.

```
[9]  # 객체 탐지 결과를 시각화
     boxes = result["detection_boxes"]   # Bounding Box 좌표 예측 값
     labels = result["detection_class_entities"]  # 분류 예측 값
     scores = result["detection_scores"]  # 신뢰도(confidence)

     # 샘플 이미지 가로 세로 크기
     img_height, img_width = img.shape[0], img.shape[1]

     # 탐지할 최대 객체의 수
     obj_to_detect = 10

     # 시각화
     plt.figure(figsize=(15, 10))
     for i in range(min(obj_to_detect, boxes.shape[0])):
         if scores[i] >= 0.2:
             (ymax, xmin, ymin, xmax) =(boxes[i][0] * img_height, boxes[i][1] * img_width,
                                        boxes[i][2] * img_height, boxes[i][3] * img_width)

             plt.imshow(img)
             plt.plot([xmin, xmax, xmax, xmin, xmin], [ymin, ymin, ymax, ymax, ymin],
                 color='yellow', linewidth=2)

             class_name = labels[i].numpy().decode('utf-8')
             infer_score = int(scores[i].numpy() * 100)
             annotation = "{}: {}%".format(class_name, infer_score)
             plt.text(xmin+10, ymax+20, annotation,
                     color='white', backgroundcolor='blue', fontsize=10)
```

[그림 4-53] 실행 결과

6-2 YOLO 객체 탐지

이번에는 Darknet[23](https://pjreddie.com/darknet/)에서 제공하는 YOLO(You Only Look Once) 객체 탐지 모델을 사용하는 방법을 알아본다. YOLO는 경계 박스와 예측 클래스를 서로 다른 문제로 다루지 않고 하나의 회귀 문제로 접근하는 개념이다. 다시 말하면, 하나의 신경망이 한 번만 계산해 두 가지 일을 한꺼번에 처리한다. 따라서 속도가 매우 빠르다는 장점을 갖는다.

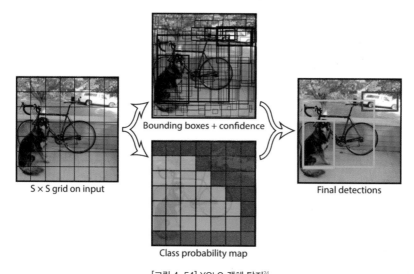

[그림 4-54] YOLO 객체 탐지[24]

23 Darknet은 C 언어로 작성되어 속도가 빠르고 CUDA 기반의 다양한 딥러닝 모델을 제공하는 오픈소스 프레임워크다.
24 출처 : YOLO 논문, https://arxiv.org/abs/1506.02640

6-2-1 Darknet YOLO 모델 추론하기

YOLO 모델을 개인의 로컬 PC 환경에서 학습하는 것은 사실상 불가능하다. 성능 좋은 GPU가 필요하고, 학습 시간도 오래 걸리기 때문이다. 하지만 Darknet에서 제공하는 사전 학습 모델을 활용하면 일반 PC 환경에서도 YOLO 뿐만 아니라 ResNet 등 다양한 딥러닝 모델을 실행할 수 있다.

먼저, Alexey Bochkoviskiy의 깃허브(`https://github.com/AlexeyAB/darknet/wiki`) 저장소를 코랩 환경으로 다운로드받는다. darknet 폴더가 생성되는 것을 확인할 수 있다.

객체를 탐지할 샘플 이미지를 업로드한다. 업로드 버튼(⬆)을 누르고 자료실에서 제공하는 파일(gangnam.jpg)을 선택해 업로드하면 된다.

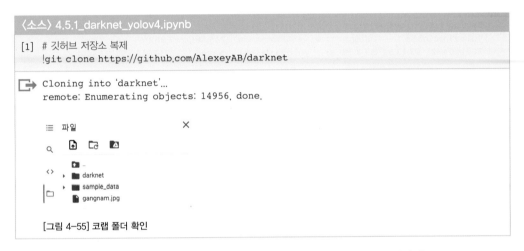

```
〈소스〉 4.5.1_darknet_yolov4.ipynb
[1]  # 깃허브 저장소 복제
     !git clone https://github.com/AlexeyAB/darknet
```

```
Cloning into 'darknet'...
remote: Enumerating objects: 14956, done.
```

[그림 4-55] 코랩 폴더 확인

GPU를 사용할 수 있도록 Darknet의 Makefile을 수정하고, Darknet을 생성한다.

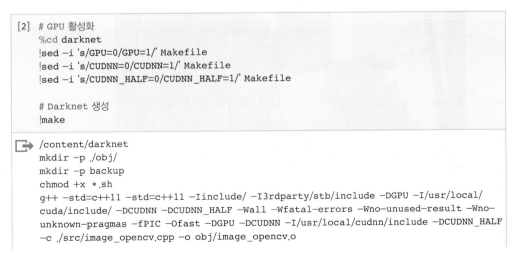

```
[2]  # GPU 활성화
     %cd darknet
     !sed -i 's/GPU=0/GPU=1/' Makefile
     !sed -i 's/CUDNN=0/CUDNN=1/' Makefile
     !sed -i 's/CUDNN_HALF=0/CUDNN_HALF=1/' Makefile

     # Darknet 생성
     !make
```

```
/content/darknet
mkdir -p ./obj/
mkdir -p backup
chmod +x *.sh
g++ -std=c++11 -std=c++11 -Iinclude/ -I3rdparty/stb/include -DGPU -I/usr/local/
cuda/include/ -DCUDNN -DCUDNN_HALF -Wall -Wfatal-errors -Wno-unused-result -Wno-
unknown-pragmas -fPIC -Ofast -DGPU -DCUDNN -I/usr/local/cudnn/include -DCUDNN_HALF
-c ./src/image_opencv.cpp -o obj/image_opencv.o
```

```
g++ -std=c++11 -std=c++11 -Iinclude/ -I3rdparty/stb/include -DGPU -I/usr/local/
cuda/include/ -DCUDNN -DCUDNN_HALF -Wall -Wfatal-errors -Wno-unused-result -Wno-
unknown-pragmas -fPIC -Ofast -DGPU -DCUDNN -I/usr/local/cudnn/include -DCUDNN_HALF
-c ./src/http_stream.cpp -o obj/http_stream.o
./src/http_stream.cpp: In member function 'bool JSON_sender::write(const char *)':
./src/http_stream.cpp:253:21: warning: unused variable 'n' [-Wunused-variable]
                int n = _write(client, outputbuf, outlen);
...
```

모델 가중치를 가져온다.

```
[3]  !wget https://github.com/AlexeyAB/darknet/releases/download/darknet_yolo_v3_optimal/
     yolov4.weights
```

```
...
Saving to: 'yolov4.weights'
yolov4.weights       100%[===================>] 245.78M  97.9MB/s    in 2.5s
2021-04-21 03:43:54 (97.9 MB/s) - 'yolov4.weights' saved [257717640/257717640]
```

업로드한 샘플 이미지를 출력해서 확인한다. 텐서플로 허브에서 사용했던 서울 강남의 도로 사진이다.

```
[4]  import matplotlib.pylab as plt
     import tensorflow as tf
     plt.figure(figsize=(15, 10))
     img = tf.io.read_file('/content/gangnam.jpg')
     img = tf.image.decode_jpeg(img, channels=3)
     img = tf.image.convert_image_dtype(img, tf.float32)
     plt.imshow(img)
```

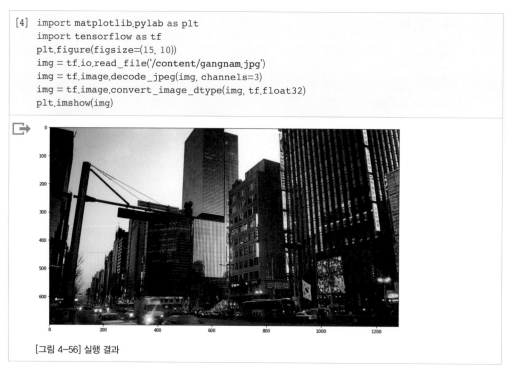

[그림 4-56] 실행 결과

Darknet을 실행하여 샘플 이미지에 대한 객체 탐지를 추론(inference)한다. 객체를 추출하고 예측 확률을 계산한다. 샘플 이미지의 코랩 파일 경로(/content/gangnam.jpg)를 마지막에 추가한다.

```
[5]  # Darknet 실행
     !./darknet detector test cfg/coco.data cfg/yolov4.cfg yolov4.weights /content/
     gangnam.jpg
```

```
...
/content/gangnam.jpg: Predicted in 32.796000 milli-seconds.
person: 68%
car: 57%
car: 66%
car: 85%
car: 87%
...
car: 35%
bus: 92%
car: 69%
traffic light: 28%
car: 26%
car: 53%
car: 75%
car: 54%
traffic light: 45%
car: 40%
car: 49%
car: 90%
traffic light: 70%
traffic light: 46%
car: 33%
bus: 99%
person: 33%
traffic light: 27%
car: 94%
person: 30%
person: 43%
person: 28%
...
person: 33%
person: 41%
person: 28%
person: 32%
Not compiled with OpenCV, saving to predictions.png instead
```

앞에서 탐지한 결과는 darknet 폴더에 predictions.jpg라는 이름으로 저장된다. 이 파일을 화면에
출력하면 다음과 같다.

```
[6]  plt.figure(figsize=(15, 10))
     img = tf.io.read_file('/content/darknet/predictions.jpg')
     img = tf.image.decode_jpeg(img, channels=3)
     img = tf.image.convert_image_dtype(img, tf.float32)
     plt.imshow(img)
```

[그림 4-57] 실행 결과

6-2-2 나만의 YOLO 모델 생성

Darknet 수준의 YOLO 모델을 개인이 학습하기에는 컴퓨터 리소스가 너무 많이 필요하고, 시간도 너무 많이 걸린다는 문제가 있다. 대신 검은색 바탕에 간단한 도형 3개만 탐지하는 YOLO 모델을 만들어보고, YOLO 모델을 더 쉽게 이해하자.

앞의 그림을 보면 YOLO 논문[25]에서는 이미지를 가로, 세로 각각 7개의 셀로 나누어 총 49 셀을 기본으로 하지만, 우리는 가로, 세로 3개의 셀로 나누는 방식으로 문제를 단순화한다. 또한 논문에서는 한 셀 당 2개의 박스를 그리지만, 우리는 한 셀 당 1개의 박스를 그리는 방식으로 수정한다. 마지막으로 탐지할 객체의 종류인 Class도 3개로 줄여서 구현한다.

〈소스〉 4.5.2_simple_yolo.ipynb

```
[1]  # 필요한 패키지를 임포트
     import tensorflow as tf
     import numpy as np
     import cv2
     from google.colab.patches import cv2_imshow

     # 파라미터 설정

     # 이미지 크기
     width_size = 256
     hight_size = 256
     channel_size = 3
     img_size = (width_size,hight_size,channel_size)
```

---

25 https://arxiv.org/pdf/1506.02640.pdf(Joseph Redmon∗ , Santosh Divvala∗†, Ross Girshick¶ , Ali Farhadi∗† University of Washington∗ , Allen Institute for AI† , Facebook AI Research)

```
# 이미지를 나눌 크기
cell_num = 3
# 찾고자 하는 객체 개수
class_num = 3
# 한셀에 그릴 박스 수
anchor_num = 1
label_num = anchor_num * (5 + class_num)
# 학습 수
epoch_num = 20000
# 로스 비중
loss_p_rate = 1.0
loss_cod_rate = 5.0
loss_c_rate = 1.0
loss_p_no_rate = 0.5
```

실습을 위해서 자료실에서 제공하는 3개의 이미지 파일(0.png/1.png/2.png)을 사용한다. 업로드 버튼을 이용하여 코랩 폴더에 도형 파일을 업로드한다. 색다른 도형을 만들어 학습하고자 한다면 각자의 도형을 그리고 학습을 진행하는 것도 하나의 재미가 될 수 있다.

[그림 4-58] 샘플 파일 업로드

CV2를 이용하여 랜덤한 위치에 3개의 도형 이미지를 그린다. 해당 이미지의 위치를 찾아서 경계 박스로 나타내고, 정답 클래스 레이블까지 반환하는 함수를 정의한다.

```
[2]  # 랜덤하게 도형을 그리고, 실제 정답 값을 생성하는 함수 정의
     # 0.png / 1.png / 2.png 파일이 필요함
     def make_img_label():
         img = np.zeros((hight_size+400,width_size+400,channel_size))
         label = np.zeros((cell_num,cell_num,label_num))
         num_shape = np.random.randint(1,4)
         i = np.random.choice(range(cell_num),num_shape,replace=False)
         j = np.random.choice(range(cell_num),num_shape,replace=False)

         img_0 = cv2.imread('0.png')
         img_1 = cv2.imread('1.png')
         img_2 = cv2.imread('2.png')

         for n_h in range(num_shape):
             row = i[n_h]
             col = j[n_h]
```

```
        shape_type = np.random.randint(0,class_num)
        x_rate = np.random.rand()
        y_rate = np.random.rand()
        w_rate = np.random.rand() * 0.3 +0.1
        h_rate = np.random.rand() * 0.3 +0.1

        label[row,col]=[1,x_rate,y_rate,w_rate,h_rate,0,0,0]
        label[row,col,5+shape_type]=1
        x = int(x_rate * width_size/cell_num + col * width_size/cell_num)
        y = int(y_rate * hight_size/cell_num + row * hight_size/cell_num)
        w = int(w_rate * width_size/2) * 2
        h = int(h_rate * hight_size/2) * 2
        if(shape_type==0):
            input_img = cv2.resize(img_0,(w,h))
        if(shape_type==1):
            input_img = cv2.resize(img_1,(w,h))
        if(shape_type==2):
            input_img = cv2.resize(img_2,(w,h))
        img[y-int(h/2)+200 : y+int(h/2)+200, x-int(w/2)+200 : x+int(w/2)+200] =input_img
    img = img[200:200+hight_size,200:200+width_size]

    return img,label
img,label = make_img_label()
cv2_imshow(img)
```

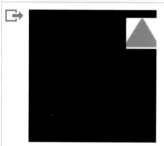

[그림 4 -59] 실행 결과

```
[[[0.          0.          0.          0.          0.          0.
   0.          0.        ]
  [0.          0.          0.          0.          0.          0.
   0.          0.        ]
  [1.          0.67713929  0.52988088  0.25800414  0.24057516  0.
   0.          1.        ]]
 [[0.          0.          0.          0.          0.          0.
   0.          0.        ]
  [0.          0.          0.          0.          0.          0.
   0.          0.        ]
  [0.          0.          0.          0.          0.          0.
   0.          0.        ]]
 [[0.          0.          0.          0.          0.          0.
   0.          0.        ]
  [0.          0.          0.          0.          0.          0.
   0.          0.        ]
  [0.          0.          0.          0.          0.          0.
   0.          0.        ]]]
```

실습을 위해 앞에서 생성한 이미지와 클래스(또는 예측 값)을 입력해 주면, 탐지한 이미지에 박스를 그려주는 함수를 정의한다. 함수를 실행하면 경계 박스를 찾아서 표시해 준다.

```
[3]  # 이미지와 정답(혹은 예측 값)을 넣으면 박스를 그려주는 함수 정의
     # 임계값 th 설정 (객체가 있다는 확률이 th 이상일 때만 박스 생성)
     def show_box(img,label,th=0.3):
         b_img = np.zeros((hight_size+400,width_size+400,3))
         b_img[200:200+hight_size,200:200+width_size] = img
         for i in range(cell_num):
             for j in range(cell_num):
                 if(label[i,j,0] > th):
                     x_rate = label[i,j,1]
                     y_rate = label[i,j,2]
                     w_rate = label[i,j,3]
                     h_rate = label[i,j,4]
                     shape_type=np.argmax(label[i,j,5:])
                     if(shape_type==0):
                         line_color = [0,0,255]
                     if(shape_type==1):
                         line_color = [255,0,0]
                     if(shape_type==2):
                         line_color = [0,255,0]
                     x = int(x_rate * width_size/3 + j * width_size/3)
                     y = int(y_rate * hight_size/3 + i * hight_size/3)
                     w = int(w_rate * width_size/2) * 2 + 20
                     h = int(h_rate * hight_size/2) * 2 + 20
                     cv2.rectangle(b_img,(x-int(w/2)+200,y-int(h/2)+200),(x+int(w/2)+200,y+int(h/2)
                              +200),line_color)

         b_img = b_img[200:200+hight_size,200:200+width_size]
         return b_img
     cv2_imshow(show_box(img,label))
```

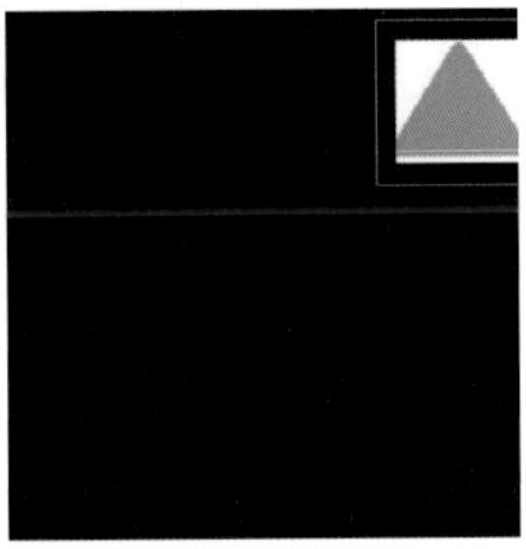

[그림 4-60] 실행 결과

[Tip] 논문에서 구현하고 있는 NMS(Non-Maximum Suppression)은 여기서 적용하지 않는다. NMS란 서로 다른 두 박스가 하나의 객체를 탐지할 경우 예측 확률이 박스는 지우는 알고리즘이다. 따라서 예제에서는 특정 도형 이미지를 탐지한 모든 경계 박스가 표시된다.

객체 탐지 모델의 어느 정도 성능을 갖기 위해서는 복잡한 구조로 구현되어야 한다. 전이 학습 방법을 적용하여 이미지 특징을 추출하는데 좋은 성능을 갖는 모델을 기본으로 활용하는 것이 좋다.

다음 코드에서는 VGG16 모델을 베이스로 사용하고, Conv2D 층과 Dense 레이어를 마지막 객체 탐지 분류기로 설정해 준다. 모델 구조를 요약해서 확인한다.

```
[4] # VGG16모델을 베이스로 마지막 부분만 수정하는 모델 생성(전이 학습)
vgg_model = tf.keras.applications.VGG16(include_top=False,input_shape=img_size)
vgg_model.trainable=False
i=tf.keras.Input(shape=img_size)
out=tf.keras.layers.Lambda((lambda x : x/255.))(i)
out = vgg_model(out)
out = tf.keras.layers.Conv2D(256, 3 padding='same')(out)
out = tf.keras.layers.Conv2D(128, 3, padding='same')(out)
out = tf.keras.layers.Conv2D(64, 3, padding='same')(out)
out = tf.keras.layers.Flatten()(out)
out = tf.keras.layers.Dense(1024, activation='relu')(out)
out = tf.keras.layers.Dense(3 * 3 * 8, activation='sigmoid')(out)
out = tf.keras.layers.Reshape((3, 3, 8))(out)
yolo_model = tf.keras.Model(inputs=[i],outputs=[out])
opt = tf.keras.optimizers.Adam(0.00001)

# 모델 요약
yolo_model.summary()
```

Downloading data from https://storage.googleapis.com/tensorflow/keras-applications/vgg16/vgg16_weights_tf_dim_ordering_tf_kernels_notop.h5
58892288/58889256 [==============================] – 1s 0us/step
Model: "model"

Layer (type)	Output Shape	Param #
input_2 (InputLayer)	[(None, 256, 256, 3)]	0
lambda (Lambda)	(None, 256, 256, 3)	0
vgg16 (Functional)	(None, 8, 8, 512)	14714688
conv2d (Conv2D)	(None, 8, 8, 256)	1179904
conv2d_1 (Conv2D)	(None, 8, 8, 128)	295040
conv2d_2 (Conv2D)	(None, 8, 8, 64)	73792
flatten (Flatten)	(None, 4096)	0
dense (Dense)	(None, 1024)	4195328
dense_1 (Dense)	(None, 72)	73800
reshape (Reshape)	(None, 3, 3, 8)	0

Total params: 20,532,552
Trainable params: 5,817,864
Non-trainable params: 14,714,688

이미지를 총 9개(3 * 3)의 셀로 나누고, 셀마다 학습을 진행한다. 객체가 있는 셀의 경우 확률/박스위치 및 크기/클래스 종류 모두 학습을 진행하고, 객체가 없는 셀은 객체가 없는 확률만 학습한다. 각 Loss는 미리 정한 비중을 곱하고 전체를 더해 최종 Loss를 만들어 모델을 학습시킨다.

```
[5]  # 학습 과정을 동영상으로 기록
     fcc=cv2.VideoWriter_fourcc(*'DIVX')
     out=cv2.VideoWriter('hjk_yolo.avi',fcc,1.0,(width_size,hight_size))
     for e in range(epoch_num):
         img,label = make_img_label()
         img = np.reshape(img,(1,hight_size,width_size,3))
         label = np.reshape(label,(1,3,3,8))
         loss_p_list=[]
         loss_cod_list = []
         loss_c_list = []
         loss_p_no_list = []
         with tf.GradientTape() as tape:
             pred = yolo_model(img)
             # 이미지를 구분한 셀을 탐험
             for i in range(3):
                 for j in range(3):
                     # 해당 셀에 객체가 있을 경우는 확률, 박스 크기, 클래스까지 모두 Loss로 계산
                     if(label[0,i,j,0]==1):
                         loss_p_list.append(tf.square(label[0,i,j,0]-pred[0,i,j,0]))
                         loss_cod_list.append(tf.square(label[0,i,j,1]-pred[0,i,j,1]))
                         loss_cod_list.append(tf.square(label[0,i,j,2]-pred[0,i,j,2]))
                         loss_cod_list.append(tf.square(label[0,i,j,3]-pred[0,i,j,3]))
                         loss_cod_list.append(tf.square(label[0,i,j,4]-pred[0,i,j,4]))
                         loss_c_list.append(tf.square(label[0,i,j,5]-pred[0,i,j,5]))
                         loss_c_list.append(tf.square(label[0,i,j,6]-pred[0,i,j,6]))
                         loss_c_list.append(tf.square(label[0,i,j,7]-pred[0,i,j,7]))
                     # 해당 셀에 객체가 없을 경우 객체가 없을 확률만 Loss로 계산
                     else:
                         loss_p_no_list.append(tf.square(label[0,i,j,0]-pred[0,i,j,0]))
             loss_p=tf.reduce_mean(loss_p_list)
             loss_cod =tf.reduce_mean(loss_cod_list)
             loss_c = tf.reduce_mean(loss_c_list)
             loss_p_no = tf.reduce_mean(loss_p_no_list)
             # 각 Loss를 비중을 곱해 더해 최종 Loss를 계산
             loss = loss_p_rate * loss_p + loss_cod_rate * loss_cod + loss_c_rate *
                    loss_c + loss_p_no_rate * loss_p_no
         # Loss에 대한 Grad를 구하고, 각 파라미터를 업데이트
         vars = yolo_model.trainable_variables
         grad = tape.gradient(loss, vars)
         opt.apply_gradients(zip(grad, vars))
         # 100번마다 동영상에 이미지를 기록
         if(e%100==0):
             img = np.reshape(img,(256,256,3))
             label = pred.numpy()
             label = np.reshape(label,(3,3,8))
             sample_img = np.uint8(show_box(img,label))
             out.write(sample_img)
         print(e,"완료",loss.numpy())
     out.release()
```

```
0 완료 1.1480769
1 완료 1.4256214
2 완료 1.1765329
3 완료 1.4115157
4 완료 1.0444499
5 완료 1.1279671
…중략…
```

학습 과정은 동영상 파일로 저장된다. 코랩 폴더에서 동영상 파일을 로컬 PC로 다운로드받는다. 동영상을 실행해 학습 과정을 보면, 약 10,000번 학습이 이루어지고 난 뒤부터는 객체 탐지를 어느 정도 수준에서는 잘 해내는 것을 볼 수 있다.

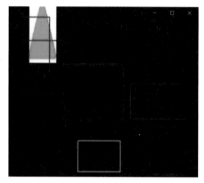

[그림 4-61] 학습 초기 : 탐지 상태가 불안정

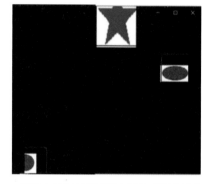

[그림 4-62] 10,000번 학습 이후 : 안정적 탐지

이미지 분할 또는 세그멘테이션은 이미지를 구성하는 모든 픽셀에 대해 픽셀 단위로 분류하는 것이다. 즉, 모든 픽셀은 어떤 클래스에 속한다. 예를 들어 배경 클래스와 객체 클래스로 구성된 이미지가 있다면, 모든 픽셀은 배경 또는 객체 중 하나로 분류된다. 이렇게 모든 픽셀에 대한 정답 클래스를 레이블 처리한 데이터셋을 가지고, 딥러닝 모델을 훈련시키면 정답 클래스를 알지 못하는 새로운 이미지에 대해서도 배경과 객체를 분리할 수 있다.

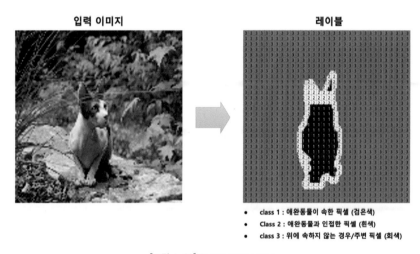

입력 이미지	레이블

- class 1 : 애완동물이 속한 픽셀 (검은색)
- Class 2 : 애완동물과 인접한 픽셀 (흰색)
- class 3 : 위에 속하지 않는 경우/주변 픽셀 (회색)

[그림 4-63] Segmantation Map

이미지 분할은 의미 분할(semantic segmentation)과 인스턴스 분할(instance segmentation)로 구분된다. 의미 분할은 같은 범주의 여러 객체를 하나의 범주로 묶어서 구분하지만, 인스턴스 분할은 같은 범주에 속하더라도 서로 다른 객체를 구분하는 개념이다.

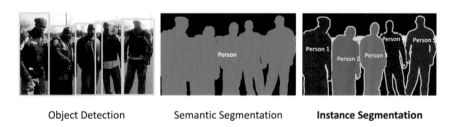

Object Detection   Semantic Segmentation   **Instance Segmentation**

[그림 4-64] 객체 탐지, 의미 분할, 인스턴스 분할[26]

26 출처 : http://kaiminghe.com/iccv17tutorial/maskrcnn_iccv2017_tutorial_kaiminghe.pdf

7-1 데이터셋 준비

이미지 분할 예제에 사용할 데이터셋은 Oxford-IIIT Pet Dataset[27](Parkhi et al)이다. 이 데이터셋은 반려동물의 이미지 및 분류 레이블, 각 이미지를 구성하는 픽셀 단위의 마스크로 구성되어 있다. 여기서 말하는 마스크는 각 픽셀에 대한 범주 레이블을 나타낸다. 각 픽셀은 다음 세 가지 범주 중 하나에 속한다.

- class 1 : 반려동물이 속한 픽셀(다음 그림의 노란색 영역)
- class 2 : 반려동물과 인접한 픽셀(빨간색 영역)
- class 3 : 위에 속하지 않는 경우/주변 픽셀(파란색 영역)

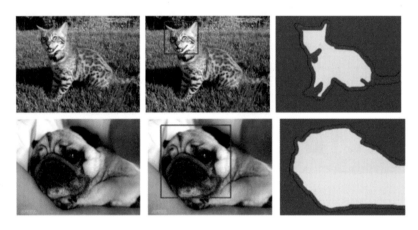

[그림 4-65] Oxford-IIIT Pet Dataset 샘플 이미지, 분류 레이블, 마스크

영상 처리를 위한 OpenCV를 비롯한 필수 라이브러리를 다음과 같이 먼저 불러온다.

〈소스〉 4.6_segmentation.ipynb

```
[1] import numpy as np
    import tensorflow as tf
    import matplotlib.pylab as plt
    import cv2
    from tqdm.notebook import tqdm
    import tensorflow_datasets as tfds
    from google.colab.patches import cv2_imshow
```

모델 학습에 필요한 입력 이미지의 크기와 학습 파라미터 설정한다. 이런 방식으로 주요 파라미터를 따로 정리하면 모델의 세부 튜닝 작업을 효율적으로 할 수 있다.

---

27 출처 : https://www.robots.ox.ac.uk/~vgg/data/pets/

```
[2]  # 이미지 크기
     img_w = 128
     img_h = 128
     img_c = 3
     img_shape =(img_w,img_h,img_c)

     # 모델 학습
     epoch_num = 5
     learning_rate = 0.0001
     buffer_size = 1000
     batch_size = 16
```

텐서플로 데이터셋에서 옥스포드 반려동물 데이터를 불러온다. 메타 정보를 가져와서 info 변수에 저장한다.

```
[3]  # 텐서플로 데이터셋 로드
     ds_str='oxford_iiit_pet'
     ds, info = tfds.load(name=ds_str, with_info=True)
```

➡ ...
   Dataset oxford_iiit_pet downloaded and prepared to /root/tensorflow_datasets/
   oxford_iiit_pet/3.2.0. Subsequent calls will reuse this data.

원본 이미지와 분할 마스크를 전처리하는 함수를 정의한다. 이미지 크기를 사전에 정의한 (128, 128) 크기로 변경하고 자료형을 변환한다. 원본 이미지의 픽셀을 255로 나눠서 0~1 범위로 정규화한다. 마스크는 0, 1, 2의 정수형 값을 갖도록 1을 차감한다.

```
[4]  # 이미지 전처리 함수
     def preprocess_image(ds):
         # 원본 이미지
         img = tf.image.resize(ds['image'],(img_w, img_h))
         img = tf.cast(img, tf.float32) / 255.0
         # 분할 마스크
         mask = tf.image.resize(ds['segmentation_mask'],(img_w, img_h))
         mask = tf.cast(mask, tf.int32)
         mask = mask - 1
         return img, mask
```

앞에서 정의한 전처리 함수를 훈련 셋, 테스트 셋에 매핑해 주고 미니배치로 분할한다.

```
[5]  # 데이터 전처리 파이프라인
     train_ds = ds['train'].map(preprocess_image).shuffle(buffer_size).batch(batch_size).prefetch(2)
     test_ds = ds['test'].map(preprocess_image).shuffle(buffer_size).batch(batch_size).prefetch(2)

     print(train_ds)
```

➡ ⟨PrefetchDataset shapes: ((None, 128, 128, 3), (None, 128, 128, 1)), types: (tf.float32,
   tf.int32)⟩

샘플 배치를 한 개 선택한다. 배치에는 16개의 샘플 이미지와 마스크 이미지가 들어 있다.

```
[6]  # 샘플 배치 선택
     img, mask = next(iter(train_ds))
     len(img)
```

⤷ 16

배치에서 첫 번째 이미지를 출력한다. 0~1 사이의 값이므로 255를 곱해서 정규화 이전의 원래 값으로 복원했다.

```
[7]  # 샘플 이미지 출력
     img= np.array(img[0]) * 255.0
     img = cv2.cvtColor(img, cv2.COLOR_RGB2BGR)
     cv2_imshow(img)
```

⤷

[그림 4-66] 실행 결과

마스크 이미지를 출력한다. 마스크 값의 범위는 0~2이므로 2로 나눈 다음에 255를 곱하면 RGB 이미지로 표현할 수 있다.

```
[8]  # 샘플 마스크 출력
     mask=(np.array(mask[0])/2) * 255.0
     cv2_imshow(mask)
```

⤷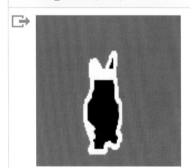

[그림 4-67] 실행 결과

7-2   U-Net 모델(인코더-디코더)

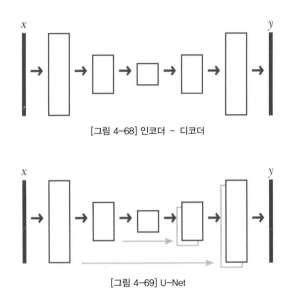

[그림 4-68] 인코더 - 디코더

[그림 4-69] U-Net

사전 학습된 VGG16 모델을 인코더로 활용하는 U-Net 모델을 만들어 본다. VGG16은 이미지 넷 경진 대회를 통해 성능이 검증된 모델이다. 사실 사전 학습된 모델 없이 U-Net을 구성하여 학습을 진행해도 학습은 된다. 단, 데이터 개수가 충분하고, 시간이 충분하다는 전제에서 말이다.

구글 코랩 환경에서 제한된 자원으로 양호한 성능을 갖는 모델을 만들기 위해서 사전 학습된 모델을 베이스모델로 활용하는 전이 학습 방법을 사용하기로 한다.

먼저 VGG16 모델을 최종 레이어를 제외한 채로 불러온다.

```
[9]  # VGG16 모델
     base_model = tf.keras.applications.VGG16(input_shape=img_shape, include_top=False)
```

```
Downloading data from https://storage.googleapis.com/tensorflow/keras-applications/
vgg16/vgg16_weights_tf_dim_ordering_tf_kernels_notop.h5
58892288/58889256 [==============================] - 0s 0us/step
```

VGG16 모델은 합성곱 층과 풀링 층을 직렬로 연결한 구조를 갖는다. 다음 코드의 실행 결과에서 모델 구조를 보면 (128, 128) 크기의 텐서가 마지막 레이어에서는 (4, 4) 크기로 축소되는 것을 확인할 수 있다.

이 모델을 U-Net의 인코더로 사용할 예정이다. 인코더는 원본 이미지 중에서 같은 범주에 속하는 픽셀을 결합하면서 점진적으로 이미지를 더 작은 크기로 축소한다. 다시 말하면, 마스크 정답을 활용하여 각 픽셀의 마스크 범주를 0, 1, 2 중에서 하나로 분류하는 역할을 한다.

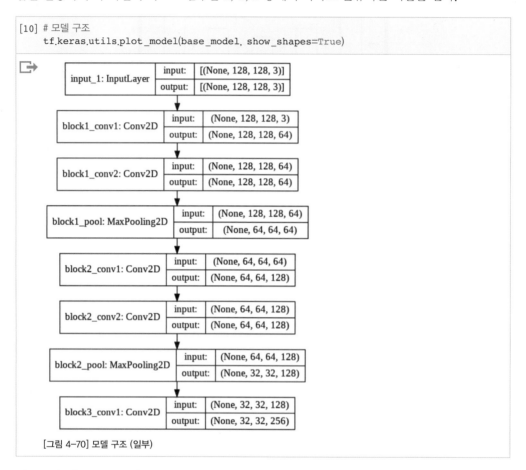

[그림 4-70] 모델 구조 (일부)

만들고자 하는 U-net의 모양을 미리 정하고, 사전 학습된 모델에서 어느 부분의 어떤 shape의 출력을 가져올지 먼저 정한다. VGG16 모델의 중간 레이어 중에서 필요한 출력 텐서를 지정하여, 다양한 피처(특징)를 추출하는 인코더 모델을 정의하게 된다.

여기서는 VGG16 모델로부터 5개의 출력을 가져와서 사용한다. 다음과 같이 새로운 Feature Extractor 모델을 정의하고, f_model 변수에 저장한다. 1개의 입력과 5개의 출력을 갖는다.

```
[11] # VGG16 중간 레이어 출력 텐서를 지정
    f_model=tf.keras.Model(inputs=[base_model.input],
                                    outputs=[
                                            base_model.get_layer(name='block5_conv3').output,
                                            base_model.get_layer(name='block4_conv3').output,
                                            base_model.get_layer(name='block3_conv3').output,
                                            base_model.get_layer(name='block2_conv2').output,
                                            base_model.get_layer(name='block1_conv2').output
    ])
```

사전 학습된 파라미터를 인코더에 그대로 사용하기 위해서 업데이트되지 않도록 고정한다.

```
[12] # 파라미터 고정
    f_model.trainable = False
```

인코더 부분에서 5개의 출력을 가져와서 디코더의 입력으로 전달하면서 업샘플링(Up-Sampling)한다. 업샘플링은 축소된 이미지를 원래 이미지 크기로 복원하는 과정을 말한다. 제일 작은 (8, 8, 512) 텐서에서 시작해서 조금씩 크기를 키워 나가며 중간 출력과 합친다.

```
[13] # U-Net 구조로 모델 정의

    i=tf.keras.Input(shape=img_shape)

    out_8_8_512, out_16_16_512, out_32_32_256, out_64_64_128,
    out_128_128_64 = f_model(i)

    out = tf.keras.layers.Conv2DTranspose(512,3,strides=2,padding='same')(out_8_8_512)
    out = tf.keras.layers.Add()([out, out_16_16_512])

    out = tf.keras.layers.Conv2DTranspose(256,3,strides=2,padding='same')(out)
    out = tf.keras.layers.Add()([out, out_32_32_256])

    out = tf.keras.layers.Conv2DTranspose(128,3,strides=2,padding='same')(out)
    out = tf.keras.layers.Add()([out, out_64_64_128])

    out = tf.keras.layers.Conv2DTranspose(64,3,strides=2,padding='same')(out)
    out = tf.keras.layers.Add()([out, out_128_128_64])

    out = tf.keras.layers.Conv2D(3, 3, activation='elu', padding='same')(out)
    out = tf.keras.layers.Dense(3, activation='softmax')(out)

    unet_model = tf.keras.Model(inputs=[i], outputs=[out])
```

[Tip] U-Net 디코더를 구성할 때 입력 텐서와 출력 텐서의 크기를 맞추는 과정이 중요하다. 여기서 인코더의 Cov2D 레이어에 의한 합성곱 변환은 Conv2DTranspose 레이어를 통해 합성곱 연산을 반대 방향으로 되돌릴 수 있다.

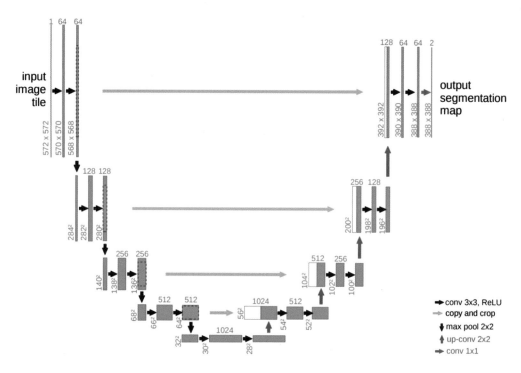

[그림 4-71] U-Net의 구조[28]

U-Net 모델을 시각화한다. 인코더의 중간 출력이 업샘플링 과정에서 디코더의 중간 출력과 합쳐지는 것을 확인할 수 있다. 각 레이어의 입출력 텐서 크기를 잘 살펴본다.

```
[14]  # 모델 구조 시각화
      tf.keras.utils.plot_model(unet_model,show_shapes=True)
```

28 출처 : https://arxiv.org/abs/1505.04597

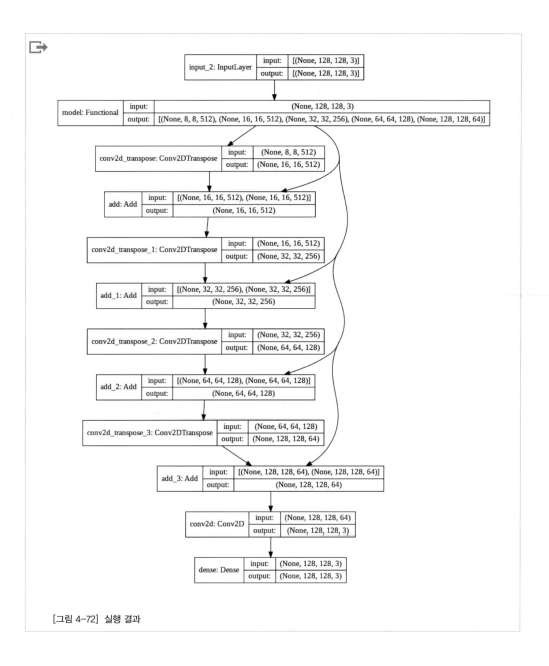

[그림 4-72] 실행 결과

모델 구조를 요약하면 다음과 같다. 인코더 출력에 사용하기 위해 f_model로부터 유래하는 5개 레이어의 14,714,688개의 파라미터는 학습되지 않도록 고정돼 있다.

```
[15]  # 모델 요약
      unet_model.summary()

      Model: "model_1"
      _____
      Layer (type)                    Output Shape         Param #     Connected to
      =================================================================================
      input_2 (InputLayer)            [(None, 128, 128, 3)  0
      _____
      model (Functional)              [(None, 8, 8, 512),   14714688    input_2[0][0]
      _____
      conv2d_transpose (Conv2DTranspo (None, 16, 16, 512)   2359808     model[0][0]
      _____
      add (Add)                       (None, 16, 16, 512)   0           conv2d_transpose[0][0]
                                                                        model[0][1]
      _____
      conv2d_transpose_1 (Conv2DTrans (None, 32, 32, 256)   1179904     add[0][0]
      _____
      add_1 (Add)                     (None, 32, 32, 256)   0           conv2d_transpose_1[0][0]
                                                                        model[0][2]
      _____
      conv2d_transpose_2 (Conv2DTrans (None, 64, 64, 128)   295040      add_1[0][0]
      _____
      add_2 (Add)                     (None, 64, 64, 128)   0           conv2d_transpose_2[0][0]
                                                                        model[0][3]
      _____
      conv2d_transpose_3 (Conv2DTrans (None, 128, 128, 64)  73792       add_2[0][0]
      _____
      add_3 (Add)                     (None, 128, 128, 64)  0           conv2d_transpose_3[0][0]
                                                                        model[0][4]
      _____
      conv2d (Conv2D)                 (None, 128, 128, 3)   1731        add_3[0][0]
      _____
      dense (Dense)                   (None, 128, 128, 3)   12          conv2d[0][0]
      =================================================================================
      Total params: 18,624,975
      Trainable params: 3,910,287
      Non-trainable params: 14,714,688
      _____
```

예측 클래스 개수가 3개인 다중 분류 문제에 맞도록 SparseCategoricalCrossentropy 손실함수를 설정하고, Adam 옵티마이저를 적용한다. 기본 성능을 확인하는 수준에서 5 epoch만 훈련한다.

```
[16]  # 모델 컴파일 및 훈련
      loss_f = tf.losses.SparseCategoricalCrossentropy()
      opt = tf.optimizers.Adam(learning_rate)

      unet_model.compile(optimizer=opt, loss=loss_f, metrics=['accuracy'])
      unet_model.fit(train_ds, batch_size=batch_size, epochs=epoch_num)
```

```
epoch 1/10
230/230 [==============================] - 21s 80ms/step - loss: 1.0096 - accuracy:
0.4497
epoch 2/10
230/230 [==============================] - 21s 81ms/step - loss: 0.6969 - accuracy:
0.6658
epoch 3/10
230/230 [==============================] - 20s 78ms/step - loss: 0.6370 - accuracy:
0.6938
epoch 4/10
230/230 [==============================] - 20s 78ms/step - loss: 0.5895 - accuracy:
0.7308
epoch 5/10
230/230 [==============================] - 20s 79ms/step - loss: 0.5540 - accuracy:
0.7778
epoch 6/10
230/230 [==============================] - 21s 79ms/step - loss: 0.5203 - accuracy:
0.8249
epoch 7/10
230/230 [==============================] - 20s 78ms/step - loss: 0.4930 - accuracy:
0.8370
epoch 8/10
230/230 [==============================] - 20s 78ms/step - loss: 0.4076 - accuracy:
0.8486
epoch 9/10
230/230 [==============================] - 20s 78ms/step - loss: 0.3805 - accuracy:
0.8534
epoch 10/10
230/230 [==============================] - 20s 79ms/step - loss: 0.3649 - accuracy:
0.8596
<tensorflow.python.keras.callbacks.History at 0x7fbcca471f10>
```

검증 셋의 배치를 하나 선택하고 predict() 메소드로 이미지 분할 클래스를 예측한다. 배치를 구성하는 16개 이미지 중에서 첫 번째 이미지의 분할 결과를 노트북에 출력한다.

```python
[17] # 1개 배치(16개 이미지)를 선택
     img, mask = next(iter(test_ds))

     # 모델 예측
     pred = unet_model.predict(img)

     # 첫 번째 이미지 분할 결과를 출력
     pred_img=np.argmax(pred[0], -1)
     plt.imshow(pred_img)
```

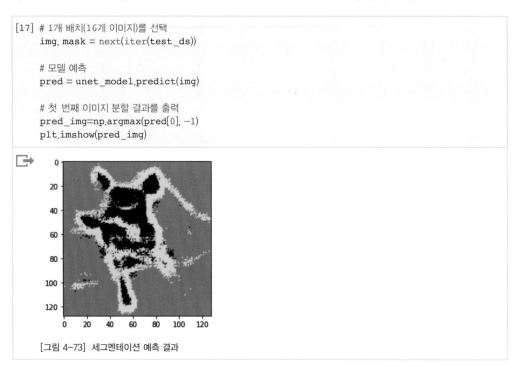

[그림 4-73] 세그멘테이션 예측 결과

정답 마스크 이미지를 출력하고, 앞서 예측한 분할 이미지와 비교한다. 어느 정도 객체의 경계를 찾아내는 것을 확인할 수 있다.

```python
[18] # 첫 번째 이미지의 정답 마스크 출력
     plt.imshow(np.reshape(mask[0],(128,128)))
```

[그림 4-74] 정답 마스크 출력

지금까지 학습한 내용을 통해서 딥러닝 모델이 깊고, 넓고, 학습할 파라미터의 수가 많으면 학습이 잘 된다는 사실을 배웠다. 마치 인간의 뇌가 다른 동물과 달리 주름이 많은 것처럼, 파라미터 수가 많을수록 딥러닝 모델 학습이 잘 될 확률이 높아진다.

하지만 딥러닝 모델을 실무에 적용하려면, 파라미터 개수가 많은 넓고 깊은 모델을 사용할 수 없는 경우가 많다. 예를 들어 CCTV와 같은 작은 IoT 디바이스에서 촬영한 이미지로부터 객체를 검출하는 모델을 탑재해야 하는 경우, 사용할 리소스는 굉장히 제한적이다. 고성능 CPU나 GPU를 사용할 수도 없고, 디바이스에 내장된 메모리도 작은 편이기 때문이다.

이럴 때는 어떻게 해야 할까? 정답지가 있는 문제집으로 선생님의 가르침 없이 혼자 공부한다고 성적이 잘 오르지는 않는다. 선생님의 가르침으로부터 부족한 부분을 채울 때 좋은 성적을 받을 수 있다.

이와 비슷한 개념이 딥러닝에 적용되고 있다. 파라미터 개수가 많은 큰 모델이 선생님이 되어 크기가 작은 모델을 가르치는 개념으로 Knowlage Distillation이라고 부른다. 우리말로 직역하면 '지식 증류'가 된다. 다음 그림과 같이 큰 모델의 예측과 작은 모델의 예측의 오차(distillation loss)와 작은 모델의 손실함수(student loss)를 줄여 나가는 방향으로 삭은 모델의 파라미터를 최적화하게 된다.

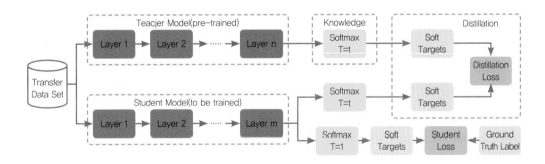

[그림 4-75] Knowledge Distillation[29]

---

29 출처 : https://arxiv.org/pdf/2006.05525.pdf

필요한 라이브러리를 불러온다.

〈소스〉 4.7_distillation.ipynb

```
[1] import tensorflow as tf
    import numpy as np
    from google.colab.patches import cv2_imshow
    from tqdm import tqdm
```

학습에 적용할 주요 파라미터 설정한다. 다음과 같이 @파라미터를 설정하면, 셀 오른쪽에 표시
된 옵션을 바로 변경하여 적용할 수 있어서 편리하다.

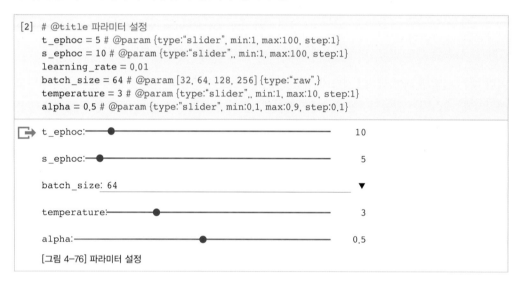

```
[2] # @title 파라미터 설정
    t_ephoc = 5 # @param {type:"slider", min:1, max:100, step:1}
    s_ephoc = 10 # @param {type:"slider",, min:1, max:100, step:1}
    learning_rate = 0.01
    batch_size = 64 # @param [32, 64, 128, 256] {type:"raw",}
    temperature = 3 # @param {type:"slider",, min:1, max:10, step:1}
    alpha = 0.5 # @param {type:"slider", min:0.1, max:0.9, step:0.1}
```

t_ephoc: 10

s_ephoc: 5

batch_size: 64   ▼

temperature: 3

alpha: 0.5

[그림 4-76] 파라미터 설정

케라스에서 제공하는 mnist 데이터셋을 가져와서, 필요한 전처리를 한다. 텐서플로 학습이 잘
이루어지도록 자료형을 변환하고 픽셀 값을 정규화한다. load_data 함수는 넘파이 배열로 정리
하기 때문에, 다음 코드와 같이 넘파이 reshape 명령을 사용할 수 있다. 배치 사이즈가 들어갈 축
을 axis = 0에 추가한다.

```
[3] # mnist 데이터셋 가져오기

    (x_train, y_train),(x_test, y_test) = tf.keras.datasets.mnist.load_data()

    x_train = x_train.astype("float32") / 255.0
    x_train = np.reshape(x_train,(-1, 28, 28, 1))

    x_test = x_test.astype("float32") / 255.0
    x_test = np.reshape(x_test,(-1, 28, 28, 1))
```

합성곱 레이어를 활용하여 비교적 복잡한 모델을 구성하고, 선생님에 해당하는 teacher 모델로
사용한다. 대략 140만 개의 파라미터를 가지고 있다.

```
[4]  # teacher 모델
     i=tf.keras.Input(shape=(28, 28, 1))
     out=tf.keras.layers.Conv2D(256,(3, 3), strides=(2, 2), padding="same")(i)
     out=tf.keras.layers.LeakyReLU(alpha=0.2)(out)
     out=tf.keras.layers.MaxPooling2D(pool_size=(2, 2), strides=(1, 1), padding="same")(out)
     out=tf.keras.layers.Conv2D(512,(3, 3), strides=(2, 2), padding="same")(out)
     out=tf.keras.layers.Flatten()(out)
     out=tf.keras.layers.Dense(10)(out)
     t_model=tf.keras.Model(inputs=[i],outputs=[out])

     t_model.summary()
```

```
Model: "model"

_____
Layer (type)                    Output Shape            Param #
==============================================================
input_1 (InputLayer)            [(None, 28, 28, 1)]     0
_____
conv2d (Conv2D)                 (None, 14, 14, 256)     2560
_____
leaky_re_lu (LeakyReLU)         (None, 14, 14, 256)     0
_____
max_pooling2d (MaxPooling2D)    (None, 14, 14, 256)     0
_____
conv2d_1 (Conv2D)               (None, 7, 7, 512)       1180160
_____
flatten (Flatten)               (None, 25088)           0
_____
dense (Dense)                   (None, 10)              250890
==============================================================
Total params: 1,433,610
Trainable params: 1,433,610
Non-trainable params: 0
_____
```

Dense 레이어 2개로 구성된 단순한 구조의 student 모델을 정의하고 s_model_1 변수에 저장한다. 성능을 비교하기 위해 clone_model() 함수를 사용하여 똑같은 구조를 갖는 모델을 복제하고 s_model_2 변수에 저장한다.

```
[5]  # student 모델
     i=tf.keras.Input(shape=(28, 28, 1))
     out=tf.keras.layers.Flatten()(i)
     out=tf.keras.layers.Dense(28)(out)
     out=tf.keras.layers.Dense(10)(out)

     s_model_1=tf.keras.Model(inputs=[i],outputs=[out])
     s_model_2=tf.keras.models.clone_model(s_model_1)

     s_model_1.summary()
```

```
⊏→  Model: "model_1"
    _____
    Layer (type)              Output Shape           Param #
    ===========================================================
    input_2 (InputLayer)      [(None, 28, 28, 1)]    0
    _____
    flatten_1 (Flatten)       (None, 784)            0
    _____
    dense_1 (Dense)           (None, 28)             21980
    _____
    dense_2 (Dense)           (None, 10)             290
    ===========================================================
    Total params: 22,270
    Trainable params: 22,270
    Non-trainable params: 0
    _____
```

앞서 정의한 teacher 모델(t_model)과 student 모델(s_model_1), 비교 모델(s_model_2)을 컴파일한다. 파라미터가 약 2만 개로 teacher 모델의 약 $\frac{1}{70}$에 불과하다.

```
[6]  # teacher 모델
     t_model.compile(tf.keras.optimizers.Adam(learning_rate),
                     tf.keras.losses.SparseCategoricalCrossentropy(from_logits=True),
                     metrics=[tf.keras.metrics.SparseCategoricalAccuracy()])

     # student 모델(distillation 적용)
     s_model_1.compile(tf.keras.optimizers.Adam(learning_rate),
                       tf.keras.losses.SparseCategoricalCrossentropy(from_logits=True),
                       metrics=[tf.keras.metrics.SparseCategoricalAccuracy()])

     # 비교 모델(distillation 미적용)
     s_model_2.compile(tf.keras.optimizers.Adam(learning_rate),
                       tf.keras.losses.SparseCategoricalCrossentropy(from_logits=True),
                       metrics=[tf.keras.metrics.SparseCategoricalAccuracy()])
```

선생님 모델의 경우 3epoch 만에 약 96%의 정확도를 보인다.

```
[7]  # teacher 모델
     t_model.fit(x_train, y_train,batch_size=batch_size,epochs=t_ephoc)
```

```
epoch 1/10
938/938 [==============================] — 9s 7ms/step — loss: 1.8960 —
sparse_categorical_accuracy: 0.8368
epoch 2/10
938/938 [==============================] — 7s 7ms/step — loss: 17.1700 —
sparse_categorical_accuracy: 0.9142
epoch 3/10
938/938 [==============================] — 7s 7ms/step — loss: 4.8890 —
sparse_categorical_accuracy: 0.9621
epoch 4/10
938/938 [==============================] — 7s 7ms/step — loss: 5.8202 —
sparse_categorical_accuracy: 0.9633
epoch 5/10
938/938 [==============================] — 7s 7ms/step — loss: 10.4369 —
sparse_categorical_accuracy: 0.9643
epoch 6/10
938/938 [==============================] — 7s 7ms/step — loss: 7.3991 —
sparse_categorical_accuracy: 0.9717
epoch 7/10
938/938 [==============================] — 7s 7ms/step — loss: 9.6172 —
sparse_categorical_accuracy: 0.9706
epoch 8/10
938/938 [==============================] — 7s 7ms/step — loss: 8.7060 —
sparse_categorical_accuracy: 0.9752
epoch 9/10
938/938 [==============================] — 7s 7ms/step — loss: 10.9805 —
sparse_categorical_accuracy: 0.9751
epoch 10/10
938/938 [==============================] — 7s 7ms/step — loss: 9.5541 —
sparse_categorical_accuracy: 0.9787
<tensorflow.python.keras.callbacks.History at 0x7f17b97aa650>
```

Knowledge Distillation 학습에 필요한 student loss와 distillation loss를 정의한다. KLDivergence 손실함수는 서로 다른 두 개의 확률 분포를 비교해 유사성을 측정하는 지표이다. 서로 유사할수록 값이 작아지고, 분포에 차이가 클수록 값이 커진다.

```
[8]  # student 손실함수
     s_loss = tf.keras.losses.SparseCategoricalCrossentropy(from_logits=True)
     # distillation 손실함수
     d_loss = tf.keras.losses.KLDivergence()
```

훈련 셋의 배열 크기를 확인한다.

```
[9]  x_train.shape
```

```
(60000, 28, 28, 1)
```

앞의 배열에서 이미지 개수가 6만 개라는 것을 알 수 있다. 배치 크기로 나눠주면 총 배치의 개수를 알 수 있고, 다음과 같이 배치별로 student loss와 distillation loss를 계산할 수 있다. 모델 학습에 적용하는 총 손실함수는 student loss와 distillation loss를 가중 평균한다. 파라미터 설정에서 alpha 값을 변경하여 가중치를 조절할 수 있다.

```
[10] batch_count =x_train.shape[0]//batch_size

     opt = tf.keras.optimizers.Adam(learning_rate)

     for e in range(s_ephoc):
         for _ in range(batch_count):
             batch_num=np.random.randint(0, x_train.shape[0], size=batch_size)
             t_pred = t_model.predict(x_train[batch_num])

             with tf.GradientTape() as tape:
                 s_pred_1 = s_model_1(x_train[batch_num])
                 student_loss = s_loss(y_train[batch_num], s_pred_1)
                 distillation_loss = d_loss(
                     tf.nn.softmax(t_pred / temperature, axis=1),
                     tf.nn.softmax(s_pred_1 / temperature, axis=1),
                 )
                 loss = alpha * student_loss +(1 − alpha) * distillation_loss

             vars = s_model_1.trainable_variables
             grad = tape.gradient(loss, vars)
             opt.apply_gradients(zip(grad, vars))

             with tf.GradientTape() as tape:
                 s_pred_2 = s_model_2(x_train[batch_num])
                 student_loss = s_loss(y_train[batch_num], s_pred_2)
             vars = s_model_2.trainable_variables
             grad = tape.gradient(student_loss, vars)
             opt.apply_gradients(zip(grad, vars))

         print("epoch {}".format(e))
         print("선생님께 배운 경우")
         s_model_1.evaluate(x_test, y_test)
         print("혼자 공부한 경우")
         s_model_2.evaluate(x_test, y_test)
         print("\n")
```

```
epoch 0
선생님께 배운 경우
313/313 [==============================] - 1s 2ms/step - loss: 0.5909 -
sparse_categorical_accuracy: 0.8753
혼자 공부한 경우
313/313 [==============================] - 1s 2ms/step - loss: 0.4053 -
sparse_categorical_accuracy: 0.8880
epoch 1
선생님께 배운 경우
313/313 [==============================] - 0s 1ms/step - loss: 0.4574 -
sparse_categorical_accuracy: 0.9058
혼자 공부한 경우
313/313 [==============================] - 0s 2ms/step - loss: 0.3765 -
sparse_categorical_accuracy: 0.8931
epoch 2
선생님께 배운 경우
313/313 [==============================] - 1s 2ms/step - loss: 0.4398 -
sparse_categorical_accuracy: 0.9133
혼자 공부한 경우
313/313 [==============================] - 1s 2ms/step - loss: 0.3225 -
sparse_categorical_accuracy: 0.9103
epoch 3
선생님께 배운 경우
313/313 [==============================] - 1s 2ms/step - loss: 0.4557 -
sparse_categorical_accuracy: 0.9089
혼자 공부한 경우
313/313 [==============================] - 0s 2ms/step - loss: 0.3301 -
sparse_categorical_accuracy: 0.9087
epoch 4
선생님께 배운 경우
313/313 [==============================] - 0s 2ms/step - loss: 0.4307 -
sparse_categorical_accuracy: 0.9191
혼자 공부한 경우
313/313 [==============================] - 1s 2ms/step - loss: 0.3304 -
sparse_categorical_accuracy: 0.9109
```

앞의 실행 결과를 보면, 두 번째 epoch부터는 선생님 모델로부터 배운 모델이 혼자서 학습한 모델보다 정확도가 높게 나오는 것을 알 수 있다.

2014년에 굿펠로 등에 의해 처음 소개된 GAN(Generative Adversarial Network)은 생성적 적대 신경망이라고 번역할 수 있다. '생성적'이라는 것은 Generator(생성자)가 학습에 필요한 데이터를 만드는 것을 나타내고, '적대적'이라는 것은 만들어지는 데이터가 Discriminator(판별자)를 속이기 위한 가짜이기 때문이라고 해석할 수 있다.

GAN은 다음과 같이 위조지폐를 만든 범죄자와 경찰 관계를 비유하여 설명한다. 즉, 범죄자는 위조지폐를 만들고, 경찰은 위조지폐를 판별해서 범죄자를 찾는다. 이렇게 2개의 모델이 서로 상대적으로 다른 목적을 가지고 경쟁하면서 서로를 발전시킨다.

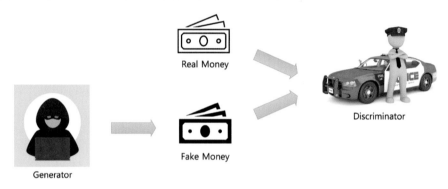

[그림 4-77] GAN

판별자에 해당하는 Discriminator의 목적은 Generator가 생성해낸 가짜 데이터와 진짜 데이터를 잘 구분하는 것이다. 즉, 이진 분류 문제를 풀게 된다. 반면에 생성자에 해당하는 Generator의 목적은 자신이 만들어낸 가짜 데이터를 Discriminator가 진짜라고 판단하도록 만드는 것이다.

이 과정을 비유적으로 설명하면 다음과 같다.

> GAN 모델을 만들어서 학습시키는 나는 누구일까?
> 나는 경찰 간부이면서 동시에 위조지폐 범죄 조직의 두목이다.
> 일단, 갓 들어온 초보 경찰에게 위조지폐를 보여주면서 위조지폐라고 알려 준다.
> 그리고 진짜 지폐를 보여주면서 진짜 지폐라고 학습시킨다.
> 이렇게 진짜와 가짜의 특징을 학습시키게 되면, 초보 경찰의 능력치가 오른다.
> 이제 위조지폐를 그 경찰에게 주고 진짜 지폐라고 알려준다.
> 그러면 판별 능력이 업그레이드된 경찰은 진짜 지폐와 다른 점을 찾을 것이다.
> 경찰은 간부인 나에게 차이점에 대한 보고서를 제출한다.

보고를 받는 나는 차이점을 부하에게 알려주면서 그 부분을 수정하라고 지시한다.

부하는 그 차이를 해결하는 방향으로 새로운 위조지폐를 만들어서 나에게 가져온다.

나는 이 위조지폐를 다시 경찰에게 주고 진짜 지폐라고 알려준다.

이러한 행위를 지속적으로 반복하면 결국 경찰의 능력치도 오르고, 위조 능력치도 계속 오를 것이다.

그러면 결국 위조지폐와 진짜 지폐를 도저히 구분할 수 없는 시점이 올 것이고, 나는 그때 위조지폐를 이용해 큰 부자가 될 수 있다.

라이브러리를 현재 노트북 환경으로 가져온다.

〈소스〉 4.8_Gan_Mnist.ipynb

```
[1]  import numpy as np
     import tensorflow as tf
     import matplotlib.pylab as plt
     import cv2
     from tqdm.notebook import tqdm
```

학습 파라미터를 설정한다.

```
[2]  img_shape =(28, 28, 1)
     z_dim - 100
     row_num = 8
     col_num = 8
     batch_size = row_num * col_num
     epoch_num = 10
     learning_rate = 0.0001
     class_num = 10
```

실습에 사용할 mnist 데이터셋을 불러온다. 정규화하고 shape을 바꿔준다.

```
[3]  (x_train, y_train),(x_test, y_test) = tf.keras.datasets.mnist.load_data()
     x_train = x_train.astype("float32") / 255.0
     x_train = np.reshape(x_train,(-1, 28, 28, 1))
```

➡ Downloading data from https://storage.googleapis.com/tensorflow/tf-keras-datasets/
mnist.npz
11493376/11490434 [==============================] - 0s 0us/step

판별자(경찰) 역할을 하는 Discriminator 모델을 정의한다. 이 모델은 (28, 28, 1) 이미지를 입력받아서, 진짜인지 가짜인지 판별하는 이진 분류 작업을 수행한다.

```
[4] i=tf.keras.Input(shape=img_shape)
    out = tf.keras.layers.Conv2D(16, 3, 2, padding='same')(i)
    out = tf.keras.layers.Conv2D(32, 3, 2, padding='same')(out)
    out = tf.keras.layers.Conv2D(64, 3, 2, padding='same')(out)
    out = tf.keras.layers.Flatten()(out)
    out = tf.keras.layers.BatchNormalization()(out)
    out = tf.keras.layers.Dense(1024, activation='tanh')(out)
    out = tf.keras.layers.Dense(1, activation='sigmoid')(out)
    d_model = tf.keras.Model(inputs=[i], outputs=[out])

    d_model.summary()
```

```
Model: "model"
_____
Layer (type)                 Output Shape              Param #
=================================================================
input_1 (InputLayer)         [(None, 28, 28, 1)]       0
_____
conv2d (Conv2D)              (None, 14, 14, 16)        160
_____
conv2d_1 (Conv2D)            (None, 7, 7, 32)          4640
_____
conv2d_2 (Conv2D)            (None, 4, 4, 64)          18496
_____
flatten (Flatten)            (None, 1024)              0
_____
batch_normalization (BatchNo (None, 1024)              4096
_____
dense (Dense)                (None, 1024)              1049600
_____
dense_1 (Dense)              (None, 1)                 1025
=================================================================
Total params: 1,078,017
Trainable params: 1,075,969
Non-trainable params: 2,048
_____
```

이번에는 생성자(범죄자) 역할을 하는 Generator 모델을 정의한다. 이 모델은 (28, 28, 1) 이미지를 입력받아서, 진짜인지 가짜인지 판별하는 이진 분류 작업을 수행한다.

```
[5]  i=tf.keras.Input(shape=(z_dim,))
     out = tf.keras.layers.Dense(1024, activation='tanh')(i)
     out = tf.keras.layers.Dense(7 * 7 * 32, activation='tanh')(out)
     out = tf.keras.layers.BatchNormalization()(out)
     out = tf.keras.layers.Reshape((7, 7, 32))(out)
     out = tf.keras.layers.Conv2DTranspose(16, 3, 2, padding='same')(out)
     out = tf.keras.layers.Conv2DTranspose(1, 3, 2, padding='same')(out)
     out = tf.keras.layers.Activation('sigmoid')(out)
     g_model = tf.keras.Model(inputs=[i], outputs=[out])

     g_model.summary()
```

```
Model: "model_1"
_____
Layer (type)                 Output Shape              Param #
=================================================================
input_2 (InputLayer)         [(None, 100)]             0

dense_2 (Dense)              (None, 1024)               103424

dense_3 (Dense)             (None, 1568)               1607200

batch_normalization_1 (Batch (None, 1568)              6272

reshape (Reshape)            (None, 7, 7, 32)          0

conv2d_transpose (Conv2DTran (None, 14, 14, 16)        4624

conv2d_transpose_1 (Conv2DTr (None, 28, 28, 1)         145

activation (Activation)      (None, 28, 28, 1)         0
=================================================================
Total params: 1,721,665
Trainable params: 1,718,529
Non-trainable params: 3,136
_____
```

옵티마이저와 Discriminator 이진 분류에 맞는 손실함수로 BinaryCrossentropy를 설정한다.

```
[6]  # 옵티마이저
     opt = tf.keras.optimizers.Adam(learning_rate)

     # Discriminator 손실함수
     d_loss = tf.keras.losses.BinaryCrossentropy()
```

모델을 학습하면서 동영상으로 저장할 수 있도록 설정한다. 모델 학습 과정은 다음과 같이 진행된다.

1) Generator가 batch size만큼 가짜 Data를 생성한다.

2) 가짜 Data를 '0'으로 판단하도록 Discriminator를 학습한다.

3) 진짜 Data를 '1'로 판단하도록 Discriminator를 학습한다.

4) Generator가 만든 가짜 Data를 Discriminator가 진짜라고 판단하도록 Generator를 학습한다.

```
[7] fcc=cv2.VideoWriter_fourcc(*'DIVX')
    out=cv2.VideoWriter('hjk_gan_mnist.avi', fcc, 1.0,(28*row_num, 28 * col_num))

    # 1 Epoch에 batch siz를 고려하여 학습할 수 구하기
    batch_count =x_train.shape[0]//batch_size

    for e in range(epoch_num):
        for _ in tqdm(range(batch_count)):

            # z는 Noise 또는 Latent Vector라 불리는 값, 위조지폐(Fake Image)를 만드는 재료
            z = np.random.uniform(-1.0, 1.0,(batch_size, z_dim))
            # 재료(z)를 가지고 가짜 이미지, 라벨 만들기
            f_img = g_model.predict(z)
            f_label = np.zeros((batch_size, 1))

            # Gradient Tape, Discriminator Loss(binary cross entropy)를 이용
            # 위조지폐(Fake Image)는 가짜(0)라고 Discriminato를 학습
            with tf.GradientTape() as tape:
                pred = d_model(f_img)
                loss = d_loss(f_label, pred)
            vars = d_model.trainable_variables
            grad = tape.gradient(loss, vars)
            opt.apply_gradients(zip(grad, vars))

            # x_train에서 랜덤하게 batch size만큼 데이터 가져오기
            # 진짜(1), 라벨 만들기
            batch_num=np.random.randint(0, x_train.shape[0], size=batch_size)
            r_img = x_train[batch_num]
            r_label = np.ones((batch_size, 1))

            # Gradient Tape, Discriminator Loss(binary cross entropy)를 이용
            # 진짜 지폐(Real Image)는 진짜(1)라고 Discriminator 학습

            with tf.GradientTape() as tape:
                pred = d_model(r_img)
                loss = d_loss(r_label, pred)
            vars = d_model.trainable_variables
            grad = tape.gradient(loss, vars)
            opt.apply_gradients(zip(grad, vars))

            # 위조지폐범(Generator) 학습
            # Gradient Tape를 그리고, Discriminator Loss(binary cross entropy)를 이용
            # 가짜 지폐(Real Image)는 진짜(1)라고 Discriminator에게 속이기
            # Discriminator가 틀리다고 생각되는 부분을
            # 위조지폐범에게 정보를 전달하여 그 부분을 수정
            with tf.GradientTape() as tape:
                f_img = g_model(z)
                pred = d_model(f_img)
                loss = d_loss(r_label, pred)
            vars = g_model.trainable_variables
            grad = tape.gradient(loss, vars)
            opt.apply_gradients(zip(grad, vars))
```

```
# 학습 시마다 중간 결과를 이미지로 만들고, 이미지를 붙여 동영상으로 저장
sample_img = np.zeros((28 * row_num, 28 * col_num))
f_img = np.resize(f_img,(row_num, col_num, 28, 28))
for i in range(row_num):
    for j in range(col_num):
        sample_img[i * 28:i * 28 +28, j * 28:j * 28 +28] = f_img[i, j, :, :]
sample_img = np.uint8(sample_img * 255.)
sample_img = cv2.applyColorMap(sample_img, cv2.COLORMAP_HOT)
out.write(sample_img)

  print(e, "완료")
out.release()
```

100% ████████████ 937/937 [02:02<00:00, 7.64it/s]

0 완료
100% ████████████ 937/937 [01:11<00:00, 13.02it/s]

1 완료
100% ████████████ 937/937 [01:44<00:00, 8.99it/s]

2 완료
100% ████████████ 937/937 [01:28<00:00, 10.58it/s]

3 완료
100% ████████████ 937/937 [01:59<00:00, 7.82it/s]

4 완료
100% ████████████ 937/937 [01:36<00:00, 9.68it/s]

5 완료
100% ████████████ 937/937 [01:21<00:00, 11.43it/s]

6 완료
100% ████████████ 937/937 [01:49<00:00, 8.52it/s]

7 완료
100% ████████████ 937/937 [01:28<00:00, 10.58it/s]

8 완료
100% ████████████ 937/937 [01:09<00:00, 13.44it/s]

9 완료

[그림 4-78] 실행 결과

학습이 종료되면 구글 코랩의 파일 폴더에서 다음과 같이 이미지 변환 과정을 저장한 동영상 파일(gan_minist.avi)을 확인할 수 있다.

[그림 4-79] 동영상 파일 저장

이 파일을 로컬 PC에 다운로드하고 실행한다. 동영상 파일이 재생되면 시간이 흐르면서 모델이 학습을 통해서 생성하는 가짜 이미지를 확인할 수 있다. epoch가 진행될수록 진짜 이미지와 비슷한 이미지를 만들어내는 것을 볼 수 있다. 하지만 실제 숫자 형태와는 거리가 있다.

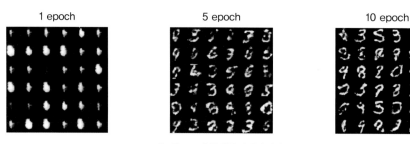

[그림 4-80] 동영상 이미지 캡처

앞에서 만든 GAN 구조로는 만들어지는 가짜 데이터를 조정할 수가 없다. 다시 말하면, 생성되는 이미지와 실제 정답 레이블과 관계가 없다. Generator가 생성하는 가짜 이미지가 원래 정답 레이블을 나타낼 수 있도록 하기 위해, One-Hot Encoding으로 레이블 값(l_i)을 Generator와 Discriminator의 입력으로 추가한다.

```
[8]  # Label을 입력값으로 받을 수 있도록 Discriminator 모델 수정
     i = tf.keras.Input(shape=img_shape)
     l_i = tf.keras.Input(shape=(1,), dtype=tf.int32)
     l_out = tf.one_hot(l_i, class_num)
     l_out = tf.keras.layers.Dense(28 * 28 * 1)(l_out)
     l_out = tf.keras.layers.Reshape((28, 28, 1))(l_out)
     out = tf.keras.layers.Add()([i, l_out])
     out = tf.keras.layers.Conv2D(16, 3, 2, padding='same')(out)
     out = tf.keras.layers.Conv2D(32, 3, 2, padding='same')(out)
     out = tf.keras.layers.Conv2D(64, 3, 2, padding='same')(out)
     out = tf.keras.layers.Flatten()(out)
     out = tf.keras.layers.BatchNormalization()(out)
     out = tf.keras.layers.Dense(1024, activation='tanh')(out)
     out = tf.keras.layers.Dense(1, activation='sigmoid')(out)
     d_model = tf.keras.Model(inputs=[i, l_i], outputs=[out])

     # Label을 입력값으로 받을 수 있도록 Generator모델 수정
     i=tf.keras.Input(shape=(z_dim,))
     l_i = tf.keras.Input(shape=(1,), dtype=tf.int32)
     l_out = tf.one_hot(l_i, class_num)
     l_out = tf.keras.layers.Dense(z_dim)(l_out)
     l_out = tf.keras.layers.Reshape((z_dim,))(l_out)
     out = tf.keras.layers.Add()([i, l_out])
     out = tf.keras.layers.Dense(1024, activation='tanh')(out)
     out = tf.keras.layers.Dense(7 * 7 * 32, activation='tanh')(out)
     out = tf.keras.layers.BatchNormalization()(out)
     out = tf.keras.layers.Reshape((7, 7, 32))(out)
```

```python
out = tf.keras.layers.Conv2DTranspose(16, 3, 2, padding='same')(out)
out = tf.keras.layers.Conv2DTranspose(1, 3, 2, padding='same')(out)
out = tf.keras.layers.Activation('sigmoid')(out)
g_model = tf.keras.Model(inputs=[i, l_i], outputs=[out])

# Data를 생성하고 판단할 때 Label 값을 받도록 수정
fcc=cv2.VideoWriter_fourcc(*'DIVX')
out=cv2.VideoWriter('cgan_mnist.avi', fcc, 10.0,(28 * row_num, 28 * col_num))

batch_count =x_train.shape[0]//batch_size

for e in range(epoch_num):
    for _ in tqdm(range(batch_count)):

        # f_y 값은 0~9까지 임의값을 원핫 인코딩한 값
        # f_y 값도 Ganerator의 인풋값으로 추가
        z = np.random.uniform(-1.0, 1.0,(batch_size, z_dim))
        f_y = np.random.randint(0, class_num, size=batch_size)
        f_y = np.reshape(f_y,(batch_size, 1))
        f_img = g_model.predict([z, f_y])
        f_label = np.zeros((batch_size, 1))

        # 위조지폐(Fake Image)와 라벨 모두를 인풋으로 받아서
        # 가짜라고 학습
        # 예를 들어 5000원짜리 위조지폐라고 학습
        with tf.GradientTape() as tape:
            pred = d_model([f_img, f_y])
            loss = d_loss(f_label, pred)
        vars = d_model.trainable_variables
        grad = tape.gradient(loss, vars)
        opt.apply_gradients(zip(grad, vars))

        # 실제지폐(Real Image)와 라벨 모두를 인풋으로 받아서
        # 진짜라고 학습
        # 예를 들어 5000원짜리 진짜 지폐라고 학습
        batch_num=np.random.randint(0, x_train.shape[0], size=batch_size)
        r_img = x_train[batch_num]
        r_y = y_train[batch_num]
        r_label = np.ones((batch_size, 1))

        with tf.GradientTape() as tape:
            pred = d_model([r_img, r_y])
            loss = d_loss(r_label, pred)
        vars = d_model.trainable_variables
        grad = tape.gradient(loss, vars)
        opt.apply_gradients(zip(grad, vars))

        f_y=[i%class_num for i in range(batch_size)]
        f_y = np.reshape(f_y,(batch_size, 1))

        # 이제 가짜 지폐와 가짜 라벨을 경찰에게 보여주고
        # 이 지폐가 진짜라고 학습하고, 그 차이점을 위조지폐범에게 전달
        # 위조지폐범은 그 차이를 수정
```

```python
    with tf.GradientTape() as tape:
        f_img = g_model([z, f_y])
        pred = d_model([f_img, f_y])
        loss = d_loss(r_label, pred)
    vars = g_model.trainable_variables
    grad = tape.gradient(loss, vars)
    opt.apply_gradients(zip(grad, vars))

    sample_img = np.zeros((28 * row_num, 28 * col_num))
    f_img = np.resize(f_img,(row_num, col_num, 28, 28))
    for i in range(row_num):
        for j in range(col_num):
            sample_img[i * 28:i * 28 +28, j * 28:j * 28 +28] = f_img[i, j, :, :]
    sample_img = np.uint8(sample_img * 255.)
    sample_img = cv2.applyColorMap(sample_img, cv2.COLORMAP_HOT)
    out.write(sample_img)

    print(e, "완료")
out.release()
```

학습이 종료되면 코랩 파일 탐색기에서 동영상 파일을 다운로드받아서 실행한다. 다음 그림과
같이 실제 정답에 맞도록 레이블 값을 조정해 가면서 손글씨 이미지를 생성한다.

[그림 4-81] 동영상 파일 캡처

[Tip] GAN 학습 시간은 10~15분 정도 소요된다. 시간이 오래 걸리더라도 당황하지 않기를 바란다. 간단한 데
이터셋으로 비교적 단순한 구조를 갖는 모델을 사용했음에도 상당한 시간이 걸렸는데, 기본적으로 고성능
GPU 환경에서 장시간 학습해야 하는 경우가 많다.

스타일 변환(Style Transfer)은 두 장의 서로 다른 이미지를 사용하여 새로운 이미지를 합성하는 방법이다. 스타일 전이라고도 부른다. 합성곱 신경망(CNN)을 통해 각 레이어에서 추출되는 다양한 특징을 이용한다.

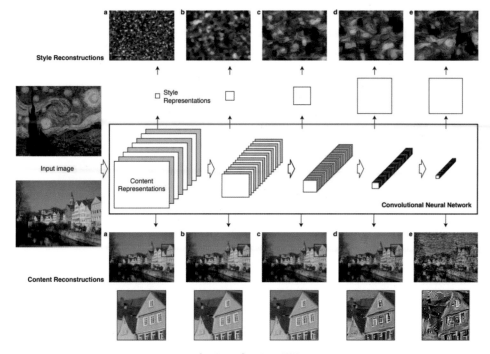

[그림 4-82] 스타일 변환[30]

처음에 입력으로 주어지는 두 장의 이미지 중에서 하나는 콘텐츠(Contents) 이미지로써 이미지의 구조와 형태를 나타내는 콘텐츠를 추출한다. 다른 이미지는 스타일(Style) 이미지로써 이미지 고유의 스타일만을 추출한다.

---

30 출처 : Image Style Transfer Using Convolutional Neural Networks, Gatys et al.

이처럼 각기 다른 두 장의 이미지에서 추출된 콘텐츠와 스타일을 하나로 결합하면 콘텐츠 이미지의 기본 형태를 유지하면서 스타일이 변환된 새로운 이미지를 얻을 수 있다.

[그림 4-83] 스타일 변환[31]

사전 학습된 모델을 활용해 스타일 변환을 구현한다. 처음부터 모델을 학습하려면 많은 그림 데이터와 오랜 학습이 필요하기 때문이다.

먼저, 실습에 필요한 라이브러리를 불러온다. 이미지 처리를 위해서 Open CV를 사용한다.

⟨소스⟩ 4.9_style_trnasfer.ipynb

```
[1] import os
    import math
    import numpy as np
    import tensorflow as tf
    import matplotlib.pyplot as plt
    from tqdm import tqdm
    import cv2
    from PIL import Image
```

---

31 출처 : Image Style Transfer Using Convolutional Neural Networks, Gatys et al.

자료실에서 다운로드받은 서울 남산타워 사진('contents.jfif') 파일을 구글 코랩 폴더에 업로드한다. 다음 그림과 같이 [업로드] 버튼을 클릭하면 원하는 파일을 현재 폴더에 업로드할 수 있다.

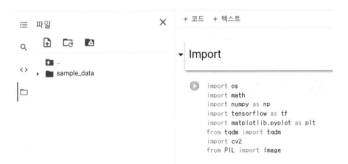

[그림 4-84] 이미지 파일 업로드

업로드한 이미지를 읽고 (224, 224) 크기로 사이즈를 조정한 뒤 이미지를 출력한다.

```
[2]  contents = cv2.imread('contents.jfif')
     contents = cv2.resize(contents,(224, 224))
     plt.imshow(cv2.cvtColor(contents,cv2.COLOR_BGR2RGB))
```

[그림 4-85] 샘플 이미지 출력

스타일을 추출할 고흐 그림('style.jpg') 파일을 구글 코랩 폴더에 업로드한다. 마찬가지로 이미지 사이즈를 조정하고 화면에 출력한다.

```
[3]  style = cv2.imread('style.jpg')
     style = cv2.resize(style,(224, 224))
     plt.imshow(cv2.cvtColor(style,cv2.COLOR_BGR2RGB))
```

[그림 4-86] 스타일 이미지 출력

사전 학습 모델로 VGG16을 사용한다. 2014년 옥스퍼드 대학에서 만든 딥러닝 모델로서 이미지넷 대회에서 2등을 차지했다. 단순한 구조를 가지고 있어서 활용도가 매우 높은 모델이다.

```
[4] vgg_model=tf.keras.applications.VGG16(input_shape=(224,224,3),
                                  include_top=False,weights='imagenet')
    vgg_model.trainable=False
    tf.keras.utils.plot_model(vgg_model,show_shapes=True)
```

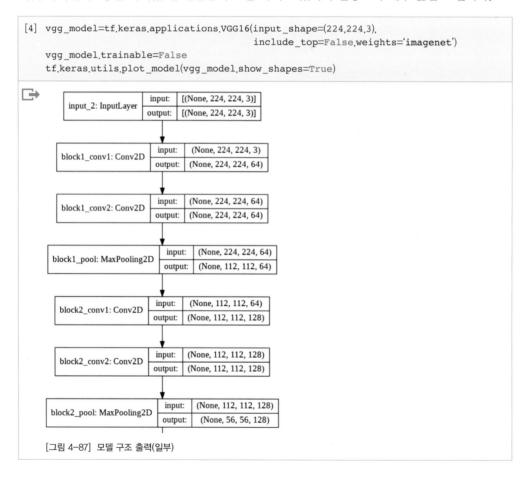

[그림 4-87] 모델 구조 출력(일부)

이 책의 스타일 변환 예제에서 사용하는 손실함수를 다음과 같이 구성한다. Contents Loss와 Style Loss로 나뉜다.

Contents Loss는 변환할 입력 이미지를 사전 학습 모델에 넣었을 때 중간 층에서 나온 출력 값과, 콘텐츠 이미지를 모델에 넣었을 때 같은 층의 출력 값 사이의 오차(MSE)로 구한다.

Style Loss는 변환할 입력 이미지를 모델에 넣었을 때 4개의 중간 층에서 출력 값으로 Gram Matrix를 구하고, 스타일 이미지를 모델에 입력했을 때 이들 4개 층의 출력 값들의 Gram Matrix를 계산한 뒤에 이들의 차이가 된다. Gram Matrix는 채널별 공분산을 구하는 형태다.

다음 코드와 같이 중간 층의 출력을 4개 가져온다. Contents Loss는 'block3_conv3'에서 구하고, Style Loss는 'block1_conv2', 'block2_conv2', 'block3_conv3', 'block4_conv3'에서 구하려고 한다.

```
[5]  style_transfer_model=tf.keras.Model(inputs=[vgg_model.input],
                        outputs=[
                                vgg_model.get_layer(name='block1_conv2').output,
                                vgg_model.get_layer(name='block2_conv2').output,
                                vgg_model.get_layer(name='block3_conv3').output,
                                vgg_model.get_layer(name='block4_conv3').output
        ])

        style_transfer_model.summary()
```

```
Model: "model_1"
_____
Layer (type)                 Output Shape              Param #
=================================================================
input_2 (InputLayer)         [(None, 224, 224, 3)]     0
_____
block1_conv1 (Conv2D)        (None, 224, 224, 64)      1792
_____
block1_conv2 (Conv2D)        (None, 224, 224, 64)      36928
_____
block1_pool (MaxPooling2D)   (None, 112, 112, 64)      0
_____
block2_conv1 (Conv2D)        (None, 112, 112, 128)     73856
_____
block2_conv2 (Conv2D)        (None, 112, 112, 128)     147584
_____
block2_pool (MaxPooling2D)   (None, 56, 56, 128)       0
_____
block3_conv1 (Conv2D)        (None, 56, 56, 256)       295168
_____
block3_conv2 (Conv2D)        (None, 56, 56, 256)       590080
_____
block3_conv3 (Conv2D)        (None, 56, 56, 256)       590080
_____
```

```
block3_pool (MaxPooling2D)    (None, 28, 28, 256)    0
_____
block4_conv1 (Conv2D)         (None, 28, 28, 512)    1180160
_____
block4_conv2 (Conv2D)         (None, 28, 28, 512)    2359808
_____
block4_conv3 (Conv2D)         (None, 28, 28, 512)    2359808
=======================================================
Total params: 7,635,264
Trainable params: 0
Non-trainable params: 7,635,264
_____
```

Style Loss의 Ground True 값을 미리 구하고, 출력 값의 형태를 확인한다.

```
[6]  style_true_b1c1, style_true_b2c2, style_true_b3c3, style_true_b4c3 = \
     style_transfer_model.predict(np.reshape(style, (-1,224,224,3)))

     style_true_b1c1.shape
```

(1, 224, 224, 64)

추출된 스타일 특성맵(피처맵)을 시각화한다.

```
[7]  plt.imshow(style_true_b1c1[0][:,:,60])
```

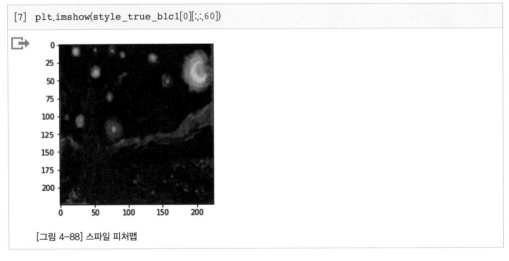

[그림 4-88] 스파일 피처맵

Content Loss의 Ground True 값을 구한다.

```
[8]  contents_true_b1c1, contents_true_b2c2, contents_true_b3c3, contents_true_b4c3 = \
     style_transfer_model.predict(np.reshape(contents,(-1,224,224,3)))

     contents_true_b3c3.shape
```

(1, 56, 56, 256)

추출된 콘텐츠 특성맵을 시각화한다.

```
[9] plt.imshow(contents_true_b3c3[0][:,:,250])
```

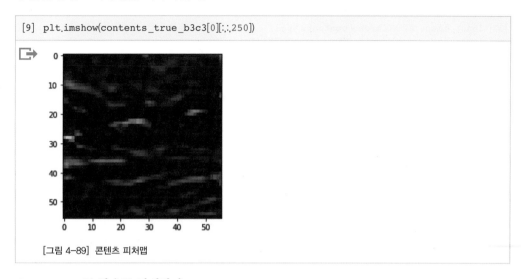

[그림 4-89] 콘텐츠 피처맵

Gram Matrix를 함수를 정의한다.

```
[12] def gram_matrix(x):
        reshape_x=tf.transpose(x,[2,1,0])
        s = tf.shape(reshape_x)
        reshape_x=tf.reshape(reshape_x,(s[0],s[1]*s[2]))
        reshape_x_t=tf.transpose(reshape_x)
        dot=tf.matmul(reshape_x,reshape_x_t)
        dot=tf.cast(dot,dtype='float32')
        dot=dot/tf.cast(tf.shape(reshape_x)[0], tf.float32)/
    tf.cast(tf.shape(reshape_x)[1], tf.float32)
        return dot

    gram_matrix(contents_true_b3c3[0])
```

```
<tf.Tensor: shape=(256, 256), dtype=float32, numpy=
array([[671.0898,     300.31067,    29.798244, ...,  79.880554,
         32.29058,    33.506176  ],
       [300.31067,    677.15656,    38.14757, ...,   76.13144,
         61.75631,    23.604467  ],
       [ 29.798244,   38.14757,     61.72365, ...,   18.55625,
         0.72043455,  0.7689491 ],

       ....
       [ 79.880554,   76.13144,     18.55625, ...,   184.68985,
         18.262405,   1.3970368 ],
       [ 32.29058,    61.75631,     0.72043455, ..., 18.262405,
         94.53121,    5.902392  ],
       [ 33.506176,   23.604467,    0.7689491 , ..., 1.3970368 ,
         5.902392,    25.225632  ]], dtype=float32)>
```

스타일 변환을 적용할 남산타워 이미지를 입력값으로 지정한다.

```
[13] input_image = cv2.imread('contents.jpg')
     input_image = cv2.resize(input_image,(224, 224))
```

옵티마이저를 Adam으로 사용하고 스타일 변환 모델을 학습한다. 주의할 점은 입력 이미지로 콘텐츠 이미지를 사용하지만, 반드시 텐서로 변환해야 한다. 이렇게 하면 Gradient 값을 구해 입력 이미지를 변경하여 새로운 스타일로 변환할 수 있다.

```
[14] img_avi=np.zeros((224,224,3))
     opt=tf.keras.optimizers.Adam(10.0) # 이미지 변환 속도를 높이기 위해 학습률을 크게 설정

     fcc=cv2.VideoWriter_fourcc(*'DIVX')
     out=cv2.VideoWriter('style_transfer.avi',fcc,10.0,(224,224))

     for epoch in range(200):
         input_image=tf.reshape(input_image,(-1,224,224,3))
         input_image=tf.cast(input_image,dtype='float32')
         input_image = tf.Variable(input_image, dtype=tf.float32)
         with tf.GradientTape() as tape:

             b1c1,b2c2,b3c3,b4c3=style_transfer_model(input_image)

             s_loss_1=tf.stop_gradient(gram_matrix(style_true_b1c1[0]))-gram_matrix(b1c1[0])
             s_loss_1=tf.reduce_mean(tf.square(s_loss_1))
             s_loss_2=tf.stop_gradient(gram_matrix(style_true_b2c2[0]))-gram_matrix(b2c2[0])
             s_loss_2=tf.reduce_mean(s_loss_2*s_loss_2)
             s_loss_3=tf.stop_gradient(gram_matrix(style_true_b3c3[0]))-gram_matrix(b3c3[0])
             s_loss_3=tf.reduce_mean(s_loss_3*s_loss_3)
             s_loss_4=tf.stop_gradient(gram_matrix(style_true_b4c3[0]))-gram_matrix(b4c3[0])
             s_loss_4=tf.reduce_mean(s_loss_4*s_loss_4)

             c_loss_1=contents_true_b1c1-b1c1
             c_loss_1=tf.reduce_mean(tf.square(c_loss_1))
             c_loss_2=contents_true_b2c2-b2c2
             c_loss_2=tf.reduce_mean(tf.square(c_loss_2))
             c_loss_3=contents_true_b3c3-b3c3
             c_loss_3=tf.reduce_mean(tf.square(c_loss_3))
             c_loss_4=contents_true_b4c3-b4c3
             c_loss_4=tf.reduce_mean(tf.square(c_loss_4))

             s_loss=(s_loss_1+s_loss_2+s_loss_3+s_loss_4)
             c_loss=(c_loss_1+c_loss_2+c_loss_3+c_loss_4)/4.
             loss=s_loss*10.0+c_loss_3 # style loss와 content loss의 가중합 적용
         grad=tape.gradient(loss,input_image)
         opt.apply_gradients([(grad,input_image)])
         input_image=tf.cast(input_image,dtype=tf.int32)
         input_image=tf.clip_by_value(input_image,0,255)
         img_avi=input_image.numpy()[0]
         if((epoch+0)%10==0):
```

```
     cv2.imwrite('{}.jpg'.format(epoch), img_avi)
    out.write(np.uint8(img_avi))
    print()
    print(epoch+1)
    print('s_loss',s_loss)
    print('c_loss_3',c_loss_3)
plt.imshow(input_image[0][:,:,::-1])
out.release()
cv2.destroyAllWindows()
```

```
                                    ...
199
s_loss tf.Tensor(639116.2, shape=(), dtype=float32)
c_loss_3 tf.Tensor(286000.47, shape=(), dtype=float32)
200
s_loss tf.Tensor(23356.81, shape=(), dtype=float32)
c_loss_3 tf.Tensor(201479.84, shape=(), dtype=float32)
```

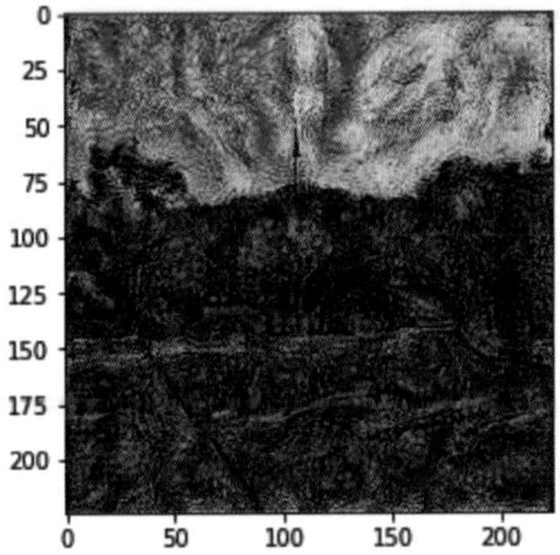

[그림 4-90] 실행 결과

[Tip] content loss 중에서 3번(c_loss_3)을 최종 적용하였다. 이 경우에 이미지 변환 결과가 가장 좋았기 때문이다.

이 책의 앞부분에서 딥러닝 모델을 활용하여 이미지를 분류하는 문제를 여러 가지 다룬 바 있다. 특히 이미지넷(ImageNet)에서 우승한 여러 모델들이 탁월한 성능을 발휘한다는 것을 배웠다.

여기서 우리가 갖는 의문은 딥러닝 모델이 이미지의 어떤 부분을 인식해서 분류하는지에 대한 것이다. 예를 들어 강아지와 고양이를 분류하는 딥러닝 모델은 해당 이미지의 어떤 특징을 포착하는지 알 수 없다. 이런 관점에서 소개된 개념이 Grad CAM이다.

[그림 4-91] 샘플 이미지

[그림 4-91]처럼 개와 고양이가 함께 있는 사진을 보여주면 해당 모델은 어떤 선택을 할까? 이미지넷 대회의 딥러닝 모델은 입력 이미지에서 하나의 클래스만을 예측하는 것으로 설계되었기 때문에, 개 또는 고양이로 해당 이미지를 분류한다.

Grad CAM을 사용하면 모델이 이미지의 어떤 부분을 중점적으로 관찰하고 있는지 확인할 수 있다. 따라서 모델이 개라고 분류한다면 이미지의 특정한 위치에서 개의 특징을 잡아내고 있다는 가정을 할 수 있다. 다음 예제를 통해 VGG16 모델을 활용하여 앞의 사진을 분류 예측하고, 이미지의 어떤 부분을 가장 중점적으로 포착하는지 확인한다.

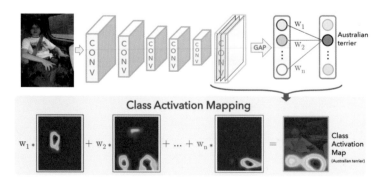

[그림 4-92] Grad CAM[32]

32 출처 : https://arxiv.org/abs/1512.04150

[그림 4-92]는 Grad CAM이 작동하는 방식을 보여준다. 일반적인 이미지를 분류하는 CNN 모델에서 Grad CAM에서 주목하는 부분은 완전연결층(FC)을 거치기 전에 위치하는 합성곱 (Conv2D) 레이어의 출력 형태이다. 각각의 합성곱 필터 연산을 거쳐서 생성된 이미지 텐서들은 원본 이미지로부터 추출된 특징을 가지고 있다.

여기서 중요한 것은, 오차 역전파(Back propagation)를 통해서 계산된 가중치(Gradient) 값들은 필터를 거쳐서 생성된 개별 이미지 텐서들이 최종 분류 예측에 끼친 영향력을 나타내는 값이라 고 생각할 수 있다. 따라서 각 특성맵 이미지의 가중치를 곱하고, 이 값들을 모두 더하면 원본 이미지에서 합성곱 필터들이 어떤 부분의 특징을 가장 주목하고 있는지 알 수 있다.

실습을 위해 필요한 패키지들을 먼저 불러온다. 샘플 이미지의 크기를 VGG16 모델의 입력 크 기에 맞춰서 (224, 224) 형태로 변환한다.

〈소스〉 4.10_Grad_CAM.ipynb

```
[1]  # 필요한 패키지
     import numpy as np
     import tensorflow as tf
     import cv2
     import matplotlib.pyplot as plt
     from google.colab.patches import cv2_imshow

     # 개와 고양이가 함께 있는 사진 표시
     img = cv2.imread('animals.jpg')
     img = cv2.resize(img,(224, 224))
     cv2_imshow(img)
```

[그림 4-93] 실행 결과

VGG16 모델을 이미지넷 대회의 학습 가중치 그대로 불러 온다. 여기서 주의할 점은 전이 학습과 달리 최종 분류층(Top)까지 함께 포함해야 한다. 따라서 모델은 이미지넷 데이터로 학습한 그대로 샘플 이미지를 분류하게 된다.

Grad CAM 모델은 VGG16 모델의 입력과 출력을 그대로 사용하고, 마지막 합성곱층(block5_conv3)의 출력을 Grad CAM 모델의 두 번째 출력으로 추가하면 된다. Grad CAM 모델에 샘플이미지를 입력하여 주면, 모델은 VGG16 모델의 이미지 분류 클래스를 예측하여 주고 동시에 합성곱층의 필터 연산 결과를 출력한다. 이 필터 연산 이미지를 분석하면 모델이 어느 부분을 관찰하는지 알게 된다.

```
[2]  # 기본적으로 Cv2는 BGR로 불러오기 때문에 RGB로 변경
     rgb_img = cv2.cvtColor(img, cv2.COLOR_BGR2RGB)
     # 예측에 쓰일 기본 모델은 VGG16을 사용할 예정
     # block5_conv3 아웃풋과 VGG16 아웃풋을 동시에 가지는 모델을 정의
     vgg_model=tf.keras.applications.VGG16(input_shape=(224, 224, 3), include_top=True)
     grad_cam_model = tf.keras.models.Model([vgg_model.input],
                                  [vgg_model.get_layer('block5_conv3').outp
                                  ut, vgg_model.output])

     # 인풋 이미지를 넣어주고,  block5_conv3 아웃풋과 결과값을 반환
     conv_outputs, predictions = grad_cam_model.predict(np.reshape(rgb_img,(1, 224, 224, 3)))

     # 가장 예측 확률이 높은 인덱스를 저장하고, Class값을 확인
     img_index= np.argmax(predictions)
     tf.keras.applications.vgg16.decode_predictions(predictions)
```

```
[[('n02099712', 'Labrador_retriever', 0.49398226),
  ('n02092339', 'Weimaraner', 0.24856642),
  ('n02099601', 'golden_retriever', 0.06568314),
  ('n02134084', 'ice_bear', 0.058719687),
  ('n02099849', 'Chesapeake_Bay_retriever', 0.046956)]]
```

이제 모델의 예측 확률이 가장 높은 클래스에 해당하는 인덱스(이미지넷은 1000개의 클래스를 가지고 있다)에 대한 필터 이미지들의 가중치를 구한다. ReLU 함수를 거쳐서 음의 가중치를 제거하고 양의 가중치만을 남긴다. 이들 가중치의 합을 필터 이미지에 곱한다. 모든 필터 이미지에 대한 연산 결과를 더해서 하나의 가중치 이미지를 만든다.

이 이미지를 원본 이미지 크기로 변환해 주고, 0~1 범위의 값을 갖도록 조정한다. 이미지를 출력하면 Grad CAM이 활성화된 영역을 확인할 수 있다.

[3] # 가장 예측이 높은 인덱스에 대한 block5_conv3의 Gradient를 계산

```
with tf.GradientTape() as tape:
    conv_outputs, predictions = grad_cam_model(np.reshape(rgb_img,
                                                         (1, 224, 224, 3)))

    loss = predictions[:, img_index]
output = conv_outputs[0]
grads = tape.gradient(loss, conv_outputs)[0]

# 음수는 그 결과를 반대하는 결과이므로, 생략
# 즉, Relu를 통해 양의 Gradient만 계산
grads = tf.keras.activations.relu(grads)

# grad를 채널별로 합산
# 이 값이 그 채널의 가중치
grad_weights = tf.reduce_mean(grads, axis=(0, 1))

# block5_conv3의 아웃풋에 Grad채널의 가중치를 곱함
cam = np.ones(output.shape[0: 2], dtype = np.float32)
for i, w in enumerate(grad_weights):
    cam += w * output[:, :, i]

# 크기를 변경하고, 0~1 사이의 값을 가지도록 조정
cam = cv2.resize(cam.numpy(),(224, 224))
grad_cam =(cam − cam.min()) /(cam.max() − cam.min())

# grad cam이 활성화된 영역을 표시
plt.imshow(grad_cam)
```

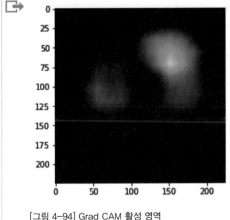

[그림 4-94] Grad CAM 활성 영역

앞서 구한 Grad CAM 가중치 이미지를 원본 이미지와 겹쳐서 출력한다. 다음 실행 결과를 보면 라브라도 리트리버의 귀 부분을 주목하고 있는 것을 알 수 있다. 즉, VGG16 이미지 분류 모델은 라브라도 리트리버의 귀 부분의 특징을 가장 중요하게 생각하고 최종 분류 예측을 한다고 말할 수 있다.

```
[4] cam = cv2.applyColorMap(np.uint8(255 * grad_cam), cv2.COLORMAP_JET)
    cam = cv2.cvtColor(cam, cv2.COLOR_RGB2BGR)
    plt.imshow(cv2.add(cam, img))
```

[그림 4-95] 원본 이미지와 함께 출력

[Tip] 앞의 그림에서 고양이에 대해서도 약한 강도이지만 활성화된 영역이 존재한다. 배경이 되는 풀밭 영역에는 활성화가 이루어지지 않고 있는 것과 다르게, 고양이 형태를 CNN 모델이 인지하고 주목하고 있다는 점을 알 수 있다. 즉, 고양이에 대해서도 강아지와 비슷한 동물의 특징이 인식되고 있다고 해석할 수 있다.

이번에는 ReLU 함수를 적용하지 않고 음의 가중치를 양의 가중치와 함께 모두 통과시킨다. 이들 가중치의 합을 필터 이미지에 곱하고 합하는 과정을 똑같이 진행해 Gradient 이미지를 만든다. 다음 그림과 같이 고양이가 위치하는 영역에 음의 가중치가 표시되는 것을 볼 수 있다.

```
[5] # 가장 예측이 높은 인덱스에 대한 block5_conv3의 Gradient를 구한다.
    with tf.GradientTape() as tape:
      conv_outputs, predictions = grad_cam_model(np.reshape(rgb_img,
                                                          (1, 224, 224, 3)))

      loss = predictions[:, img_index]
    output = conv_outputs[0]
    grads = tape.gradient(loss, conv_outputs)[0]

    # grad를 채널별로 합해준다.
    # 이 값이 그 채널의 웨이트값이 된다.
    grad_weights = tf.reduce_mean(grads, axis=(0, 1))

    # block5_conv3의 아웃풋에 Grad 채널의 웨이트값을 곱해준다.
    cam = np.ones(output.shape[0: 2], dtype = np.float32)
    for i, w in enumerate(grad_weights):
      cam += w * output[:, :, i]
```

```
# 크기를 변경하고,  0~1 사이의 값을 가지도록 조정한다.
cam = cv2.resize(cam.numpy(),(224, 224))
grad_cam =(cam - cam.min()) /(cam.max() - cam.min())

# grad cam이 활성화된 영역을 표시한다.
plt.imshow(grad_cam)
```

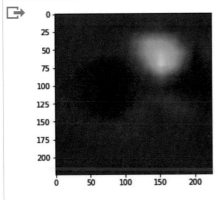

[그림 4-96] Grad CAM 활성 영역

원본 이미지에 겹쳐서 출력하면 고양이 형태에 대해서 음의 가중치를 인식하고 있는 것을 확인할 수 있다. 하지만 모델은 라브라도 리트리버의 귀 부분에 강한 양의 가중치를 가지고 있기 때문에, 이 특성 정보를 가지고 최종적으로 라브라도 리트리버로 분류한다.

```
[6]  cam = cv2.applyColorMap(np.uint8(255 * grad_cam), cv2.COLORMAP_JET)
     cam = cv2.cvtColor(cam, cv2.COLOR_RGB2BGR)
     plt.imshow(cv2.add(cam, img))
```

[그림 4-97] 원본 이미지와 함께 출력

이처럼 Grad CAM을 활용하면 모델이 어느 부분을 보고 판단했는지 시각화할 수 있고, 이 결과를 토대로 정확히 학습 중인지 파악할 수 있다.

PART 05
순환신경망(RNN)

Recurrent Neural Network(Elman, 1990) 모델은 순차적인 정보 처리 신경망이라고 번역할 수 있다. 보통 약자인 RNN으로 부른다. 자연어 데이터, 음성 데이터와 이 순서가 있는 시퀀스(Sequence) 데이터 또는 시계열 데이터를 분석하는 데 적합한 신경망이다.

예를 들어 "함께 성장하는 커뮤니티를 만들고 싶다"라는 문장이 있다면 이전에 배운 완전연결 신경망(FC)이나 합성곱(CNN) 신경망에서는 순서 상관없이 데이터를 입력(Input)받는다. [그림 5-1]의 왼쪽 그림처럼 동시에 모델에 모두 입력된다.

반면, 순환신경망(RNN)에서는 데이터 순서를 유지하면서 차례대로 입력한다. [그림 5-1] 오른쪽 그림처럼 각 단어는 순차적으로 하나씩 모델에 반복적으로 입력된다.

[그림 5-1] CNN과 RNN 입력 비교

[Tip] [그림 5-1]에서는 설명을 위해 한글 문자를 입력하는 것으로 표현했지만, 컴퓨터는 문자를 인식할 수 없다. 따라서 컴퓨터가 인식할 있도록 한글 문자를 숫자로 변경해서 입력해야 한다. 문자를 숫자로 변경하는 것은 뒷부분에서 자세히 알아볼 예정이다.

[그림 5-2]를 보면, RNN 모델에서 문장을 각 단어별로 구분하여 ① 함께 ② 성장하는 ③ 커뮤니티를 ④ 만들고 ⑤ 싶다 순서대로 입력된다. 순환신경망의 입력값은 우리가 가지고 있는 데이터 ①~⑤ 뿐 아니라 ① 값이 RNN을 거쳐 나온 상태(state)값도 입력으로 활용된다. "입력1"뿐 아니라 RNN을 거쳐 나온 출력 값인 상태를 "입력2"로 함께 사용되는 것이 특징이다. 이 과정을 계속 반복하기 때문에 '순환한다'는 뜻에서 순환신경망이라고 부른다.

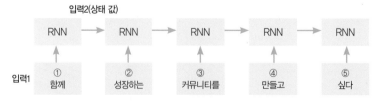

[그림 5-2] 순환신경망 입력

순환신경망은 이전의 상태가 현 시점에 영향을 주고 이를 순차적으로 반영해 결과를 얻는다. 쉽게 말해 과거의 결과가 현재에 영향을 미친다는 것이다. 이는 앞서 배운 완전연결 신경망(FC), 합성곱 신경망(CNN)과의 큰 차이점이다.

RNN을 간단히 표현하면 [그림 5-3]과 같이 나타낼 수 있다. 순방향 뉴런은 입력에서 출력으로 연결되고, 출력이 다시 입력으로 연결되는 부분이 반복되면서 순환신경망을 형성한다.

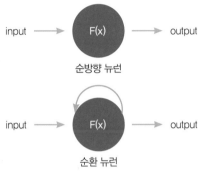

[그림 5-3] 순환신경망

순환신경망은 일반적으로 다음과 같은 5가지 유형으로 구분할 수 있다.

• One to One : 가장 기본적인 순환신경망(RNN)형태이다.
• One to Many : 이미지를 입력으로 넣고 문장을 출력하는 이미지 캡션에 활용된다.
• Many to One : 문장을 입력으로 넣고 긍정 또는 부정으로 출력하는 감성 분류에 활용된다.
• Many to Many : 기계 번역, 챗봇, 품사 예측 등 다양하게 활용되고 있다.

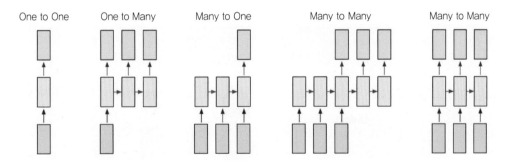

[그림 5-4] 순환신경망 유형

[Tip] 이 책에서는 ① One to One, ② Many to One, ③ Many to Many 유형을 다룰 예정이다.

대표적인 순환신경망 알고리즘에는 RNN(1986, D. Rumelhart 데이비드 루멜하르트), LSTM(1997, S. Hochreiter, J. Schmidhuber 혹스라이터와 슈미트후버), GRU(2014, 조경현) 등이 있다.

텐서플로 케라스는 이들 SimpleRNN, LSTM, GRU 레이어를 기본 클래스 함수로 제공하고 있다. 따라서 텐서플로 케라스 API를 이용하면 RNN 모델을 간단하게 구현할 수 있다.

RNN 알고리즘과 작동 메커니즘을 완벽하게 알지 못하더라도 간단한 순환신경망을 충분히 만들 수 있다. 필요에 따라 자연어 처리를 먼저 학습하고 추후 순환신경망 구조를 학습해도 된다.

RNN, LSTM, GRU가 어떤 구조인지 자세히 알아보자.

2-1   SimpleRNN

[그림 5-5]는 가장 기본적인 단일 순환신경망 구조를 보여준다. 왼쪽 그림과 오른쪽 그림은 사실상 동일한 형태를 다른 방식으로 표현한 것이다. 즉, 매 시점 적용되는 가중치가 동일해 왼쪽과 같이 심플하게 표현하기도 한다. 입력값(x), 은닉 상태(h), 출력 값(o)으로 구성되고 U, V, W는 네트워크의 가중치이다. 아래 첨자 t는 time step이고 시퀀스 데이터의 연속적인 순서를 나타낸다.

"친절한 텐서플로 도서"를 음절 단위로 나누어 시간순에 따라 입력값(x)이라고 한다면 x_{t-1}은 "친절한", x_t는 "텐서플로", x_{t+1}는 "도서"가 입력 데이터가 될 수 있다. 이처럼 데이터를 순서에 따라 구분해 모델에 입력하는 시퀀스 구조가 특징이다.

은닉 상태(h)는 다음 시점으로 넘겨줄 상태 값이며 초기 은닉 상태(h)는 랜덤 값(또는 0)이 된다.

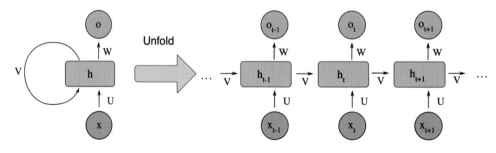

[그림 5-5] 순환신경망

RNN은 h_t를 구하기 위해 입력값(x_t)뿐만 아니라 이전 상태 값 h_{t-1}을 받아서 동시에 함수의 입력으로 넣어 계산한다. 또한 시퀀스 데이터 길이만큼 이러한 계산을 반복한다.

$$h_t = fw(h_{t-1}, \ x_t)$$

h_t를 구하기 위해 이전 상태 값(h_{t-1})에는 V 가중치를 곱하고, 입력값(x_t)에는 U 가중치를 곱한 다음, 이를 더하고 하이퍼볼릭 탄젠트(tanh)를 통해 비선형 변환을 거치면 h_t를 구하게 된다. 가중치는 최초 랜덤하게 부여하고, 이후 모델을 학습시키면서 가중치가 업데이트된다.

$$h_t = tanh(Vh_{t-1} + Ux_t)$$

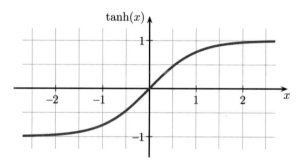

[그림 5-6] 하이퍼볼릭(쌍곡선) 탄젠트

다음 [그림 5-7]과 같이 RNN 유닛을 표현할 수 있다. 이전 상태 값 h_{t-1}를 입력으로 사용해 다음 상태 값 h_t를 출력하게 되고, 출력 값 o_t를 구할 때는 가중치 W를 곱한다. W의 형태(shape)에 따라서 출력 형태가 정해진다.

$$o_t = Wh_t$$

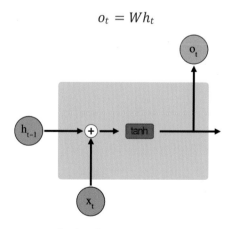

[그림 5-7] 기본적인 RNN 내부구조

2-2 LSTM

순환신경망 모델을 학습할 때는 기본적인 RNN 구조부터 학습하지만 실무적으로는 SimpleRNN보다는 성능이 뛰어난 LSTM과 GRU를 선호한다.

입력 문장의 길이가 길어질수록 simpleRNN은 멀리 떨어진 단어와의 관련성을 파악하기 어려워 성능이 떨어지는 단점이 있다. 이는 과거 정보가 마지막까지 전달되지 못하는 장기 의존성 문제 (long-term dependency problem)라고 한다. 이러한 문제가 발생되는 원인은 모델이 복잡할수록 경사가 기하급수적으로 감소(0에 수렴)하는 경사 소실과 기울기가 너무 큰 값이 되면서 나타나는 경사 폭발로 제대로 된 훈련이 어렵다. 이로 인해 장기 의존성 문제가 발생된다.

이 문제를 해결하고자 LSTM(Long Short-Term Memory)이 제안되었다. LSTM은 장단기 메모리를 활용해 잊어야 할 것과 기억해야 할 것을 조절한다. 예를 들어 "텐서플로 스터디 모임이 너무 좋았다"라는 문장이 있다. 긍정 또는 부정을 알고자 할 때 "너무 좋았다"라는 부분이 중요한 정보이며, 문장의 마지막 부분에 위치해 있어 기억하기도 쉽다.

[그림 5-8] 장기 의존성이 없는 순환신경망

하지만 [그림 5-9]와 같이 긴 문장 속에 긍정적인 표현이 앞부분에 있다면 중요한 정보임에도 불구하고 모델은 최종 분류 단계에서 이 정보를 기억하지 못할 수 있다. 중요한 정보를 잊지 않고 다음 단계로 계속 넘겨주기 위해서 LSTM에서는 셀 상태(cell state)와 게이트(gate) 개념을 도입한다.

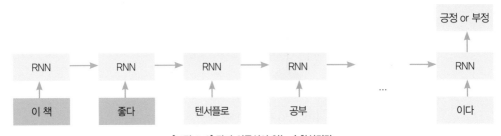

[그림 5-9] 장기 의존성이 있는 순환신경망

LSTM 내부는 크게 ① Forget gate, ② Input gate, ③ Output gate 3가지 게이트로 분류할 수 있다.

① Forget gate(망각 게이트) : 이전 정보를 전달할지 잊어버릴지 결정한다. 시그모이드 결과값 (σ)은 0 또는 1이 출력되고, 0일 경우 전달하지 않을 수도 있고 1일 경우 온전히 전달할 수도 있다.

② Input gate(입력 게이트) : tanh를 거쳐 현재 정보를 전달한다. 단, 입력 게이트도 시그모이드 결과값에 따라 셀 상태에 더할지 말지 결정한다.

③ Output gate(출력 게이트) : 출력 값을 결정하고 최종 h_t(은닉 상태)를 전달한다.

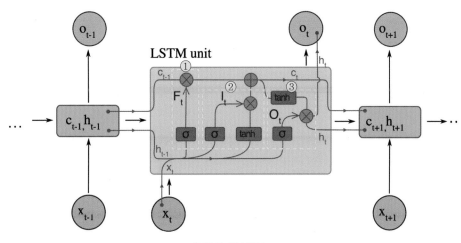

[그림 5-10] LSTM

LSTM의 큰 특징은 셀 상태(c)가 있다는 점이다. 셀 상태(c)는 c_{t-1}에서 입력된 값을 먼저 망각 게이트를 통해 이전 정보를 지우고(또는 유지하고) 입력 게이트를 통해 새로운 정보를 추가한다. 둘로 나누어져 한쪽은 셀 상태 그대로 출력되고 한쪽은 tanh를 거쳐 출력 게이트 결과 값인 h_t에 반영된다.

2-3   GRU

LSTM은 셀 구조가 복잡하고 속도가 느리다는 단점이 있다. 이를 보완하기 위해 LSTM 구조를 단순화한 GRU가 제안되었다. LSTM에서 중요한 셀 상태는 은닉 상태에서 그 역할을 대신하며, 망각 게이트와 입력 게이트를 결합한 LSTM의 간소화된 버전이라고 할 수 있다.

따라서 LSTM의 경우 3개의 게이트(망각, 입력, 출력)가 있지만 GRU는 2개의 게이트(업데이트, 리셋)만 존재한다. 셀 상태가 별도로 존재하지 않고 Z_t(업데이트 게이트)에서 시그모이드 함수를 활용하여 망각 게이트와 입력 게이트를 모두 제어한다. 따라서 망각 게이트와 입력 게이트는 한쪽이 열리면 한쪽이 닫히는 구조이다. 쉽게 말해 새로 입력된 정보를 얼마나 반영할지 결정한다.

R_t는 재설정 게이트(reset gate)라고 하며, 이전 상태(h_{t-1})와 현재 입력이 연결될 때 이전 상태를 얼마나 반영할지 결정한다.

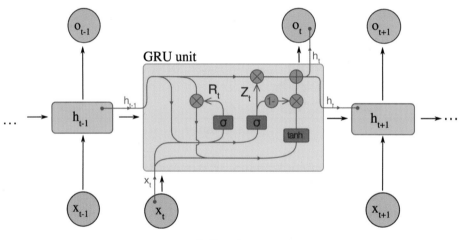

[그림 5-11] GRU

빅데이터 시대가 도래하고 최근 하드웨어 성능이 대폭 향상된 시점에서 LSTM과 GRU 중 어떤 것이 우수하다고 말하긴 어렵지만 통상 "데이터 양이 조금 더 작으면 GRU가 데이터 양이 많으면 LSTM이 낫다"고 알려져 있다. 하지만 데이터와 환경에 따라 달라질 수 있다.

앞에서 simpleRNN, LSTM, GRU 순환신경망 구조에 대해 간단하게 알아보았다. 이제 예제를 통해 순환신경망을 활용하는 방법을 알아보자.

3-1 임베딩(Embedding)

컴퓨터는 우리가 사용하는 한글, 영어 등을 그대로 이해하지 못한다. 컴퓨터가 이해하는 벡터로 변경해야 하는데 그것을 임베딩(Embedding)이라고 말한다. 임베딩이 잘 될수록 모델의 성능 또한 높아지고 훈련도 잘되기 때문에 임베딩과 관련된 여러가지 방법들이 개발되어 왔다.

크게는 단어 수준의 임베딩(Word2Vec, FastText)과 문장 수준의 임베딩(Elmo, Bert, GPT 등)으로 구분할 수 있다. 단어 수준의 임베딩은 동음이의어를 구별할 수 없지만, 문장 수준의 임베딩은 사람처럼 문장의 앞뒤를 보고 이를 파악할 수 있다.

단어 수준의 임베딩을 위해 단어, 음절, 형태소 등으로 나누고 이를 수치로 변환한다. 가장 간단한 벡터 변환 방법은 원핫(one-hot) 인코딩이다.

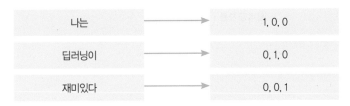

[그림 5-12] 원핫 인코딩

이 방법은 매우 간단하지만 단어가 많아질수록 벡터의 공간이 커지고 비효율이 발생하는 문제가 있다. 원핫 인코딩은 행렬 값이 대부분 '0'인 희소행렬(sparse matrix)이라고도 부른다. 엄청난 크기의 희소행렬은 메모리 낭비가 심하고, 또한 원핫 인코딩은 단어와 단어의 유사도를 알기 어렵다는 한계가 있다.

반대로 단어를 밀집행렬로 표현할 수도 있는데, 이때 행렬은 0이 아닌 실수값으로 채워진다. 밀집행렬 형태는 단어와 단어의 유사도를 알 수 있고, 자원의 낭비가 작다는 장점이 있다. 텐서플로(케라스)에서는 임베딩 레이어를 제공하고 있는데, 희소행렬이 아닌 밀집행렬로 구현되어 있다.

[그림 5-13] 희소행렬과 밀집행렬

임베딩 레이어에는 두 가지 파라미터 값이 필요하다. 첫 번째는 입력 차원(단어의 총 수)이고 두 번째는 임베딩 차원이다. 다음 [그림 5-14]에서 N개의 입력 차원을 3차원 임베딩 공간으로 매핑하는 것을 확인할 수 있다. 즉, N개의 단어로 구성된 문장을 3개의 원소를 갖는 벡터로 변환하는 개념이다.

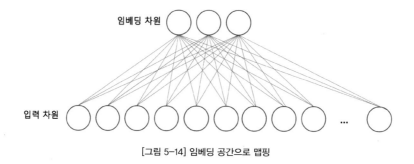

[그림 5-14] 임베딩 공간으로 맵핑

다음 예제에서는 tensorflow.keras.layers로부터 임베딩 레이어를 가져와서 사용한다. 임의의 4개의 숫자 12, 8, 15, 20를 임베딩 레이어에 통과시키면 각각 원소 3개를 갖는 벡터로 변환되어 밀집행렬로 정리되는 것을 알 수 있다.

```
[1]  # 라이브러리 불러오기
     import tensorflow as tf

     # 임베딩 레이어
     embedding_layer = tf.keras.layers.Embedding(100, 3)
     result = embedding_layer(tf.constant([12, 8, 15, 20])) #더미 데이터 입력
     print(result)
```

```
tf.Tensor(
[[ 0.02650649 −0.03870631  0.02221387]
 [−0.01329124  0.00753369  0.02704499]
 [−0.01264749 −0.02551993  0.02355143]
 [ 0.01762089 −0.02397168 −0.00142975]], shape=(4, 3), dtype=float32)
```

임베딩 레이어는 input_dim, output_dim, input_length 파라미터가 있다. input_dim은 단어 사전의 크기를 의미한다. output_dim은 출력 벡터의 크기를 말한다. 다음 예제에서는 output_dim으로 3을 지정했다.

임베딩 레이어를 모델에 적용해보자. 일반적으로 자연어 처리 모델에서는 데이터를 입력하는 부분에 임베딩 레이어를 활용한다. 또한, 모델에 따라 입력 길이(input_length)를 설정해야 할 수도 있고 그렇지 않을 수도 있다. 다음은 입력 길이를 32로 설정하는 예제이다.

```
[2]  # 임베딩 레이어 활용
     model = tf.keras.Sequential()
     model.add(tf.keras.layers.Embedding(100, 3, input_length=32))
     model.add(tf.keras.layers.LSTM(units=32))
     model.add(tf.keras.layers.Dense(units=1))
     model.summary()
```

```
_____
Layer (type)                 Output Shape              Param #
=================================================================
embedding_7 (Embedding)      (None, 32, 3)             300

lstm_2 (LSTM)                (None, 32)                4608

dense_2 (Dense)              (None, 1)                 33
=================================================================
Total params: 4,941
Trainable params: 4,941
Non-trainable params: 0
```

다음과 같이 라이브러리를 미리 호출해 활용할 수도 있다. 사실상 앞의 예제와 동일한 모델이다.

```
[3]  # 라이브러리 불러오기
     import tensorflow as tf
     from tensorflow.keras.models import Sequential
     from tensorflow.keras.layers import Embedding, LSTM, Dense

     # 임베딩 레이어 활용
     model = Sequential()
     model.add(Embedding(100, 3, input_length=32))
     model.add(LSTM(32))
     model.add(Dense(1))
     model.summary()
```

```
 _____
 Layer (type)                  Output Shape             Param #
 ===================================================================
 embedding_7 (Embedding)       (None, 32, 3)            300
 _____
 lstm_2 (LSTM)                 (None, 32)               4608
 _____
 dense_2 (Dense)               (None, 1)                33
 ===================================================================
 Total params: 4,941
 Trainable params: 4,941
 Non-trainable params: 0
```

3-2 양방향(Bidirectional) RNN

자연어 데이터의 경우 순서대로 데이터를 처리하고, 역순으로 처리할 경우 더 좋은 성능을 발휘하기도 한다. [그림 5-15]는 (a) 순차적인 RNN 구조와 (b) 양방향 RNN 구조를 보여주고 있다. 텐서플로에서는 tensorflow.keras.layers에 양방향 레이어(Bidirectional)를 제공하고 있고 RNN 레이어를 감싸면 쉽게 양방향 RNN을 만들 수 있다.

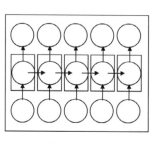
(a) 단방향 RNN

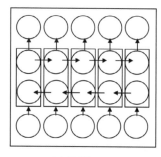
(b) 양방향 RNN

[그림 5-15] Structure Overview

다음 빈칸에 알맞은 단어는 무엇일까? 영화, 친구, 텐서플로 창시자 등 다양한 단어를 생각할 수 있다. 왜 그렇게 생각할 수 있을까? 앞에 나온 "나는"이란 단어만 가지고는 예측할 수 없지만 뒤에 나오는 "보고싶다"라는 단어를 바탕으로 다양한 단어를 추측할 수 있기 때문이다.

나는 [＿＿＿＿＿＿]를 보고싶다.

[그림 5-16] 문장의 빈칸 예측

문장에서 다음 단어를 예측하기 위해서는 앞에 있는 단어뿐 아니라 뒤에 있는 단어도 매우 중요하기에 양방향 RNN은 자연어에서 주로 활용되는 방법이다.

```
[4] # Bidirectional LSTM
    from tensorflow.keras.layers import Bidirectional

    model = Sequential()
    model.add(Embedding(100,3))
    model.add(Bidirectional(LSTM(32))) # 양방향 RNN
    model.add(Dense(1))
    model.summary()
```

```
Layer (type)                    Output Shape          Param #
=================================================================
embedding_9 (Embedding)         (None, None, 3)       300
_____
bidirectional (Bidirectional    (None, 64)            9216
_____
dense_4 (Dense)                 (None, 1)             65
=================================================================
Total params: 9,581
Trainable params: 9,581
Non-trainable params: 0
```

모델의 summary() 결과에서 LSTM(units = 32)과 같이 유닛의 개수를 32로 지정해서 모델을 만들었지만 유닛의 개수가 32의 2배인 64개가 된다. 순방향과 역방향으로 각각 LSTM 모델이 만들어졌기 때문이다. 이를 Bidirectional LSTM이라고 부르며, 줄여서 Bi-LSTM이라고 표현하기도 한다.

3-3 스태킹 RNN

Dense 레이어처럼 RNN 레이어 또는 양방향 RNN을 여러 층으로 쌓아서 모델을 만들 수 있다. 이때 중요한 점은 다른 레이어처럼 쌓기만 하면 에러가 발생한다. 기본적으로 RNN은 마지막 상태 값만 출력하기 때문이다. [그림 5-17]에서 보듯, 마지막 출력(④)을 제외하고는 ①~③ 출력은 무시한다.

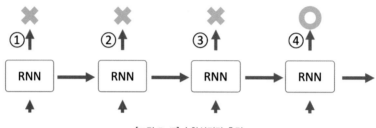

[그림 5-17] 순환신경망 출력

레이어를 쌓기 위해서는 ①~③ 출력도 허용해야 한다. RNN 레이어 파라미터 return_sequences를 True로 설정한다. [그림 5-18]과 같이 상태값(①~④)을 모두 출력하도록 하고, 다음 RNN 레이어의 입력으로 넣게 된다. 만약 return_sequence를 기본값(False)으로 그대로 두면 마지막 상태값(④)만 출력되어 RNN 레이어를 쌓을 수 없다. 즉, 에러가 발생될 것이다. 다음 RNN 레이어로 전달되는 ①~④ 형태는 (batch_size, timesteps, units) 이다.

참고로 최상단에 있는 RNN 레이어는 더 이상 모든 상태를 전달할 필요가 없어 return_sequences 설정을 True로 설정할 필요가 없다.

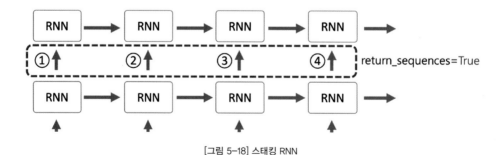

[그림 5-18] 스태킹 RNN

```
[5]  # 스태킹 RNN 예제
     model = Sequential()
     model.add(Embedding(100,32))
     model.add(LSTM(32, return_sequences=True))  # 전체 시퀀스 출력
     model.add(LSTM(32))
     model.add(Dense(1))
     model.summary()
```

```
Layer (type)                 Output Shape              Param #
=================================================================
embedding_11 (Embedding)     (None, None, 32)          3200
_____
lstm_7 (LSTM)                (None, None, 32)          8320
_____
lstm_8 (LSTM)                (None, 32)                8320
_____
dense_5 (Dense)              (None, 1)                 33
=================================================================
Total params: 19,873
Trainable params: 19,873
Non-trainable params: 0
```

3-4 순환 드롭아웃

내장 RNN은 기본적으로 텐서플로 레이어에서 제공하는 유용한 기능인 dropout 외에 recurrent_dropout을 제공하고 있다. dropout은 입력에 대한 드롭아웃 비율이고, recurrent_dropout은 순환 상태의 드롭아웃 비율을 뜻한다. 모두 0과 1사이의 부동 소수점이고 과대적합을 방지하기 위해 내장된 기능이다.

```
[6]  # 순환 드롭아웃
     model = Sequential()
     model.add(Embedding(100, 32))
     model.add(LSTM(32, recurrent_dropout=0.2, dropout=0.2))
     model.add(Dense(1, activation='sigmoid'))
     model.summary()
```

```
Layer (type)                 Output Shape              Param #
=================================================================
embedding_12 (Embedding)     (None, None, 32)          3200
_____
lstm_9 (LSTM)                (None, 32)                8320
_____
dense_6 (Dense)              (None, 1)                 33
=================================================================
Total params: 11,553
Trainable params: 11,553
Non-trainable params: 0
```

자연어 처리(Natural Language Processing, 이하 NLP)는 스팸, 뉴스/쇼핑 카테고리 분류, 텍스트 요약, 문장 생성, 기계 번역, 챗봇 등 다양한 분야에 활용되고 있다.

자연어를 처리하는 방법을 살펴본 후 순환신경망을 통해 감성 분류, 문장 생성 등 모델을 직접 만들어 보기로 한다.

4-1   자연어 처리 방법

텍스트 데이터는 테이블 데이터와 같이 구조화되거나 데이터의 길이가 일정하지 않다는 특성을 갖는다. 따라서 문장의 길이가 다를 경우 딥러닝 모델에 입력으로 넣기 위해서는 길이를 동일하게 맞추는 작업이 선행되어야 한다. 가장 긴 문장의 길이에 맞출 수도 있고, 가장 짧은 문장 길이에 맞춰 넘치는 부분을 잘라낼 수도 있다.

또한 한글을 입력 데이터로 활용하기 위해서는 숫자로 변환해야 하고, 한글과 숫자를 일대일 매칭하는 방식으로 단어 사전을 만든다. 여기서 말하는 사전은 "텐서플로" : "2021", "딥러닝" : "2022"와 같이 모든 단어(토큰)를 숫자로 매핑한 사전이다. 사전을 통해 단어를 숫자로, 숫자를 단어로 변경할 수 있다.

이렇게 단어(토큰)를 숫자로 변경하기 위해서는 문장을 특정한 기준으로 잘라내야 하는데, 이렇게 잘라낸 조각을 토큰이라고 표현한다. 영어에서는 띄어쓰기를 기준으로 잘라내더라도 큰 문제가 없으나 한글에서는 띄어쓰기가 잘 되어 있지 않고, '~이(가)', '~을(를)', '~에게' 등 조사(명사에 붙어서 다른 말과의 관계를 나타내거나 특별한 뜻을 더해 주는 품사)가 붙어 있어 잘라내는 것에 어려움이 있다.

예를 들어 "텐서플로가", "텐서플로를", "텐서플로는"이 있다면, 컴퓨터는 3가지 모두 다른 단어로 인식한다. 이에 띄어쓰기는 되어있지 않지만 "텐서플로"를 구분하는 토크나이저를 활용하거나 불용어(stopword) 처리를 통해 "가", "를", "는" 등 조사나 반복되는 불필요한 단어를 제거해야 한다.

다음 예제에서는 문장 텍스트 데이터를 처리해 딥러닝 모델에 입력으로 넣기 직전의 데이터셋을 준비하는 방법을 알아본다.

- 토큰화(문장을 띄어쓰기 기준으로 나눔) + 단어 사전(단어와 숫자 매칭)
- 문자 인코딩(사전을 바탕으로 문장들을 숫자로 변경)
- 인코딩된 문장 길이를 동일하게 변경(패딩)

[그림 5-19]에서는 2개의 문장을 인코딩과 패딩을 통해 동일한 길이의 데이터로 만들고 있다. 문장을 숫자로 변환할 때 단어의 순서대로가 아니라 "영실이는", "정말"이 앞쪽으로 온 것을 확인할 수 있다. 조금만 자세히 문장을 살펴보면 이유를 금방 알 수 있다. "영실이는", "정말" 토큰은 2번 등장한 토큰이다. 일반적으로 단어 사전을 만들 때 빈도수가 높을수록 앞 번호를 갖는다.

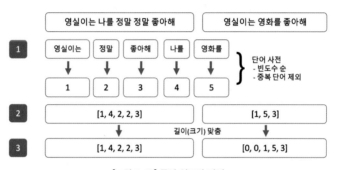

[그림 5-19] 문장 인코딩 과정

텐서플로(케라스)에서 제공하는 Tokenizer는 띄어쓰기를 기준으로 단어 인코딩 사전을 생성하고, 단어를 쉽게 인코딩할 수 있게 도와준다. 앞에서 그림으로 설명한 문장을 실제 케라스를 활용해서 단어 사전으로 변환한다. Tokenizer 객체를 생성하고, fit_on_texts() 함수에 인코딩할 문장들을 입력한 뒤 단어 토큰을 만들고 각각 인덱스를 지정한다. 단어 '정말'은 인덱스 2와 같이 표현된다.

〈소스〉 5.2_nlp_basic.ipynb

```
[1]  # 텐서플로 토크나이저
     from tensorflow.keras.preprocessing.text import Tokenizer
     sentences = [
             '영실이는 나를 정말 정말 좋아해',
             '영실이는 영화를 좋아해'
     ]
     tokenizer = Tokenizer()
     tokenizer.fit_on_texts(sentences)
     print("단어 인덱스:",tokenizer.word_index)
```

➡ 단어 인덱스: {'영실이는': 1, '정말': 2, '좋아해': 3, '나를': 4, '영화를': 5}

texts_to_sequences() 함수는 입력된 문장을 단어 인덱스를 사용하여 숫자 벡터로 변환한다.

```
[2] # 인코딩된 결과
    word_encoding = tokenizer.texts_to_sequences(sentences)
    word_encoding
```

⯈ [[1, 4, 2, 2, 3], [1, 5, 3]]

만약 사전에 없는 새로운 단어가 등장하면 새로운 단어는 인코딩할 때 무시한다. 다음 코드를 보면 "경록이와"라는 단어는 앞에서 만든 사전에 없으므로 인코딩된 숫자에서 빠졌음을 확인할 수 있다. 띄어쓰기로 나눴을 때 4개의 토큰이지만 인코딩된 결과는 3개이다.

```
[3] # 사전에 없는 단어가 있을 때 인코딩 결과
    new_sentences = ['영실이는 경록이와 나를 좋아해']
    new_word_encoding = tokenizer.texts_to_sequences(new_sentences)
    new_word_encoding
```

⯈ [[1, 4, 3]]

앞의 코드와 같이, 자연어에는 사전에 없는 새로운 단어가 등장할 수 있다. 사전에 존재하지 않는 단어를 OOV(Out Of Vocabulary) token이라고 부른다. 케라스 Tokenizer는 이를 처리하기 위해 oov_token 파라미터 값을 설정할 수 있다. 다음 코드 결과를 보면 동일한 문장에서 oov_token으로 지정한 '〈OOV〉'를 포함한 4개 값이 토큰으로 인코딩된 것을 볼 수 있다.

```
[4] # 사전에 없는(Out Of Vocabulary) 단어 처리
    tokenizer = Tokenizer(oov_token="〈OOV〉")
    tokenizer.fit_on_texts(sentences)
    word_index = tokenizer.word_index

    new_word_encoding = tokenizer.texts_to_sequences(new_sentences)

    print(word_index)
    print(new_word_encoding)
```

⯈ {'〈OOV〉': 1, '영실이는': 2, '정말': 3, '좋아해': 4, '나를': 5, '영화를': 6}
   [[2, 1, 5, 4]]

텍스트 데이터셋에 빈도수가 작은 단어가 많이 존재하는 경우에는 이들 단어를 제외하는 것이 일반적이다. 즉, 문장을 토큰으로 인코딩할 때 빈도수가 많은 순서대로 최대 사전 개수를 정하고 빈도수가 적은 단어를 제외한다. 최대 사전 개수는 num_words 파라미터를 통해 설정한다. 3으로 설정하는 경우 빈도수순으로 3개 토큰만 인코딩하고, 나머지 단어는 "1"(OOV)로 인코딩될 것이다.

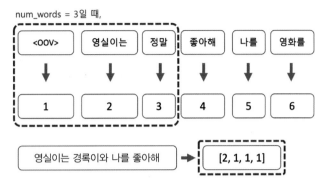

[그림 5-20] 최대 사전 개수 제한

```
[5]  # 단어 사전 개수 설정
     tokenizer = Tokenizer(num_words=3, oov_token="〈OOV〉")
     tokenizer.fit_on_texts(sentences)
     word_index = tokenizer.word_index

     new_word_encoding = tokenizer.texts_to_sequences(new_sentences)

     print(word_index)
     print(new_word_encoding)
```
```
{'〈OOV〉': 1, '영실이는': 2, '정말': 3, '좋아해': 4, '나를': 5, '영화를': 6}
[[2, 1, 1, 1]]
```

[Tip] num_words를 3으로 설정하더라도 단어 사전(tokenizer.word_index)에는 모든 값(6개)이 만들어지고, 문장을 인코딩(texts_to_sequences)할 때 설정한 3개 만큼만 단어 사전에서 활용한다.

순환신경망에 데이터를 입력으로 넣기 위해서는 문장의 길이(크기)를 동일하게 맞춰야 한다. 이를 패딩(padding)이라고 부른다.

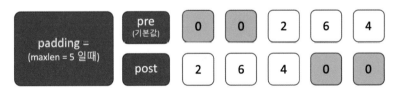

[그림 5-21] 최대 길이에 맞게 0으로 채우기

케라스에서 제공하는 pad_sequences() 함수를 활용하면 인코딩된 문장의 길이를 동일하게 만들 수 있다. 최대 문장의 길이를 기준으로 그보다 짧다면 앞에 0 값이 채워지는 것을 확인할 수 있다.

```
[6]  # 문장의 길이 맞추기
     from tensorflow.keras.preprocessing.sequence import pad_sequences
     padded = pad_sequences(word_encoding)
     print(padded)
```

```
[[2 5 3 4]
 [0 0 2 6 4]]
```

한편, 뒤쪽에 0을 채우기 위해서는 padding 파라미터 값을 'post'로 설정한다. 값을 출력해보면
뒤쪽으로 부족한 개수만큼 0으로 채워지는 것을 확인할 수 있다.

```
[7]  # 패딩(뒤에 0 붙이기)
     padded = pad_sequences(word_encoding, padding='post')
     print(padded)
```

```
[[2 5 3 3 4]
 [2 6 4 0 0]]
```

만약 몇몇 문장만 길이가 길고 대부분의 문장 길이(단어 개수)가 4 이하라면 최대값을 4로 설정
할 수도 있다.

```
[8]  # 문장의 최대 길이 고정
     padded = pad_sequences(word_encoding, padding='post',maxlen=4)
     print(padded)
```

```
[[5 3 3 4]
 [2 6 4 0]]
```

이때 최대 길이인 4보다 긴 문장의 경우 잘라내야 하며, padding과 동일하게 기본값은 앞부분이
잘리게 된다. 뒷부분을 자르고 싶을 때는 truncating 파라미터 값을 'post'로 설정하면 된다.

[그림 5-22] 앞 또는 뒤 잘라내기

```
[9]  # 최대 길이보다 문장이 길 때 뒷부분 자르기
     padded = pad_sequences(word_encoding, padding='post', truncating='post', maxlen=4)
     print(padded)
```

```
[[2 5 3 3]
 [2 6 4 0]]
```

[Tip] 자연어 처리를 위해서는 임베딩 과정이 반드시 필요하다. Word2vec, FastText, Glove 등이 있다. 이 책에서는 텐서플로 케라스에서 제공하는 임베딩 레이어를 활용하기로 한다.

4-2 한국어 감성분석

앞에서 배운 RNN과 자연어 처리 방법을 활용해 텍스트 데이터에서 긍정 또는 부정 감정을 분류하는 예제를 살펴본다. 먼저 실습에 필요한 라이브러리를 불러온다.

〈소스〉 5.3_movie_review.ipynb

```
[1] # 필요 라이브러리 불러오기
    import pandas as pd
    import numpy as np
    import seaborn as sns
    import matplotlib.pyplot as plt
    import tensorflow as tf
    import warnings
    warnings.filterwarnings(action='ignore')
```

4-2-1 데이터 불러오기

텍스트 분류에서 사용할 데이터 셋은 네이버 영화 리뷰 데이터이다. 총 200,000개의 데이터가 있으며 훈련(train) 데이터로 150,000개, 테스트(test) 데이터가 50,000개로 구성되어 있다. 모든 리뷰의 길이는 140자 이내이며, 실제 영화 리뷰 점수는 1점에서 10점으로 이루어져 있다. 9점~10점을 긍정적 리뷰, 1점~4점을 부정적 리뷰로 분류한 데이터이다(5~8점은 포함하지 않음).

먼저 train 데이터를 다운로드한 후 데이터프레임으로 저장한다. 이때 데이터셋은 txt 파일이며 탭(Tap)으로 컬럼(열)이 구분되어 있어 구분자를 sep = '\t'으로 설정한다. 텐서플로에서 제공하고 있는 get_file() 함수를 사용하면, URL로부터 다운로드가 가능하다.

```
[2] # Naver sentiment movie corpus v1.0 데이터 불러오기
    train_file = tf.keras.utils.get_file(
      'ratings_train.txt',
    origin='https://raw.githubusercontent.com/e9t/nsmc/master/ratings_train.txt', extract=True)
    train = pd.read_csv(train_file, sep='\t')
```

```
Downloading data from https://raw.githubusercontent.com/e9t/nsmc/master/
ratings_train.txt
14630912/14628807 [==============================] — 0s 0us/step
```

4-2-2 EDA(탐색적 데이터 분석)

아래와 같이 간단한 탐색적 데이터 분석(EDA)를 통해 데이터 파악 및 전처리가 필요한 부분을 찾아본다. 데이터 크기 및 샘플 확인, 레이블 비율, 결측치, 가 레이블별 테스트 길이 등을 확인한다. train 데이터 크기는 (150000, 3)이다. 데이터 샘플을 살펴보면 id, document, label로 구성되어 있음을 확인할 수 있다. 감성분석을 위한 텍스트 분류 모델에서 필요한 값은 document와 label이다.

```
[3]  # 데이터 크기 및 샘플 확인
     print("train shape: ", train.shape)
     train.head()
```

train shape: (150000, 3)

	id	document	label
0	9976970	아 더빙.. 진짜 짜증나네요 목소리	0
1	3819312	흠...포스터보고 초딩영화줄....오버연기조차 가볍지 않구나	1
2	10265843	너무재밍었다그래서보는것을추천한다	0
3	9045019	교도소 이야기구먼 ..솔직히 재미는 없다..평점 조정	0
4	6483659	사이몬페그의 익살스런 연기가 돋보였던 영화!스파이더맨에서 늙어보이기만 했던 커스틴 ...	1

[그림 5-23] 실행 결과

label 열에 들어 있는 긍정 또는 부정의 비율을 비교한다. 0(부정) : 75,173개와 1(긍정) : 74,827개로 비슷한 비율로 구성되었음을 확인할 수 있다. 참고로 데이터 label의 불균형이 심할 경우 일반적으로 훈련이 제대로 이루어지기 어렵다.

```
[4]  # 레이블별 개수
     cnt = train['label'].value_counts()
     print(cnt)
```

```
0    75173
1    74827
Name: label, dtype: int64
```

seaborn 라이브러리의 countplot() 함수로 시각화한다.

```
[5]  # 레이블별 비율
     sns.countplot(x='label',data=train)
```

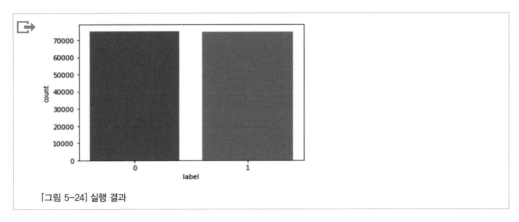

[그림 5-24] 실행 결과

데이터셋의 결측치를 확인해보자. document에 5개의 빈 값이 보인다. 빈 값은 부정일 수도 있고 긍정일 수도 있어 label 값과 비교해볼 필요가 있다.

```
[6]  # 결측치 확인
     train.isnull().sum()
```

```
id          0
document    5
label       0
dtype: int64
```

리뷰 글이 없는(빈 글) 데이터는 특정 label 값만 있는 것이 아니라 긍정과 부정이 섞여 있음을 확인할 수 있다. 의미가 없는 데이터이므로 결측치가 있는 행은 추후 삭제하기로 한다.

```
[7]  # 결측치(의견없음)가 특정 label 값만 있는지 확인
     train[train['document'].isnull()]
```

	id	document	label
25857	2172111	NaN	1
55737	6369843	NaN	1
110014	1034280	NaN	0
126782	5942978	NaN	0
140721	1034283	NaN	0

[그림 5- 25] 실행 결과

긍정과 부정에 따른 데이터의 길이 차이가 있는지 확인해보자. 예를 들어 긍정적인 감정을 가지고 있다면 감탄사만 나열해 짧게 작성하거나 구체적인 감정을 길게 작성하는 특징이 있을 수도 있다는 가설을 세우고, 이를 확인하기 위해 시각화해서 체크해볼 수 있다.

```
[8]  # 레이블별 텍스트 길이
     fig,(ax1,ax2)=plt.subplots(1,2,figsize=(10,5))
     data_len=train[train['label']==1]['document'].str.len()
     ax1.hist(data_len)
     ax1.set_title('positive')

     data_len=train[train['label']==0]['document'].str.len()
     ax2.hist(data_len)
     ax2.set_title('negative')
     fig.suptitle('Number of characters')
     plt.show()
```

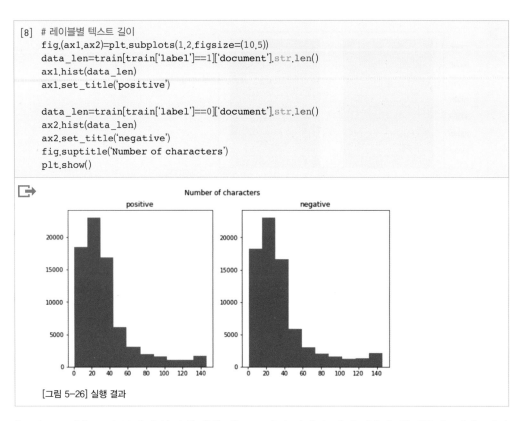

[그림 5-26] 실행 결과

[그림 5-26]을 보면 긍정과 부정에 대한 텍스트 길이 차이가 거의 없음을 확인할 수 있다. 차이가 명확하다면 텍스트 길이는 분류에 있어 중요한 피처가 될 수도 있다.

4-2-3 형태소 분석기 불러오기

여러 가지 한국어 형태소 분석기가 개발되어 있다. Kkma, Komoran, Okt, Mecab 등을 예로 들수 있다. 영어는 띄어쓰기가 잘 되어 있는 편이지만 한글은 띄어쓰기, 맞춤법 등이 잘못된 경우분리에 어려움이 있다. 한편, 정확한 형태소 분석을 위해서는 데이터에 따라 전처리 과정 등이필요할 수도 있다.

먼저 Mecab 형태소 분석기를 코랩 환경에 설치한다. 순서대로 코드를 입력하고 실행한다.

```
[9]  # Mecab 형태소 설치
     ! git clone https://github.com/SOMJANG/Mecab-ko-for-Google-Colab.git
```

```
Cloning into 'Mecab-ko-for-Google-Colab'...
remote: Enumerating objects: 91, done.
remote: Counting objects: 100% (91/91), done.
remote: Compressing objects: 100% (85/85), done.
remote: Total 91 (delta 43), reused 22 (delta 6), pack-reused 0
Unpacking objects: 100% (91/91), done
```

```
[10] cd Mecab-ko-for-Google-Colab/
```

```
/content/KoBERT/Mecab-ko-for-Google-Colab
```

```
[11] !bash install_mecab-ko_on_colab190912.sh
```

```
Installing konlpy......
Requirement already satisfied: konlpy in /usr/local/lib/python3.7/dist-packages
(0.5.2)
...
```

[Tip] 설치하는 데 상당한 시간이 소요된다. 인터넷 환경에 따라 더 걸릴 수도 있다. 나머지 Kkma, Komoran, Okt 의 경우 코랩에 설치된 konlpy 라이브러리에 내장되어 있어서 설치가 필요 없다.

Mecab 설치가 끝나면, 다음과 같이 Kkma, Komoran, Okt, Mecab 형태소 분석기를 생성한다.

```
[12] # Kkma, Komoran, Okt, Mecab 형태소
import konlpy
from konlpy.tag import Kkma, Komoran, Okt, Mecab
kkma = Kkma()
komoran = Komoran()
okt = Okt()
mecab = Mecab()
```

샘플 문장에 각 형태소 분석기를 적용해 형태소를 분리해보자. "오늘날씨어때"는 띄어쓰기가 안 된 문장이다. "오늘", "날씨"로 분리할 수도 있지만 "오늘날", "씨"라고 분리할 수도 있다. 이처럼 띄어쓰기가 안 돼 있을 때는 형태소 분석이 어렵다.

또한 오타가 있을 경우에도 제대로 된 분리가 어려울 수도 있다. 특정 분야(도메인)에서 즐겨 사용되는 전문 용어가 있다면 해당 단어를 사용자 사전에 미리 추가하는 것을 권장한다.

다음 코드에서 "영실아안녕오늘날씨어때?"라는 샘플 문장에 대한 분석 결과는 mecab이 가장 그럴듯하다.

```
[13] # 형태소별 샘플
    text = "영실아안녕오늘날씨어때?"

    def sample_ko_pos(text):
        print(f"==== {text} ====")
        print("kkma:",kkma.pos(text))
        print("komoran:",komoran.pos(text))
        print("okt:",okt.pos(text))
        print("mecab:",mecab.pos(text))
        print("\n")


    sample_ko_pos(text)
```

```
==== 영실아안녕오늘날씨어때? ====
kkma: [('영', 'MAG'), ('실', 'VV'), ('아', 'ECD'), ('안녕', 'NNG'), ('오늘날', 'NNG'), ('씨', 'VV'), ('어', 'ECD'), ('때',
'NNG'), ('?', 'SF')]
komoran: [('영', 'NNP'), ('실', 'NNP'), ('아', 'NNP'), ('안녕', 'NNP'), ('오늘날', 'NNP'), ('씨', 'NNB'), ('어떻', 'VA'),
('어', 'EF'), ('?', 'SF')]
okt: [('영', 'Modifier'), ('실아', 'Noun'), ('안녕', 'Noun'), ('오늘날', 'Noun'), ('씨', 'Suffix'), ('어때',
'Adjective'), ('?', 'Punctuation')]
mecab: [('영실', 'NNG'), ('아', 'IC'), ('안녕', 'IC'), ('오늘', 'MAG'), ('날씨', 'NNG'), ('어때', 'VA+EF'), ('?', 'SF')]
```

"안눙"이라는 단어를 신조어 또는 맞춤법이 틀린 단어라고 한다면, komoran과 mecab은 제대로
형태소를 분리하지 못하는 것을 볼 수 있다.

```
[14] text2 = "영실아안눙오늘날씨어때?"
    sample_ko_pos(text2)
```

```
==== 영실아안눙오늘날씨어때? ====
kkma: [('영', 'MAG'), ('실', 'VV'), ('아', 'ECD'), ('안', 'MAG'), ('눙', 'UN'), ('오늘날', 'NNG'), ('씨', 'NNB'), ('어', 'VV'),
('어', 'ECS'), ('때', 'NNG'), ('?', 'SF')]
komoran: [('영실아안눙오늘날씨어때?', 'NA')]
okt: [('영', 'Modifier'), ('실아', 'Noun'), ('안눙', 'Noun'), ('오늘날', 'Noun'), ('씨', 'Suffix'), ('어때',
'Adjective'), ('?', 'Punctuation')]
mecab: [('영실', 'NNG'), ('아안', 'NNG'), ('눙오늘날씨어때', 'UNKNOWN'), ('?', 'SF')]
```

일반적으로 형태소 분리의 결과가 모델 성능에 큰 영향을 줄 수 있다. 따라서 띄어쓰기와 맞춤
법에 맞는 문장으로 이루어진다면 좋은 성능을 기대할 수 있다. 샘플 문장을 통해 형태소 분석
기별 특징을 더 자세하게 살펴본다.

```
[15] text3 = "정말 재미있고 매력적인 영화에요 추천합니다."
    sample_ko_pos(text3)
```

```
==== 정말 재미있고 매력적인 영화에요 추천합니다. ====
kkma: [('정말', 'MAG'), ('재미있', 'VA'), ('고', 'ECE'), ('매력적', 'NNG'), ('이', 'VCP'), ('ㄴ', 'ETD'), ('영화', 'NNG'),
('에', 'JKM'), ('요', 'JX'), ('추천', 'NNG'), ('하', 'XSV'), ('ㅂ니다', 'EFN'), ('.', 'SF')]
komoran: [('정말', 'MAG'), ('재미있', 'VA'), ('고', 'EC'), ('매력', 'NNG'), ('적', 'XSN'), ('이', 'VCP'), ('ㄴ', 'ETM'),
('영화', 'NNG'), ('에', 'JKB'), ('요', 'JX'), ('추천', 'NNG'), ('하', 'XSV'), ('ㅂ니다', 'EF'), ('.', 'SF')]
okt: [('정말', 'Noun'), ('재미있고', 'Adjective'), ('매력', 'Noun'), ('적', 'Suffix'), ('인', 'Josa'), ('영화',
'Noun'), ('에요', 'Josa'), ('추천', 'Noun'), ('합니다', 'Verb'), ('.', 'Punctuation')]
mecab: [('정말', 'MAG'), ('재미있', 'VA'), ('고', 'EC'), ('매력', 'NNG'), ('적', 'XSN'), ('인', 'VCP+ETM'), ('영화',
'NNG'), ('에', 'JKB'), ('요', 'MM'), ('추천', 'NNG'), ('합니다', 'XSV+EF'), ('.', 'SF')]
```

[Tip] 우리가 용량이 큰 데이터에서 형태소 분리기를 활용한다면, 성능 외에 속도가 매우 중요한 요소가 된다. 앞의 샘플 문장을 가지고 처리 속도를 비교하면, 코랩 환경에서 kkma(82ms), komoran(7.29ms), okt(44.1ms), mecab(435 μs) 로 mecab이 가장 빠르게 나타났다.

4-2-4 데이터 전처리

간단한 탐색적 데이터 분석 결과 특수문자, 숫자 등이 포함되어 있음을 발견할 수 있었다. 이제 데이터 전처리를 진행한다. 먼저 정규식을 활용해 영어, 한글, 띄어쓰기만 남긴다.

```
[16] # 텍스트 전처리(영어와 한글만 남기고 삭제)
     train['document'] = train['document'].str.replace("[^A-Za-z가-힣ㄱ-ㅎㅏ-ㅣ ]","")
     train['document'].head()
```

```
 0                              아 더빙 진짜 짜증나네요 목소리
 1                   흠포스터보고 초딩영화줄오버연기조차 가볍지 않구나
 2                         너무재밓었다그래서보는것을추천한다
 3                    교도소 이야기구먼 솔직히 재미는 없다평점 조정
 4     사이몬페그의 익살스런 연기가 돋보였던 영화스파이더맨에서 늙어보이기만 했던 커스틴 던...
Name: document, dtype: object
```

결측치가 있는 행 5개는 앞에서 확인한 대로 빈 리뷰가 긍정도 있고 부정도 있어 의미가 없기 때문에 제거한다.

```
[17] # 결측치 제거
     train = train.dropna()
     train.shape
```

```
(149995, 3)
```

스탑워드는 불용어를 뜻한다. 일반적으로 사용하지 않는 단어, 관사, 전치사, 조사, 접속사 등 의미가 없는 단어를 제거한다. 많은 한글 불용어가 있겠지만 예제로 몇 개만 작성해 봤다. word_tokenization 함수에서 불용어를 제거하고 mecab을 통해 형태소를 분리해본다.

```
[18] # 스탑워드와 형태소 분석 (한글 불용어)
     def word_tokenization(text):
         stop_words = ["는", "을", "를", "이", "가", "의", "던", "고", "하", "다", "은", 에, "들", "지", "게", "도"]
         return [word for word in mecab.morphs(text) if word not in stop_words]
```

다음과 같이 document 열의 텍스트 데이터에 word_tokenization 함수를 적용해 주면 형태소 단위로 분리된다. 세 번째 문장은 오타 + 띄어쓰기가 잘 안 되었을 경우 형태소 분리가 제대로 이루어 지지 않음을 볼 수 있는 예가 된다. 텍스트 전처리는 간단하게 여기까지 진행한다.

```
[19] data = train['document'].apply((lambda x: word_tokenization(x)))
     data.head()
```

```
⬠  0  [아, 더, 빙, 진짜, 짜증, 나, 네요, 목소리]
   1  [흠, 포스터, 보고, 초딩, 영화, 줄, 오버, 연기, 조치, 기법, 않, 구니]
   2  [너무, 재, 밌었다그래서보는것을추천한다]
   3  [교도소, 이야기, 구먼, 솔직히, 재미, 없, 평점, 조정]
   4  [사이몬페그, 익살, 스런, 연기, 돋보였, 영화, 스파이더맨, 에서, 늙, 어, ...]
   Name: document, dtype: object
```

train 데이터와 validation 데이터를 분리하는 방법은 여러가지가 있으며 training_size를 기준으로 분리해보자(저자가 텐서플로 개발자 자격증 시험 볼 때 다음 예제와 같이 size를 기준으로 validation 데이터를 나눈 바 있다).

```
[20] # train과 validation 분할
     training_size = 120000
     # train 분할
     train_sentences = data[:training_size]
     valid_sentences = data[training_size:]
     # label 분할
     train_labels = train['label'][:training_size]
     valid_labels = train['label'][training_size:]
```

[Tip] 한편, 텐서플로에서는 모델을 fit 함수로 훈련할 때 validation_split을 지정하는 방법도 있다.

```
model.fit(x_train, y_train, epochs=20, batch_size=64, validation_split=0.2)
```

순환신경망(딥러닝)에 텍스트를 입력으로 넣기 위해서는 몇 가지 전처리가 더 필요하다.

• 토큰화 : 단어 사전을 만들고, 문자를 숫자로 변환한다.
• 동일한 문장 길이로 정리 : 모든 텍스트의 길이를 동일하게 맞춘다. 최대 100개 글자로 맞춘
  다면 50개 글자를 가진 문장은 앞(pre) 또는 뒤(post)에 0으로 채운다.

```
[21] from tensorflow.keras.preprocessing.text import Tokenizer
     from tensorflow.keras.preprocessing.sequence import pad_sequences

     # vocab_size 설정
     tokenizer = Tokenizer()
     tokenizer.fit_on_texts(data)
     print("총 단어 개수 : ",len(tokenizer.word_index))
     # 5회 이상만 vocab_size에 포함
     def get_vocab_size(threshold):
       cnt = 0
       for x in tokenizer.word_counts.values():
         if x >= threshold:
           cnt = cnt + 1
       return cnt

     vocab_size = get_vocab_size(5) # 5회 이상 출현 단어
     print("vocab_size: ", vocab_size)
```

```
총 단어 개수 : 52171
vocab_size: 15568
```

다음 코드에서 사용한 단어 수(vocab_size)를 15,000개로 설정했지만 단어 사전 크기(word_count)를 확인해보면 단어의 개수는 전체 단어 수임을 알 수 있다. 이는 잘못된 것이 아니다. 먼저 전체 단어를 사전으로 만든 뒤 texts_to_sequences 할 때 우리가 설정한 vocab_size가 적용된다.

```
[22] oov_tok = "<OOV>" # 사전에 없는 단어
     vocab_size = 15000

     tokenizer = Tokenizer(oov_token=oov_tok, num_words=vocab_size)
     tokenizer.fit_on_texts(data)
     print(tokenizer.word_index)
     print("단어 사전 개수:", len(tokenizer.word_counts))
```

```
(생략)
'물고기': 5147, '화장': 5148, '데미무어': 5149, '다케시': 5150,
(생략)
단어 사전 개수: 52171
```

각 문장을 숫자 벡터로 변환하여 인코딩한다.

```
[23] # 문자를 숫자로 표현
     print(train_sentences[:2])
     train_sequences = tokenizer.texts_to_sequences(train_sentences)
     valid_sequences = tokenizer.texts_to_sequences(valid_sentences)
     print(train_sequences[:2])
```

```
[아, 더, 빙, 진짜, 짜증, 나, 네요, 목소리]
1 [흠, 포스터, 보고, 초딩, 영화, 줄, 오버, 연기, 조차, 가볍, 않, 구나]
Name: document, dtype: object
[[22, 63, 913, 27, 214, 8, 23, 706], [975, 486, 495, 638, 2, 107, 1572, 43, 878, 960, 33, 363]]
```

train 데이터셋의 문장 중에서 최대 길이(maxlen)는 74개이다.

```
[24] # 문장의 최대 길이
     max_length = max(len(x) for x in train_sequences)
     print("문장 최대 길이:", max_length)
```

```
문장 최대 길이: 74
```

문장의 길이를 동일하게 맞추기 위해 pad_sequences를 활용하여 패딩 처리한다. 이때, maxlen보다 짧은 문장은 padding_type = 'post' 설정으로 문장 뒤에 0을 붙여서 길이를 맞춘다(설정 값이 pre일 경우 문장 앞에 0을 붙인다). maxlen보다 긴 문장은 trunc_type = 'post' 설정으로 문장 뒤를 자른다(pre일 경우 문장 앞을 자른다). 동일한 길이가 적용된 샘플 데이터를 확인해보자.

```
[25] # 문장 길이를 동일하게 맞춘다
     trunc_type='post'
     padding_type='post'

     train_padded = pad_sequences(train_sequences,
                                  truncating=trunc_type,
                                  padding=padding_type,
                                  maxlen=max_length)
     valid_padded = pad_sequences(valid_sequences,
                                  truncating=trunc_type,
                                  padding=padding_type,
                                  maxlen=max_length)

     train_labels = np.asarray(train_labels)
     valid_labels = np.asarray(valid_labels)

     print("샘플:", train_padded[:1])
```

```
샘플: [[ 22  63  913 27  214 8   23  706 0   0   0   0   0   0   0   0   0   0
        0   0   0   0   0   0   0   0   0   0   0   0   0   0   0   0   0   0
        0   0   0   0   0   0   0   0   0   0   0   0   0   0   0   0   0   0
        0   0   0   0   0   0   0   0   0   0   0   0   0   0   0   0   0   0
        0   0]]
```

4-2-5 모델

임베딩은 텐서플로(케라스)에서 제공하는 임베딩 레이어를 통해 쉽게 사용할 수 있다. 정수 인덱스에서 고밀도 벡터로 매핑되어 단어 간의 유사성을 함께 인코딩한다.

양방향 LSTM 레이어와 긍정과 부정 분류를 위한 마지막 출력 레이어는 'sigmoid' 활성화 함수를 적용하기로 한다. 두 개 이상의 LSTM 레이어를 쌓기 위해서는 전체 시퀀스 출력이 필요하기 때문에 return_sequences = True로 설정한다. 이때 타임 스텝이 포함되어 (batch_size, timesteps, output_features) 형태로 출력된다. 한편, return_sequences를 설정하지 않으면 마지막 출력만 나타나며 (batch_size, output_features) 형태로 출력된다.

```
[26] import tensorflow as tf
     from tensorflow.keras import Sequential
     from tensorflow.keras.layers import Dense, LSTM, Embedding, Bidirectional

     def create_model():
      model = Sequential([
                          Embedding(vocab_size, 32),
                          Bidirectional(LSTM(16, return_sequences=True)),
                          Dense(32, activation='relu'),
                          Dense(1, activation='sigmoid')
      ])
      model.compile(loss='binary_crossentropy', optimizer='adam', metrics=['accuracy'])
      return model

     model = create_model()
     model.summary()
```

```
     Model: "sequential"
     _____
     Layer (type)                Output Shape           Param #
     ===============================================================
     embedding_8 (Embedding)     (None, None, 32)        480000
     _____
     bidirectional_13 (Bidirectio (None, None, 32)       6272
     _____
     dense_16 (Dense)            (None, None, 32)        1056
     _____
     dense_17 (Dense)            (None, None, 1)         33
     ===============================================================
     Total params: 487,361
     Trainable params: 487,361
     Non-trainable params: 0
     _____
```

딥러닝 모델의 구조가 복잡할수록 데이터 크기가 클수록 학습 시간이 오래 걸린다는 문제가 있다. 따라서 오랜 시간 학습시킨 모델을 저장할 필요가 있다. 콜백 함수의 Model Checkpoint 를 활용해 가장 좋은 평가 가중치만 저장하는 방법과 모델 전체를 저장하는 방법이 있다. save_best_only = True 옵션을 설정해, 평가 결과가 가장 좋은 가중치만 저장한다.

```
[27] # 가장 좋은 loss의 가중치 저장
     checkpoint_path = 'best_performed_model.ckpt'
     checkpoint = tf.keras.callbacks.ModelCheckpoint(checkpoint_path,
                                         save_weights_only=True,
                                         save_best_only=True,
                                         monitor='val_loss',
                                         verbose=1)
```

콜백 함수의 Early Stopping을 활용하여, 모델의 검증 손실함수(val_loss)가 2 epoch 이상 개선되지 않으면 학습을 조기에 종료하는 옵션을 설정한다. 총 10 epoch 중에서 4 epoch까지 실행된다.

```
[28] # 학습 조기 종료
     early_stop = tf.keras.callbacks.EarlyStopping(monitor='val_loss', patience=2)

     # 학습
     history = model.fit(train_padded, train_labels,
                         validation_data=(valid_padded, valid_labels),
                         callbacks=[early_stop, checkpoint],
                         batch_size=64, epochs=10, verbose=2)
```

```
epoch 1/10
1875/1875 — 27s — loss: 0.4059 — accuracy: 0.8126 — val_loss: 0.3624 — val_accuracy: 0.8420
epoch 00001: val_loss improved from inf to 0.36238, saving model to
best_performed_model.ckpt
epoch 2/10
1875/1875 — 24s — loss: 0.3185 — accuracy: 0.8631 — val_loss: 0.3414 — val_accuracy:
0.8504
epoch 00002: val_loss improved from 0.36238 to 0.34137, saving model to
best_performed_model.ckpt
epoch 3/10
1875/1875 — 23s — loss: 0.2823 — accuracy: 0.8789 — val_loss: 0.3532 — val_accuracy:
0.8533
epoch 00003: val_loss did not improve from 0.34137
epoch 4/10
1875/1875 — 23s — loss: 0.2533 — accuracy: 0.8913 — val_loss: 0.3699 — val_accuracy:
0.8517
epoch 00004: val_loss did not improve from 0.34137
```

4-2-6 평가

모델 학습 결과를 그래프로 출력해서 확인한다. 훈련 셋과 검증 셋의 예측 정확도(accuracy)를
비교해 보면, 훈련 셋의 정확도는 89%이고 검증 셋의 정확도는 85% 수준이다.

```
[29] def plot_graphs(history, metric):
        plt.plot(history.history[metric])
        plt.plot(history.history['val_'+metric], '')
        plt.xlabel("epochs")
        plt.ylabel(metric)
        plt.legend([metric, 'val_'+metric])
        plt.show()
    plot_graphs(history, 'accuracy')
```

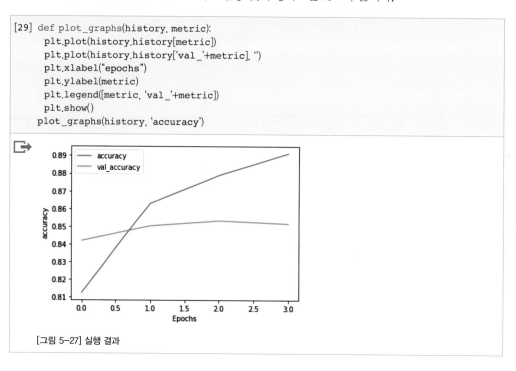

[그림 5-27] 실행 결과

손실함수 그래프를 살펴 보자. 1 epoch 이후 loss는 계속 낮아지지만 val_loss는 점점 증가하면서 과대적합 경향을 보인다.

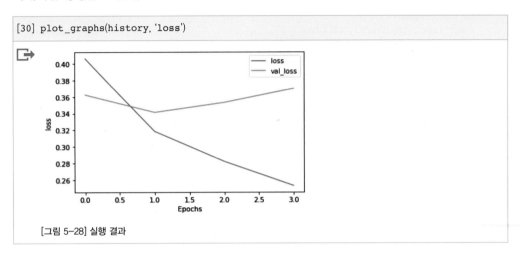

[그림 5-28] 실행 결과

이제 테스트 데이터셋을 불러와서, 동일한 전처리 과정을 거친 후에 직접 모델에 적용해본다.

[그림 5-29] 실행 결과

앞에서 처리한 텍스트 전처리 과정을 그대로 처리하는 함수를 정의하고, 테스트 데이터셋을 입력한다.

```
[32] # 데이터 전처리
     def preprocessing(df):
       df['document'] = df['document'].str.replace("[^A-Za-z가-힣ㄱ-ㅎㅏ-ㅣ ]","")
       df = df.dropna()
       test_label = np.asarray(df['label'])
       test_data = df['document'].apply((lambda x: word_tokenization(x)))
       test_data = tokenizer.texts_to_sequences(test_data)
     test_data = pad_sequences(test_data,
                                 truncating=trunc_type,
                                 padding=padding_type,
                                 maxlen=max_length)
       return test_data, test_label

     test_data, test_label = preprocessing(test)
     print(model.evaluate(test_data, test_label))
```

```
⏩  1563/1563 [==============================] - 11s 7ms/step - loss: 0.3622 - accuracy:
    0.8537
    [0.3621826171875, 0.8537112474441528]
```

테스트 데이터를 모델에 입력으로 넣은 결과 정확도(accuracy)가 85%로 나타났다. 이는 앞에서
나온 검증 결과와 차이가 없다.

4-2-7 저장된 모델 불러오기

체크포인트로 저장된 가중치를 불러온다. 비교를 위해 먼저 가중치 적용 전의 모델로 평가하고
이후 저장된 가중치를 적용하여 평가한다. 먼저 모델 학습을 하지 않은 상태의 가중치 적용 전
의 기본 모델을 다시 생성해서 테스트 데이터에 대한 예측력을 평가하면 약 49%의 정확도를 나
타낸다.

```
[33] # 기본 모델 로드 후 평가
     model2 = create_model()
     model2.evaluate(test_data, test_label)
```

```
⏩  1563/1563 [==============================] - 20s 7ms/step - loss: 0.6933 - accuracy: 0.4930
    [0.6932969689369202, 0.49352961778640747]
```

이번에는 앞서 저장한 모델을 불러온다. 테스트 데이터에 대한 예측력을 평가하면 약 85%의 정
확도를 보인다. 학습된 저장치를 그대로 불러와서 사용하기 때문에 정확도가 그대로 유지된다.

```
[34] # 저장된 가중치 적용된 모델 로드 후 평가
     model2.load_weights(checkpoint_path)
     model2.evaluate(test_data, test_label)
```

```
⏩  1563/1563 [==============================] - 11s 7ms/step - loss: 0.3406 - accuracy: 0.8499
    [0.3406173586845398, 0.8499109745025635]
```

4-2-8 KoBERT 토크나이저

SK T-Brain에서 한국어 성능 향상을 위해 개발한 KoBERT 토크나이저가 있다. 덕분에 쉽게 한국어 사전에 학습된 모델과 토큰화를 활용할 수 있다. 순환신경망 모델은 그대로 활용하고 토크나이저만 KoBERT를 적용한다. 먼저 SK T-Brain 깃허브에서 KoBERT를 다운로드해 설치한다.

```
[35] !git clone https://github.com/SKTBrain/KoBERT.git
```

```
[36] cd KoBERT
```

```
[37] pip install -r requirements.txt
```

KoBERT에서 제공하는 get_tokenizer 함수를 사용해 예시 문장을 형태소 단위로 토큰화한다. KoBERT의 경우에도 띄어쓰기가 되지 않은 문장은 형태소 분류에 어려움이 있음을 확인할 수 있다.

```
[38] from gluonnlp.data import SentencepieceTokenizer
     from kobert.utils import get_tokenizer
     tok_path = get_tokenizer()
     sp = SentencepieceTokenizer(tok_path)
     print(sp('영실아오늘날씨어때?'))
     print(sp('영실아 오늘 날씨 어때?'))
```

```
⤷  using cached model
    ['_영', '실', '아', '오늘', '날', '씨', '어', '때', '?']
    ['_영', '실', '아', '_오늘', '_날씨', '_어', '때', '?']
```

앞서 했던 것과 동일한 과정으로 텍스트 데이터를 전처리한다.

```
[39] # 동일한 전처리 과정
     def word_tokenization_kobert(text):
         # stop_words = ["는", "을", "를", '이', '가', '의', '던', '고', '하', '다', '은',
         #                   '에', '들', '지', '게', '도'] # 한글 불용어
         # return [word for word in sp(text) if word not in stop_words]
         return [word for word in sp(text)]

     def train_preprocessing(df):
         df['document'] = df['document'].str.replace("[^A-Za-z가-힣ㄱ-ㅎㅏ-ㅣ ]","")
         df = df.dropna()
         data = df['document'].apply((lambda x: word_tokenization_kobert(x)))
         print(data.head())
         data = tokenizer.texts_to_sequences(data)
         data = pad_sequences(data,
                              truncating=trunc_type,
                              padding=padding_type,
                              maxlen=max_length)
```

```
training_size = 120000
train_sentences = data[:training_size]
valid_sentences = data[training_size:]
train_labels = np.asarray(df['label'][:training_size])
valid_labels = np.asarray(df['label'][training_size:])
return train_sentences, valid_sentences, train_labels, valid_labels

train_padded, valid_padded, train_labels, valid_labels = train_preprocessing(train)
```

```
0 [_아, _더, 빙, _진짜, _짜, 증, 나, 네요, _목소리]
1 [_, 흠, 포, 스터, 보고, _초, 딩, 영화, 줄, 오, 버, 연, 기, 조차...
2 [_너무, 재, 밀, 었다, 그래, 서, 보는, 것, 을, 추, 천, 한다]
3 [_교, 도, 소, _이야기, 구, 면, _, 솔, 직, 히, _재미, 는, _없다...
4 [_사이, 몬, 페, 그, 의, _익, 살, 스, 런, _연기, 가, _, 돋, 보...
Name: document, dtype: object
```

모델 인스턴스를 생성하고 fit 함수에 훈련 셋을 입력하여 10 epoch 동안 훈련시킨다. 조기 종료 및 모델 저장 체크포인트 콜백 함수를 적용하고, 배치 크기는 64로 설정한다.

```
[40] model3 = create_model()
     history3 = model3.fit(train_padded, train_labels,
                           validation_data=(valid_padded, valid_labels),
                           callbacks=[early_stop, checkpoint],
                           batch_size=64, epochs=10, verbose=2)
```

```
Epoch 1/10
1875/1875 — 31s — loss: 0.5653 — accuracy: 0.6972 — val_loss: 0.5486 — val_accuracy: 0.7183
Epoch 00001: val_loss did not improve from 0.33800
Epoch 2/10
1875/1875 — 22s — loss: 0.5270 — accuracy: 0.7281 — val_loss: 0.5369 — val_accuracy: 0.7224
...
Epoch 00006: val_loss did not improve from 0.33800
Epoch 7/10
1875/1875 — 22s — loss: 0.4804 — accuracy: 0.7559 — val_loss: 0.5103 — val_accuracy: 0.7437
Epoch 00007: val_loss did not improve from 0.33800
Epoch 8/10
1875/1875 — 22s — loss: 0.4742 — accuracy: 0.7600 — val_loss: 0.5094 — val_accuracy: 0.7398
Epoch 00008: val_loss did not improve from 0.33800
```

KoBERT 토크나이저를 사용한 경우, 과대적합 문제는 덜 발생하는 경향을 보인다.

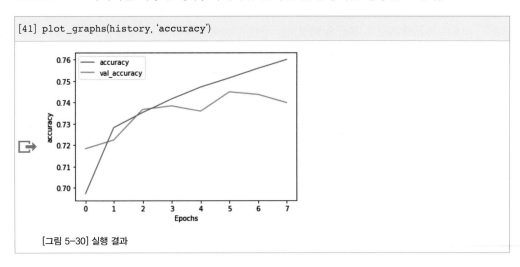

[41] plot_graphs(history, 'accuracy')

[그림 5-30] 실행 결과

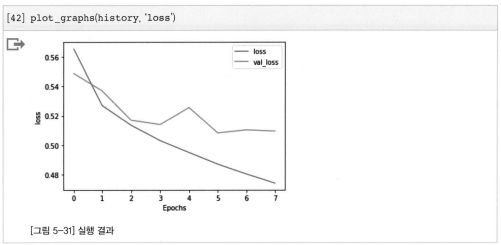

[42] plot_graphs(history, 'loss')

[그림 5-31] 실행 결과

[Tip] 예제에서는 토크나이저를 가져와서 사용했고, 사전 학습된 KoBERT 모델을 직접 다루지는 않았다. 전이 학습 방법으로 한국어 네이터를 가지고 훈련된 KoBERT 모델을 적용한다면 성능 향상이 기대된다.

4-3 자연어 생성

순환신경망을 사용해 새로운 문장을 생성하는 방법을 알아본다.

4-3-1 라이브러리 및 데이터 불러오기

〈소스〉 5.4_sentence_creation.ipynb

```
[1] # 기본 라이브러리
    import pandas as pd
    import numpy as np
    import tensorflow as tf
    import matplotlib.pyplot as plt
```

감정 분석(분류)에서 활용했던 네이버 영화 리뷰 데이터 셋을 활용한다.

```
[2] # 네이버 영화 리뷰 데이터셋 불러오기
    file = tf.keras.utils.get_file(
        'ratings_train.txt',
        origin='https://raw.githubusercontent.com/e9t/nsmc/master/ratings_train.txt',
        extract=True)

    df = pd.read_csv(file, sep='\t')
```

데이터 내용을 확인한다.

```
[3] # 데이터 임의 샘플 확인
    df[1000:1007]
```

	id	document	label
1000	9856453	정말 최고의 명작 성인이 되고 본 이집트의 왕자는 또 다른 감동 그자체네요	1
1001	6961803	이영화만 성공 했어도 스퀘어가 에닉스랑 합병 할일은 없었을텐데..	0
1002	8681713	울컥하는 사회현실 ㅠㅠ	1
1003	5348290	기대를하나도안하면 할일없을때보기좋은영화	0
1004	9340549	소림사 관문 통과하기 진짜 어렵다는거 보여준 영화..극장에서 개봉하는거 반갑다..	1
1005	7357684	시리즈안나오나 ㅠㅠㅠㅠㅠㅠㅠㅠ	1
1006	9303587	끝난다는 사실이 너무 슬퍼요. 가슴이 뻥 뚫려버린것같아..	1

[그림 5-32] 실행 결과

4-3-2 데이터 전처리

이번에는 텍스트 전처리를 하기 위해 한글 형태소 분석기 중 Okt(구, twitter)를 활용한다.

```
[4]  # 형태소 분석기
     !pip install konlpy
     from konlpy.tag import Okt
     okt = Okt()
```

문장 생성에서의 전처리는 앞서 다룬 텍스트 분류의 전처리와 다른 점이 있다. 자연스러운 문장을 위해 불용어를 제거하지 않는다. 불용어를 제거하게 되면 이상한 문장이 만들어질 수 있다.

다음과 같이 형태소 분석기를 적용하는 전처리 함수를 정의한다.

```
[5]  # 데이터 전처리
     def word_tokenization(text):
       return [word for word in okt.morphs(text)]

     def preprocessing(df):
       df = df.dropna()
       df = df[1000:2000] # 샘플 데이터 1000개. 학습 시간을 줄이고자 함
       df['document'] = df['document'].str.replace("[^A-Za-z0-9가-힣ㄱ-ㅎㅏ-ㅣ ]","")
       data = df['document'].apply((lambda x: word_tokenization(x)))
       return data
```

모델 성능을 위해서는 많은 데이터를 학습시켜야 하지만, 학습 시간을 고려헤 1,000개의 문장 데이터만 활용해 만들어 보기로 한다.

```
[6]  # 텍스트 데이터 1000개 전처리 후 불러오기
     review = preprocessing(df)
     len(review)
```
```
⮕  1000
```

형태소 분석기를 통해 분리된 데이터를 확인할 수 있다.

```
[7]  # 형태소 분리된 데이터 확인
     print(review[:10])
```

```
1000 [정말, 최고, 의, 명작, 성인, 이, 되고, 본, 이집트, 의, 왕자, 는, 또...
1001 [이영화, 만, 성공, 했어도, 스퀘어, 가, 에, 닉스, 랑, 합병, 할, 일, ...
1002 [울컥, 하는, 사회, 현실, ㅠㅠ]
1003 [기대, 를, 하나, 도안, 하, 면, 할, 일, 없을, 때, 보기, 좋은, 영화]
1004 [소림사, 관문, 통과, 하기, 진짜, 어렵다는거, 보여준, 영화, 극장, 에서, ...
1005 [시리즈, 안, 나오나, ㅠㅠㅠㅠㅠㅠㅠㅠ]
1006 [끝난다는, 사실, 이, 너무, 슬퍼요, 가슴, 이, 뻥, 뚫려, 버린것, 같아]
1007 [평점, 조절]
1008 [와이, 건, 진짜, 으리, 으리, 한, 데]
1009 [손발, 이, 오, 그라드, 네, 요]
Name: document, dtype: object
```

[Tip] 문장 생성에서는 특히 형태소 분리가 중요하다. 분리가 제대로 되지 않으면 어색한 문장이 만들어질 수밖에 없다. 따라서 댓글 형태의 글보다 맞춤법과 띄어쓰기가 검증된 글을 데이터로 사용해 학습하는 것을 추천한다.

앞서 텍스트 분류를 위해 문장의 길이를 동일하게 맞추는 작업을 했다. 반면, 문장 생성을 위해서는 한 개의 문장을 여러 개의 n-그램 형태로 만든다. 예를 들어 "텐서플로는", "너무", "멋진", "도구이다"가 있을 때 이를 활용해 3개의 문장을 구성하여 입력 시퀀스를 생성할 수 있다.

• "텐서플로는", "너무"
• "텐서플로는", "너무", "멋진"
• "텐서플로는", "너무", "멋진", "도구이다"

실제 데이터는 [그림 5-33]과 같이 숫자로 인코딩된 입력 시퀀스가 된다.

[그림 5-33] 입력 시퀀스

케라스 토크나이저를 사용하여 문장을 토큰화해 단어 사전을 만들고, 각 문장을 숫자 벡터로 변환한다. 생성된 n-그램 형태의 입력 시퀀스를 출력해 확인한다.

```
[8]  # 토큰화 및 패딩
     from tensorflow.keras.preprocessing.text import Tokenizer
     from tensorflow.keras.preprocessing.sequence import pad_sequences
     tokenizer = Tokenizer()

     def get_tokens(review):
      tokenizer.fit_on_texts(review)
      total_words = len(tokenizer.word_index)+1
      tokenized_sentences = tokenizer.texts_to_sequences(review)

      input_sequences = []
      for token in tokenized_sentences:
       for t in range(1, len(token)):
         n_gram_sequence = token[:t+1]
         input_sequences.append(n_gram_sequence)

      return input_sequences, total_words

     input_sequences, total_words = get_tokens(review)
     input_sequences[31:40] # n_gram으로 리스트된 데이터 샘플 확인
```

```
[[792, 25],
 [792, 25, 539],
 [792, 25, 539, 140],
 [792, 25, 539, 140, 109],
 [338, 9],
 [338, 9, 110],
 [338, 9, 110, 540],
 [338, 9, 110, 540, 90],
 [338, 9, 110, 540, 90, 148]]
```

만들어진 단어 사전에 키워드를 넣었을 때 다음과 같은 결과를 볼 수 있다. 여기서 '감동'이라는
단어는 숫자 인덱스 46으로 인코딩된다.

```
[9]  # 단어 사전
     print("감동 :",tokenizer.word_index['감동'])
     print("영화 :",tokenizer.word_index['영화'])
     print("코믹 :",tokenizer.word_index['코믹'])
```

```
감동 : 46
영화 : 2
코믹 : 415
```

딥러닝 모델에 학습을 하기 위해서는 문장의 길이를 동일하게 맞춰야 한다. padding 값은 pre로
설정해 최대 길이보다 짧을 경우 앞에 0을 채우는 것으로 적용한다. 앞에 0을 채우는 이유는 예
측해야 할 label 값을 시퀀스의 마지막에 위치하도록 하기 위해서이다.

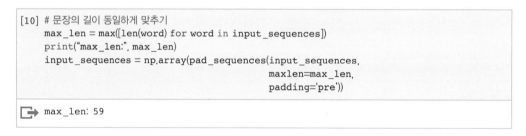

[그림 5-34] 패드 입력 시퀀스

[그림 5-34]에 도시한 패드 입력 시퀀스에서는 최대 길이를 5개로 맞춘 것을 보여주고 있다. 다음 예제에서는 가장 단어가 많은 문장을 찾아 최대 길이(59개)로 맞춘다.

```
[10] # 문장의 길이 동일하게 맞추기
    max_len = max([len(word) for word in input_sequences])
    print("max_len:", max_len)
    input_sequences = np.array(pad_sequences(input_sequences,
                                            maxlen=max_len,
                                            padding='pre'))
```

➡ max_len: 59

패드 입력 시퀀스

[그림 5-35] 훈련데이터 셋

텍스트 데이터를 입력과 레이블(Label)로 분리한다. [그림 5-35]와 같이 매 문장의 마지막 값은 레이블로 설정한다. "업동이는 너무 멋져"라는 문장이 있다면 입력 시퀀스로 "업동이는 너무", 레이블 시퀀스는 "멋져"가 된다. 레이블 시퀀스는 원핫 인코딩(카테고리) 변환한다.

```
[11] # 입력 텍스트와 타깃
    from tensorflow.keras.utils import to_categorical
    X = input_sequences[:,:-1] # 마지막 값은 제외함
    y = to_categorical(input_sequences[:,-1],
                      num_classes=total_words) # 마지막 값만 이진 클래스 벡터 변환
```

to_categorical 함수를 활용해 레이블 값을 원핫 인코딩 할 수 있다.

```
[12] # y를 설명하기 위한 예시
     a = to_categorical([0, 1, 2, 3], num_classes=4)
     a
```

```
⮕  array([[1., 0., 0., 0.],
           [0., 1., 0., 0.],
           [0., 0., 1., 0.],
           [0., 0., 0., 1.]], dtype=float32)
```

4-3-3 모델

문장 생성 모델은 훈련 시간을 고려해 임베딩 레이어, 양방향 LSTM, Dense 레이어로 간단히 구성한다. softmax 활성화 함수를 활용한다. 이때, input_length 값이 max_len−1인 것은 레이블 시퀀스로 한 단어를 빼서 입력 시퀀스 길이가 줄어들기 때문이다.

```
[13] from tensorflow.keras.models import Sequential
     from tensorflow.keras.layers import Embedding, LSTM, Dense, Bidirectional, Dropout

     embedding_dim = 256

     model = Sequential([
         Embedding(input_dim=total_words,
                   output_dim=embedding_dim,
                   input_length=max_len-1),
         Bidirectional(LSTM(units=256)),
         Dense(units=total_words, activation='softmax'),
     ])
     model.compile(loss='categorical_crossentropy',
                   optimizer='adam',
                   metrics=['accuracy'])
     history = model.fit(X, y, epochs=20, verbose=1)
```

```
⮕  (생략)
   epoch 18/20
   375/375 [==============================] − 8s 20ms/step − loss: 0.1710 − accuracy: 0.9623
   epoch 19/20
   375/375 [==============================] − 8s 20ms/step − loss: 0.1530 − accuracy: 0.9632
   epoch 20/20
   375/375 [==============================] − 7s 20ms/step − loss: 0.1511 − accuracy: 0.9607
```

4-3-4 문장 생성(추론)

훈련된 모델을 바탕으로 문장을 생성하는 함수를 정의한다. 입력 매개변수로 시작 단어(sos), 생성할 단어 수(count)가 필요하다.

```
[14] # 문장 생성 함수(시작 텍스트, 생성 단어 개수)
     def text_generation(sos, count):
       for _ in range(1, count):
         token_list = tokenizer.texts_to_sequences([sos])[0]
         token_list = pad_sequences([token_list],
                                     maxlen=max_len-1,
                                     padding='pre')
         predicted = np.argmax(model.predict(token_list), axis=1) # 최대값 인덱스

         for word, idx in tokenizer.word_index.items():
           if idx == predicted:
             output = word
             break
         sos += " " + output
       return sos
```

앞의 코드에서 `np.argmax(model.predict(token_list), axis = 1)` 코드는 확률값을 입력받아 가장 큰 확률값의 인덱스를 반환한다. 다른 방법으로는 `model.predict_classes(token_list, verbose = 0)`과 같이 클래스 레이블을 직접 예측하는 함수가 있다. 두 가지 방법의 결과는 동일하다.

```
[15] # argmax 설명: 최대값의 인덱스 반환
     data = [[0.1, 0.2, 0.7], [0.3, 0.5, 0.2], [0.4, 0.3, 0.3]]
     np.argmax([data], axis=-1)
```
```
↪  array([[2, 1, 0]])
```

[Tip] 다중 분류(클래스)에서 `model.predict` 함수는 확률값을 반환하고, `model.predict_classes` 함수는 확률이 가장 높은 값이 1이 된다.

학습된 모델을 활용해 문장을 생성한다. 앞에서 정의한 `text_generation` 문장 생성 함수를 사용하고, 매개변수로는 [시작 단어 또는 문장] 과 [생성 단어 개수]를 넣는다.

첫 번째 코드는 시작 문장으로 "연애 하면서"를 입력하고, 생성할 단어의 개수를 12로 지정하여 문장을 생성하는 예제다. 생성된 문장은 비교적 납득할 만한 수준으로 보인다.

전반적으로 모델이 생성하는 문장 중 일부는 자연스럽지 않은 결과가 나타나지만, 학습한 텍스트 데이터의 품질(띄어쓰기, 오타 등)과 간단한 구조로 만든 딥러닝 모델이라는 점을 감안하면 나쁘지 않은 편이다.

[16] text_generation("연애 하면서", 12)

⮕ 연애 하면서 하지 않은 영화 인데 도 귀 자르는 장면 은 기억 에

[17] text_generation("꿀잼", 12)

⮕ 꿀잼 영화 추억 이다 ㅜㅜ 왜 이 있음 이런 영화 를 보는

[18] text_generation("최고의 영화", 12)

⮕ 최고의 영화 정말 잘 만들었습니다 이런 영화 자주 나왔으면 좋겠습니다 좋겠습니다 만 제일

[19] text_generation("손발 이", 12)

⮕ 손발 이 오 그라드 네 요 요 추천 요 로맨스 네 요 본방

[Tip] 생성된 문장의 앞 부분에 비하여 뒤로 갈수록 문장이 어색해지는 것을 볼 수 있다.

4-4 Seq2Seq 모델로 챗봇 구현하기

4-4-1 Seq2Seq 모델 개요

시퀀스 투 시퀀스(Sequence to Sequence, 줄여서 Seq2Seq) 모델은 기계 번역, 챗봇, 텍스트 요약 등에 활용되는 대표적인 NLP 알고리즘이다. 앞서 소개한 [그림 5-4] 순환신경망 중에서 Many to many 유형에 속한다.

2014년에는 순환신경망을 이용한 Seq2Seq 모델이 소개되었고, 2015년에는 입력 데이터 중에서 중요한 단어에 집중하는 어텐션(Attention) 매커니즘을 Seq2Seq 모델에 적용했다. 2017년에는 트랜스포머(Transformer : All you need is Attention)가 등장했는데, Seq2Seq 모델에서 순환신경망을 제거하고 어텐션(Self-Attention)만으로 구축하는 개념이다. 순환신경망은 순차적으로 데이터를 입력하기 때문에 학습 속도가 느린 단점이 있었는데 트랜스포머를 통해 병렬화가 가능해서 속도 개선이 이루어졌다. 이를 바탕으로 트랜스포머의 인코더와 디코더를 활용한 GPT1,2,3과 Bert가 등장했다.

[그림 5-36] Seq2Seq 발전

Seq2Seq는 크게 인코더와 디코더로 구성되어 있으며, [그림 5-37]과 같이 인코더에서 입력된 값을 맥락 벡터(context vector)로 인코딩한 후 디코더에 전달한다. 맥락 벡터와 디코더 입력값을 입력받아 순차적으로 결과를 출력한다.

[그림 5-37] 시퀀스 투 시퀀스

인코더와 디코더는 앞에서 배운 LSTM, GRU와 같은 순환신경망을 사용한다. 맥락 벡터는 인코더의 마지막 출력 값으로 고정된 길이를 갖는다. 따라서 입력값이 길어지면 맥락 벡터로 압축해 표현하는 데 한계가 있다.

이번에는 Seq2Seq로 챗봇을 구현한다. 챗봇을 구현한 다음에는 어텐션을 활용하여 챗봇을 업그레이드 적용해보기로 한다.

챗봇을 Seq2Seq 모델로 설명하면 [그림 5-38]로 표현할 수 있다. 인코더에 "반가워"를 입력했다. 앞서 학습한 순환신경망은 고정된 입력 크기를 가지고 있다. 문장의 최대 길이가 4일 때 나머지 세 자리는 패딩 값으로 채워지는 것을 확인할 수 있다.

[그림 5-38] 챗봇 예시(Seq2Seq)

디코더 입력의 시작은 〈START〉, 〈SOS〉 등 시작을 나타낼 수 있는 토큰으로 표시하고, 문장의 끝은 〈END〉, 〈EOS〉 등 문장의 끝을 나타내는 토큰을 사용한다.

제공된 데이터셋을 활용해 챗봇에 필요한 ① 인코더 입력 데이터(질문), ② 〈START〉가 추가된 디코더 입력 데이터(답변), ③ 〈END〉가 추가된 디코더 출력 데이터(답변)를 훈련 데이터셋으로 만들 예정이다.

4-4-2 챗봇 데이터 소개

Korpora(Korean Corpora Archives)[33]는 한국어 데이터셋이 있는 오픈소스 파이썬 패키지다. 챗봇, 댓글, 혐오, 국민 청원, 위키, 신문, 메신저 등 다양한 한글 말뭉치가 있으며, 이 중 챗봇 데이터를 활용해 시퀀스 투 시퀀스(Seq2Seq) 모델을 만들어 보자.

말뭉치 이름	설명	링크
korean_chatbot_data	챗봇 트레이닝용 문답 페어	https://github.com/songys/Chatbot_data
kcbert	KcBERT 모델 훈련용 댓글 데이터	https://github.com/Beomi/KcBERT
korean_hate_speech	한국어 혐오 데이터셋	https://github.com/kocohub/korean-hate-speech
korean_petitions	청와대 국민 청원	https://github.com/lovit/petitions_archive
kornli	Korean NLI	https://github.com/kakaobrain/KorNLUDatasets
korsts	Korean STS	https://github.com/kakaobrain/KorNLUDatasets
namuwikitext	나무위키 텍스트	https://github.com/lovit/namuwikitext
naver_changwon_ner	네이버 × 창원대 개체명 인식 데이터셋	https://github.com/naver/nlp-challenge/tree/master/missions/ner
nsmc	NAVER Sentiment Movie Corpus	https://github.com/e9t/nsmc
question_pair	한국어 질문쌍 데이터셋	https://github.com/songys/Question_pair
modu_news	모두의 말뭉치: 신문	https://corpus.korean.go.kr
modu_messenger	모두의 말뭉치: 메신저	https://corpus.korean.go.kr
modu_mp	모두의 말뭉치: 형태 분석	https://corpus.korean.go.kr
modu_ne	모두의 말뭉치: 개체명 분석	https://corpus.korean.go.kr
modu_spoken	모두의 말뭉치: 구어	https://corpus.korean.go.kr
modu_web	모두의 말뭉치: 웹	https://corpus.korean.go.kr
modu_written	모두의 말뭉치: 문어	https://corpus.korean.go.kr
aihub_translation	한국어-영어 번역 말뭉치	https://aihub.or.kr/aidata/87
open_substitles	영화 자막 한영 병렬 말뭉치	http://opus.nlpl.eu/OpenSubtitles-v2018.php
korean_parallel_koen_news	한국어-영어 병렬 말뭉치	https://github.com/jungyeul/korean-parallel-corpora

[표 5-1] Korpora 말뭉치 목록

33 https://ko-nlp.github.io/Korpora/

먼저 코랩 환경에 Korpora 설치가 필요하다.

```
[1]  #Korpora 라이브러리 설치
     !pip install Korpora
```

```
Collecting Korpora
   Downloading (생략)
Successfully installed Korpora-0.2.0 dataclasses-0.6 tqdm-4.59.0 xlrd-2.0.1
```

챗봇용 데이터셋(KoreanChatbotKorpus)을 불러온다. Korpora의 라이선스는 다음 코드 출력 부분을 참고 바란다. 데이터셋은 text와 pair로 구성되어 있으며 질문은 text, 답변은 pair이다.

```
[2]  # 챗봇 라이브러리 불러오기
     from Korpora import KoreanChatbotKorpus
     corpus = KoreanChatbotKorpus()
```

```
[korean_chatbot_data] download ChatbotData.csv: 0.00B [00:00, ?B/s]
    Korpora 는 다른 분들이 연구 목적으로 공유해주신 말뭉치들을
    손쉽게 다운로드, 사용할 수 있는 기능만을 제공합니다.
    말뭉치들을 공유해 주신 분들에게 감사드리며, 각 말뭉치별 설명과 라이센스를 공유합니다.
    해당 말뭉치에 대해 자세히 알고 싶으신 분은 아래의 description 을 참고,
    해당 말뭉치를 연구/상용의 목적으로 이용하실 때에는 아래의 라이센스를 참고해 주시기 바랍니다.

    # Description
    Author : songys@github
    Repository : https://github.com/songys/Chatbot_data
    References :

    Chatbot_data_for_Korean v1.0
      1. 챗봇 트레이닝용 문답 페어 11,876개
      2. 일상다반사 0, 이별(부정) 1, 사랑(긍정) 2로 레이블링
    자세한 내용은 위의 repository를 참고하세요.

    # License
    CC0 1.0 Universal (CC0 1.0) Public Domain Dedication
    Details in https://creativecommons.org/publicdomain/zero/1.0/
[korean_chatbot_data] download ChatbotData.csv: 893kB [00:00, 4.96MB/s]
```

4-4-3 탐색적 데이터 분석(EDA)

질문과 답변 중에서 각각 5개씩의 샘플을 추출해서 확인한다.

```
[3]  # 챗봇 데이터 샘플 확인
     print(corpus.get_all_texts()[:5])
     print(corpus.get_all_pairs()[:5])
```

```
['12시 땡!', '1지망 학교 떨어졌어', '3박4일 놀러가고 싶다', '3박4일 정도 놀러가고 싶다', 'PPL 심하네']
('하루가 또 가네요.', '위로해 드립니다.', '여행은 언제나 좋죠.', '여행은 언제나 좋죠.', '눈살이 찌푸려지죠.')
```

실행 결과를 표로 정리하면 다음과 같다. 질문과 답변이 각각 매칭되어 있음을 확인할 수 있다. 질문에 대한 단답 형태보다 일상적인 대화처럼 데이터셋이 구성되어 있다.

질문(text)	답변(pair)
12시 땡!	하루가 또 가네요.
1지망 학교 떨어졌어	위로해 드립니다.
3박4일 놀러가고 싶다	여행은 언제나 좋죠.
3박4일 정도 놀러가고 싶다	여행은 언제나 좋죠.
PPL 심하네	눈살이 찌푸려지죠.

[표 5-2] 질문-답변 대응

하나의 문장을 확인하고 싶을 때는 train[index]를 활용한다.

```
[4]  # text와 pair가 쌍으로 이루어짐
     print("Q:", corpus.train[0].text)
     print("A:", corpus.train[0].pair)
```

➡ Q: 12시 땡!
   A: 하루가 또 가네요.

전체 데이터셋 크기는 11,823쌍이다. 구글 코랩 무료 환경을 기준으로 1.1만 개의 쌍을 훈련하게 되면 다음과 같은 메시지가 나타나면서 코랩이 재시작할 것이다. [그림 5-39] 메시지는 램 용량 초과로 나타나는 현상으로 큰 데이터셋을 다룰 때 종종 나타난다.

Your session crashed after using all available RAM. <u>View runtime logs</u> ✕

[그림 5-39] 코랩, 램 용량 초과 시 나타나는 메시지

무료로 제공되는 RAM 용량은 12G이다(2021년 기준). 이 문제를 해결하기 위해는 코랩Pro 버전(25G, 유료)을 사용하거나 로컬 환경에서 하는 방법이 있다. 우리는 Seq2Seq를 학습하는 차원에서 코랩에서 훈련 가능한 사이즈로 데이터를 샘플링한다(약 20%).

```
[5]  # 전체 코퍼스 크기(11,823개)
     len(corpus.get_all_texts())
```

➡ 11823

11,823개의 데이터 중에서 앞에서부터 2,001개만 가져와서 texts와 pairs에 리스트 형태로 저장한다. texts는 질문으로 pairs는 답변으로 활용한다.

```
[6]  # 2,001개 데이터셋만 활용
     texts = []
     pairs = []
     for i,(text, pair) in enumerate(zip(corpus.get_all_texts(), corpus.get_all_pairs())):
         texts.append(text)
         pairs.append(pair)
         if i >= 2000:
             break
```

불러온 데이터셋의 끝부분에 있는 샘플을 5개 정도 출력해서 확인한다.

```
[7]  # question와 answer 데이터 확인
     list(zip(texts, pairs))[1995:2000]
```

> [('배 아프다', '약이 필요하면 도움을 받아보세요.'),
> ('배 터지겠네', '위를 좀 쉬게 해주세요.'),
> ('배 터지겠다.', '산책 좀 해야겠네요.'),
> ('배가 너무 고파', '뭐 좀 챙겨드세요.'),
> ('배가 넘넘 고파', '저도 밥 먹고 싶어요')]

4-4-4 데이터 전처리

정규식을 활용해 숫자, 한글을 제외하고 제거하는 함수를 정의한다. 때에 따라서는 특수문자나 영어가 필요할 수 있으니 활용하고자 하는 데이터 및 해결하려는 문제에 따라 의사결정이 필요하다.

```
[8]  # 데이터 전처리 함수(정규식(regex expression)활용)
     import re
     def clean_sentence(sentence):
         # 한글, 숫자를 제외한 모든 문자는 제거합니다.
         sentence = re.sub(r'[^0-9ㄱ-ㅎㅏ-ㅣ가-힣 ]',r'', sentence)
         return sentence
```

앞서 정의한 clean_sentence 함수를 사용해서, 샘플 문장을 전처리 해보면 한글과 숫자 이외에는 모든 문자가 제거되었음을 확인할 수 있다.

```
[9]  # 전처리 함수 테스트
     print(clean_sentence('안녕하세요~:)'))
     print(clean_sentence('텐서플로^@^%#@!'))
```

> 안녕하세요
> 텐서플로

먼저 konlpy 라이브러리를 코랩 환경에 설치한다. 코랩은 프로그램과 라이브러리 설치 없이 구글 계정만 있으면 누구나 쉽게 활용할 수 있는 장점이 있지만 기본적으로 설치된 라이브러리 이외에는 매번 필요한 라이브러리 설치가 필요하다. 특히 한글과 관련된 라이브러리는 더욱 설치가 필수다.

```
[10]  # konlpy 설치
      !pip install konlpy
```

```
⤷  Collecting konlpy
   (생략)
   Successfully installed JPype1-1.2.1 beautifulsoup4-4.6.0 colorama-0.4.4 konlpy-0.5.2
```

네이버 영화 리뷰 감성 분류 모델에서 활용한 형태소 분석기 중에서 이번에는 Okt를 사용한다.

```
[11]  # Okt형태소
      from konlpy.tag import Okt
      okt = Okt()
      def process_morph(sentence):
          return ' '.join(okt.morphs(sentence))
```

시퀀스 투 시퀀스(Seq2Seq) 모델을 훈련하기 위해서는 3가지 데이터셋이 필요하다.

- **question** : 인코더에 입력할 데이터셋(질문 전체)
- **answer_input** : 디코더에 입력할 데이터셋(답변의 시작), 〈START〉 토큰을 문장 처음에 추가
- **answer_output** : 디코더의 출력 데이터셋(답변의 끝), 〈END〉 토큰을 문장 마지막에 추가

다음은 texts와 pairs에 들어 있는 문장을 입력받아서 question, answer_input, answer_output으로 정리하는 내용이다.

```
[12]  # 한글 문장 전처리
      def clean_and_morph(sentence, is_question=True):
          # 한글 문장 전처리
          sentence = clean_sentence(sentence)
          # 형태소 변환
          sentence = process_morph(sentence)
          # Question 인 경우, Answer인 경우를 분기하여 처리
          if is_question:
              return sentence
          else:
              # START 토큰은 decoder input에 END 토큰은 decoder output에 추가
              return('〈START〉 ' + sentence, sentence + ' 〈END〉')

      def preprocess(texts, pairs):
          questions = []
          answer_in = []
          answer_out = []

          # 질의에 대한 전처리
          for text in texts:
              # 전처리와 morph 수행
              question = clean_and_morph(text, is_question=True)
              questions.append(question)
```

```
    # 답변에 대한 전처리
    for pair in pairs:
        # 전처리와 morph 수행
        in_, out_ = clean_and_morph(pair, is_question=False)
        answer_in.append(in_)
        answer_out.append(out_)

    return questions, answer_in, answer_out

questions, answer_in, answer_out = preprocess(texts, pairs)
print(questions[:2])
print(answer_in[:2])
print(answer_out[:2])
```

➡️ ['12시 땡', '1 지망 학교 떨어졌어']
['〈START〉 하루 가 또 가네요', '〈START〉 위로 해 드립니다']
['하루 가 또 가네요 〈END〉', '위로 해 드립니다 〈END〉']

앞에서 구분한 세 가지 데이터를 하나의 리스트로 병합한다.

```
[13] # 전체 문장을 하나의 리스트로 만들기
     all_sentences = questions + answer_in + answer_out
```

토크나이저를 활용하기 위해서 필요한 라이브러리와 함수를 불러온다.

```
[14] # 라이브러리 불러오기
     import numpy as np
     import warnings
     import tensorflow as tf

     from tensorflow.keras.preprocessing.text import Tokenizer
     from tensorflow.keras.preprocessing.sequence import pad_sequences

     # WARNING 무시
     warnings.filterwarnings('ignore')
```

토크나이저로 단어 사전을 만든다. 사전에 없는 단어는 〈OOV〉로 표현한다. lower 매개변수는
텍스트를 소문자로 변환할지를 결정한다.

```
[15] tokenizer = Tokenizer(filters='', lower=False, oov_token='〈OOV〉')
     tokenizer.fit_on_texts(all_sentences)
```

단어 사전(토큰)의 샘플을 출력해서 확인한다.

```
[16] # 단어 사전 확인
     for word, idx in tokenizer.word_index.items():
         print(f'{word}\t → \t{idx}')
         if idx > 10:
             break
```

```
⇨  〈OOV〉      ->)   1
   〈START〉    ->)   2
   〈END〉      ->)   3
   이          ->)   4
   을          ->)   5
   거          ->)   6
   가          ->)   7
   예요        ->)   8
   도          ->)   9
   해보세요     ->)   10
   요          ->)   11
```

단어 사전(토큰)의 개수는 3,604개로 확인된다.

```
[17] # 토큰 개수 확인
     len(tokenizer.word_index)
```

⇨ 3604

텍스트 전처리 작업을 진행한다. 먼저 토큰(단어)을 단어 사전에 따라 숫자로 변경(인코딩)하고 문장의 길이를 30으로 맞춘다. question_padded, answer_in_padded, answer_out_padded 값 모두 크기가 (2001, 30)이 됨을 확인할 수 있다.

```
[18] # 치환 : 텍스트를 시퀀스로 인코딩(texts_to_sequences)
     question_sequence = tokenizer.texts_to_sequences(questions)
     answer_in_sequence = tokenizer.texts_to_sequences(answer_in)
     answer_out_sequence = tokenizer.texts_to_sequences(answer_out)

     # 문장의 길이 맞추기(pad_sequences)
     MAX_LENGTH = 30
     question_padded = pad_sequences(question_sequence,
                                     maxlen=MAX_LENGTH,
                                     truncating='post',
                                     padding='post')
     answer_in_padded = pad_sequences(answer_in_sequence,
                                     maxlen=MAX_LENGTH,
                                     truncating='post',
                                     padding='post')
     answer_out_padded = pad_sequences(answer_out_sequence,
                                     maxlen=MAX_LENGTH,
                                     truncating='post',
                                     padding='post')

     question_padded.shape, answer_in_padded.shape, answer_out_padded.shape
```

⇨ ((2001, 30), (2001, 30), (2001, 30))

4-4-5 모델 학습

텐서플로 케라스를 활용하기 위해 코랩 환경으로 불러온다.

```
[19] # 라이브러리 로드
     from tensorflow.keras.layers import Embedding, LSTM, Dense, Dropout
     from tensorflow.keras.models import Model
     from tensorflow.keras.callbacks import ModelCheckpoint
```

이번 예제에서 인코더를 어떤 형태로 구성할 것인지 [그림 5-40]을 통해 확인하자. 고정된 길이의 입력이 들어오면 인코딩에서는 먼저 임베딩 레이어를 거쳐 RNN에 순차적으로 입력되어 최종 은닉 상태(hidden state)와 셀 상태(cell state)를 출력하면 되는 간단한 구조이다.

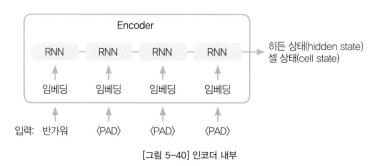

[그림 5-40] 인코더 내부

인코더와 디코더를 클래스로 만든다. 클래스는 [그림 5-41]과 같이 기본적으로 초기화 함수와 실행 함수가 있다. 초기화 함수에서는 실행 함수에서 사용할 변수, 레이어를 미리 불러온다. 이때 파라미터 값을 미리 설정하기도 한다. 인코더에서 필요한 임베딩 레이어, LSTM 레이어, 드롭아웃을 초기화 함수에서 불러온다. 실행 함수에서 함수형 모델로 레이어를 쌓아서 최종적으로 반환해야 할 값을 return 값으로 작성한다.

[그림 5-41] 인코더 클래스

[Tip] 초기화 함수는 __init__으로 함수명을 작성해야 하며 언더바(_)가 init 앞뒤로 2개씩 있는 점에 유의한다.

인코더 클래스를 완성하기 위해서 tf.keras.Model 클래스를 상속받는다. 때에 따라서는 tf.keras. layers를 상속받아 만들 수 있다. 차이점은 모델(model)을 상속받아 만든 클래스는 모델에서 사용되는 fit, predict 등을 활용할 수 있고 레이어처럼 활용할 수도 있다. 레이어(layer)를 상속받아 만든 모델은 LSTM, Dense 등과 비슷하게 사용자가 정의한 여러 개의 레이어를 단일 레이어처럼 활용할 수 있다.

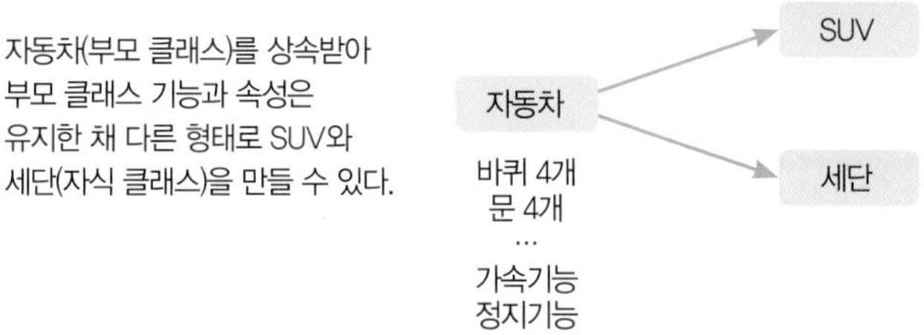

자동차(부모 클래스)를 상속받아
부모 클래스 기능과 속성은
유지한 채 다른 형태로 SUV와
세단(자식 클래스)을 만들 수 있다.

자동차

바퀴 4개
문 4개
...
가속기능
정지기능

SUV

세단

[그림 5-42] 부모 클래스와 자식 클래스

인코더 클래스를 정의하는 코드는 다음과 같다. 클래스 이름으로 Encoder를 사용하고 tf.keras. Model을 상속받는다. 초기화 함수 안에 보면 4개의 값(self, units, vocab_size, embedding_dim, time_steps)을 받아오고 있어 인코더 클래스를 사용할 때는 4개의 파라미터 값을 지정해야 한다. 클래스 함수를 정의할 때 self라는 단어를 변수나 레이어 앞에 사용하는 경우가 있다. 간단히 설명하면 self는 클래스 함수로부터 생성되는 인스턴스 객체 자신을 뜻한다. 따라서, self. embedding은 해당 클래스 객체의 embedding 레이어를 뜻한다.

```
[20] # 인코더
    class Encoder(tf.keras.Model):
        def __init__(self, units, vocab_size, embedding_dim, time_steps):
            super(Encoder, self).__init__()
            self.embedding = Embedding(vocab_size,
                                       embedding_dim,
                                       input_length=time_steps)
            self.dropout = Dropout(0.2)
            self.lstm = LSTM(units, return_state=True)

        def call(self, inputs):
            x = self.embedding(inputs)
            x = self.dropout(x)
            x, hidden_state, cell_state = self.lstm(x)
            return [hidden_state, cell_state]
```

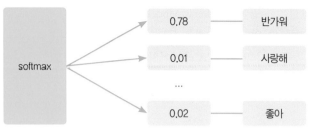

[그림 5-43] 디코더 Dense 레이어

이번에는 디코더 클래스를 알아보자. 인코더와 다른 점은 마지막에 Dense 레이어가 있다. Dense 레이어를 거치면서 최종 예측 단어 확률을 결과로 받을 수 있다.

```
[21] # 디코더
    class Decoder(tf.keras.Model):
        def __init__(self, units, vocab_size, embedding_dim, time_steps):
            super(Decoder, self).__init__()
            self.embedding = Embedding(vocab_size,
                                       embedding_dim,
                                       input_length=time_steps)
            self.dropout = Dropout(0.2)
            self.lstm = LSTM(units,
                             return_state=True,
                             return_sequences=True,
                             )
            self.dense = Dense(vocab_size, activation='softmax')

        def call(self, inputs, initial_state):
            x = self.embedding(inputs)
            x = self.dropout(x)
            x, hidden_state, cell_state = self.lstm(x, initial_state=initial_state)
            x = self.dense(x)
            return x, hidden_state, cell_state
```

인코더와 디코더를 완성했다. [그림 5-38] 챗봇 예시와 같이 입력과 출력 그리고 인코더와 디코더를 연결만 하면 Seq2Seq 모델이 완성된다. 다소 복잡해 보일 수 있으나 클래스 초기화 함수에서 필요한 값을 받아 "self.변수"에 담았고 실행 함수에서는 인코더의 출력 결과를 맥락 벡터(context_vector)로 저장한다. 디코더에 입력 문장과 맥락 벡터를 함께 입력값으로 넣어 최종 결과를 decoder_outputs에 담는다.

이때, decoder_outputs, _, _ = self.decoder(…)로 한 것은 우리가 만든 디코더는 3개의 값(최종 확률값, 은닉 상태, 셀 상태)을 반환하고 있는데 은닉 상태와 셀 상태는 훈련에 필요 없기 때문에 "_"로 값을 받는 것으로 작성했다. 단, 예측할 때는 필요한 값이다.

훈련용 시퀀스 투 시퀀스 모델이 완성되었다. 하지만 한 가지가 더 남아 있다. 앞에서 설명한 부분은 Seq2Seq 모델을 훈련하는 과정이고, 예측을 하는 경우(training = False)에는 입력(질문)에 대한 출력을 문장으로 결과가 나오도록 작성해야 한다.

```python
[22] # 모델 결합
    class Seq2Seq(tf.keras.Model):
        def __init__(self, units, vocab_size, embedding_dim, time_steps, start_token, end_token):
            super(Seq2Seq, self).__init__()
            self.start_token = start_token
            self.end_token = end_token
            self.time_steps = time_steps

            self.encoder = Encoder(units, vocab_size, embedding_dim, time_steps)
            self.decoder = Decoder(units, vocab_size, embedding_dim, time_steps)

        def call(self, inputs, training=True):
            if training:
                encoder_inputs, decoder_inputs = inputs
                context_vector = self.encoder(encoder_inputs)
                decoder_outputs, _, _ = self.decoder(inputs=decoder_inputs,
                                             initial_state=context_vector)
                return decoder_outputs
            else:
                context_vector = self.encoder(inputs)
                target_seq = tf.constant([[self.start_token]], dtype=tf.float32)
                results = tf.TensorArray(tf.int32, self.time_steps)

                for i in tf.range(self.time_steps):
                    decoder_output, decoder_hidden, decoder_cell = self.decoder(target_seq,
                                                             initial_state=
                                                             context_vector)

                    decoder_output = tf.cast(tf.argmax(decoder_output, axis=-1),
                                            dtype=tf.int32)
                    decoder_output = tf.reshape(decoder_output, shape=(1, 1))
                    results = results.write(i, decoder_output)

                    if decoder_output == self.end_token:
                        break

                    target_seq = decoder_output
                    context_vector = [decoder_hidden, decoder_cell]

                return tf.reshape(results.stack(), shape=(1, self.time_steps))
```

convert_to_one_hot 함수를 통해 단어별 원핫 인코딩을 적용한다. 디코더의 출력(output)을 원핫 인코딩 벡터로 변환하게 된다.

```
[23] VOCAB_SIZE = len(tokenizer.word_index)+1
     def convert_to_one_hot(padded):
         # 원핫 인코딩 초기화
         one_hot_vector = np.zeros((len(answer_out_padded),
                                    MAX_LENGTH,
                                    VOCAB_SIZE))

         # 디코더 목표를 원핫 인코딩으로 변환
         # 학습시 입력은 인덱스이지만, 출력은 원핫 인코딩 형식임
         for i, sequence in enumerate(answer_out_padded):
             for j, index in enumerate(sequence):
                 one_hot_vector[i, j, index] = 1

         return one_hot_vector
     answer_in_one_hot = convert_to_one_hot(answer_in_padded)
     answer_out_one_hot = convert_to_one_hot(answer_out_padded)
     answer_in_one_hot[0].shape, answer_in_one_hot[0].shape
```

⮕ ((30, 3605), (30, 3605))

변환된 index를 입력받아서, 단어 사전을 통해 단어로 변환하는 함수를 정의한다.

```
[24] def convert_index_to_text(indexs, end_token):

         sentence = ''

         # 모든 문장에 대해서 반복
         for index in indexs:
             if index == end_token:
                 # 끝 단어이므로 예측 준비
                 break;
             # 사전에 존재하는 단어의 경우 단어 추가
             if index > 0 and tokenizer.index_word[index] is not None:
                 sentence += tokenizer.index_word[index]
             else:
             # 사전에 없는 인덱스면 빈 문자열 추가
                 sentence += ''

             # 빈칸 추가
             sentence += ''
         return sentence
```

훈련 시 필요한 파라미터 값을 정의한다.

```
[25] BUFFER_SIZE = 1000
     BATCH_SIZE = 16
     EMBEDDING_DIM = 100
     TIME_STEPS = MAX_LENGTH
     START_TOKEN = tokenizer.word_index['<START>']
     END_TOKEN = tokenizer.word_index['<END>']

     UNITS = 128

     VOCAB_SIZE = len(tokenizer.word_index)+1
     DATA_LENGTH = len(questions)
     SAMPLE_SIZE = 3
     NUM_EPOCHS = 20
```

모델을 저장할 수 있도록 체크포인트를 생성한다.

```
[26] checkpoint_path = 'model/seq2seq-chatbot-checkpoint.ckpt'
     checkpoint = ModelCheckpoint(filepath=checkpoint_path,
                                 save_weights_only=True,
                                 save_best_only=True,
                                 monitor='loss',
                                 verbose=1
                                 )
```

앞에서 만든 시퀀스 두 시퀀스 클래스를 불러와 컴파일한다. 이때 Seq2Seq로 바로 compile을 사용할 수 있는 것은 모델을 상속받았기 때문이다. 모델에 있는 compile, fit 함수를 활용할 수 있다.

```
[27] # seq2seq
     seq2seq = Seq2Seq(UNITS,
                       VOCAB_SIZE,
                       EMBEDDING_DIM,
                       TIME_STEPS,
                       START_TOKEN,
                       END_TOKEN)
     seq2seq.compile(optimizer='adam',
                     loss='categorical_crossentropy',
                     metrics=['acc'])
```

훈련된 모델에 질문 입력 데이터를 대입하여 문장을 예측하는 함수를 정의한다.

```
[28] def make_prediction(model, question_inputs):
         results = model(inputs=question_inputs, training=False)
         # 변환된 인덱스를 문장으로 변환
         results = np.asarray(results).reshape(-1)
         return results
```

모델을 10 epoch씩 구분하여 훈련시키고 샘플을 추출하여 챗봇에 입력되는 질문과 챗봇의 답변을 출력한다. 이 과정을 20번 반복하며 모델이 훈련을 거듭하면서 출력하는 문장의 완성도를 살펴본다.

첫 번째 10 epoch를 학습하고 출력하는 챗봇이 답변을 보면 질문과 관련성이 거의 없는 편이다. 하지만 마지막 20번째 10 epoch를 학습하고 출력하는 챗봇의 답변은 괜찮은 성능을 보인다.

```
[29] for epoch in range(NUM_EPOCHS):
         print(f'processing epoch: {epoch * 10 + 1}...')
         seq2seq.fit([question_padded, answer_in_padded],
                     answer_out_one_hot,
                     epochs=10,
                     batch_size=BATCH_SIZE,
                     callbacks=[checkpoint]
                     )
         # 랜덤한 샘플 번호 추출
         samples = np.random.randint(DATA_LENGTH, size=SAMPLE_SIZE)

         # 예측 성능 테스트
         for idx in samples:
             question_inputs = question_padded[idx]
             # 문장 예측
             results = make_prediction(seq2seq, np.expand_dims(question_inputs, 0))

             # 변환된 인덱스를 문장으로 변환
             results = convert_index_to_text(results, END_TOKEN)

             print(f'Q: {questions[idx]}')
             print(f'A: {results}\n')
             print()
```

```
processing epoch: 1...
epoch 1/10
126/126 [==============================] - 37s 20ms/step - loss: 4.3586 - acc: 0.7481
(생략)
epoch 00010: loss improved from 0.93218 to 0.91344, saving model to model/seq2seq-
chatbot-no-attention-checkpoint.ckpt
Q: 목 이 바싹바싹 탄다
A: 저 을 더 해보세요

Q: 나 만 설레나
A: 저 을 있을 거 예요

Q: 방 들 이 귀찮아
A: 저 을 있을 거 예요

processing epoch: 11...
(생략)
epoch 10/10
126/126 [==============================] - 2s 20ms/step - loss: 0.1291 - acc: 0.9693
epoch 00010: loss improved from 0.13020 to 0.12913, saving model to model/seq2seq-
chatbot-no-attention-checkpoint.ckpt
Q: 라면 먹고 갈래
A: 저 는 좋아요

Q: 다이어트 성공하고 싶은데
A: 처음 부터 잘 하는 사람 은 없어요

Q: 공부 꼭 해야 할까
A: 오늘 은 쉬세요
```

4-4-6 예측

챗봇에 입력할 질문 데이터를 만드는 전처리 함수를 정의한다. 문장을 숫자 벡터로 변환해 준다.

```
[30] # 자연어(질문 입력)에 대한 전처리 함수
     def make_question(sentence):
         sentence = clean_and_morph(sentence)
         question_sequence = tokenizer.texts_to_sequences([sentence])
         question_padded = pad_sequences(question_sequen
     ce, maxlen=MAX_LENGTH, truncating='post', padding='post')
         return question_padded
     make_question('오늘 날씨 어때?')
```

```
array([[124, 170, 347,   0,   0,   0,   0,   0,   0,   0,   0,   0,   0,
          0,   0,   0,   0,   0,   0,   0,   0,   0,   0,   0,   0,   0,
          0,   0,   0,   0]],dtype=int32)
```

챗봇을 실행해보자. 키보드 입력을 통해 질문을 직접 입력한다. 사용자가 'q'를 입력할 때까지 무한루프를 돌며 계속 질문을 받고 응답을 한다.

```
[31] # 챗봇
     def run_chatbot(question):
         question_inputs = make_question(question)
         results = make_prediction(seq2seq, question_inputs)
         results = convert_index_to_text(results, END_TOKEN)
         return results

     # 챗봇 실행
     while True:
         user_input = input('《 말을 걸어 보세요!\n')
         if user_input == 'q':
             break
         print('》 챗봇 응답: {}'.format(run_chatbot(user_input)))
```

```
《 말을 걸어 보세요!
반가워
》 챗봇 응답: 저 도 보고 싶어요
《 말을 걸어 보세요!
안녕하세요
》 챗봇 응답: 예쁘게 변신 하고 오세요
《 말을 걸어 보세요!
보고 싶어요
》 챗봇 응답: 저 주세요
《 말을 걸어 보세요!
오늘 날씨 어때?
》 챗봇 응답: 부자 되실 거 예요
《 말을 걸어 보세요!
난 당신이 좋아요
》 챗봇 응답: 그런 사람 이 있으면 저 좀 소개 시켜주세요
《 말을 걸어 보세요!
발레 배워 보려고
》 챗봇 응답: 선 이 예뻐질 거 예요
《 말을 걸어 보세요!
다이어트 성공하고 싶은데
》 챗봇 응답: 기다리는 동안 많은 생각 이 들었겠네요
```

이처럼 간단한 질문에 대답하는 챗봇을 볼 수 있다. 하지만 질문에 대한 대답이 뭔가 이상하다. 동문서답하고 있는 격이다. 여기서 구현된 기본적인 Seq2Seq 모델은 맥락 벡터에 모든 정보를 압축하는 것이 어렵다. 맥락 벡터의 길이가 고정되어 있기 때문이다.

이런 문제를 해결하고자 입력 데이터의 중요한 단어에 집중하는 어텐션(Attention)이라는 개념이 제안되었다. 디코더 부분에 어텐션 레이어를 추가하여 챗봇의 성능을 향상시켜 보자.

4-5 어텐션(Attention)

Seq2Seq 모델은 기계 번역, 텍스트 요약, 챗봇과 같은 작업에 큰 성과를 보였다. 하지만 문장의 길이가 길어질수록 인코더의 마지막 상태(고정된 맥락 벡터)가 문장 전체를 표현하기 어렵고, 경사 소실과 경사 폭발 문제로 인해 모델의 성능이 떨어지는 문제가 있다.

이를 보완하기 위해 2015년 Seq2Seq 모델에 어텐션(Attention) 매커니즘을 더한 모델이 제안되었다. 사람이 문장을 읽거나 듣고 이해할 때 몇 개의 단어에 집중해서 이해하듯 어텐션 매커니즘도 특정 단어를 집중해서 기억하는 개념이다.

[그림 5-44]은 텐서플로 튜토리얼에 안내되어 있는 영어를 프랑스어로 번역하는 기계 번역의 어텐션 예시이다. 프랑스어 "Je"를 출력할 때 어텐션 가중치(Attention Weights)를 통해 영어 "I"에 가중치가 0.5로 가장 집중하고 있는 것을 확인할 수 있다.

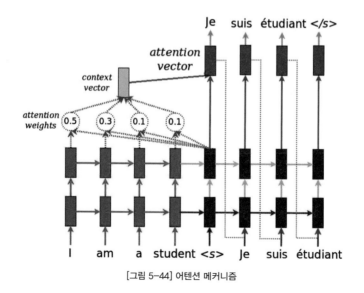

[그림 5-44] 어텐션 메커니즘

이처럼 매 단어(토큰)마다 어느 정도 집중할지 차이를 두고 예측을 진행하기 때문에 문장이 길어져도 중요한 단어에 비중을 높이는 식으로 긴 문장을 번역하는 데 뛰어난 성능을 발휘한다.

어텐션 구조에 대해 자세히 살펴보면 앞의 [그림 5-44]에서 알 수 있듯이 인코더 부분은 Seq2Seq 모델을 그대로 가져가고 디코더 부분에 어텐션을 적용하면 된다. 매 단어(토큰)를 예측할 때마다 어텐션 가중치를 구하고 이를 통해 맥락 벡터(Context vector)를 생성해 어텐션 벡터(Attention vector)로 출력할 때 활용한다.

$$\alpha_{ts} = \frac{\exp\left(\text{score}(\boldsymbol{h}_t, \bar{\boldsymbol{h}}_s)\right)}{\sum_{s'=1}^{S} \exp\left(\text{score}(\boldsymbol{h}_t, \bar{\boldsymbol{h}}_{s'})\right)} \qquad \text{[Attention weights]} \qquad (1)$$

$$\boldsymbol{c}_t = \sum_s \alpha_{ts} \bar{\boldsymbol{h}}_s \qquad \text{[Context vector]} \qquad (2)$$

$$\boldsymbol{a}_t = f(\boldsymbol{c}_t, \boldsymbol{h}_t) = \tanh(\boldsymbol{W_c}[\boldsymbol{c}_t; \boldsymbol{h}_t]) \qquad \text{[Attention vector]} \qquad (3)$$

$$\text{score}(\boldsymbol{h}_t, \bar{\boldsymbol{h}}_s) = \begin{cases} \boldsymbol{h}_t^\top \boldsymbol{W} \bar{\boldsymbol{h}}_s & \text{[Luong's multiplicative style]} \\ \boldsymbol{v}_a^\top \tanh\left(\boldsymbol{W_1} \boldsymbol{h}_t + \boldsymbol{W_2} \bar{\boldsymbol{h}}_s\right) & \text{[Bahdanau's additive style]} \end{cases} \qquad (4)$$

[그림 5-45] 어텐션 메커니즘 방정식

앞에서 만든 Seq2Seq 모델에 어텐션 매커니즘을 적용하여 새로운 Seq2Seq 모델로 변경해보자.

```
[32] from tensorflow.keras.layers import Input, Embedding, LSTM, Dense, Dropout, Attention
     from tensorflow.keras.models import Model
     from tensorflow.keras.callbacks import TensorBoard, ModelCheckpoint
     from tensorflow.keras.utils import plot_model
```

기존 Seq2Seq 모델의 인코딩에서는 마지막 상태 값만을 사용해서 맥락 벡터로 만든다. 하지만 어텐션을 적용하기 위해서는 모든 상태에 대한 값이 필요하다. 모든 상태 값을 사용해 매번 어텐션 가중치를 구한다. [그림 5-44]에서 인코더 전체 출력(파랑색)이 어텐션 가중치를 구할 때 필요하다는 것을 알 수 있다.

다음 코드에서 인코더 부분은 이전과 동일하게 사용한다. 다만, 어텐션 가중치를 구하기 위해서 return_sequences = True 옵션을 추가 설정한다.

```
[33] class Encoder(tf.keras.Model):
        def __init__(self, units, vocab_size, embedding_dim, time_steps):
            super(Encoder, self).__init__()
            self.embedding = Embedding(vocab_size,
                                       embedding_dim,
                                       input_length=time_steps,
                                       name='Embedding')
            self.dropout = Dropout(0.2, name='Dropout')
            #(attention) return_sequences=True 추가
            self.lstm = LSTM(units,
                             return_state=True,
                             return_sequences=True,
                             name='LSTM')

        def call(self, inputs):
            x = self.embedding(inputs)
            x = self.dropout(x)
            x, hidden_state, cell_state = self.lstm(x)
            #(attention) x return 추가
            return x, [hidden_state, cell_state]
```

디코더에 어텐션 레이어를 추가해 어텐션 매커니즘을 구현한다.

```
[34] class Decoder(tf.keras.Model):
        def __init__(self, units, vocab_size, embedding_dim, time_steps):
            super(Decoder, self).__init__()
            self.embedding = Embedding(vocab_size,
                                       embedding_dim,
                                       input_length=time_steps,
                                       name='Embedding')
            self.dropout = Dropout(0.2, name='Dropout')
            self.lstm = LSTM(units,
                             return_state=True,
                             return_sequences=True,
                             name='LSTM'
                             )
            self.attention = Attention(name='Attention')
            self.dense = Dense(vocab_size,
                               activation='softmax',
                               name='Dense')

        def call(self, inputs, initial_state):
            #(attention) encoder_inputs 추가
            encoder_inputs, decoder_inputs = inputs
            x = self.embedding(decoder_inputs)
            x = self.dropout(x)
            x, hidden_state, cell_state = self.lstm(x, initial_state=initial_state)

            #(attention) key_value, attention_matrix 추가
            # 이전 hidden_state의 값을 concat으로 만들어 vector를 생성
            key_value = tf.concat([initial_state[0][:, tf.newaxis, :],
                                   x[:, :-1, :]], axis=1)
            # 이전 hidden_state의 값을 concat으로 만든 vector와 encoder에서 나온
            # 출력 값들로 attention을 구함
            attention_matrix = self.attention([key_value, encoder_inputs])
            # 위에서 구한 attention_matrix와 decoder의 출력 값을 합침(concat)
            x = tf.concat([x, attention_matrix], axis=-1)

            x = self.dense(x)
            return x, hidden_state, cell_state
```

인코더와 어텐션 매커니즘이 포함된 디코더를 합쳐 Seq2Seq 클래스를 새롭게 구성한다.

```python
[35] class Seq2Seq(tf.keras.Model):
        def __init__(self, units, vocab_size, embedding_dim, time_steps, start_token, end_token):
            super(Seq2Seq, self).__init__()
            self.start_token = start_token
            self.end_token = end_token
            self.time_steps = time_steps

            self.encoder = Encoder(units, vocab_size, embedding_dim, time_steps)
            self.decoder = Decoder(units, vocab_size, embedding_dim, time_steps)


        def call(self, inputs, training=True):
            if training:
                encoder_inputs, decoder_inputs = inputs
                #(attention) encoder 출력 값 수정
                encoder_outputs, context_vector = self.encoder(encoder_inputs)
                #(attention) decoder 입력값 수정
                decoder_outputs, _, _ = self.decoder((encoder_outputs, decoder_inputs),
                                                initial_state=context_vector)
                return decoder_outputs
            else:
                x = inputs
                #(attention) encoder 출력 값 수정
                encoder_outputs, context_vector = self.encoder(x)
                target_seq = tf.constant([[self.start_token]], dtype=tf.float32)
                results = tf.TensorArray(tf.int32, self.time_steps)

                for i in tf.range(self.time_steps):
                    decoder_output, decoder_hidden, decoder_cell = self.decoder((encoder_outputs, target_seq),
                                                    initial_state=context_vector)
                    decoder_output = tf.cast(tf.argmax(decoder_output, axis=-1), dtype=tf.int32)
                    decoder_output = tf.reshape(decoder_output, shape=(1, 1))
                    results = results.write(i, decoder_output)

                    if decoder_output == self.end_token:
                        break

                    target_seq = decoder_output
                    context_vector = [decoder_hidden, decoder_cell]

                return tf.reshape(results.stack(), shape=(1, self.time_steps))
```

모델 저장을 위해 체크포인트를 지정한다.

```
[36] checkpoint_path = 'model/seq2seq-attention-checkpoint.ckpt'
     checkpoint = ModelCheckpoint(filepath=checkpoint_path,
                      save_weights_only=True,
                      save_best_only=True,
                      monitor='loss',
                      verbose=1
                      )
```

훈련은 기존 Seq2Seq와 동일하게 진행된다. 전체 데이터 중에서 일부를 샘플링하여 양을 줄이긴 했지만, 훈련시간이 상당히 오래 걸린다.

```
[37] for epoch in range(NUM_EPOCHS):
        print(f'processing epoch: {epoch * 10 + 1}...')
        seq2seq.fit([question_padded, answer_in_padded],
                    answer_out_one_hot,
                    epochs=10,
                    batch_size=BATCH_SIZE,
                    callbacks=[checkpoint]
                    )
        # 랜덤한 샘플 번호 추출
        samples = np.random.randint(DATA_LENGTH, size=SAMPLE_SIZE)
        # 예측 성능 테스트
        for idx in samples:
            question_inputs = question_padded[idx]
            # 문장 예측
            results = make_prediction(seq2seq, np.expand_dims(question_inputs, 0))

            # 변환된 인덱스를 문장으로 변환
            results = convert_index_to_text(results, END_TOKEN)

            print(f'Q: {questions[idx]}')
            print(f'A: {results}\n')
            print()
```

```
⮕  processing epoch: 1...
   epoch 1/10
   126/126 [==============================] - 3s 20ms/step - loss: 0.1124 - acc: 0.9732
   (생략)
```

챗봇을 실행하고 질문을 키보드를 사용해 입력한다.

```
[38] while True:
        user_input = input('《 말을 걸어 보세요!\n')
        if user_input == 'q':
            break
        print('》 챗봇 응답: {}'.format(run_chatbot(user_input)))
```

```
《 말을 걸어 보세요!
반가워
》 챗봇 응답: 반갑습니다
《 말을 걸어 보세요!
안녕하세요
》 챗봇 응답: 문제 는 해결 하라고 있는 거 죠
《 말을 걸어 보세요!
보고 싶어요
》 챗봇 응답: 시간 내서 가보세요
《 말을 걸어 보세요!
오늘 날씨 어때?
》 챗봇 응답: 알아주는 사람 이 있을 거 예요
《 말을 걸어 보세요!
난 당신이 좋아요
》 챗봇 응답: 그런 생각 은 버리세요
《 말을 걸어 보세요!
발레 배워 보려고
》 챗봇 응답: 선 이 예뻐질 거 예요
《 말을 걸어 보세요!
다이어트 성공하고 싶은데
》 챗봇 응답. 기초 대 사량 을 높 여보세요
```

어텐션 매커니즘을 활용해 챗봇을 완성했다. 직접적인 비교를 위해 순수하게 Seq2Seq 모델만 사용한 결과와 똑같은 질문을 했다. 챗봇 응답이 이전과 달리 놀랍게 성장했다. 환경만 갖춰진다면 모든 데이터셋을 활용해 모델을 훈련시켜 더 좋은 챗봇 성능을 기대할 수 있다. 코랩 환경에 맞춰 데이터셋을 샘플링하다 보니 제약이 있었다.

매 시점 어느 부분에 집중할지 정보를 얻어 긴 문장을 입력해도 성능 저하 없는 Seq2Seq 모델을 만들 수 있었다. 하지만 여기서도 단점이 있는데, 바로 순환신경망 부분이다. 순환신경망은 순차적으로 데이터를 입력받아 계산하고 이는 속도의 저하를 불러온다. 이를 극복하고자 순환신경망을 제외하고 어텐션 매커니즘만을 이용한 트랜스포머를 제안한다.

트랜스포머는 순환신경망(RNN)을 사용하지 않고 어텐션만을 사용한 신경망이다. 2017년에 "Attention is All you Need"(https://arxiv.org/abs/1706.03762)라는 논문을 통해 발표되었다.

앞서 Seq2Seq 모델에서 어텐션 매커니즘을 도입함으로써 성능이 향상되었지만 여전히 순환신경망을 기반으로 해서 속도가 느린 단점이 있다. 순환신경망을 사용하면 인코더에서 입력을 차례대로 처음부터 끝까지 계산하고, 디코더에서도 동일하게 차례대로 처리한다. 이를 해결하기 위해 속도가 느린 순환신경망을 제외하고 어텐션만으로 구성된 트랜스포머를 제안하는 것이다([그림 5-46] 참조).

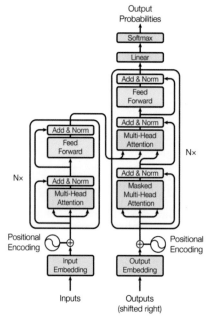

[그림 5-46] 트랜스포머 모델 아키텍처[34]

트랜스포머는 순서를 표시하기 위해 위치 인코딩(Positional encoding)을 활용한다. 이로 인해 병렬처리가 가능해져 속도를 빠르게 할 수 있다. 순차적인 계산이 아니라 병렬처리가 가능하면 문장이 길더라도 시간을 줄일 수 있고 경사소실이나 경사 폭발의 문제를 해결할 수 있다.

여기서는 실습 예제로 "허깅페이스(huggingface)[35] 트랜스포머"를 소개한다. "허깅페이스 트랜스포머" 라이브러리는 트랜스포머 기반의 언어 모델들을 간단하게 사용할 수 있다.

---

34 출처 : 'Attention Is All You Need' by Vaswani et al.(https://arxiv.org/abs/1706.03762)
35 https://huggingface.co/

특히 Bert, GPT 등 트랜스포머 기반의 사전 학습된 모델과 토크나이저를 코드 몇 줄로 자연어 처리가 가능하도록 도와준다.

자연어 처리 중 감성분석, 문장 생성, 질의응답, 문장 요약 순으로 예제를 구성했다. 먼저 코랩 환경에서 "허깅페이스 트랜스포머" 설치가 필요하다.

〈소스〉 5.6_transformer.ipynb

```
[1] # 허깅페이스 트랜스포머 설치
    !pip install transformers
```

```
Collecting transformers
(생략)
Successfully installed sacremoses-0.0.44 tokenizers-0.10.2 transformers-4.5.1
```

설치가 완료됐다면 사전에 훈련된 모델과 토크나이저를 통해 자동으로 입력 텍스트를 전처리한 다음 예측까지 실행해주는 파이프라인을 실행해본다. 매우 간단하게 감성분석 파이프라인을 불러오고 입력 데이터 값을 넣었을 때 긍정인지 부정인지와 함께 점수를 알려준다.

4개의 문장 중 앞 문장 두 개는 긍정의 문장으로 구성하고, 뒤 문장 두 개는 부정의 리뷰 글을 임의로 작성한 것이다. 허깅페이스 파이프라인에서 감성분석을 나타내는 'sentiment-analysis' 모델을 불러온다. 실행 결과에서 당초 의도대로 긍정 레이블과 부정 레이블을 잘 분류하는 것을 알 수 있다.

5-1 감성분석

```
[2] # 감성분석
    from transformers import pipeline
    classifier = pipeline('sentiment-analysis')
    data = ["This is what a true masterpiece looks like",
            "brilliant film, hard to better",
            "Are you kidding me. A horrible movie about horrible people.",
            "the plot itself is also very boring"]
    results = classifier(data)
    for result in results:
        print(f"레이블: {result['label']}, score: {round(result['score'], 3)}")
```

```
레이블: POSITIVE, score: 1.0
레이블: POSITIVE, score: 1.0
레이블: NEGATIVE, score: 1.0
레이블: NEGATIVE, score: 1.0
```

기본적으로 영어로 사전 훈련된 모델과 토크나이저를 활용한다. 다음 코드는 부정적인 글을 한글로 작성했지만 결과는 "긍정"으로 나타났다. 모델이 문장을 제대로 이해하지 못했음을 알 수 있다.

```
[3]  classifier("나는 수학이 어렵다")
```

[{'label': 'POSITIVE', 'score': 0.6286842226982117}]

이때 다국어로 학습한 모델을 불러온다면 결과는 달라진다. 별 5점 만점 중 별 2점으로 부정적인 글로 인식했음을 확인할 수 있다.

```
[4]  # 다국어 모델 불러오기
     classifier = pipeline('sentiment-analysis',
                           model="nlptown/bert-base-multilingual-uncased-sentiment")
     classifier("나는 수학이 어렵다")
```

[{'label': '2 stars', 'score': 0.275742769241333}]

다국어 모델로 한글 문장을 더 확인해보자. 긍정인 문장은 별 5점으로 부정인 문장은 별 3점과 2점으로 비교적 정확한 결과를 보인다.

```
[5]  # 감성분석(다국어)
     classifier = pipeline('sentiment-analysis',
                           model="nlptown/bert-base-multilingual-uncased-sentiment")

     data = ["이 영화 최고",
             "너무 지루하다",
             "또 보고싶은 최고의 걸작이다.",
             "내 취향은 아니다."]

     results = classifier(data)

     for i,result in enumerate(results):
        print(f"문장: {data[i]}, 레이블: {result['label']}, score: {round(result['score'], 3)}")
```

문장: 이 영화 최고, 레이블: 5 stars, score: 0.82
문장: 너무 지루하다, 레이블: 3 stars, score: 0.381
문장: 또 보고싶은 최고의 걸작이다., 레이블: 5 stars, score: 0.94
문장: 내 취향은 아니다., 레이블: 2 stars, score: 0.338

5-2 질의응답

사전에 학습된 질의응답(question-answering) 파이프라인을 불러온다. 위키피디아에서 tensorflow를 검색해서 나온 소개글을 데이터로 넣고 응답을 확인해보자. 입력된 텍스트 데이터에 대한 내용을 질문하면 문장 중에서 적절한 응답을 찾아서 제시한다. 이와 같은 질의 응답 문제는 지문이 나오고 그 지문과 관련된 복수의 질문을 물어보는 국어/영어 시험 문제와 유사하다.

```
[6]  # 질의응답
     # https://en.wikipedia.org/wiki/TensorFlow 텐서플로 소개글 중 일부
     from transformers import pipeline
     nlp = pipeline("question-answering")
     data = r"""
     TensorFlow is Google Brain's second-generation system. Version 1.0.0 was released on
     February 11, 2017.[14] While the reference implementation runs on single devices,
     TensorFlow can run on multiple CPUs and GPUs(with optional CUDA and SYCL extensions
     for general-purpose computing on graphics processing units).[15] TensorFlow is available
     on 64-bit Linux, macOS, Windows, and mobile computing platforms including Android and iOS.
     Its flexible architecture allows for the easy deployment of computation across a variety
     of platforms(CPUs, GPUs, TPUs), and from desktops to clusters of servers to mobile and edge
     devices. TensorFlow computations are expressed as stateful dataflow graphs.
     The name TensorFlow derives from the operations that such neural networks perform on
     multidimensional data arrays, which are referred to as tensors. During the Google I/O
     Conference in June 2016, Jeff Dean stated that 1,500 repositories on GitHub mentioned
     TensorFlow, of which only 5 were from Google.[16] In December 2017, developers from Google,
     Cisco, RedHat, CoreOS, and CaiCloud introduced Kubeflow at a conference. Kubeflow allows
     operation and deployment of TensorFlow on Kubernetes.
     In March 2018, Google announced TensorFlow.js version 1.0 for machine learning in JavaScript.[17]
     In Jan 2019, Google announced TensorFlow 2.0.[18] It became officially available in Sep 2019.[19]
     In May 2019, Google announced TensorFlow Graphics for deep learning in computer graphics.[20]
     """
     q1 = "What is TensorFlow?"
     result = nlp(question=q1, context=data)
     print(f"질문: {q1}, 응답: '{result['answer']}', score: {round(result['score'], 3)}")

     q2 = "When is TensorFlow 2.0 announced?"
     result = nlp(question="When is TensorFlow 2.0 announced?", context=data)
     print(f"질문: {q2}, 응답: '{result['answer']}', score: {round(result['score'], 3)}")
```

➡ 질문: What is TensorFlow?, 응답: 'Google Brain's second-generation system', score: 0.801
　 질문: When is TensorFlow 2.0 announced?, 응답: 'Jan 2019', score: 0.771

질문과 응답을 함께 확인해보자. 매우 정확한 결과를 얻을 수 있었다. "텐서플로가 무엇인지?", "텐서플로2.0이 언제 발표되었는지?"에 대해 지문에서 정답을 정확하게 찾는 편이다.

5-3 문장 생성

문장 생성(text-generation) 파이프라인을 불러온 뒤 시작(Seed) 문장으로 "I love you, I will"을 입력하고, 최대 생성할 문장의 길이(10)를 지정한다. 결과를 보면 누가 봐도 깔끔한 문장이 생성되었다.

```
[7] # 문장 생성
    from transformers import pipeline

    text_generator = pipeline("text-generation")
    data = "I love you, I will"
    print(text_generator(data, max_length=10, do_sample=False))
```

[{'generated_text': 'I love you, I will never forget you.'}]

5-4 문장 요약

위키피디아에 있는 텐서플로 소개글을 다시 활용한다. 이 문장을 요약하는 문제다. 10~50개의 단어로 결과가 나올 수 있도록 설정하고 요약으로 출력된 문장을 보면, 텐서플로가 구글 브레인의 두 번째 시스템이며 언제 처음 출시되었는지, 어떤 시스템에 이용 가능한지 요약해서 설명하고 있다.

```
[8] # 문장 요약
    from transformers import pipeline
    summarizer = pipeline("summarization")
    data ="""
    TensorFlow is Google Brain's second-generation system. Version 1.0.0 was released on
    February 11, 2017.[14] While the reference implementation runs on single devices,
    TensorFlow can run on multiple CPUs and GPUs(with optional CUDA and SYCL extensions
    for general-purpose computing on graphics processing units).[15] TensorFlow is
    available on 64-bit Linux, macOS, Windows, and mobile computing platforms including
    Android and iOS.
    Its flexible architecture allows for the easy deployment of computation across
    a variety of platforms(CPUs, GPUs, TPUs), and from desktops to clusters of servers to
    mobile and edge devices.
    TensorFlow computations are expressed as stateful dataflow graphs.
    The name TensorFlow derives from the operations that such neural networks perform
    on multidimensional data arrays, which are referred to as tensors. During the Google
    I/O Conference in June 2016, Jeff Dean stated that 1,500 repositories on GitHub
    mentioned TensorFlow, of which only 5 were from Google.[16]
    In December 2017, developers from Google, Cisco, RedHat, CoreOS, and CaiCloud introduced
    Kubeflow at a conference. Kubeflow allows operation and deployment of TensorFlow on
    Kubernetes.
```

```
In March 2018, Google announced TensorFlow.js version 1.0 for machine learning in JavaScript.[17]
In Jan 2019, Google announced TensorFlow 2.0.[18] It became officially available in Sep 2019.[19]
In May 2019, Google announced TensorFlow Graphics for deep learning in computer graphics.[20]
"""

print(summarizer(data, max_length=50, min_length=10, do_sample=False))
```

➡️ [{'summary_text': " TensorFlow is Google Brain's second-generation system . Version
1.0.0 was released on February 11, 2017 . It is available on 64-bit Linux, macOS,
Windows, and mobile platforms including Android and iOS ."}]

트랜스포머를 기반한 사전 학습된 모델과 토크나이저를 통해 트랜스포머의 성능을 경험했다. 파이
프라인으로 불러오는 것 외에도 AutoTokenizer, AutoModel을 활용해 사용자가 원하는대로 자연
어 처리가 가능하다. 허깅페이스 문서(https://huggingface.co/transformers/)를 참조한다.

ViT(Vision Transformer)는 컴퓨터 비전 분야에서 트랜스포머를 적용하는 개념이다. 즉, 자연어 처리에서 RNN을 물리치고 왕좌에 오른 트랜스포머를 이미지에도 적용하려는 아이디어를 구현한 것이다. 2020년에 발표된 논문[36]을 바탕으로 간단하게 재구성해서 적용한다.

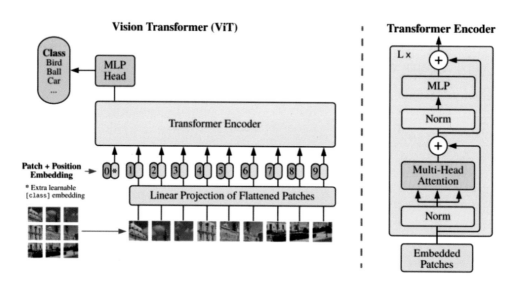

[그림 5-47] ViT 구조[37]

이미지를 여러 개의 패치(patch) 단위로 나누고, 순서대로 포지션에 대한 인코딩한 값을 더하여 트랜스포머에 넣어서 결과를 예측하는 개념이다. 다음과 같이 간단한 코드로 구현해보자.

CIFAR-10 데이터셋[38]을 사용한다. 이미지 크기는 (32, 32, 3)이고, 패치의 크기를 4 픽셀로 정하기로 한다. 가로, 세로 각각 4 픽셀로 나누면 8개로 구분이 되고, 전체 이미지는 64조각(패치)이 된다. 각 패치는 (4, 4, 3) 형태를 갖는다.

---

36 출처 : https://arxiv.org/abs/2010.11929
37 출처 : https://arxiv.org/abs/2010.11929
38 출처 : CIFAR-10 and CIFAR-100 datasets(toronto.edu), http://www.cs.toronto.edu/~kriz/cifar.html

다음과 같이 패키지를 불러 오고, 주요 파라미터 값들을 설정한다.

```
〈소스〉 5.7_ViT.ipynb

[1]  # 기본 설정
     import numpy as np
     import tensorflow as tf
     num_classes = 10
     input_shape = (32, 32, 3)
     learning_rate = 0.0001
     batch_size = 64
     epoch_num= 20
     num_heads = 8
     trans_num = 8
     img_patch_size = 4
     p_i_num=int(32*32/4/4)
     proj_num=32
     class_num =10
```

텐서플로 케라스 데이터셋에서 CIFAR-10 데이터를 가져와서 훈련 셋과 검증 셋으로 구분한다. 훈련 셋의 이미지는 50,000장이다. 각 이미지는 64개 패치로 분할되는데 개별 패치의 위치 인덱스를 0~63 범위 값으로 지정하고, position_input 변수에 넘파이 배열로 저장한다.

케라스 함수형 API를 활용하여 모델 구조를 정의한다. 원본 이미지와 각 이미지를 구성하는 64개 패치의 위치 인덱스를 입력받는다. tf.image 모듈의 extract_patches 함수를 사용하여, 원본 이미지를 64개 패치로 분할한다. 분할된 각 패치를 reshape 함수를 사용하여 크기가 48(4*4* 3) 인 1차원 배열로 펼쳐 준다. 다시 트랜스포머의 입력 형태인 크기 32로 줄인다. 채널이 1개인 위치 인덱스 배열도 Embedding 레이어를 거쳐서 채널 32로 늘린다. 패치 배열과 인덱스 배열을 더해서 트랜스포머의 입력으로 사용한다. 트랜스포머를 거쳐서 나온 출력을 다시 완전연결층을 거쳐서 최종 분류한다.

```
[2]  # 데이터 다운로드
     (x_train, y_train), (x_test, y_test) = tf.keras.datasets.cifar10.load_data()

     # 인코딩 값 정의
     position_input = [range(64) for i in range(50000)]
     position_input = np.array(position_input)
     position_input = np.reshape(position_input, (50000,64,1))
     # 모델 정의
     i = tf.keras.Input(shape=input_shape)
     p_i = tf.keras.Input(shape=(p_i_num,1))
     out_patch = tf.image.extract_patches(images=i,
                 sizes=[1, img_patch_size, img_patch_size, 1],
                 strides=[1, img_patch_size, img_patch_size, 1],
                 rates=[1, 1, 1, 1],
                 padding="VALID")
```

```
out = tf.keras.layers.Reshape([-1,img_patch_size * img_patch_size * 3])(out_patch)
p_out = tf.keras.layers.Embedding(p_i_num, proj_num)(p_i)
p_out = tf.keras.layers.Reshape([-1,proj_num])(p_out)
out = tf.keras.layers.Dense(proj_num)(out)
out = tf.keras.layers.Add()([out,p_out])
for _ in range(trans_num):
    out_1 = tf.keras.layers.LayerNormalization(epsilon=1e-6)(out)
    a_out = tf.keras.layers.MultiHeadAttention(num_heads=num_heads,
                                               key_dim=proj_num,
                                               dropout=0.1)(out_1, out_1)
    out_2 = tf.keras.layers.Add()([a_out, out])
    out_3 = tf.keras.layers.LayerNormalization(epsilon=1e-6)(out_2)
    out_3 = tf.keras.layers.Dense(proj_num * 2, activation=tf.nn.gelu)(out_3)
    out_3 = tf.keras.layers.Dropout(0.1)(out_3)
    out_3 = tf.keras.layers.Dense(proj_num, activation=tf.nn.gelu)(out_3)
    out_3 = tf.keras.layers.Dropout(0.1)(out_3)
    out = tf.keras.layers.Add()([out_3, out_2])
out = tf.keras.layers.LayerNormalization(epsilon=1e-6)(out)
out = tf.keras.layers.Flatten()(out)
out = tf.keras.layers.Dropout(0.5)(out)
out = tf.keras.layers.Dense(1024, activation=tf.nn.gelu)(out)
out = tf.keras.layers.Dropout(0.1)(out)
out = tf.keras.layers.Dense(512, activation=tf.nn.gelu)(out)
out = tf.keras.layers.Dropout(0.1)(out)
out = tf.keras.layers.Dense(class_num)(out)
vit_model = tf.keras.Model(inputs=[i,p_i], outputs=[out])

# 모델 요약
vit_model.summary()
```

```
Downloading data from https://www.cs.toronto.edu/~kriz/cifar-10-python.tar.gz
170500096/170498071 [==============================] - 11s 0us/step
Model: "model"
```

Layer (type)	Output Shape	Param #	Connected to
input_1 (InputLayer)	[(None, 32, 32, 3)]	0	
tf.image.extract_patches (TFOpL	(None, 8, 8, 48)	0	input_1[0][0]
(생략)			
multi_head_attention_7 (MultiHe	(None, 64, 32)	33568	layer_normalization_14[0][0] layer_normalization_14[0][0]
add_15 (Add)	(None, 64, 32)	0	multi_head_attention_7[0][0] add_14[0][0]
(생략)			
layer_normalization_16 (LayerNo	(None, 64, 32)	64	add_16[0][0]
flatten (Flatten)	(None, 2048)	0	layer_normalization_16[0][0]

```
dropout_16 (Dropout)            (None, 2048)      0          flatten[0][0]
----------------------------------------------------------------------------
dense_17 (Dense)                (None, 1024)      2098176    dropout_16[0][0]
----------------------------------------------------------------------------
dropout_17 (Dropout)            (None, 1024)      0          dense_17[0][0]
----------------------------------------------------------------------------
dense_18 (Dense)                (None, 512)       524800     dropout_17[0][0]
----------------------------------------------------------------------------
dropout_18 (Dropout)            (None, 512)       0          dense_18[0][0]
----------------------------------------------------------------------------
dense_19 (Dense)                (None, 10)        5130       dropout_18[0][0]
============================================================================
Total params: 2,934,890
Trainable params: 2,934,890
Non-trainable params: 0
----------------------------------------------------------------------------
```

모델 구조를 출력해 본다(단, 모델 구조가 복잡하기 때문에 일부만 표시했다).

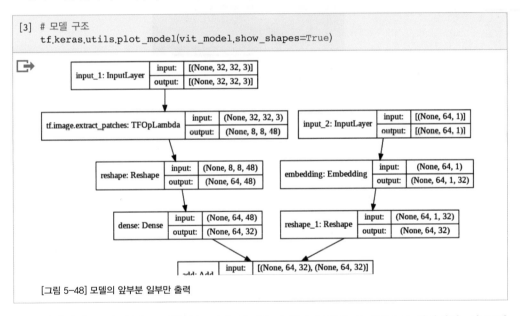

[3] # 모델 구조
    tf.keras.utils.plot_model(vit_model,show_shapes=True)

[그림 5-48] 모델의 앞부분 일부만 출력

원본 이미지가 64개 패치로 분할되는 것을 보여주기 위한 모델을 추가적으로 생성한다. 이 모델은 앞에서 생성한 ViT 모델의 입력 이미지를 64개 패치로 구분된 이미지로 출력한다.

```
[4] vit_image_model= tf.keras.Model(inputs=vit_model.inputs, outputs=vit_model.layers[1].output)
    img=vit_image_model.predict([x_train[0:2],position_input[0:2]])
    img.shape
```

```
(2, 8, 8, 48)
```

원본 이미지를 시각화하면 다음과 같은 개구리 사진을 알 수 있다.

```
[5]  import matplotlib.pyplot as plt
     plt.figure(figsize=(4, 4))
     image = x_train[0]
     plt.imshow(image.astype("uint8"))
     plt.axis("off")
```

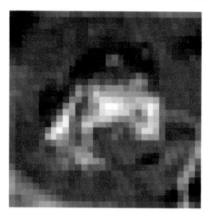

[그림 5-49] 실행 결과

앞의 개구리 이미지를 64개 패치로 분할하면 다음과 같이 나뉜다.

```
[6]  plt.figure(figsize=(4, 4))
     for i in range(8):
         for j in range(8):
             ax = plt.subplot(8, 8, i * 8 +j+1)
             sub_img=np.reshape(img[0,i,j,:],(4,4,3))
             plt.imshow(sub_img.astype("uint8"))
             plt.axis("off")
```

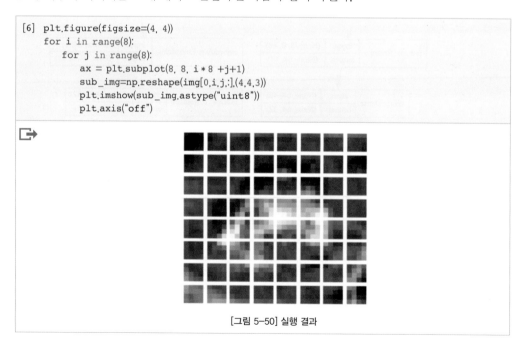

[그림 5-50] 실행 결과

다중 분류 문제에 맞도록 옵티마이저, 손실함수, 평가지표를 설정하고 모델을 훈련시킨다. 평가지표에 사용한 top-5-accuracy는 모델의 예측 확률값 기준으로 상위 5개 클래스에 해당하는지 알려준다.

```
[7] vit_model.compile(optimizer=tf.keras.optimizers.Adam(learning_rate),
        loss=tf.keras.losses.SparseCategoricalCrossentropy(from_logits=True),
        metrics=[tf.keras.metrics.SparseCategoricalAccuracy(name="accuracy"),
                tf.keras.metrics.SparseTopKCategoricalAccuracy(5, name="top-5-accuracy")])

    vit_model.fit(x=[x_train.position_input],
                y=y_train,
                batch_size=batch_size,
                epochs=epoch_num,
                validation_split=0.3)
```

```
epoch 1/20
547/547 [==============================] - 72s 109ms/step - loss: 2.2359 - accuracy: 0.2008 -
top-5-accuracy: 0.6846 - val_loss: 1.9150 - val_accuracy: 0.2975 - val_top-5-accuracy: 0.8145
epoch 2/20
547/547 [==============================] - 58s 106ms/step - loss: 1.7747 - accuracy: 0.3555 -
top-5-accuracy: 0.8548 - val_loss: 1.6555 - val_accuracy: 0.4082 - val_top-5-accuracy: 0.8870
epoch 3/20
547/547 [==============================] - 58s 106ms/step - loss: 1.5719 - accuracy: 0.4337 -
top-5-accuracy: 0.8971 - val_loss: 1.5318 - val_accuracy: 0.4509 - val_top-5-accuracy: 0.9076
epoch 4/20
547/547 [==============================] - 58s 105ms/step - loss: 1.4728 - accuracy: 0.4669 -
top-5-accuracy: 0.9159 - val_loss: 1.4330 - val_accuracy: 0.4900 - val_top-5-accuracy: 0.9207
epoch 5/20
547/547 [==============================] - 58s 106ms/step - loss: 1.3673 - accuracy: 0.5095 -
top-5-accuracy: 0.9310 - val_loss: 1.3783 - val_accuracy: 0.5070 - val_top-5-accuracy: 0.9293
epoch 6/20
547/547 [==============================] - 58s 106ms/step - loss: 1.2697 - accuracy: 0.5502 -
top-5-accuracy: 0.9421 - val_loss: 1.3390 - val_accuracy: 0.5220 - val_top-5-accuracy: 0.9374
...중략...
```

PART 06

강화 학습 (Reinforcement Learning)

01 강화 학습

강화 학습(Reinforcement Learning)이란, 어떤 환경에서 움직이는 에이전트(agent)라고 부르는 학습 주체가 환경을 탐험하면서 게임이 끝났을 때 누적될 보상을 최대로 하는 방법(정책)을 찾는 개념을 말한다. 쉽게 예를 들면 '게임을 잘하는 방법을 찾는 것'이 강화 학습이라고 말할 수 있다.

많은 사람들이 강화 학습을 입문할 때 가장 어려워하는 부분이 복잡하고 어려운 수학 공식이다. 최대한 수식을 빼고, 개념을 이해할 수 있도록 설명하려고 한다.

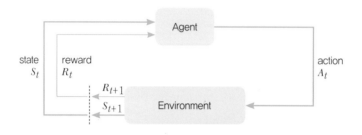

[그림 6-1] 강화 학습 개념

02 환경 구성

우리가 학습할 에이전트는 학습할 수 있는 환경이 필요하다. 처음 강화 학습을 공부할 때에는 기존에 잘 만들어 둔 환경에서 학습하는 것이 좋다. OpenAI Gym(https://gym.openai.com/)는 강화 학습을 하기 위한 여러 환경을 제공 중이다. 여기서는 OpenAI 환경에서 학습을 진행한다.

03 Grid World 에서 강화 학습 - Frozen Lake

OpenAI Gym(`https://gym.openai.com/`)에서 Grid world 게임 중 가장 유명한 "얼음 호수(Frozen Lake)" 게임을 통해서 강화 학습이 어떻게 이루어지는지 알아본다.

4×4 크기의 빙판으로 이루어진 환경에서 강화 학습 주체인 우리의 에이전트는 시작점(S)에서 목표(G)로 이동하는 것이 목표이다. 빙판(F) 지점은 꽁꽁 얼어 있기 때문에 안전하지만, 함정(H)에 이르면 구멍에 빠져 죽게 된다. 한 번에 상/하/좌/우 중 한 방향으로 한 칸 이동이 가능하고, 가능한 적은 횟수 안에 목표 지점인 G까지 최단 거리로 이동해야 하는 문제이다.

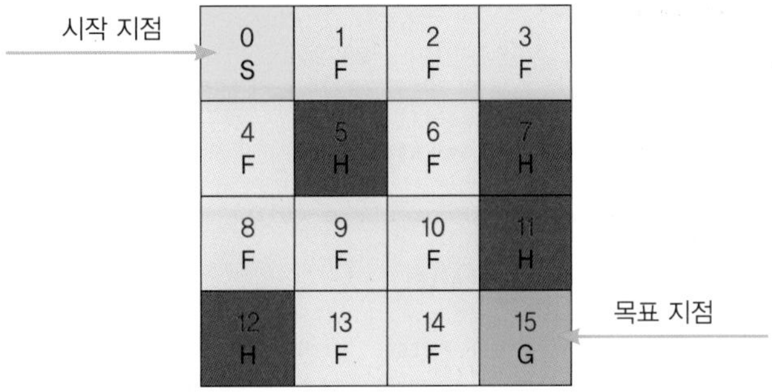

[그림 6-2] Frozen Lake 지도

에이전트의 현재 위치를 쉽게 표기하기 위해, 시작점 S를 '0'으로 설정하고 오른쪽에 있는 칸은 1이 되도록 한다. 그 다음 칸은 2가 되고 1씩 증가시키며 번호를 매긴다. 따라서 시작점 S 아래 칸의 번호는 4가 된다. 우리의 에이전트는 Map 전체를 볼 수 없고, 현재 위치가 어디인지만 알 수 있다.

방향키는 "LEFT = 0, DOWN = 1, RIGHT = 2, UP = 3"과 같이 정의되어 있다.

일단 gym 사용법을 간단히 살펴보자. 에이전트가 각 상태에서 선택할 수 있는 행동은 총 4가지(상/하/좌/우)이고, 이동할 수 있는 상태의 수는 총 16개(4×4)가 된다. 게임을 초기화할 경우 시작 위치는 다시 '0'이 된다. 어떤 상태에서 4가지 행동 중 한 가지를 수행하게 되는데, 행동이 끝나면 다음과 같은 4가지 값을 리턴 받는다.

- 순서대로 행동한 후의 상태(위치)
- 행동에 따른 보상(Reward)
- 게임이 끝났는지의 여부(Flag)
- 게임에 대한 정보(확률값 등)

다음 gym 환경에서 첫 번째 행동의 결과로 리턴받는 값인 (4, 0.0, False, {'prob' : 1.0})을 해석하면 다음과 같다. 4번 위치로 이동할 경우 보상은 0.0이므로 없다. 게임은 아직 끝나지 않았으며(False), 4번 위치로 100% 이동할 수 있다는 의미이다.

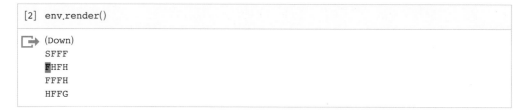

```
〈소스〉 6.1_gym_frozen_lake.ipynb

[1]  # 필요한 패키지 임포트
     import gym
     import cv2
     import numpy as np
     from google.colab.patches import cv2_imshow

     # 프로즌 레이크 환경 만들기
     # 환경을 이해하기 위해 미끄럼 옵션 끄기
     env = gym.make('FrozenLake-v0', is_slippery=False)
     print('환경은 ?', env)
     print('행동할수 있는 액션의 수는 ?', env.action_space)
     print('이동할 수 있는 총 상태의 수는 ?', env.observation_space)
     print('초기화할 경우 시작 위치는 ?', env.reset())
     print('행동을 하고나서 리턴해주는 값은 ?', env.step(1))

 ⇨   환경은 ?  〈TimeLimit〈FrozenLakeEnv〈FrozenLake-v0〉〉〉
     행동할수 있는 액션의 수는 ?  Discrete(4)
     이동할 수 있는 총 상태의 수는 ?  Discrete(16)
     초기화할 경우 시작 위치는 ?  0
     행동을 하고나서 리턴해주는 값은 ?  (4, 0.0, False, {'prob': 1.0})
```

[Tip] 이해를 돕기 위해 환경을 단순하게 만드는 방법으로 미끄럼 옵션을 False로 지정한다. 에이전트가 미끄러지는 일(예외)은 발생하지 않고, 에이전트의 행동에 의해서만 이동하게 된다.

render() 함수를 사용하면, 다음 실행 결과와 같이 환경 맵(map)을 텍스트 배열로 표현한다. 에이전트의 현재 위치는 빨간색 음영으로 표시된다.

```
[2]  env.render()

 ⇨   (Down)
     SFFF
     FHFH
     FFFH
     HFFG
```

앞에 있는 텍스트 맵을 활용해도 에이전트가 이동하는 것을 관찰할 수 있지만, 상태를 입력하면 에이전트의 현재 위치를 이미지로 그려주는 함수를 정의한다.

```
[3]  def draw_state(state):
         img = np.zeros((401, 401, 3))
         # 배경
         for i in range(4):
             cv2.line(img,((i+1)*100, 0),((i+1)*100, 400),(255, 255, 255), 1)
             cv2.line(img,(0,(i+1)*100),(400,(i+1)*100),(255, 255, 255), 1)
         cv2.putText(img, 'H',(1*100+10, 1*100+80), cv2.FONT_HERSHEY_COMPLEX,
                     3,(255, 0, 0))
         cv2.putText(img, 'H',(3*100+12, 1*100+80), cv2.FONT_HERSHEY_COMPLEX,
                     3,(255, 0, 0))
         cv2.putText(img, 'H',(3*100+12, 2*100+80), cv2.FONT_HERSHEY_COMPLEX,
                     3,(255, 0, 0))
         cv2.putText(img, 'H',(0*100+12, 3*100+80), cv2.FONT_HERSHEY_COMPLEX,
                     3,(255, 0, 0))
         cv2.putText(img, 'G',(3*100+12, 3*100+80), cv2.FONT_HERSHEY_COMPLEX,
                     3,(0, 255, 0))

         # Agent 위치 표시
         row = state//4
         col = state%4
         cv2.circle(img,(col*100+50, row*100+50), 15,(0, 0, 255), -1)
         return img

     cv2_imshow(draw_state(4))
```

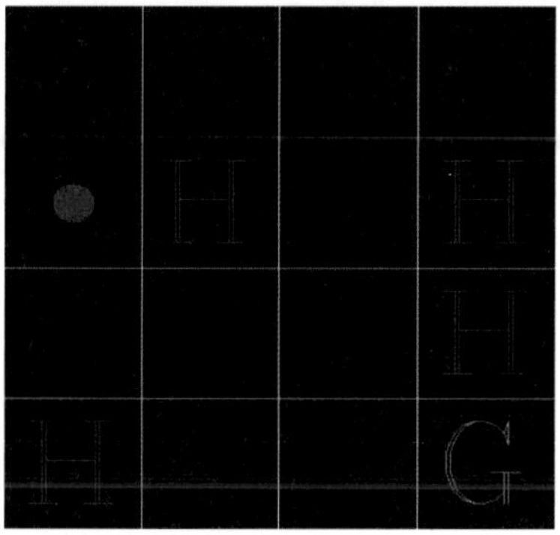

[그림 6- 3] Frozen Lake 상태

이번엔 게임이 끝날 때까지 에이전트 스스로 랜덤하게 행동을 수행하면서, 빙판 위를 움직이는 코드를 작성해 본다. 환경을 초기화해주고, 게임이 끝날 때까지(목표 지점 G에 도달하거나, 함정 H에 빠지면 게임이 끝난다) 행동을 계속 반복한다. 매번 행동을 할 때마다, 그 다음 상태 n_s, 행동에 대한 보상 r, 게임이 끝났는지 알려주는 변수 d, 확률값 정보 _를 알 수 있다. 게임이 종료되면 보상 r을 확인해서 1이면 게임이 성공이고 0이면 실패라고 출력한다.

에이전트가 출발 지점에서 게임이 종료될 때까지 과정을 에피소드(episode)라고 부른다. 즉, 게임을 시작해서 함정에 빠지거나 목표 지점에서 성공적으로 도달하는 과정을 하나의 에피소드라고 말한다.

```
[4]  # 시작할때 게임이 아직 끝나지 않았다고 설정
     d = False
     # 환경을 초기화하고, 초기 상태를 s라고 저장
     s = env.reset()
     # 게임이 끝날 때까지 반복
     while not d:
         # 임의의 행동을 하나 뽑고, step 함수로 액션을 수행
         # 그 다음 상태를 n_s, 액션에 대한 보상을 r 게임이 끝났는지 알려주는
         #변수를 d, 정보는 _로 저장
         n_s, r, d, _ = env.step(env.action_space.sample())
     # 게임이 끝나고, r = 10이면 성공, 아니면 실패를 출력
     if(r == 1):
         print('Success')
     else:
         print('Fail')
```

```
Fail
```

앞의 코드를 여러 번 반복해서 실행해보더라도 대부분 실패할 것이다. 에이전트가 랜덤하게 움직이기 때문에 함정을 피해서 목표 지점까지 무사히 도착할 확률이 매우 낮기 때문이다.

이번에는 에이전트가 움직이는 중간 단계의 상태들을 이미지로 변환하고, 이미지를 이어 붙여서 동영상으로 저장해 보기로 한다. 실행 결과와 같이 코랩 폴더에 동영상(.avi)이 저장된다. 이처럼 동영상을 실행하면 에이전트의 학습 과정을 관찰할 수 있다.

```
[5]  # 저장을 위한 준비
     fcc = cv2.VideoWriter_fourcc(*'DIVX')
     out = cv2.VideoWriter('frozen_lake_random.avi', fcc, 1.0,(401, 401))
     # 시작할때 게임이 아직 끝나지 않았다고 설정
     d = False
     # 환경을 초기화하고, 초기 상태를 s라고 저장
     s = env.reset()
     # 게임이 끝날 때까지 반복
     while not d:
         # 현재 상태 저장
         out.write(np.uint8(draw_state(s)))
         # 임의의 행동을 하나 뽑고, step함수로 액션을 수행
         # 그 다음 상태를 n_s, 액션에 대한 보상을 r 게임이 끝났는지 알려주는
         # 변수를 d, 정보는 _로 저장
         n_s, r, d, _ = env.step(env.action_space.sample())
         # 다음 상태를 현재 상태로 바꾸기
         s = n_s
     # while 문을 빠져 나와 상태를 한번 더 그리기
     out.write(np.uint8(draw_state(s)))
     # 게임이 끝나고, r=1 이면 성공 아니면 실패 출력
     if(r == 1):
         print('Success')
     else:
         print('Fail')

     # 동영상 저장
     out.release()
```

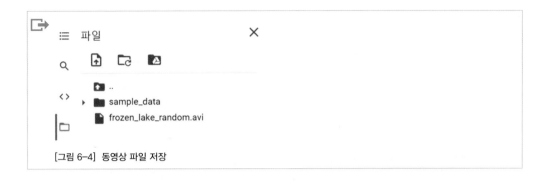

[그림 6-4] 동영상 파일 저장

3-1 가치 함수(Q-value)

앞에서 하나의 에피소드를 거치는 강화 학습 문제를 살펴봤다. 이와 동일한 과정으로 3,000번의 에피소드를 반복 시행할 경우 다음 그림과 같이 성공 확률이 3% 내외 수준에 머무르게 된다. 강화 학습 에이전트가 행동을 결정하는 근거가 따로 주어지지 않고, 랜덤하게 행동했기 때문이다.

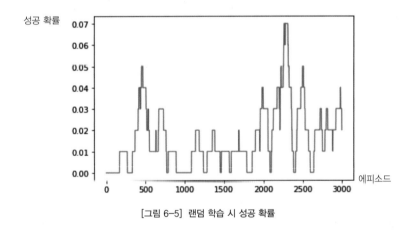

[그림 6-5] 랜덤 학습 시 성공 확률

이번에는 Q-값이라는 개념을 사용하여 에이전트가 행동을 선택할 때 판단 근거로 활용하자. Q-값은 에이전트가 어떤 상태(빙판 위의 어떤 지점)에서 어떤 행동(목표 지점까지 이동하기 위한 선택)을 했을 때 그 행동이 갖는 가치를 나타낸다. 게임이 종료되면 성공에 대한 보상을 받거나 실패할 경우 보상이 없게 된다. 따라서 매번 에피소드를 거칠 때마다 어떤 상태에서 어떤 행동이 갖는 미래 보상의 기대값을 계산할 수 있다. 즉, 과거의 경험으로부터 어떤 상태에서 취할 수 있는 어떤 행동의 가치(Q-값)를 에이전트는 알 수 있다. 에이전트는 가장 높은 가치를 갖는 행동을 선택한다. 이렇게 되면 에이전트는 보상을 더 받을 수 있는 행동을 계속 하게 되고 결국 더 높은 성공 확률을 갖는다.

빙판을 그림으로 나타내서 설명하면 다음과 같다. 에이전트가 목표 지점(G)의 바로 왼편(상태 14 : 상태 번호는 [그림 6-2]를 참조)에 위치한다고 가정하자. 여기서 에이전트가 오른쪽으로 움직인다면 목표 지점에 무사히 도달할 수 있다. 성공에 대한 보상으로 1점을 획득한다(다음 [그림 6-6]의 빨간색 박스 부분 참조).

즉, 상태 14에서 오른쪽으로 이동한다는 행동에 대한 Q-값을 1로 업데이트한다. 나머지 방향(왼쪽, 위, 아래)으로 이동하는 행동에 대한 Q-값은 0으로 유지된다.

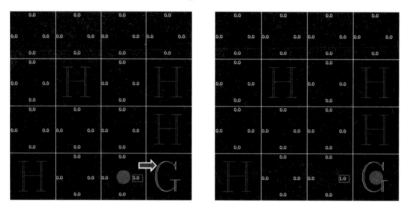

[그림 6-6] 에이전트 행동에 의한 보상

그 다음 상황을 이해하는 것이 중요하다. 이번에는 다음 그림과 같은 위치(상태 10)에 에이전트가 있다고 가정하자. 여기서 아래 방향으로 움직일 경우 앞에서 살펴본 위치(상태 14)로 이동하게 된다. 이 행동에 대한 보상은 아직 목표 지점에 도달하기 전이므로 주어지지 않지만, 상태 14의 Q-값의 최대값인 1을 상태 10에서 아래 방향으로 이동하는 행동에 대한 Q-값으로 업데이트된다.

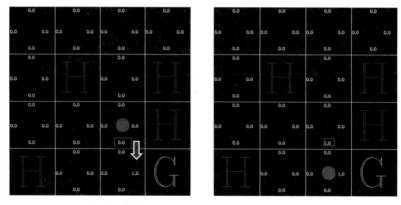

[그림 6-7] 에이전트 행동에 의한 다음 상태의 Q값 중 최대값

앞의 과정을 그 이전 상태에 대해서도 동일하게 반복하면 다음과 같은 최종 상태가 만들어질 것이다. 각 상태에서 네 방향으로 이동하는 행동에 대한 Q-값을 알 수 있게 된다.

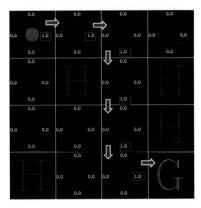

[그림 6-8] 에이전트 행동에 대한 Q-값

이제 간단한 코드를 통해 Q-값을 업데이트하면서 에이전트를 학습시켜 보자. 먼저 패키지를 불러오고, Frozen Lake 배경과 에이전트 위치 등을 그리는 draw_state() 함수를 정의한다. 앞에서 사용한 함수와 코드가 동일하고 Q-값을 표시해 주는 부분을 새로 추가한다.

〈소스〉 6.2 Q-rl_Frozen_lake.ipynb

```
[1]  # 필요한 패키지 임포트
     import gym
     import cv2
     import numpy as np
     from google.colab.patches import cv2_imshow
     import matplotlib.pyplot as plt

     # 상태와 Q-Table 값을 입력받으면 이미지를 그려주는 함수 정의
     def draw_state(state, q_table):
        img = np.zeros((401, 401, 3))
        # 배경 그리기
        for i in range(4):
           cv2.line(img,((i+1)*100, 0),((i+1)*100, 400),(255, 255, 255), 1)
           cv2.line(img,(0,(i+1)*100),(400,(i+1)*100),(255, 255, 255), 1)
        # H와 G 표시
        cv2.putText(img, 'H',(1*100+10, 1*100+80), cv2.FONT_HERSHEY_COMPLEX,
                   3,(255, 0, 0))
        cv2.putText(img, 'H',(3*100+12, 1*100+80), cv2.FONT_HERSHEY_COMPLEX,
                   3,(255, 0, 0))
        cv2.putText(img, 'H',(3*100+12, 2*100+80), cv2.FONT_HERSHEY_COMPLEX,
                   3,(255, 0, 0))
        cv2.putText(img, 'H',(0*100+12, 3*100+80), cv2.FONT_HERSHEY_COMPLEX,
                   3,(255, 0, 0))
        cv2.putText(img, 'G',(3*100+12, 3*100+80), cv2.FONT_HERSHEY_COMPLEX,
                   3,(0, 255, 0))
```

```python
        # Agent 위치 표시
        row = state//4
        col = state%4
        cv2.circle(img,(col*100+50, row*100+50), 15,(0, 0, 255), -1)
        # Q Table 표시
        for i in range(16):
            if(i == 5 or i == 7 or i == 11 or i == 12 or i == 15):
                continue
            row = i//4
            col = i%4
            cv2.putText(img, str(round(q_table[i][0], 3)),(col*100+1, row*100+55),
                    cv2.FONT_HERSHEY_COMPLEX, 0.3,
                    (255, 255, 255))
            cv2.putText(img, str(round(q_table[i][1], 3)),(col*100+40, row*100+90),
                    cv2.FONT_HERSHEY_COMPLEX, 0.3,
                    (255, 255, 255))
            cv2.putText(img, str(round(q_table[i][2], 3)),(col*100+70, row*100+55),
                    cv2.FONT_HERSHEY_COMPLEX, 0.3,
                    (255, 255, 255))
            cv2.putText(img, str(round(q_table[i][3], 3)),(col*100+40, row*100+10),
                    cv2.FONT_HERSHEY_COMPLEX, 0.3,
                    (255, 255, 255))
        return img

    # 문자열을 적으면 이미지로 변경해 주는 함수 정의
    def draw_txt(txt):
        img = np.zeros((401, 401, 3))
        cv2.putText(img, txt,(10, 200), cv2.FONT_HERSHEY_COMPLEX, 1.5,(255, 255, 255))
        return img

    # 파라미터 설정
    num_episode = 3000
    is_video_save = True
    fps = 1
```

에이전트 학습하는 과정을 동영상 파일로 저장할 예정이다. OpenAI Gym을 이용해 강화 학습 환경을 생성한다. 단, 미끄럼 옵션을 False로 지정하여 빙판에서 미끄러짐 없이 에이전트의 선택에 의해 위치를 100% 이동할 수 있게 설정한다. 에이전트가 각 에피소드에서 이동하는 과정을 시각화하고, 각 상태에서의 행동에 대한 Q-값을 계속 업데이트한다. 각 상태에서 현재 Q-값을 비교하여 가장 큰 값을 갖는 방향으로 이동한다. 총 3,000번의 에피소드를 반복해 보고 에이전트의 성공 확률을 그래프로 출력한다.

[Tip] 예제 코드를 보면, 랜덤 학습하는 케이스(avi_file_name이 "Q-rl-1.avi"인 코드셀)가 포함되어 있다. 이 책에서는 랜덤 학습하는 경우를 앞에서 설명했기 때문에 추가적으로 다루지 않는다.

다음 실행 결과를 보면 약 500번 이후부터는 에이전트가 중간에 함정에 빠지지 않고, 계속 성공하는 것을 알 수 있다. 앞의 얼음 호수 이미지에서 최종 업데이트된 Q-값이 '1'인 이동 경로를 확인할 수 있다. 다시 말하면 에이전트는 500번째 에피소드에서 이 경로를 찾은 것이고, 그 다음 에피소드부터는 계속 같은 경로를 선택하게 되므로 실패하지 않고 목표 지점에 도달하게 된다.

```
[2]  avi_file_name = 'Q-rl-2.avi'

     env = gym.make('FrozenLake-v0', is_slippery=False)
     q_table = np.zeros((16, 4))

     if(is_video_save):
       fcc = cv2.VideoWriter_fourcc(*'DIVX')
       out = cv2.VideoWriter(avi_file_name, fcc, fps,(401, 401))

     reward_list = []
     reward_100_average = []

     for epi in range(num_episode):
       if(is_video_save):
         txt = 'Episode : '+str(epi)
         for _ in range(3):
           out.write(np.uint8(draw_txt(txt)))
       d = False
       total_reward = 0
       s = env.reset()
       while not d:
         if(is_video_save):
           out.write(np.uint8(draw_state(s, q_table)))
         # 액션 4개 중 Q값이 가장 큰값 선택
         # 만약 Q값이 큰 값이 여러 개면 랜덤하게 선택
         action = np.argmax(np.random.random((4,)) * (q_table[s] == q_table[s].max()))
         n_s, r, d, _ = env.step(action)
         total_reward = total_reward+r

         # Q값 업데이트
         q_table[s][action] = r|np.max(q_table[n_s])
         s = n_s

       reward_list.append(total_reward)

       if(is_video_save):
         out.write(np.uint8(draw_state(s, q_table)))
       if(total_reward == 1):
         txt = 'Success'
       else:
         txt = 'Fail'
       if(is_video_save):
         for _ in range(3):
           out.write(np.uint8(draw_txt(txt)))
           # print(epi,np.average(reward_list[-100:]))
       reward_100_average.append(np.average(reward_list[-100:]))

     if(is_video_save):
       txt = 'Success : '+str(np.sum(reward_list))
       for _ in range(3):
         out.write(np.uint8(draw_txt(txt)))
       out.release()

     print('{}번 시도 중 {}번 성공!'.format(num_episode, np.sum(reward_list)))
     print('성공률은 {}% 입니다.'.format(round(np.sum(reward_list)/num_episode * 100, 2)))
     cv2_imshow(draw_state(0, q_table))
     plt.plot(reward_100_average)
```

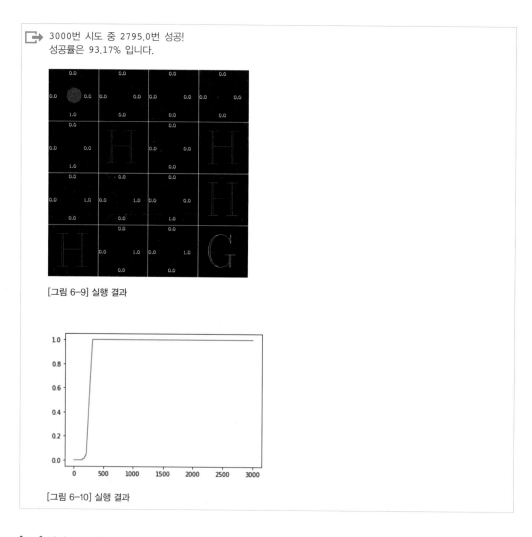

[그림 6-9] 실행 결과

[그림 6-10] 실행 결과

[Tip] 앞의 코드에서 Q-값을 계산하는 공식에 있는 r은 행동에 대한 직접 보상을 나타낸다. 현재 예제 환경에서는 목표 지점 G에 도달하는 경우에만 r = 1이고, 나머지 모든 행동에 대한 보상 r = 0이다.

3-1-1 탐험(Exploration)

문제가 해결된 듯하지만 에이전트가 찾은 경로 이외에도 다른 경로가 있을 수 있다. 에이전트가 찾는 경로보다 더 짧은 이동 경로가 있을 수도 있는데, 현재 상태에서는 그 가능성을 고려하지 못하는 문제가 있다.

이 문제를 해결하기 위해서 어떤 상태에서 Q-값이 최대가 아닌 경로를 선택하는 개념을 도입한다. Q-값이 최대인 행동을 대부분 선택하지만, 낮은 확률로 다른 경로를 선택하도록 에이전트의 행동 방식을 변경하는 개념으로서 탐험(exploration)이라고 말한다.

다음 코드에서 에이전트가 이동하는 방향을 선택하는 행동을 임의의 확률로 선택하게 하는 과정을 구현한 것이다. 에이전트는 초반에는 90%(epsilon_max) 확률로 랜덤하게 이동을 하고, 10%의 확률로 Q-값이 최대인 방향으로 이동한다. 에피소드가 진행되면서 에이전트는 환경을 좀더 잘 이해하게 되고, 각 상태에 대한 Q-값을 계속 업데이트한다. 동시에 랜덤하게 이동할 확률을 10%가 될 때까지 조금씩 낮춰 준다. 따라서, 게임의 후반부에는 10%의 확률로 랜덤하게 이동하고 90%의 확률로 Q-값이 최대인 방향으로 이동하는 행동을 선택하게 한다.

[Tip] 이 부분의 다음 코드의 중간 부분에 노란색 음영으로 표시된 부분은 앞에서 살펴본 코드와 비교했을 때 변경된 부분을 강조한 것으로 탐험 조건을 설정하는 코드이다. 따라서 변경된 부분을 유의해서 살펴보기로 한다.

```
[2]  avi_file_name = 'Q-rl-3.avi'

    # 초반에는 랜덤하게 움직일 확률을 높이고,
    # 학습이 진행될 수록 랜덤하게 움직이는 비율 낮추기
    epsilon_max = 0.9
    epsilon_min = 0.1
    epsilon_count = 2000

    epsilon = epsilon_max
    epsilon_decay = epsilon_min/epsilon_max
    epsilon_decay = epsilon_decay**(1./float(epsilon_count))

    env = gym.make('FrozenLake-v0', is_slippery=False)
    q_table = np.zeros((16, 4))

    if(is_video_save):
        fcc = cv2.VideoWriter_fourcc(*'DIVX')
        out = cv2.VideoWriter(avi_file_name, fcc, fps,(401, 401))

    reward_list = []
    reward_100_average = []

    for epi in range(num_episode):
        if(is_video_save):
            txt = 'Episode : '+str(epi)
            for _ in range(3):
                out.write(np.uint8(draw_txt(txt)))
        d = False
        total_reward = 0
        s = env.reset()
        while not d:
            if(is_video_save):
                out.write(np.uint8(draw_state(s, q_table)))
            # 랜덤 함수를 사용하여 일정비율로는 랜덤하게 움직이고,
            # 나머지 비율로는 이전처럼 큰 Q값을 따라다니기
            if(np.random.rand() < epsilon:
                action = env.action_space.sample()
```

```
        else:
            action = np.argmax(np.random.random((4,)) * (q_table[s] == q_table[s].max()))
        n_s, r, d, _ = env.step(action)
        total_reward = total_reward+r
        q_table[s][action] = r+np.max(q_table[n_s])
        s = n_s

    reward_list.append(total_reward)

    if(epsilon > epsilon_min):
        epsilon = epsilon * epsilon_decay

    if(is_video_save):
        out.write(np.uint8(draw_state(s, q_table)))

    if(total_reward == 1):
        txt = 'Success'
    else:
        txt = 'Fail'
    if(is_video_save):
        for _ in range(3):
            out.write(np.uint8(draw_txt(txt)))
    # print(epi,np.average(reward_list[-100:]))
    reward_100_average.append(np.average(reward_list[-100:]))

if(is_video_save):
    txt = 'Success : '+str(np.sum(reward_list))
    for _ in range(3):
        out.write(np.uint8(draw_txt(txt)))
    out.release()

print('{}번 시도 중 {}번 성공!'.format(num_episode, np.sum(reward_list)))
print('성공률은 {}% 입니다.'.format(round(np.sum(reward_list)/num_episode * 100, 2)))
cv2_imshow(draw_state(0, q_table))
plt.plot(reward_100_average)
```

3000번 시도 중 663.0번 성공!
성공률은 22.1% 입니다.

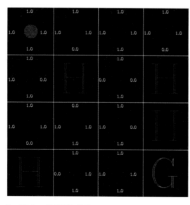

[그림 6-11] 실행 결과

[그림 6-12] 실행 결과

[그림 6-11]의 실행 결과는 예상보다 좋지 않은 편이다. 얼음 호수 이미지에 표시된 최종 Q-값을 보면, 함정 H로 가는 행동만 0이고 나머지 방향으로 이동하는 것은 모두 1이다. 목표 지점 G로부터 멀어지는 방향이라도 함정 H가 아니라면 1의 Q-값을 갖기 때문에 목표 지점에서 멀어지는 선택도 가능하다.

결국 목적지에 다가서지 못하고 어느 방향으로 가야 할지 갈피를 못 잡은 상태에서 계속 헤매는 상황이 발생한다.

3-1-2 할인율(Discount Rate)

강화 학습 과정에서 보상을 받는 시점에 따라 보상의 현재 가치는 달라진다. 즉, 미래 시점에 받을 보상에 대한 기대값을 Q-값으로 정의하기 때문에, 현재 상태의 Q-값을 계산할 때는 미래 시점의 보상의 가치를 현재 시점으로 할인해야 한다. 다음과 같이 비유를 통해서 설명할 수 있다.

우리가 은행에 돈을 맡기면 이자를 받는다. 누구나 오늘 내가 들고 있는 100만 원이 1년 후에 은행에서 찾을 수 있는 100만 원보다 가치가 높다는 것에 동의할 것이다. 연 이자를 10% 지급한다고 하면, 현재 가치 100만 원은 1년 후에 110만 원이 되기 때문이다.

[그림 6-13] 현재가치 vs. 미래가치

다음 그림에서 에이전트가 상태 14(목표 지점 G에 인접한 왼쪽 칸)에 있을 때, 오른쪽으로 이동하면 성공에 대한 보상 1을 받는다. 그 이전에 상태 10에서 아래 방향으로 이동해서 상태 14로움직였다고 가정하면, 상태 10에서 기대할 수 있는 보상은 상태 14의 가치함수 Q−값에 할인율을 곱한 값이다(여기서 아래로 이동해도 상태 14에서 주어지는 보상은 없다).

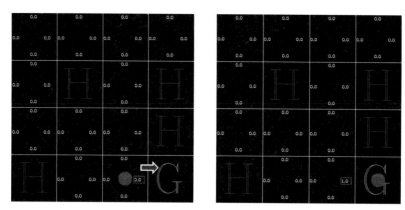

[그림 6-14] 상태 14에서 오른쪽으로 이동할 때 보상

일반적으로 할인율은 0~1 사이의 값을 적용하고, 다음 그림에서는 0.9를 사용했다. 따라서 상태 10에서 아래 방향으로 움직이는 행동에 대한 Q−값은 0.9(상태 14에서 갖는 최대 Q−값 1.0 x 할인율 0.9)가 된다.

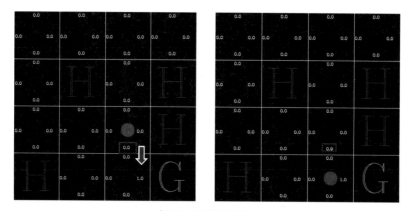

[그림 6-15] 할인율 적용

앞의 과정을 반복하여 Q−값을 최종 업데이트하자. 각 파라미터 설정하고, Q−값을 업데이트할때 그 다음 상태의 Q−값의 최대값에 할인율(0.9)를 곱한 값을 사용한다(노란색 음영으로 표시한 부분은 Q−값을 업데이트하는 공식에 해당하고, 이전의 코드와 비교해서 변경된 부분이다).

얼음 호수 맵 이미지에 표시된 최종 Q-값을 기준으로 가장 큰 값들을 따라가보면, 최단 거리로
목표 지점(G)에 도착하는 것을 알 수 있다(화살표 표시를 따라간다).

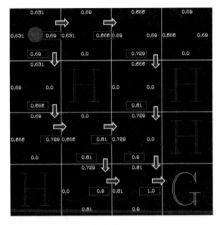

[그림 6-16] 목표 지점까지 최단 거리 이동

추가적으로 학습 과정을 동영상으로 저장한다. 이 동영상을 보면 최단 거리로 움직이는 에이전
트를 볼 수 있다(단, 10%의 확률로 탐험을 하는 경우에는 최단 거리 경로가 아닌 선택을 하기도
한다).

```
[2] avi_file_name = 'Q-rl-4.avi'

    epsilon_max = 0.9
    epsilon_min = 0.1
    epsilon_count = 2000

    # 할인률 0.9
    discount_rate = 0.9

    epsilon = epsilon_max
    epsilon_decay = epsilon_min/epsilon_max
    epsilon_decay = epsilon_decay**(1./float(epsilon_count))

    env = gym.make('FrozenLake-v0', is_slippery=False)
    q_table = np.zeros((16, 4))

    if(is_video_save):
        fcc = cv2.VideoWriter_fourcc( * 'DIVX')
        out = cv2.VideoWriter(avi_file_name, fcc, fps,(401, 401))

    reward_list = []
    reward_100_average = []
```

```python
for epi in range(num_episode):
    if(is_video_save):
        txt = 'Episode : '+str(epi)
        for _ in range(3):
            out.write(np.uint8(draw_txt(txt)))
    d = False
    total_reward = 0
    s = env.reset()
    while not d:
        if(is_video_save):
            out.write(np.uint8(draw_state(s, q_table)))
        if(np.random.rand() < epsilon):
            action = env.action_space.sample()
        else:
            action = np.argmax(np.random.random((4,)) * (q_table[s] == q_table[s].max()))
        n_s, r, d, _ = env.step(action)
        total_reward = total_reward+r

        # Q값을 업데이트할 때 할인율 곱하기
        q_table[s][action] = r+discount_rate * np.max(q_table[n_s])
        s = n_s

    reward_list.append(total_reward)

    if(epsilon > epsilon_min):
        epsilon = epsilon * epsilon_decay

    if(is_video_save):
        out.write(np.uint8(draw_state(s, q_table)))

    if(total_reward == 1):
        txt = 'Success'
    else:
        txt = 'Fail'
    if(is_video_save):
        for _ in range(3):
            out.write(np.uint8(draw_txt(txt)))
    # print(epi,np.average(reward_list[-100:]))
    reward_100_average.append(np.average(reward_list[-100:]))

if(is_video_save):
    txt = 'Success : '+str(np.sum(reward_list))
    for _ in range(3):
        out.write(np.uint8(draw_txt(txt)))
    out.release()

print('{}번 시도 중 {}번 성공!'.format(num_episode, np.sum(reward_list)))
print('성공률은 {}% 입니다.'.format(round(np.sum(reward_list)/num_episode * 100, 2)))
cv2_imshow(draw_state(0, q_table))
plt.plot(reward_100_average)
```

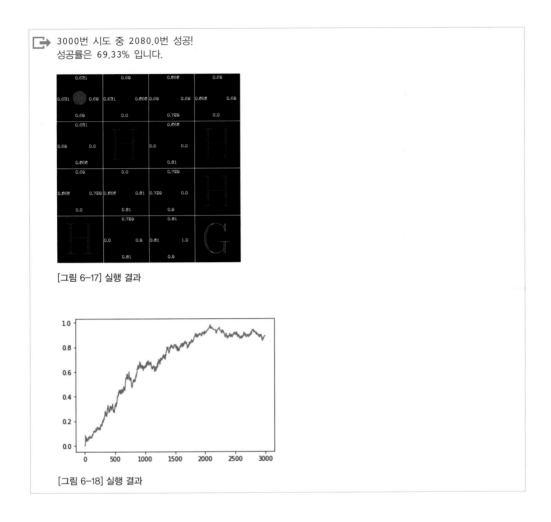

[그림 6-17] 실행 결과

[그림 6-18] 실행 결과

3-1-3 확률적(stochastic) 환경

앞에서 살펴본 예제들의 경우 에이전트는 본인이 원하는 대로 움직일 수가 있었다. 하지만 실제 세상은 꼭 우리가 원하는 방향으로 움직이지는 않는다. 예를 들어 바람이 세차게 불고 빙판이 더욱 미끄럽게 된다면 에이전트는 마음대로 움직이기 힘들어진다. 오른쪽으로 가려 해도 아래로 움직이게 되거나 왼쪽으로 한 칸 움직이려 했는데, 두 칸을 미끄러질 수 있다.

다음 코드는 앞에서 사용한 코드를 그대로 사용한다. 다만 노란색 음영 표시 부분이 변경되었다. 미끄럼 옵션(is_slippery)을 True로 설정해 에이전트가 불규칙하게 미끄러지는 상황을 허용한다. 다음 실행 결과의 성공 확률 그래프를 보면 학습이 불안정하고 잘 되지 않는 것을 알 수 있다.

```
[1]  avi_file_name = 'Q-rl-5.avi'

     epsilon_max = 0.9
     epsilon_min = 0.1
     epsilon_count = 2000

     # 할인률 0.9
     discount_rate = 0.9

     epsilon = epsilon_max
     epsilon_decay = epsilon_min/epsilon_max
     epsilon_decay = epsilon_decay**(1./float(epsilon_count))

     env = gym.make('FrozenLake-v0', is_slippery=True)
     q_table = np.zeros((16, 4))

     if(is_video_save):
        fcc = cv2.VideoWriter_fourcc( * 'DIVX')
        out = cv2.VideoWriter(avi_file_name, fcc, fps,(401, 401))

     reward_list = []
     reward_100_average = []

     for epi in range(num_episode):
        if(is_video_save):
           txt = 'Episode : '+str(epi)
           for _ in range(3):
              out.write(np.uint8(draw_txt(txt)))
        d = False
        total_reward = 0
        s = env.reset()
        while not d:
           if(is_video_save):
              out.write(np.uint8(draw_state(s, q_table)))
           if(np.random.rand()) < epsilon:
              action = env.action_space.sample()
           else:
              action = np.argmax(np.random.random((4,)) * (q_table[s] == q_table[s].max()))
           n_s, r, d, _ = env.step(action)
           total_reward = total_reward+r

           # Q값을 업데이트 해줄 때 할인율 곱하기
           q_table[s][action] = r+discount_rate * np.max(q_table[n_s])
           s = n_s

        reward_list.append(total_reward)

        if(epsilon > epsilon_min):
           epsilon = epsilon * epsilon_decay

        if(is_video_save):
           out.write(np.uint8(draw_state(s, q_table)))
```

```
        if(total_reward == 1):
            txt = 'Success'
        else:
            txt = 'Fail'
        if(is_video_save):
            for _ in range(3):
                out.write(np.uint8(draw_txt(txt)))
        # print(epi,np.average(reward_list[-100:]))
        reward_100_average.append(np.average(reward_list[-100:]))

    if(is_video_save):
        txt = 'Success : '+str(np.sum(reward_list))
        for _ in range(3):
            out.write(np.uint8(draw_txt(txt)))
        out.release()

print('{}번 시도 중 {}번 성공!'.format(num_episode, np.sum(reward_list)))
print('성공률은 {}% 입니다.'.format(round(np.sum(reward_list)/num_episode*100, 2)))
cv2_imshow(draw_state(0, q_table))
plt.plot(reward_100_average)
```

➡ 3000번 시도 중 86.0번 성공!
성공률은 2.87% 입니다.

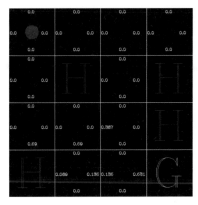

[그림 6-19] 실행 결과

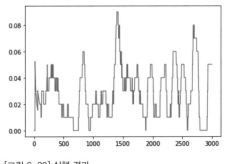

[그림 6-20] 실행 결과

3-1-4 학습률(learning rate)

앞의 실행 결과에서 얼음 호수 맵 이미지를 다시 살펴본다. 여기서 상태 10에서 아래 방향으로 이동하는 행동을 선택했는데 빙판에서 미끄러져서 오른쪽 한정 H로 빠져버리는 상황이 발생했다고 가정하자. 아래로 가는 행동에 대한 Q-값이 0으로 업데이트된다. 에이전트는 최단 경로로 가는 행동에 대하여 부정적 기억을 갖게 된다.

이런 상황에서 이전 에피소드에서 학습한 Q-값을 100% 그대로 신뢰할 수는 없다. 따라서 학습률이라는 개념을 도입해서, 이전 단계 에피소드에서 학습한 내용을 1%만 반영하고 99% 선택은 현재 에피소드에서 학습한 Q-값을 가지고 결정한다. 매 에피소드가 진행될 때마다 에이전트는 학습률에 따라 조금씩 성능을 개선하게 된다(딥러닝의 학습률 개념과 비슷하다).

> 우리는 살면서 여러 멘토들을 만난다, 내 인생에 도움이 되는 멘토들!
> 그렇다고 한 명의 멘토의 말만 들으면 그 멘토처럼 성공할 수 있을까?
> 이내 생각은 '절대 안 된다'이다.
> 왜냐하면 그 멘토가 살아온 환경과 나의 환경은 전혀 다르기 때문이다.
> 그렇다고 멘토의 말을 무시해야 하나?
> 그것 또한 아니다. 멘토도 멘토의 환경에서 나름의 고민을 하고 얻어낸 지혜의 말이다.
> 그럼 어떻게 해야 할까?
> 멘토의 의견을 받아들이지만, 그렇다고 이제껏 내가 만들어온 나를 포기하면 안된다.
> 이것을 에이전트에게 학습시켜 보자.

학습률 개념을 도입해 코드를 작성한다. 일단 학습률을 적용하기 때문에 매 에피소드당 학습량이 1% 수준으로 줄어든다. 실험 환경을 변경해 에피소드를 3,000번에서 30,000번으로 10배 정도 더 늘린다.

```
[2] avi_file_name = 'Q-rl-6.avi'
    # 시간이 오래 걸리므로 동영상을 저장하지 않는다.
    is_video_save = False
    # 환경이 어려우므로 에피소드 수를 10배 정도 늘리기
    num_episode = 30000

    epsilon_max = 0.9
    epsilon_min = 0.1
    epsilon_count = 20000

    # 멘토의 말은 단 1%만 듣기
    learning_rate = 0.01
    discount_rate = 0.9

    epsilon = epsilon_max
    epsilon_decay = epsilon_min/epsilon_max
    epsilon_decay = epsilon_decay**(1./float(epsilon_count))
```

```python
env = gym.make('FrozenLake-v0', is_slippery=True)
q_table = np.zeros((16, 4))

if(is_video_save):
    fcc = cv2.VideoWriter_fourcc(*'DIVX')
    out = cv2.VideoWriter(avi_file_name, fcc, fps,(401, 401))

reward_list = []
reward_100_average = []

for epi in range(num_episode):
    if(is_video_save):
        txt = 'Episode : '+str(epi)
        for _ in range(3):
            out.write(np.uint8(draw_txt(txt)))
    d = False
    total_reward = 0
    s = env.reset()
    while not d:
        if(is_video_save):
            out.write(np.uint8(draw_state(s, q_table)))
        if(np.random.rand() < epsilon):
            action = env.action_space.sample()
        else:
            action = np.argmax(np.random.random((4,)) * (q_table[s] == q_table[s].max()))
        n_s, r, d, _ = env.step(action)
        total_reward = total_reward+r
        # 멘토의 의견은 1% 나머지는 내가 가지고 있는 값 99%를 유지하며
        # 조금씩 업데이트
        q_table[s][action] =(1-learning_rate)*q_table[s][action] + \
        learning_rate*(r+discount_rate*np.max(q_table[n_s]))
        s = n_s

    reward_list.append(total_reward)

    if(epsilon > epsilon_min):
        epsilon = epsilon*epsilon_decay

    if(is_video_save):
        out.write(np.uint8(draw_state(s, q_table)))

    if(total_reward == 1):
        txt = 'Success'
    else:
        txt = 'Fail'
    if(is_video_save):
        for _ in range(3):
            out.write(np.uint8(draw_txt(txt)))
    # print(epi,np.average(reward_list[-100:]))
    reward_100_average.append(np.average(reward_list[-100:]))

if(is_video_save):
    txt = 'Success : '+str(np.sum(reward_list))
    for _ in range(3):
        out.write(np.uint8(draw_txt(txt)))
    out.release()

print('{}번 시도 중 {}번 성공!'.format(num_episode, np.sum(reward_list)))
print('성공률은 {}% 입니다.'.format(round(np.sum(reward_list)/num_episode*100, 2)))
cv2_imshow(draw_state(0, q_table))
plt.plot(reward_100_average)
```

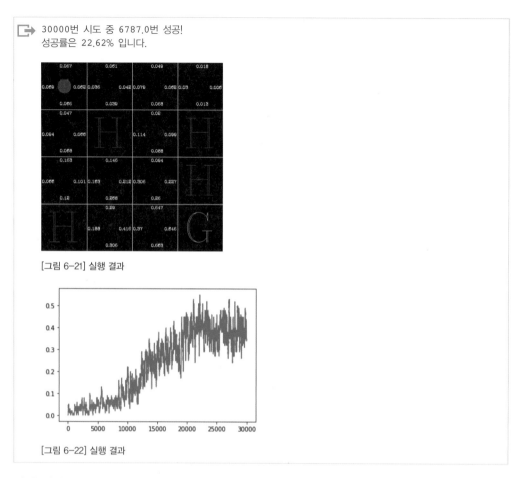

[그림 6-21] 실행 결과

[그림 6-22] 실행 결과

앞의 실행 결과를 보면 학습은 더디게 되지만, 에이전트가 에피소드마다 스스로 배우면서 보다 안정적으로 학습된다. 최종적으로 약 40~50% 성공율을 보이면서 학습이 종료되었다.

3-2 정책(Policy)

어떠한 상태에서 어떤 행동을 선택할지 확률로 표현한 것을 정책(policy)이라고 부른다. 앞서 최대 Q-값에 따라 행동을 선택하는 에이전트의 정책을 표현하면, 최대 Q-값의 행동을 선택할 확률이 1이고 다른 선택을 할 확률은 0이다. 하지만 우리가 에이전트의 정책을 다른 방향으로 수정할 수도 있다.

실습 예제를 통해 상세하게 알아보자. 먼저 필요한 환경 설정과 유틸리티 함수를 정의해 준다.

```
[1] # 필요한 패키지 임포트
    import gym
    import cv2
    import numpy as np
    from google.colab.patches import cv2_imshow
    import matplotlib.pyplot as plt

    # 상태와 각 액션의 확률값을 입력받으면 이미지를 그려주는 함수 정의
    def draw_state(state, q_table):
        img = np.zeros((401, 401, 3))
        # 배경 그리기
        for i in range(4):
            cv2.line(img,((i+1)*100, 0),((i+1)*100, 400),(255, 255, 255), 1)
            cv2.line(img,(0,(i+1)*100),(400,(i+1)*100),(255, 255, 255), 1)
        # H와 G 표시
        cv2.putText(img, 'H',(1*100+10, 1*100+80), cv2.FONT_HERSHEY_COMPLEX,
                    3,(255, 0, 0))
        cv2.putText(img, 'H',(3*100+12, 1*100+80), cv2.FONT_HERSHEY_COMPLEX,
                    3,(255, 0, 0))
        cv2.putText(img, 'H',(3*100+12, 2*100+80), cv2.FONT_HERSHEY_COMPLEX,
                    3,(255, 0, 0))
        cv2.putText(img, 'H',(0*100+12, 3*100+80), cv2.FONT_HERSHEY_COMPLEX,
                    3,(255, 0, 0))
        cv2.putText(img, 'G',(3*100+12, 3*100+80), cv2.FONT_HERSHEY_COMPLEX,
                    3,(0, 255, 0))
        # Agent 위치 표시
        row = state//4
        col = state%4
        cv2.circle(img,(col*100+50, row*100+50), 15,(0, 0, 255), -1)
        # P Table 표시
        for i in range(16):
            if(i == 5 or i == 7 or i == 11 or i == 12 or i == 15):
                continue
            row = i//4
            col = i%4
            cv2.putText(img, str(round(q_table[i][0], 3)),(col*100+1, row*100+55),
                        cv2.FONT_HERSHEY_COMPLEX, 0.3,(255, 255, 255))
            cv2.putText(img, str(round(q_table[i][1], 3)),(col*100+40, row*100+90),
                        cv2.FONT_HERSHEY_COMPLEX, 0.3,(255, 255, 255))
            cv2.putText(img, str(round(q_table[i][2], 3)),(col*100+70, row*100+55),
                        cv2.FONT_HERSHEY_COMPLEX, 0.3,(255, 255, 255))
            cv2.putText(img, str(round(q_table[i][3], 3)),(col*100+40, row*100+10),
                        cv2.FONT_HERSHEY_COMPLEX, 0.3,(255, 255, 255))
        return img

    # 문자열을 적으면 이미지로 변경해 주는 함수 정의
    def draw_txt(txt):
        img = np.zeros((401, 401, 3))
        cv2.putText(img, txt,(10, 200),
                    cv2.FONT_HERSHEY_COMPLEX, 1.5,(255, 255, 255))
        return img
```

먼저 정책을 일부 수정해서 적용하자. 다음은 4개 방향에 대해서 고르게 $\frac{1}{4}$의 확률로 선택하는 정책을 적용하는 예제이다. 실행 결과를 보면, 랜덤하게 움직이는 것과 같이 약 2% 이내의 매우 낮은 성공률을 보인다. 즉, 전혀 학습이 되지 않는다고 말할 수 있다.

```
[2]   # 파라미터 설정
      num_episode = 3000
      is_video_save = False
      fps = 1
      avi_file_name = 'P-rl-1.avi'

      # 미끄럽지 않은 환경 만들기
      env = gym.make('FrozenLake-v0', is_slippery=False)
      # 초기 각 액션의 확률 1/4
      p_table = np.zeros((16, 4))
      for i in range(16):
          for j in range(4):
              p_table[i, j] = 0.25

      if(is_video_save):
          fcc = cv2.VideoWriter_fourcc(*'DIVX')
          out = cv2.VideoWriter(avi_file_name, fcc, fps,(401, 401))

      reward_list = []
      reward_100_average = []

      for epi in range(num_episode):
          if(is_video_save):
              txt = 'Episode : '+str(epi)
              for _ in range(3):
                  out.write(np.uint8(draw_txt(txt)))
          d = False
          total_reward = 0
          s = env.reset()
          while not d:
              if(is_video_save):
                  out.write(np.uint8(draw_state(s, p_table)))
              action = np.random.choice(range(4), p=p_table[s])
              n_s, r, d, _ = env.step(action)
              total_reward = total_reward+r
              s = n_s

          reward_list.append(total_reward)

          if(is_video_save):
              out.write(np.uint8(draw_state(s, p_table)))
          if(total_reward == 1):
              txt = 'Success'
          else:
              txt = 'Fail'
          if(is_video_save):
              for _ in range(3):
                  out.write(np.uint8(draw_txt(txt)))
          # print(epi,np.average(reward_list[-100:]))
          reward_100_average.append(np.average(reward_list[-100:]))
```

```
if(is_video_save):
    txt = 'Success : '+str(np.sum(reward_list))
    for _ in range(3):
        out.write(np.uint8(draw_txt(txt)))
    out.release()

print('{}번 시도 중 {}번 성공!'.format(num_episode, np.sum(reward_list)))
print('성공률은 {}% 입니다.'.format(round(np.sum(reward_list)/num_episode*100, 2)))
cv2_imshow(draw_state(0, p_table))
plt.plot(reward_100_average)
```

3000번 시도 중 41.0번 성공!
성공률은 1.37% 입니다.

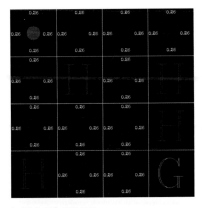

[그림 6-23] 실행 결과

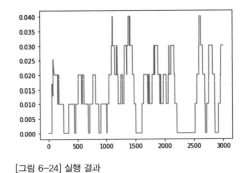

[그림 6-24] 실행 결과

이번에는 에이전트가 잘한 행동에 대해서는 다시 한번 더 선택할 수 있도록 확률을 높여주는 전략을 생각해 보자. 즉, 보상 r = 1을 받는 행동에 대해서는 해당 행동을 취할 확률을 높이게 된다. 확률은 딥러닝의 활성화 함수 중 하나인 softmax와 유사하게 구현한다(노란색 음영 표시 부분).

여기서 유의할 점은 어떤 행동에 대한 확률을 높이면 나머지 행동들에 대한 확률이 낮아지게 된다. 모든 행동에 대한 확률의 합은 1이 되기 때문이다.

실행 결과를 보면 목표 지점 왼쪽에 있는 상태 14에 표시된 확률값 중에서 오른쪽 방향에 대한 확률값만 조금 증가했다. 오른쪽 방향으로 이동하는 경우에만 보상 r = 1을 받기 때문이다.

한편, 상태 14를 제외한 다른 모든 상태들의 확률값은 변동이 없는 것을 볼 수 있다. 상태 14는 오른쪽으로 이동할 경우 보상을 받게 되지만, 다른 상태들은 어떤 행동에 대한 즉각 보상이 없기 때문이다.

```
[3]  # 파라미터 설정
     num_episode = 10000
     is_video_save = False
     fps = 1
     avi_file_name = 'P-rl-2.avi'
     # 칭찬할 때 쓰이는 비율
     learning_rate = 0.01

     # 미끄럽지 않은 환경 만들기
     env = gym.make('FrozenLake-v0', is_slippery=False)
     # 초기 각 액션의 확률 1/4
     p_table = np.zeros((16, 4))
     for i in range(16):
        for j in range(4):
           p_table[i, j] = 0.25

     if(is_video_save):
        fcc = cv2.VideoWriter_fourcc(*'DIVX')
        out = cv2.VideoWriter(avi_file_name, fcc, fps,(401, 401))

     reward_list = []
     reward_100_average = []

     for epi in range(num_episode):
        if(is_video_save):
           txt = 'Episode : '+str(epi)
           for _ in range(3):
              out.write(np.uint8(draw_txt(txt)))
        d = False
        total_reward = 0
        s = env.reset()
        while not d:
           if(is_video_save):
              out.write(np.uint8(draw_state(s, p_table)))
           action = np.random.choice(range(4), p=p_table[s])
           n_s, r, d, _ = env.step(action)
           total_reward = total_reward+r
           if(r == 1):
              log_p_table = np.log(p_table[s])
              log_p_table[action] = log_p_table[action]+learning_rate
              s_sum = np.sum(np.exp(log_p_table))
              for i in range(4):
                 p_table[s, i] = np.exp(log_p_table[i])/s_sum
           s = n_s

        reward_list.append(total_reward)
```

```
    if(is_video_save):
       out.write(np.uint8(draw_state(s, p_table)))
    if(total_reward == 1):
       txt = 'Success'
    else:
       txt = 'Fail'
    if(is_video_save):
       for _ in range(3):
          out.write(np.uint8(draw_txt(txt)))
    # print(epi,np.average(reward_list[-100:]))
    reward_100_average.append(np.average(reward_list[-100:]))

if(is_video_save):
    txt = 'Success : '+str(np.sum(reward_list))
    for _ in range(3):
       out.write(np.uint8(draw_txt(txt)))
    out.release()

print('{}번 시도 중 {}번 성공!'.format(num_episode, np.sum(reward_list)))
print('성공률은 {}% 입니다.'.format(round(np.sum(reward_list)/num_episode * 100, 2)))
cv2_imshow(draw_state(0, p_table))
plt.plot(reward_100_average)
```

10000번 시도 중 288.0번 성공!
성공률은 2.8% 입니다.

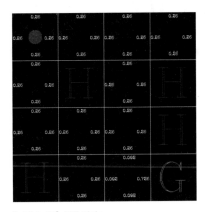

[그림 6-25] 실행 결과

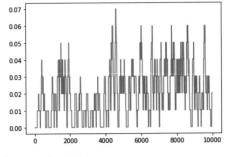

[그림 6-26] 실행 결과

앞에서는 행동을 선택하는 확률값을 정할 때 다음 행동에 대한 즉각 보상만을 고려했다. 다음 축구 경기 그림에서 보면 골을 넣은 최종 공격수만 잘했다고 칭찬하는 것과 같다. 공격수에게 패스를 이어준 수비수와 미드필더 플레이어도 골에 기여한 부분이 있기 때문에 보상을 고려할 필요가 있다.

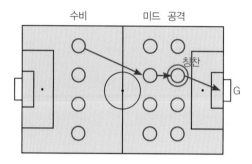

[그림 6-27] 현재 상황은 그림 처럼 공격수만 칭찬한 꼴이다.

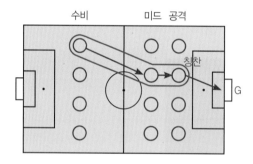

[그림 6-28] 처음 수비수, 미드필터, 공격수 모두 칭찬해야 한다.

다음 코드에서 노란색 음영을 보면 한 에피소드에서 거쳤던 상태와 각 상태마다 선택한 행동 그리고 행동으로 인한 다음 상태를 memory 변수에 리스트 형태로 기록하게 된다. 이 기록을 트래젝토리(trajectory)라고 부른다. 이 기록을 가지고 목표 지점에 성공적으로 도달한 경우(즉, 최종 보상이 1인 경우)에 대해, 최종 목표 지점에서 출발점까지 거꾸로 이동하면서 이동 경로의 모든 상태에서 에이전트가 성공으로 이끌었던 그 행동을 선택할 확률 자체를 높이는 개념이다.

실행 결과를 보면 4,000번 정도 학습한 이후부터 성공 확률이 눈에 띄게 개선되면서 1에 가까워진 것을 볼 수 있다.

```
[4]  # 파라미터 설정
     num_episode = 10000
     is_video_save = False
     fps = 1
     avi_file_name = 'P-rl-3.avi'
     # 칭찬할 때 쓰이는 비율
     learning_rate = 0.01

     # 미끄럽지 않은 환경 만들기
     env = gym.make('FrozenLake-v0', is_slippery=False)
     # 초기 각 액션의 확률 1/4
     p_table = np.zeros((16, 4))
     for i in range(16):
         for j in range(4):
             p_table[i, j] = 0.25

     if(is_video_save):
         fcc = cv2.VideoWriter_fourcc(*'DIVX')
         out = cv2.VideoWriter(avi_file_name, fcc, fps,(401, 401))

     reward_list = []
     reward_100_average = []

     for epi in range(num_episode):
         if(is_video_save):
             txt = 'Episode : '+str(epi)
             for _ in range(3):
                 out.write(np.uint8(draw_txt(txt)))
         d = False
         total_reward = 0
         s = env.reset()
         memory = []
         while not d:
             if(is_video_save):
                 out.write(np.uint8(draw_state(s, p_table)))
             action = np.random.choice(range(4), p=p_table[s])
             n_s, r, d, _ = env.step(action)
             total_reward = total_reward+r
             # 행동 모두 기억
             i =(s, action, r, n_s, d)
             memory.append(i)
             s = n_s

         r_sum = 0
         # 기억하는 행동 중 최종 성공을 한 상태와 액션의 확률값 올리기
         for _s, _a, _r, _n_s, _d in memory[::-1]:
             r_sum = _r+r_sum
             log_p_table = np.log(p_table[_s])
             log_p_table[_a] = log_p_table[_a]+learning_rate*r_sum
             s_sum = np.sum(np.exp(log_p_table))
             for i in range(4):
                 p_table[_s, i] = np.exp(log_p_table[i])/s_sum

     reward_list.append(total_reward)
```

```
        if(is_video_save):
            out.write(np.uint8(draw_state(s, p_table)))
        if(total_reward == 1):
            txt = 'Success'
        else:
            txt = 'Fail'
        if(is_video_save):
            for _ in range(3):
                out.write(np.uint8(draw_txt(txt)))
        # print(epi,np.average(reward_list[-100:]))
        reward_100_average.append(np.average(reward_list[-100:]))

    if(is_video_save):
        txt = 'Success : '+str(np.sum(reward_list))
        for _ in range(3):
            out.write(np.uint8(draw_txt(txt)))
        out.release()

print('{}번 시도 중 {}번 성공!'.format(num_episode, np.sum(reward_list)))
print('성공률은 {}% 입니다.'.format(round(np.sum(reward_list)/num_episode * 100, 2)))
cv2_imshow(draw_state(0, p_table))
plt.plot(reward_100_average)
```

➡ 10000번 시도 중 5783.0번 성공!
성공률은 57.83% 입니다.

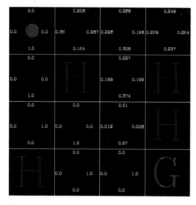

[그림 6-29] 실행 결과

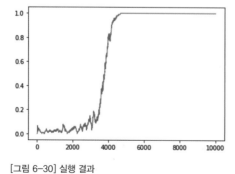

[그림 6-30] 실행 결과

앞의 예제는 시간에 전혀 구애를 받지 않는다는 한계가 있다. 하지만 실제 강화 학습을 통해서 맞닥뜨리는 대부분의 문제는 시간적 제약을 갖기 때문에, 문제를 제한 시간 내에 해결해야 한다. 즉, 우리가 다루는 예제의 경우 최단 거리로 목표 지점으로 이동해야 한다.

앞에서 가치함수 Q-값을 설명할 때 소개한 적이 있는 할인율의 개념을 사용하면 최단 거리로 이동할 수 있다. 다음 코드에서 두 번째 노란색 음영으로 표시된 부분을 보면, 트래젝토리의 기록지에 따라 최종 목표 지점에서 출발점까지 반대 방향으로 한 단계씩 이동하면서 각 상태에서의 누적 보상(기대값)에 할인율을 곱하게 된다. 출발점까지 목표 지점까지 거치는 상태의 개수만큼 할인율을 곱해 주기 때문에, 이동 거리가 길어질수록 최종 보상은 줄어든다. 에이전트는 최종 보상을 높이는 방향으로 행동을 선택하게 되므로, 할인율을 곱하는 회수를 최소화하기 위해 최단 거리로 이동한다.

```
[5] # 파라미터 설정
    num_episode = 10000
    is_video_save = False
    fps = 1
    avi_file_name = 'P-rl-4.avi'
    # 칭찬할 때 쓰이는 비율
    learning_rate = 0.01
    discount_rate = 0.9

    # 미끄럽지 않은 환경 만들기
    env = gym.make('FrozenLake-v0', is_slippery=False)
    # 초기 각 액션의 확률 1/4
    p_table = np.zeros((16, 4))
    for i in range(16):
        for j in range(4):
            p_table[i, j] = 0.25

    if(is_video_save):
        fcc = cv2.VideoWriter_fourcc(*'DIVX')
        out = cv2.VideoWriter(avi_file_name, fcc, fps,(401, 401))

    reward_list = []
    reward_100_average = []

    for epi in range(num_episode):
        if(is_video_save):
            txt = 'Episode : '+str(epi)
            for _ in range(3):
                out.write(np.uint8(draw_txt(txt)))
        d = False
        total_reward = 0
        s = env.reset()
        memory = []
        while not d:
```

```python
        if(is_video_save):
            out.write(np.uint8(draw_state(s, p_table)))
        action = np.random.choice(range(4), p=p_table[s])
        n_s, r, d, _ = env.step(action)
        total_reward = total_reward+r
        i =(s, action, r, n_s, d)
        memory.append(i)
        s = n_s

    r_sum = 0
    for _s, _a, _r, _n_s, _d in memory[::-1]:
        # G에 최고의 역할 순서대로 할인된 만큼 확률 높이기
        r_sum = _r+discount_rate * r_sum
        log_p_table = np.log(p_table[_s])
        log_p_table[_a] = log_p_table[_a]+learning_rate * r_sum
        s_sum = np.sum(np.exp(log_p_table))
        for i in range(4):
            p_table[_s, i] = np.exp(log_p_table[i])/s_sum

    reward_list.append(total_reward)

    if(is_video_save):
        out.write(np.uint8(draw_state(s, p_table)))
    if(total_reward == 1):
        txt = 'Success'
    else:
        txt = 'Fail'
    if(is_video_save):
        for _ in range(3):
            out.write(np.uint8(draw_txt(txt)))
    # print(epi,np.average(reward_list[-100:]))
    reward_100_average.append(np.average(reward_list[-100:]))

if(is_video_save):
    txt = 'Success : '+str(np.sum(reward_list))
    for _ in range(3):
        out.write(np.uint8(draw_txt(txt)))
    out.release()

print('{}번 시도 중 {}번 성공!'.format(num_episode, np.sum(reward_list)))
print('성공률은 {}% 입니다.'.format(round(np.sum(reward_list)/num_episode * 100, 2)))
cv2_imshow(draw_state(0, p_table))
plt.plot(reward_100_average)
```

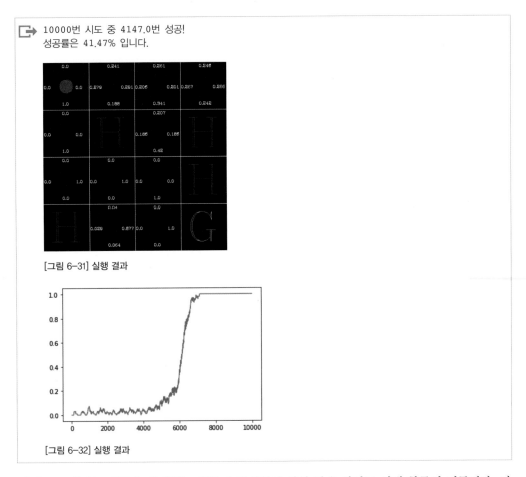

[그림 6-31] 실행 결과

[그림 6-32] 실행 결과

앞의 코드에서는 행동을 선택하는 확률에 관계없이 항상 같은 양만큼 선택 확률이 변동된다. 다시 말하면, 에이전트가 선택할 확률이 높은 행동 1과 선택할 확률이 낮은 행동 2가 있을 때 두가지 행동 모두 성공 확률을 높였다고 하면 각 행동을 선택할 확률을 동일한 수준만큼 높인다는 의미다.

여기서 생각해 볼 문제는 선택 확률이 낮은 행동 2에 대한 선택 확률을 더 많이 높일 필요가 있다는 점이다. 행동 1과 비교해보면 행동 2는 최종 성공에 미치는 영향에 비하여 그동안 저평가를 받은 것이라고 생각할 수 있다. 따라서 행동 2를 선택할 확률을 더 크게 높여주어야 한다(일반적으로 딥러닝에서 오차가 큰 경우, 오차를 줄이기 위해 가중치 업데이트양을 키우는 것과 비슷한 개념이다).

따라서 선택할 확률이 높은 행동을 했을 때 좋은 결과로 이어지는 경우보다, 선택할 확률이 낮은 행동을 했을 때 좋은 결과로 이어지는 경우에 해당 행동의 확률을 더 큰 비율로 업데이트한다.

다음 코드의 노란색 음영 부분을 보면 기존 수식에 현재 행동을 선택할 확률의 역수만큼 곱하여 업데이트한다. 이때 유의할 점은 기존 확률값이 너무 작을 경우 역수를 취하면 업데이트양이 너무 커질 수 있으므로, 이를 방지하기 위해 최소값(0.01)을 더하고 역수를 취한다. 이런 개념을 스무딩(smoothing)이라고 한다. 실행 결과를 보면 조금 더 안정적으로 학습이 되는 것을 알 수 있다.

```python
[6]  # 파라미터 설정
     num_episode = 10000
     is_video_save = False
     fps = 1
     avi_file_name = 'P-rl-5.avi'
     # 칭찬할 때 쓰이는 비율
     learning_rate = 0.01
     discount_rate = 0.9

     # 미끄럽지 않은 환경 만들기
     env = gym.make('FrozenLake-v0', is_slippery=False)
     # 초기 각 액션의 확률 1/4
     p_table = np.zeros((16, 4))
     for i in range(16):
         for j in range(4):
             p_table[i, j] = 0.25

     if(is_video_save):
         fcc = cv2.VideoWriter_fourcc(*'DIVX')
         out = cv2.VideoWriter(avi_file_name, fcc, fps,(401, 401))

     reward_list = []
     reward_100_average = []

     for epi in range(num_episode):
         if(is_video_save):
             txt = 'Episode : '+str(epi)
             for _ in range(3):
                 out.write(np.uint8(draw_txt(txt)))
         d = False
         total_reward = 0
         s = env.reset()
         memory = []
         while not d:
             if(is_video_save):
                 out.write(np.uint8(draw_state(s, p_table)))
             action = np.random.choice(range(4), p=p_table[s])
             n_s, r, d, _ = env.step(action)
             total_reward = total_reward+r
             i =(s, action, r, n_s, d)
             memory.append(i)
             s = n_s
```

```
    r_sum = 0
    for _s, _a, _r, _n_s, _d in memory[::-1]:
        r_sum = _r+discount_rate*r_sum
        log_p_table = np.log(p_table[_s])
        log_p_table[_a] = log_p_table[_a]+learning_rate*r_sum/(p_table[_s, _a]+0.01)
        s_sum = np.sum(np.exp(log_p_table))
        for i in range(4):
            p_table[_s, i] = np.exp(log_p_table[i])/s_sum

    reward_list.append(total_reward)

    if(is_video_save):
        out.write(np.uint8(draw_state(s, p_table)))
    if(total_reward == 1):
        txt = 'Success'
    else:
        txt = 'Fail'
    if(is_video_save):
        for _ in range(3):
            out.write(np.uint8(draw_txt(txt)))
    # print(epi,np.average(reward_list[-100:]))
    reward_100_average.append(np.average(reward_list[-100:]))

if(is_video_save):
    txt = 'Success : '+str(np.sum(reward_list))
    for _ in range(3):
        out.write(np.uint8(draw_txt(txt)))
    out.release()

print('{}번 시도 중 {}번 성공!'.format(num_episode, np.sum(reward_list)))
print('성공률은 {}% 입니다.'.format(round(np.sum(reward_list)/num_episode*100, 2)))
cv2_imshow(draw_state(0, p_table))
plt.plot(reward_100_average)
```

➡ 10000번 시도 중 7908.0번 성공!
성공률은 79.08% 입니다.

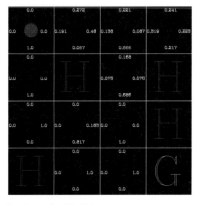

[그림 6-33] 실행 결과

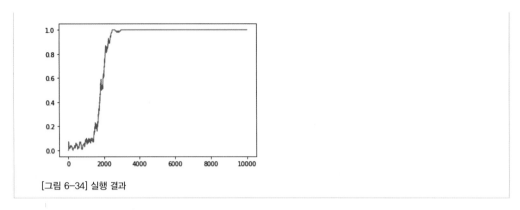

[그림 6-34] 실행 결과

이번에는 앞의 코드에서 에피소드의 수를 3배로 늘린다. 에피소드를 10,000번에서 30,000번으로 늘린다. 앞에서 가치함수를 활용한 강화 학습 케이스와 마찬가지로 미끄럼(slippery) 옵션을 True로 설정해야 한다. 에이전트가 원하는 방향으로 움직이지 못할 가능성이 있다.

이 조건에서 학습 해보면, 최종 성공률이 70~80%로 굉장히 안정적으로 학습이 되는 것을 알 수 있다(단, 비디오로 저장할 경우 시간이 오래 걸리므로 이번에는 저장하지 않는다).

```
[7]  # 파라미터 설정
     num_episode = 30000
     is_video_save = False
     fps = 1
     avi_file_name = 'P-rl-6.avi'
     # 칭찬할 때 쓰이는 비율
     learning_rate = 0.01
     discount_rate = 0.9

     # 미끄러운 환경 만들기
     env = gym.make('FrozenLake-v0', is_slippery=True)
     # 초기 각 액션의 확률 1/4
     p_table = np.zeros((16, 4))
     for i in range(16):
         for j in range(4):
             p_table[i, j] = 0.25

     if(is_video_save):
         fcc = cv2.VideoWriter_fourcc(*'DIVX')
         out = cv2.VideoWriter(avi_file_name, fcc, fps,(401, 401))

     reward_list = []
     reward_100_average = []

     for epi in range(num_episode):
         if(is_video_save):
             txt = 'Episode : '+str(epi)
             for _ in range(3):
                 out.write(np.uint8(draw_txt(txt)))
```

```python
    d = False
    total_reward = 0
    s = env.reset()
    memory = []
    while not d:
        if(is_video_save):
            out.write(np.uint8(draw_state(s, p_table)))
        action = np.random.choice(range(4), p=p_table[s])
        n_s, r, d, _ = env.step(action)
        total_reward = total_reward+r
        i =(s, action, r, n_s, d)
        memory.append(i)
        s = n_s

    r_sum = 0
    for _s, _a, _r, _n_s, _d in memory[::-1]:
        r_sum = _r+discount_rate * r_sum

        log_p_table = np.log(p_table[_s])
        log_p_table[_a] = log_p_table[_a]+learning_rate * r_sum/(p_table[_s, _a]+0.01)
        s_sum = np.sum(np.exp(log_p_table))
        for i in range(4):
            p_table[_s, i] = np.exp(log_p_table[i])/s_sum

    reward_list.append(total_reward)

    if(is_video_save):
        out.write(np.uint8(draw_state(s, p_table)))
    if(total_reward == 1):
        txt = 'Success'
    else:
        txt = 'Fail'
    if(is_video_save):
        for _ in range(3):
            out.write(np.uint8(draw_txt(txt)))
    # print(epi,np.average(reward_list[-100:]))
    reward_100_average.append(np.average(reward_list[-100:]))

if(is_video_save):
    txt = 'Success : '+str(np.sum(reward_list))
    for _ in range(3):
        out.write(np.uint8(draw_txt(txt)))
    out.release()

print('{}번 시도 중 {}번 성공!'.format(num_episode, np.sum(reward_list)))
print('성공률은 {}% 입니다.'.format(round(np.sum(reward_list)/num_episode * 100, 2)))
cv2.imshow(draw_state(0, p_table))
plt.plot(reward_100_average)
```

 30000번 시도 중 6178.0번 성공!
성공률은 20.59% 입니다.

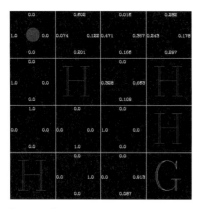

[그림 6-35] 실행 결과

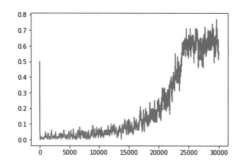

[그림 6-36] 실행 결과

앞서 다룬 얼음 호수(frozen lake) 예제는 에이전트의 움직임이 비연속적이다. 즉, 에이전트가 움직일 수 있는 상태(빙판 위의 지점)의 수가 유한하다. 모두 16개의 지점 위에서만 움직일 수 있는 환경이었다.

이번에는 연속된 환경에서의 강화 학습을 설명한다. 즉, 에이전트가 위치하는 상태의 개수가 무한하다. OpenAI Gym에서 제공하는 카트폴(cartpole) 환경에서 실습해보자.

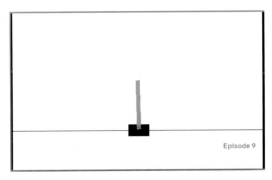

[그림 6-37] 카트폴

카트폴 환경은 다음과 같은 4가지 상태 정보를 제공한다.

- 카트(cart)의 위치 : x축 좌표
- 카트의 이동 속도 : x축에서 좌우 방향으로 움직이는 속도(위치가 변하는 비율)
- 막대(pole)의 각도 : 수직 방향에서 기울어진 각도(카트에서 수직 방향으로 위치하면 0도)
- 막대의 각속도 : 막대가 기울어지는 속도(각도가 변하는 비율)

에이전트는 카트를 왼쪽(0) 또는 오른쪽(1)으로 이동하는 행동을 선택한다. 카트 위의 막대는 게임이 시작할 때 임의의 기울기를 갖는다. 막대는 중력에 의하여 기울어지는 각도가 커지는데 에이전트가 기울어지는 방향으로 카트를 이동시키면 막대가 다시 세워지면서 쓰러지는 것을 막을 수 있다.

게임은 막대가 쓰러지거나(15도 이상 기울어질 때) 카트가 게임상의 화면을 벗어나게 될 때 종료된다. 따라서 에이전트는 막대가 쓰러지지 않도록 카트를 좌우로 이동시키면서 최대한 버텨야 한다(시간상의 이유로 다음 예제에서는 최대 300번 이동하는 것으로 제한한다).

구글 코랩에서는 카트와 막대가 움직이는 것을 화면에 표시할 수 없기 때문에 추가적인 패키지를 설치해야 한다. 패키지들을 설치해 주면 render() 함수를 이미지로 표현하는 것이 가능하다.

〈소스〉 6.4_gym_cartpole.ipynb

```
[1]  # Colab에서 Render를 그림 파일로 해주기 위한 설정
     !apt update
     !apt-get install python-opengl -y
     !apt install xvfb -y
     !pip install pyvirtualdisplay
     !pip install piglet
```

다음으로 필요한 패키지들을 불러오고, 강화 학습에 필요한 카트폴 환경을 구성한다. 카트폴이 움직이는 이미지를 렌더링하기 위하여 OpenCV를 사용한다.

카트폴 게임에서 중요한 점은 상태가 연속적[39]이라는 것이다. 에이전트의 상태는 앞에서 설명한 바와 같이, (카트의 위치, 카트의 속도, 막대의 각도, 막대의 각속도)로 구성된다. 각 상태를 구성하는 값들은 정수가 아닌 실수로 표현된다.

```
[2]  # 필요한 모듈 설치
     import tensorflow as tf
     import gym
     from IPython import display
     import cv2
     from pyvirtualdisplay import Display
     from IPython import display
     import matplotlib.pyplot as plt
     from collections import deque
     import numpy as np
     import random
     from google.colab.patches import cv2_imshow
     %matplotlib inline
     Display().start()

     # 카트폴 환경 만들기
     env = gym.make('CartPole-v1')
     print('환경은 ? ', env)
     print('행동할수 있는 액션의 수는 ? ', env.action_space)
     print('이동할 수 있는 총 상태의 수는 ? ', env.observation_space)
     print('초기화할 경우 시작 위치는 ? ', env.reset())
     print('행동을 하고나서 리턴해주는 값은 ? ', env.step(1))

     # 이미지로 렌더링하고 이미지를 CV2로 보여주기
     cv2_imshow(env.render('rgb_array'))
```

39 OpenAI Gym에서는 박스(Box)형으로 정의한다. 자세한 설명은 공식 문서를 참조하기 바란다.

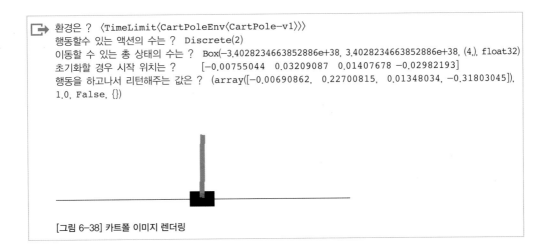

```
환경은 ?  〈TimeLimit〈CartPoleEnv〈CartPole-v1〉〉〉
행동할수 있는 액션의 수는 ?  Discrete(2)
이동할 수 있는 총 상태의 수는 ?  Box(-3.4028234663852886e+38, 3.4028234663852886e+38, (4,), float32)
초기화할 경우 시작 위치는 ?    [-0.00755044  0.03209087  0.01407678 -0.02982193]
행동을 하고나서 리턴해주는 값은 ?  (array([-0.00690862,  0.22700815,  0.01348034, -0.31803045]),
1.0, False, {})
```

[그림 6-38] 카트폴 이미지 렌더링

[Tip] 앞의 실행 결과에서 막대 색상이 이전 그림과 다르게 적용되는 것을 알 수 있다. OpenCV는 BGR 순서로 값을 읽기 때문에 보통의 RGB 값을 읽으면 R 채널과 B 채널이 바뀐다. 이전 그림과 색상이 반전되어 나타난 것이다.

다음 코드는 한 번의 에피소드를 진행하는 코드이다. 앞에서 다룬 얼음 호수 예제와 다른 점은 에이전트가 행동을 선택할 때마다 게임이 종료되지 않으면 즉시 보상으로 1점을 획득한다. 각 행동을 선택할 때마다 보상을 얻게 되는 경우, 획득한 보상을 누적 합산하여 기록하기로 한다.

```
[3] # 시작할때 게임이 아직 끝나지 않았다고 설정
    d = False
    # 환경을 초기화 해주고, 초기 상태를 s로 저장
    s = env.reset()
    # 게임 점수 기록
    total_reward = 0
    # 게임 끝날 때까지 반복
    while not d:
        # 임의의 행동을 하나 뽑고, step 함수로 액션 수행
        # 그 다음 상태를 n_s, 액션에 대한 보상을 r 게임이 끝났는지 알려주는
        # 변수를 d, 정보는 _로 저장
        n_s, r, d, _ = env.step(env.action_space.sample())

        total_reward = total_reward+r
    # 게임이 끝나고, r=1이면 성공 아니면 실패 출력
    print(total_reward)

    21.0
```

다음 코드는 한 번의 에피소드를 진행하는 동안 카트폴이 움직이는 이미지들을 모두 기록하고, 연속하여 재생하면 동영상으로 변환할 수 있다. 동영상으로 저장한 후에 실행한다.

```
[4]  # 저장을 위한 준비
     fcc = cv2.VideoWriter_fourcc(*'DIVX')
     out = cv2.VideoWriter('cartpole_random.avi', fcc, 1.0,(600, 400))
     # 시작할 때 게임이 아직 끝나지 않았다고 설정
     d = False
     # 환경을 초기화 해주고, 초기 상태를 s로 저장
     s = env.reset()
     total_reward = 0
     # 게임이 끝날 때까지 반복
     while not d:
         # 현재 상태 저장
         out.write(np.uint8(env.render('rgb_array')))
         # 임의의 행동을 하나 뽑고, step 함수로 액션 수행
         # 그 다음 상태를 n_s, 액션에 대한 보상을 r
         #게임이 끝났는지 알려주는 변수를 d, 정보는 _로 저장
         n_s, r, d, _ = env.step(env.action_space.sample())
         total_reward = total_reward+r
         # 다음 상태를 현재 상태로 바꾸기
         s = n_s
     # while 문을 빠져 나와 상태를 한번 더 그리기
     out.write(np.uint8(env.render('rgb_array')))
     print(total_reward)
     # 동영상 저장
     out.release()
```

⮕ 45.0

4-1 신경망 모델로 가치함수 학습

앞에서는 가치함수 Q-값을 모두 기록해 두고 각 에피소드가 끝날 때마다 Q-값을 다시 업데이트했다. 하지만 카트폴 환경에서는 존재할 수 있는 상태의 개수가 무한대이기 때문에 사실상 모든 상태를 기록하는 것이 불가능하다.

이때 딥러닝에서 배운 신경망 모델을 사용할 수 있다. 즉, 무한대의 값을 일일이 기록하는 것이 아니라, 신경망 모델이 각 상태 정보를 입력값으로 받아서 각 상태에서 취할 수 있는 모든 행동에 대한 Q-값을 출력한다. 에피소드를 반복하면서 Q-값을 최적화하는 방향으로 학습한다.

실습을 위해 먼저 필요한 패키지를 설치하고, 각종 유틸리티 함수를 정의한다.

```
[1]   # Colab에서 Render를 그림 파일로 해주기 위한 설정
      !apt update
      !apt-get install python-opengl -y
      !apt install xvfb -y
      !pip install pyvirtualdisplay
      !pip install piglet

      # 필요한 모듈 설치
      import tensorflow as tf
      import gym
      from IPython import display
      import cv2
      from pyvirtualdisplay import Display
      from IPython import display
      import matplotlib.pyplot as plt
      from collections import deque
      import numpy as np
      import random
      from google.colab.patches import cv2_imshow
      %matplotlib inline
      Display().start()

      # 동영상으로 저장하기 위한 이미지를 그려주는 함수 정의
      def draw_state(img, q_val):
          img_r = img.copy()
          cv2.putText(img_r, 'L',(20, 50),
                      cv2.FONT_HERSHEY_COMPLEX, 1,(0, 0, 0))
          cv2.putText(img_r, 'R',(530, 50),
                      cv2.FONT_HERSHEY_COMPLEX, 1,(0, 0, 0))
          cv2.putText(img_r, str(round(q_val[0], 3)),(10, 70),
                      cv2.FONT_HERSHEY_COMPLEX, 0.5,(0, 0, 0))
          cv2.putText(img_r, str(round(q_val[1], 3)),(520, 70),
                      cv2.FONT_HERSHEY_COMPLEX, 0.5,(0, 0, 0))
          return img_r

      # 문자열을 이미지로 그려주는 함수 정의
      def draw_txt(txt):
          img = np.zeros((400, 600, 3))
          cv2.putText(img, txt,(10, 200),
                  cv2.FONT_HERSHEY_COMPLEX, 1.5,(255, 255, 255))
          return imq
```

여기서 정의하는 신경망 모델은 각 상태 정보(카트의 위치와 속도, 그리고 막대의 각도와 각속도)를 입력받고, 출력 값으로 왼쪽으로 움직이는 행동에 대한 가치함수(Q-값)와 오른쪽으로 움직이는 행동에 대한 가치함수(Q-값)을 에이전트에 알려준다. 예측하는 2개의 Q-값은 실수 범위에 있기 때문에 일반적인 회귀(regression) 문제와 비슷한 개념이다.

다음 코드는 상태 정보 4가지를 입력받고, 2가지 행동에 대한 Q-값을 출력하는 신경망을 생성하는 내용이다. 텐서플로 케라스 Sequential API를 사용하여 은닉 레이어 1개를 갖는 완전연결 신경망으로 정의한다. 실제로 학습 가능한 파라미터의 수는 1000개가 되지 않는 간단한 모델이다.

```
[2] # 상태(4가지 값)를 입력받으면, 각 액션(2가지)의 Q값을 돌려주는 신경망 모델링

    state_num =(4,)
    action_num = 2
    hidden_state = 128
    learning_rate = 0.001

    model=tf.keras.models.Sequential()
    model.add(tf.keras.layers.Dense(hidden_state,
                        input_shape=state_num,
                        activation='relu'))
    model.add(tf.keras.layers.Dense(action_num))
    model.compile(loss='mse',optimizer=tf.keras.optimizers.Adam(learning_rate))

    model.summary()
```

Model: "sequential_1"

Layer (type)	Output Shape	Param #
dense_1 (Dense)	(None, 128)	640
dense_2 (Dense)	(None, 2)	258

Total params: 898
Trainable params: 898
Non-trainable params: 0

앞에서 정의한 신경망 모델을 사용하여, 에피소드를 진행하면서 Q-값을 업데이트하자. 먼저 카트폴 학습 환경을 구성하는 파라미터를 정의한다. 신경망 모델이 예측하는 Q-값에 따라 에이전트는 매 상태에서 왼쪽 또는 오른쪽으로 이동하고, 다시 변경되는 상태 정보를 입력받아서 Q-값을 새롭게 업데이트하는 과정을 계속 반복한다. 신경망 모델을 사용하기 때문에 모델을 컴파일하는 단계에서 Adam 옵티마이저에 적용한 학습률(learning rate)만큼 Q-값이 조금씩 업데이트된다. 신경망 모델의 학습률을 사용하는 것이지만, 앞에서 다룬 얼음 호수 예제의 학습률 개념과 동일하다.

다음의 실행 결과를 보면, 앞에서 한 번의 에피소드를 거치면서 랜덤하게 움직이는 경우보다 평균적으로 더 높은 보상을 얻은 것을 알 수 있다. 그러나 평균 성적은 좋지만 편차가 너무 심하다는 문제가 있다. 누적 보상이 매번 에피소드마다 큰 편차를 보이는 이유는 학습 순서에 원인이 있다. 카트폴 게임의 특성을 고려할 때, 에이전트는 현재 상태에서 이전 상태와의 차이만을 고려하기 때문에 게임 전체 특성을 반영하지 못하게 된다.

```
[3]  # 파라미터 설정
     num_episode = 300
     is_video_save = False
     fps = 10.0
     avi_file_name = 'Q-rl-7.avi'

     epsilon_max = 0.9
     epsilon_min = 0.1
     epsilon_count = 250

     discount_rate = 0.99

     # 환경 만들기
     env = gym.make('CartPole-v1')

     # 랜덤하게 움직일 값(입실론) 정의
     epsilon = epsilon_max
     epsilon_decay = epsilon_min/epsilon_max
     epsilon_decay = epsilon_decay**(1./float(epsilon_count))

     if(is_video_save):
        fcc = cv2.VideoWriter_fourcc(*'DIVX')
        out = cv2.VideoWriter(avi_file_name, fcc, fps,(600, 400))

     reward_list = []

     # 정해진 에피소드만큼 학습
     for epi in range(num_episode):
        if(is_video_save):
           txt = 'Episode : '+str(epi)
           for _ in range(3):
              out.write(np.uint8(draw_txt(txt)))
        d = False
        total_reward = 0
        s = env.reset()
        s = np.reshape(s, [1, 4])

        while not d:
           # 현재 상태의 Q값을 구하기
           q_val = model.predict(s)
           if(is_video_save):
              out.write(np.uint8(draw_state(env.render('rgb_array'), q_val[0])))

           # 특정값(입실론)을 기준으로 랜덤하게 움직이기
           if(np.random.rand()) < epsilon:
              action = env.action_space.sample()
           else:
              action = np.argmax(q_val[0])
           n_s, r, d, _ = env.step(action)
           total_reward = total_reward+r
           n_s = np.reshape(n_s, [1, 4])

           # Q(s,a) = r + discount_rate * max(Q(s'))
```

```python
        # 앞의 수식을 그대로 구현
        target_q_val = r+discount_rate * np.max(model.predict(n_s)[0])

        if d:
            q_val[0][action] = r
        else:
            q_val[0][action] = target_q_val

        # 신경망 학습
        model.train_on_batch(np.array(s), np.array(q_val))
        s = n_s

        if(total_reward >= 300):
            d = True

    if(epsilon > epsilon_min):
        epsilon = epsilon * epsilon_decay

    reward_list.append(total_reward)

    if(is_video_save):
        out.write(np.uint8(draw_state(env.render('rgb_array'), q_val[0])))
        txt = 'Result : '+str(total_reward)
        for _ in range(3):
            out.write(np.uint8(draw_txt(txt)))
    print('현재 에피소드 : {}, 현재 점수 : {}, 현재 입실론 : {}'.format(epi,
                                            total_reward,
                                            round(epsilon * 100, 2)))

plt.plot(reward_list)
plt.savefig('plot.jpg')
if(is_video_save):
    txt = 'Total Score : '+str(np.sum(reward_list))
    for _ in range(3):
        out.write(np.uint8(draw_txt(txt)))
    reward_list_img = cv2.imread('plot.jpg')
    reward_list_img = cv2.resize(reward_list_img,(600, 400))
    for _ in range(10):
        out.write(np.uint8(reward_list_img))
    out.release()
```

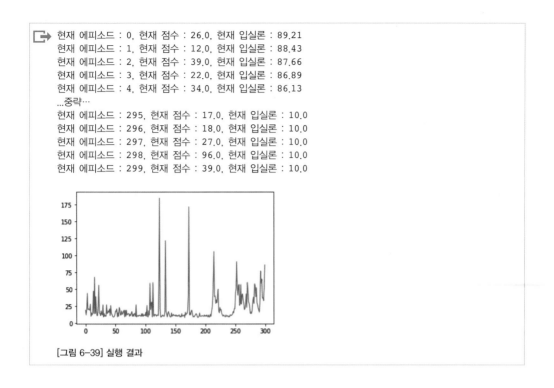

현재 에피소드 : 0, 현재 점수 : 26.0, 현재 입실론 : 89.21
현재 에피소드 : 1, 현재 점수 : 12.0, 현재 입실론 : 88.43
현재 에피소드 : 2, 현재 점수 : 39.0, 현재 입실론 : 87.66
현재 에피소드 : 3, 현재 점수 : 22.0, 현재 입실론 : 86.89
현재 에피소드 : 4, 현재 점수 : 34.0, 현재 입실론 : 86.13
...중략...
현재 에피소드 : 295, 현재 점수 : 17.0, 현재 입실론 : 10.0
현재 에피소드 : 296, 현재 점수 : 18.0, 현재 입실론 : 10.0
현재 에피소드 : 297, 현재 점수 : 27.0, 현재 입실론 : 10.0
현재 에피소드 : 298, 현재 점수 : 96.0, 현재 입실론 : 10.0
현재 에피소드 : 299, 현재 점수 : 39.0, 현재 입실론 : 10.0

[그림 6-39] 실행 결과

4-1-1 리플레이 버퍼(Replay Buffer)

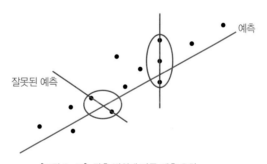

[그림 6-40] 관측 범위에 따른 예측 오차

[그림 6-40]을 보면 우상향 패턴을 보이는 여러 개의 데이터(검은색 점)가 분포되어 있다. 성능이 안정적인 모델은 전체 데이터의 분포를 잘 설명할 수 있는 함수 관계식에 근거하여 예측한다.

앞의 예제에서 신경망 모델은 전체 데이터 분포를 고려하지 않고 두 개의 인접한 데이터 간의 관계만을 가지고 판단하는 것과 같다. 따라서 전체 데이터는 양의 기울기를 갖는 함수임에도 불구하고 두 개의 점에 대해서만 학습할 경우 그림의 빨간 선처럼 음의 기울기를 갖는 경우도 발생한다.

이런 문제를 해결하기 위해서, 인접한 두 점을 선택하여 학습하는 것이 아니라 랜덤으로 2개의 점을 추출하고 이에 대한 관계를 학습하는 방법을 고안한다.

다음 코드에서 먼저 (상태, 행동, 보상, 다음 상태)와 같이 튜플 형태로 저장할 수 있는 리스트를 만든다. 이 리스트가 저장할 수 있는 최대 크기 또한 중요한 모델의 하이퍼파라미터가 된다. 이 최대 크기를 갖는 리스트를 리플레이 버퍼(Replay Buffer)라고 부른다. 에이전트가 잘 학습되도록 버퍼 크기를 조정하는 것이 중요하다.

실행 결과를 보면 에피소드가 진행될수록 누적 보상이 우상향으로 상승하는 패턴을 보이는 것을 알 수 있다. 다만, 여전히 위아래로 출렁이듯 편차가 큰 현상이 완전히 사라지지는 않고 있다.

```
[4]  # 모델 새로 정의
     model = tf.keras.models.Sequential()
     model.add(tf.keras.layers.Dense(hidden_state,
                                      input_shape=state_num,
                                      activation='relu'))
     model.add(tf.keras.layers.Dense(action_num))
     model.compile(loss='mse', optimizer=tf.keras.optimizers.Adam(learning_rate))

     # 파라미터 설정
     num_episode = 300
     is_video_save = False
     fps = 10.0
     avi_file_name = 'Q-rl-8.avi'

     epsilon_max = 0.9
     epsilon_min = 0.1
     epsilon_count = 250

     discount_rate = 0.99

     # 환경 만들기
     env = gym.make('CartPole-v1')

     # 랜덤하게 움직일 값(입실론) 정의
     epsilon = epsilon_max
     epsilon_decay = epsilon_min/epsilon_max
     epsilon_decay = epsilon_decay**(1./float(epsilon_count))

     # 상태와 액션 그리고 리워드와 다음 상태를 저장할 리스트 생성
     memory_size = 2000
     memory = deque(maxlen=memory_size)
     # 기록을 저장해 두었다가 한번에 학습할 양 설정
     batch_size = 64
```

```python
if(is_video_save):
    fcc = cv2.VideoWriter_fourcc(*'DIVX')
    out = cv2.VideoWriter(avi_file_name, fcc, fps,(600, 400))

reward_list = []

for epi in range(num_episode):
    if(is_video_save):
        txt = 'Episode : '+str(epi)
        for _ in range(3):
            out.write(np.uint8(draw_txt(txt)))
    d = False
    total_reward = 0
    s = env.reset()
    s = np.reshape(s, [1, 4])

    while not d:
        q_val = model.predict(s)
        if(is_video_save):
            out.write(np.uint8(draw_state(env.render('rgb_array'), q_val[0])))
        if(np.random.rand()) < epsilon:
            action = env.action_space.sample()
        else:
            action = np.argmax(q_val[0])
        n_s, r, d, _ = env.step(action)
        n_s = np.reshape(n_s, [1, 4])
        # 상태/액션/보상/다음 상태 저장
        i =(s, action, r/100., n_s, d)
        memory.append(i)
        s = n_s
        total_reward = total_reward+r

        if(total_reward >= 300):
            d = True
    # 버퍼에 기록이 일정 이상 쌓이면 학습 시작
    if len(memory) >= batch_size*2:
        # 버퍼의 기록 중 batch size만큼 가져와서 학습 진행
        sample = random.sample(memory, batch_size)
        state_batch = []
        q_val_batch = []
        for _s, _a, _r, _n_s, _d in sample:
            q_val = model.predict(_s)
            target_q_val = _r+discount_rate*np.max(model.predict(_n_s)[0])
            if _d:
                q_val[0][_a] = _r
            else:
                q_val[0][_a] = target_q_val
            state_batch.append(_s[0])
            q_val_batch.append(q_val[0])
        model.train_on_batch(np.array(state_batch), np.array(q_val_batch))
```

```
    if(epsilon > epsilon_min):
        epsilon = epsilon * epsilon_decay
    reward_list.append(total_reward)
    if(is_video_save):
        out.write(np.uint8(draw_state(env.render('rgb_array'), q_val[0])))
        txt = 'Result : '+str(total_reward)
        for _ in range(3):
            out.write(np.uint8(draw_txt(txt)))
    print('현재 에피소드 : {}, 현재 점수 : {}, 현재 입실론 : {}'.format(epi,
                                                total_reward,
                                                round(epsilon * 100, 2)))

plt.plot(reward_list)
plt.savefig('plot.jpg')
if(is_video_save):
    txt = 'Total Score : '+str(np.sum(reward_list))
    for _ in range(3):
        out.write(np.uint8(draw_txt(txt)))
    reward_list_img = cv2.imread('plot.jpg')
    reward_list_img = cv2.resize(reward_list_img,(600, 400))
    for _ in range(10):
        out.write(np.uint8(reward_list_img))
    out.release()
```

현재 에피소드 : 0, 현재 점수 : 13.0, 현재 입실론 : 89.21
현재 에피소드 : 1, 현재 점수 : 14.0, 현재 입실론 : 88.43
현재 에피소드 : 2, 현재 점수 : 11.0, 현재 입실론 : 87.66
현재 에피소드 : 3, 현재 점수 : 9.0, 현재 입실론 : 86.89
현재 에피소드 : 4, 현재 점수 : 19.0, 현재 입실론 : 86.13
…중략…
현재 에피소드 : 295, 현재 점수 : 300.0, 현재 입실론 : 10.0
현재 에피소드 : 296, 현재 점수 : 300.0, 현재 입실론 : 10.0
현재 에피소드 : 297, 현재 점수 : 300.0, 현재 입실론 : 10.0
현재 에피소드 : 298, 현재 점수 : 300.0, 현재 입실론 : 10.0
현재 에피소드 : 299, 현재 점수 : 300.0, 현재 입실론 : 10.0

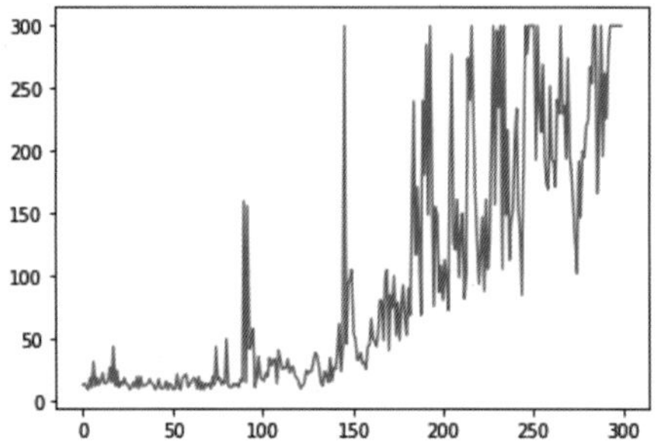

[그림 6-41] 실행 결과

4-1-2 타깃 모델(Target Model)

앞에서는 Q-값을 예측하는 신경망 모델을 사용하여 각 상태에서 예측되는 Q-값에 따라 행동을 선택하고 신경망의 가중치를 동시에 업데이트했다. 다음 상태에서는 신경망의 가중치가 변경된 상태에서 새롭게 예측을 하게 되는데, 매 상태에서 신경망 모델이 달라지는 문제가 있다.

사격장에서 총을 쏘기 전에 먼저 0점을 조절하는 것을 떠올려 보자. 0점이 정확하게 맞아야만 실제 사격에서도 목표물을 정확하게 조준할 수 있다. 하지만 매번 사격을 할 때마다 0점이 틀어진다면 매번 동일하게 조준을 하더라도 실제 총알이 날아가는 위치는 달라지는 문제가 발생한다. 앞의 신경망 모델이 매번 예측할 때마다 가중치가 달라지면서 0점이 틀어지는 경우와 같다.

이를 해결하기 위해 다음 코드에서는 2개의 신경망 모델을 만든다. 여기서 1개는 가중치를 업데이트하지 않고 Q-값을 예측하는 타깃 모델(Target Model)이 된다. 다른 하나의 모델은 앞에서 예측한 결과를 가지고 신경망 가중치를 업데이트하는 학습 모델이다. 이 과정을 계속 반복하다가 일정한 에피소드가 경과하면 학습 모델의 가중치를 그대로 타깃 모델의 가중치로 반영한다. 따라서 두 모델은 동일한 가중치를 갖게 된다. 이 상태에서 다시 타깃 모델은 예측하고, 학습 모델은 가중치만 업데이트한다. 이와 같은 과정을 계속 반복하면서 에이전트는 점점 더 안정적인 학습을 할 수 있다.

```
[5] # 모델 새로 정의
    model = tf.keras.models.Sequential()
    model.add(tf.keras.layers.Dense(hidden_state,
                                    input_shape=state_num,
                                    activation='relu'))
    model.add(tf.keras.layers.Dense(action_num))
    model.compile(loss='mse', optimizer=tf.keras.optimizers.Adam(learning_rate))

    # 타깃 모델 정의
    target_model = tf.keras.models.clone_model(model)

    # 파라미터 설정
    num_episode = 300
    is_video_save = False
    fps = 10.0
    avi_file_name = 'Q-rl-9.avi'

    epsilon_max = 0.9
    epsilon_min = 0.1
    epsilon_count = 250

    discount_rate = 0.99

    # 환경 만들기
    env = gym.make('CartPole-v1')
```

```python
# 랜덤하게 움직일 값(입실론) 정의
epsilon = epsilon_max
epsilon_decay = epsilon_min/epsilon_max
epsilon_decay = epsilon_decay**(1./float(epsilon_count))

# 상태와 액션 그리고 리워드와 다음 상태를 저장할 리스트 생성
memory_size = 2000
memory = deque(maxlen=memory_size)
# 기록을 저장해 두었다가 한번에 학습할 양 설정
batch_size = 64
# 타깃을 몇 번 에피소드마다 업데이트 할지 설정
target_update_count = 30

if(is_video_save):
    fcc = cv2.VideoWriter_fourcc(*'DIVX')
    out = cv2.VideoWriter(avi_file_name, fcc, fps,(600, 400))

reward_list = []

train_count = 1
for epi in range(num_episode):
    if(is_video_save):
        txt = 'Episode : '+str(epi)
        for _ in range(3):
            out.write(np.uint8(draw_txt(txt)))
    d = False
    total_reward = 0
    s = env.reset()
    s = np.reshape(s, [1, 4])
    reward_sum = 0
    while not d:
        q_val = model.predict(s)
        if(is_video_save):
            out.write(np.uint8(draw_state(env.render('rgb_array'), q_val[0])))
        if(np.random.rand()) < epsilon:
            action = env.action_space.sample()
        else:
            action = np.argmax(q_val[0])
        n_s, r, d, _ = env.step(action)
        n_s = np.reshape(n_s, [1, 4])
        i =(s, action, r/100., n_s, d)
        memory.append(i)
        s = n_s
        total_reward = total_reward+r
        if(total_reward >= 300):
            d = True
    if len(memory) >= batch_size * 2:
        sample = random.sample(memory, batch_size)
        state_batch = []
        q_val_batch = []
        for _s, _a, _r, _n_s, _d in sample:
```

```python
        q_val = model.predict(_s)
        # Q 값을 업데이트할때 model을 사용하지 않고, target_model 사용
        target_q_val = _r+discount_rate*np.max(target_model.predict(_n_s)[0])
        if _d:
            q_val[0][_a] = _r
        else:
            q_val[0][_a] = target_q_val
        state_batch.append(_s[0])
        q_val_batch.append(q_val[0])
      model.train_on_batch(np.array(state_batch), np.array(q_val_batch))
      train_count = train_count+1

    # 학습이 일정 횟수가 지나면 타깃의 가중치를 모델의 가중치로 업데이트
    if train_count%target_update_count == 0:
      target_model.set_weights(model.get_weights())
      print('Target Updated')
      if(is_video_save):
        txt = 'Target Updated'
        for _ in range(3):
          out.write(np.uint8(draw_txt(txt)))

  if(epsilon > epsilon_min):
    epsilon = epsilon*epsilon_decay
  reward_list.append(total_reward)

  if(is_video_save):
    out.write(np.uint8(draw_state(env.render('rgb_array'), q_val[0])))
    txt = 'Result : '+str(total_reward)
    for _ in range(3):
      out.write(np.uint8(draw_txt(txt)))
  print('현재 에피소드 : {}, 현재 점수 : {}, 현재 입실론 : {}'.format(epi,
                                          total_reward,
                                          round(epsilon*100, 2)))

plt.plot(reward_list)
plt.savefig('plot.jpg')
if(is_video_save):
  txt = 'Total Score : '+str(np.sum(reward_list))
  for _ in range(3):
    out.write(np.uint8(draw_txt(txt)))
  reward_list_img = cv2.imread('plot.jpg')
  reward_list_img = cv2.resize(reward_list_img,(600, 400))
  for _ in range(10):
    out.write(np.uint8(reward_list_img))
  out.release()
```

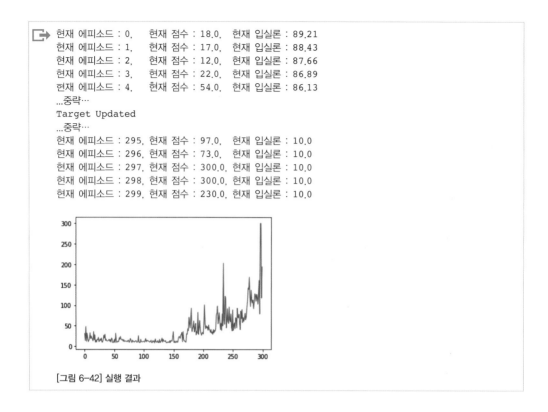

```
현재 에피소드 : 0,    현재 점수 : 18.0,    현재 입실론 : 89.21
현재 에피소드 : 1,    현재 점수 : 17.0,    현재 입실론 : 88.43
현재 에피소드 : 2,    현재 점수 : 12.0,    현재 입실론 : 87.66
현재 에피소드 : 3,    현재 점수 : 22.0,    현재 입실론 : 86.89
현재 에피소드 : 4,    현재 점수 : 54.0,    현재 입실론 : 86.13
…중략…
Target Updated
…중략…
현재 에피소드 : 295, 현재 점수 : 97.0,  현재 입실론 : 10.0
현재 에피소드 : 296, 현재 점수 : 73.0,  현재 입실론 : 10.0
현재 에피소드 : 297, 현재 점수 : 300.0, 현재 입실론 : 10.0
현재 에피소드 : 298, 현재 점수 : 300.0, 현재 입실론 : 10.0
현재 에피소드 : 299, 현재 점수 : 230.0, 현재 입실론 : 10.0
```

[그림 6-42] 실행 결과

4-2   정책 신경망

앞에서는 가치 함수인 Q-값을 예측하는 신경망 모델을 적용했다. 이번에는 각 상태에서 행동을 선택하는 확률을 예측하는 신경망 모델을 구성한다. 이 모델을 정책 신경망 모델이라고 부른다.

정책 신경망의 최종 출력은 왼쪽 또는 오른쪽으로 이동하는 선택에 대한 확률이기 때문에, 활성화 함수로 softmax를 사용한다. 즉, 왼쪽으로 이동하는 행동에 대한 확률과 오른쪽으로 이동하는 행동에 대한 확률을 예측한다.

```
[6]  # 상태(4가지값)를 입력받으면, 각 액션(2가지)의 Q값을 돌려주는 신경망 모델링
     # 마지막 출력층은 확률값이 나와야 하므로 softmax 사용

     state_num =(4,)
     action_num = 2
     hidden_state = 128
     learning_rate = 0.001
```

```python
model = tf.keras.models.Sequential()
model.add(tf.keras.layers.Dense(hidden_state,
                    input_shape=state_num,
                    activation='relu'))
model.add(tf.keras.layers.Dense(action_num, activation='softmax'))

opt = tf.keras.optimizers.Adam(learning_rate)
model.summary()

# 파라미터 설정
num_episode = 300
is_video_save = False
fps = 10.0
avi_file_name = 'P-rl-7.avi'

discount_rate = 0.99

# 환경 만들기
env = gym.make('CartPole-v1')

if(is_video_save):
    fcc = cv2.VideoWriter_fourcc(*'DIVX')
    out = cv2.VideoWriter(avi_file_name, fcc, fps,(600, 400))

reward_list = []

for epi in range(num_episode):
    if(is_video_save):
        txt = 'Episode : '+str(epi)
        for _ in range(3):
            out.write(np.uint8(draw_txt(txt)))
    d = False
    total_reward = 0
    s = env.reset()
    s = np.reshape(s, [1, 4])
    memory = []
    while not d:
        p = model.predict(s)[0]
        if(is_video_save):
            out.write(np.uint8(draw_state(env.render('rgb_array'), p)))
        action = np.random.choice(range(2), p=p)
        n_s, r, d, _ = env.step(action)
        n_s = np.reshape(n_s, [1, 4])
        i =(s, action, r/100., n_s, d)
        memory.append(i)
        s = n_s
        total_reward = total_reward+r
        if(total_reward >= 300):
            d = True
    r_sum = 0
    for _s, _a, _r, _n_s, _d in memory[::-1]:
        r_sum = _r+discount_rate*r_sum
        variable = model.trainable_variables
```

```
    with tf.GradientTape() as tape:
        p = model(_s)[0][_a]
        # -log(p)의 미분은 -1/p가 되어 이전 식과 같아짐
        loss = -tf.math.log(p) * r_sum
    grad = tape.gradient(loss, variable)
    opt.apply_gradients(zip(grad, variable))

    reward_list.append(total_reward)

    if(is_video_save):
        txt = 'Result : '+str(total_reward)
        for _ in range(3):
            out.write(np.uint8(draw_txt(txt)))
    print('현재 에피소드 : {}, 현재 점수 : {}'.format(epi, total_reward))

plt.plot(reward_list)
plt.savefig('plot.jpg')
if(is_video_save):
    txt = 'Total Score :'+str(np.sum(reward_list))
    for _ in range(3):
        out.write(np.uint8(draw_txt(txt)))
    reward_list_img = cv2.imread('plot.jpg')
    reward_list_img = cv2.resize(reward_list_img,(600, 400))
    for _ in range(10):
        out.write(np.uint8(reward_list_img))
    out.release()
```

⮕ 현재 에피소드 : 0,   현재 점수 : 13.0
  현재 에피소드 : 1,   현재 점수 : 19.0
  현재 에피소드 : 2,   현재 점수 : 35.0
  현재 에피소드 : 3,   현재 점수 : 14.0
  현재 에피소드 : 4,   현재 점수 : 22.0
  …중략…
  현재 에피소드 : 295, 현재 점수 : 300.0
  현재 에피소드 : 296, 현재 점수 : 300.0
  현재 에피소드 : 297, 현재 점수 : 300.0
  현재 에피소드 : 298, 현재 점수 : 300.0
  현재 에피소드 : 299, 현재 점수 : 300.0

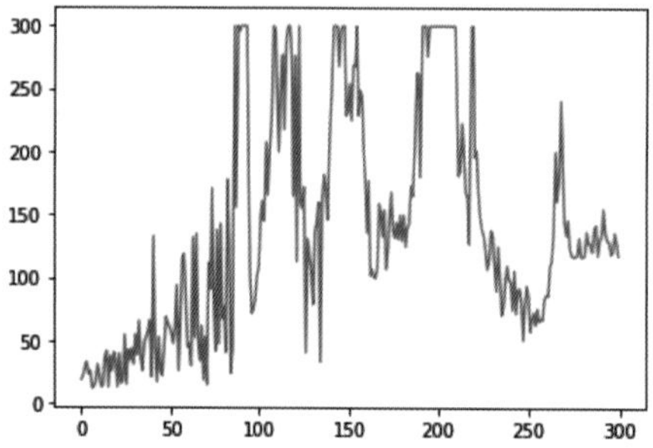

[그림 6-43] 실행 결과

[Tip] 코드에서 노란색 음영으로 처리된 부분을 보면 log(p)라는 식이 있다. log(p)를 p에 대해 미분하면 1/p이 된다. 앞 장에서 다룬 얼음 호수 예제에서 1/p를 곱한 식이 있었는데, 사실상 동일한 개념이라고 이해할 수 있다.

가치함수에 신경망을 적용하고 리플레이 버퍼와 타깃 모델을 적용한 알고리즘은 DQN이라는 알고리즘이다. DQN을 구현한 논문에서는 아타리(Atari) 게임을 실행하면서 실시간으로 캡처한 게임 이미지를 사용해 합성곱 신경망(CNN) 모델을 학습한다. 하지만 이렇게 학습을 시키기 위해서는 오랜 시간이 걸린다(코랩에서는 실행하는 것이 사실상 불가능하다). 앞의 예제에서 우리는 카트폴 환경에서 4가지 상태 정보를 바로 입력으로 받아서 처리하도록 변경했다.

일반적으로 DQN처럼 가치함수에 비중을 둔 강화 학습(Value-based)은 학습이 빠르다는 장점이 있다. 하지만 가장 큰 Q-값을 선택하는 방향으로 학습하기 때문에, 가장 큰 Q-값이 바뀌는 경우 이전과는 전혀 다른 선택을 하게 되어 학습이 불안해질 수 있다.

한편, 정책에 신경망을 적용하는 알고리즘은 REINFORCE 알고리즘이라고 부른다. 정책에 비중을 둔 강화 학습(Policy-based)은 학습이 느리지만(하나의 에피소드가 끝나야만, 학습이 가능하다) 정책 자체를 조금씩 업데이트하기 때문에 안정적으로 학습이 가능하다는 장점이 있다.

이 책에서는 다루지 않았지만, 두가지 알고리즘의 장점을 모은 강화 학습 방법이 있다. Actor-Critic이라는 알고리즘이다. 여기서 Actor는 직접 행동을 하는 모델이므로 정책을 담당한다. Critic은 해당 행동이 잘했는지 못했는지를 판단하는 부분으로 가치함수에 해당한다.

찾아보기